Helmut Berschin · Julio Fernández-Sevilla
Josef Felixberger

Die spanische Sprache

Verbreitung · Geschichte · Struktur

Max Hueber Verlag

Die Deutsche Bibliothek – CIP-Einheitsaufnahme

Berschin, Helmut:
Die spanische Sprache : Verbreitung, Geschichte, Struktur /
Helmut Berschin; Julio Fernández-Sevilla; Josef Felixberger.
– 2., aktualisierte Aufl. – Ismaning: Hueber, 1995
     ISBN 3-19-004057-5
NE: Fernández-Sevilla, Julio:; Felixberger, Josef:

2., aktualisierte Auflage 1995   3 2 1
© 1987 Max Hueber Verlag, D-85737 Ismaning
Gesamtherstellung: Friedrich Pustet, Regensburg
Printed in Germany
ISBN 3-19-004057-5

Inhaltsverzeichnis

Vorwort 11

A. Die spanischsprachige Welt

1. Weltsprache Spanisch 16
   1.1. Verbreitung 16
   1.2. Funktionsprofile 19

2. Das Spanische in Afrika und Asien 20
   2.1. Äquatorial-Guinea 20
   2.2. Israel: Judenspanisch 20
   2.3. Philippinen 22

3. Das Spanische in Amerika 23
   3.1. Spanisch als Nationalsprache 24
      3.1.1. Argentinien, Chile, Uruguay 24
      3.1.2. Venezuela, Kolumbien, Zentralamerika, Karibik 25
      3.1.3. Mexiko 26
      3.1.4. Puerto Rico 26
   3.2. Spanisch als dominante Sprache 27
      3.2.1. Ecuador, Guatemala, Peru, Bolivien 30
      3.2.2. Paraguay 32
   3.3. Spanisch als Minderheitensprache 34
      3.3.1. Vereinigte Staaten von Amerika 34
      3.3.2. Belize 37
   3.4. Pidgin- und Kreolsprachen 37

4. Das Spanische im Mutterland 39
   4.1. Sprachpolitische Lage 39
   4.2. Sprachstatistik 43
   4.3. Minderheitensprachen 44
      4.3.1   Galicisch 46
      4.3.2. Katalanisch 48
      4.3.3. Baskisch 51
   4.4. Das spanische Sprachgebiet 54
      4.4.1. Aragonesisch 56
      4.4.2. Leonesisch 59
      4.4.3. Kastilisch 61

B. Sprachgeschichte

1. Die Entstehung des Kastilischen 70
1.1. Die vorrömischen Sprachen 70
1.2. Die Latinisierung 71
1.3. Das hispanische Latein 74
    1.3.1. Das klassische Latein 74
    1.3.2. Das Vulgärlatein 75
    1.3.3. Besonderheiten des hispanischen Lateins 76
    1.3.3.1. Archaismus 76
    1.3.3.2. Dialektale Latinität 77
1.4. Einflüsse der vorromanischen Sprachen: Substrat 77
1.5. Das westgotische Superstrat 79

2. Die Sprachverhältnisse im Mittelalter 81
2.1. Die ersten Sprachzeugnisse: *Glosas Emilianenses, Glosas Silenses* 81
2.2. Sprachzonen um das Jahr 1000 82
2.3. Ein kastilisches Textbeispiel: *Cantar de mío Cid* 83
    2.3.1. Vokale 83
    2.3.1.1. Vokalschwund 83
    2.3.1.2. Vokalzusammenfall 86
    2.3.1.3. Diphthongierung 86
    2.3.2. Konsonanten 86
    2.3.2.1. Abschwächung und Schwund 86
    2.3.2.2. Palatalisierung und Assibilierung 87
2.4. Die Expansion des Kastilischen durch die Reconquista 88
2.5. Die spanische Schriftsprache 90
    2.5.1. Das Spanische als Konkurrent des Lateins 90
    2.5.2. Vom Kastilischen zum Spanischen 91
2.6. Sprachliche Veränderungen 92
    2.6.1. Arabismen 92
    2.6.2. Latinismen 94

3. Die Hispanisierung Amerikas 95
3.1. Die demographische Entwicklung der Indiobevölkerung 95
3.2. Die Sprachpolitik von Kirche und Krone 97
3.3. Der Verlauf der Hispanisierung 99
    3.3.1. Die Indios 99
    3.3.2. Die Mestizen 100
3.4. Verbreitung der Indiosprachen 101

3.5. Das amerikanische Spanisch 102
    3.5.1. Die Bewahrung der sprachlichen Einheit 102
    3.5.2. Die Unterschiede zur kastilischen Norm 103
    3.5.2.1. Andalusismen 103
    3.5.2.2. Indigenismen 104
    3.5.2.3. Eigenständige Entwicklungen 105

4. Die Entwicklung zum Neuspanischen 106
    4.1. Das Sprachbewußtsein 106
        4.1.1. Das Verhältnis Latein – Volkssprache 106
        4.1.2. Das Verhältnis Spanisch – Italienisch 110
    4.2. Regionale und soziale Basis der kastilischen Norm 110
    4.3. Sprachliche Veränderungen 112
        4.3.1. Phonologie 112
        4.3.2. Morphologie 114
    4.4. Die Entstehung der expliziten Norm 115
        4.4.1. Grammatiken 116
        4.4.2. Wörterbücher 116
        4.4.3. Die Real Academia Española 117

5. Einheit oder Sprachspaltung? 118
    5.1. Sprachbewertung in Spanischamerika 118
    5.2. Diskussion über die Gefahr der Sprachspaltung 121
    5.3. Sprachlenkung 122

C. Phonologie und Graphie

1. Phonologie 126
    1.1. Beschreibungsebenen 126
    1.2. Terminologie 127
    1.3. Phonetisches Alphabet 128
    1.4. Vokale 129
        1.4.1. Phoneminventar 129
        1.4.2. Varianten 129
        1.4.3. Phonologisierungstendenzen 130
        1.4.3.1. Quantität 130
        1.4.3.2. Öffnungsgrad 131
        1.4.4. Diphthonge und Triphthonge 132
        1.4.5. Vergleich des spanischen und deutschen Vokalsystems 134
    1.5. Konsonanten 135

1.5.1.   Terminologie der Artikulationsarten 135
1.5.2.   Schematische Darstellung 135
1.5.3.   Problemfälle der phonologischen Wertung 137
1.5.4.   Variantenbildung innerhalb der kastilischen Norm 138
1.5.5.   Neutralisation 139
1.5.6.   Regionale Besonderheiten 140
1.5.7.   Vergleich des spanischen und deutschen Konsonantensystems .. 142
1.6. Phonemkombinatorik 143
1.6.1.   Vokale 143
1.6.2.   Konsonanten 143
1.6.3.   Silbenstruktur 145
1.7. Betonung 146
1.7.1.   Wortakzent 146
1.7.1.1. Phonologische Funktion des Akzents 146
1.7.1.2. Betonungstypen und Betonungsregeln 146
1.7.2.   Satzakzent und Entakzentuierung 147
1.8. Intonation 148

2. **Graphemik** 150
2.1. Grapheminventar 150
2.2. Beziehungen Graphem – Phonem 151
2.2.1.   Vokale 151
2.2.2.   Konsonanten 151
2.3. Der graphische Akzent 154
2.4. Groß- und Kleinschreibung 155
2.5. Satzzeichen 156
2.5.1.   Intonationszeichen 156
2.5.2.   Pausenzeichen 156

D. Grammatik

1. **Einführung** 160

2. **Das Substantiv** 163
2.1. Definition 163
2.2. Numerus 164
2.2.1.   Form 164
2.2.2.   Funktion 165
2.3. Genus 167
2.3.1.   Form 167
2.3.2.   Funktion 169

3. Das Adjektiv 170
  3.1. Definition 170
  3.2. Genus und Numerus 171
     3.2.1. Form 172
     3.2.2. Funktion 173
  3.3. Graduierung 174
     3.3.1. Elativ 174
     3.3.2. Komparativ, Superlativ 175
  3.4. Adjektivstellung 175

4. Artikel, Zahlwort, Pronomen 178
  4.1. Überblick 178
  4.2. Artikel 179
     4.2.1. Form 180
     4.2.2. Funktion 180
  4.3. Zahlwort 181
  4.4. Possessivpronomen 183
     4.4.1. Form 183
     4.4.2. Funktion 185
  4.5. Demonstrativpronomen 186
     4.5.1. Form 186
     4.5.2. Funktion 187
  4.6. Indefinitpronomen 188
  4.7. Personalpronomen 190
     4.7.1. Form 190
     4.7.1.1. Anredepronomen 192
     4.7.1.2. Leismus, Laismus, Loismus 194
     4.7.2. Funktion 196
     4.7.2.1. Subjektpronomen 196
     4.7.2.2. Objektpronomen 198
     4.7.2.3. Pronominaler Anredegebrauch 199
  4.8. Relativpronomen 201
     4.8.1. Form 201
     4.8.2. Funktion 202
  4.9. Frage- und Ausrufepronomen 203
     4.9.1. Fragepronomen 204
     4.9.2. Ausrufepronomen 205

5. Das Verb 205
  5.1. Morphologie 206

5.1.1. Konjugationsklassen 206
5.1.2. Einfache Formen 206
5.1.3. Zusammengesetzte Formen 209
5.1.4. Verbalperiphrasen 212
5.1.5. Unregelmäßige Verben 212
5.1.6. Formenstatistik 213
5.2. Die Tempora (Indikativ) 215
5.2.1. Tempussystem 215
5.2.2. Präsens 219
5.2.3. Futur 220
5.2.3.1. Temporaler Gebrauch 220
5.2.3.2. Modaler Gebrauch 220
5.2.3.3. Synthetisches und analytisches Futur 221
5.2.4. Imperfekt und Präteritum 223
5.2.4.1. Aspekt 223
5.2.4.2. Sonstige Funktionen des Imperfekts 225
5.2.5. Präteritum und Perfekt 226
5.2.5.1. Amerikanisches Spanisch 226
5.2.5.2. Europäisches Spanisch 227
5.2.5.3. Perfekt im Deutschen und Spanischen 229
5.2.6. Plusquamperfekt, Vorpräteritum, Konditional 229
5.2.7. Tempusfolge 231
5.3. Stadium 232
5.3.1. Vorstadium, Anfangs- und Endstadium, Wiederholung 233
5.3.2. Verlaufsstadium 234
5.3.2.1. Infinite Gerundialkonstruktion 234
5.3.2.2. Finite Gerundialkonstruktion 234
5.3.3. Nachstadium 236
5.4. Diathese 237
5.4.1. Passivparadigma 237
5.4.2. Passivähnliche Strukturen 238
5.5. Modus 239
5.5.1. Modussystem 239
5.5.2. Der Konjunktiv im Hauptsatz 242
5.5.3. Der Konjunktiv im Nebensatz 243
5.5.3.1. Nominalsatz (Subjekt-, Objektsatz) 243
5.5.3.2. Adverbialsatz 245
5.5.3.3. Restriktiver Relativsatz 246
5.5.4. Die Tempora des Konjunktivs 246

5.5.4.1. Formeninventar 246
5.5.4.2. Tempusfunktionen 247

6. Adverb und unflektierbare Einheiten 249
6.1. Adverb 249
6.2. Relationselemente 251
6.2.1. Präposition 251
6.2.2. Konjunktion 254
6.3. Interjektion 255

7. Der einfache Satz 256
7.1. Satzglieder 256
7.2. Satzbasis 258
7.3. Das Prädikat 259
7.3.1. Form 259
7.3.2. Funktion 260
7.4. Die nichtprädikativen Satzglieder 261
7.4.1. Form 261
7.4.2. Funktion 264
7.5. Satzgliedstellung 266
7.5.1. Valenzgebundene Konstituenten 266
7.5.2. Fakultative Konstituenten 268
7.6. Kongruenz Subjekt – Prädikat 269
7.7. Satzbejahung und -verneinung 271
7.8. Funktionen von *ser* und *estar* 271
7.9. Satzarten 274

8. Der komplexe Satz (Klassifikation) 277
8.1. Satzreihung 277
8.2. Satznebenordnung 278
8.3. Satzunterordnung 279
8.3.1. Nominalsatz (Subjekt-, Objektsatz) 279
8.3.2. Attributsatz 279
8.3.3. Adverbialsatz 280

E. Das Lexikon

1. Die Architektur des spanischen Wortschatzes 286
1.1. Quantitative Struktur 286
1.1.1. Umfang 286
1.1.2. Gebrauchshäufigkeit 287

9

1.2. Historischer Aufbau 288
    1.2.1. Chronologische Schichtung 288
    1.2.2. Veränderungsrate 289
1.3. Funktionale Struktur 290
    1.3.1. Sondersprachen 291
    1.3.2. Fachsprachen 291
    1.3.3. Umgangssprache 292
    1.3.4. Hochsprache 294

2. Die Wortbildung 296
2.1. Komposition 297
2.2. Derivation 301
    2.2.1. Derivationsverfahren 301
    2.2.2. Präfigierung 302
    2.2.2.1. Formale Klassifikation 303
    2.2.2.2. Inhaltliche Klassifikation 303
    2.2.3. Suffigierung 305
    2.2.3.1. Formale Klassifikation 307
    2.2.3.2. Inhaltliche Klassifikation 309

Literaturverzeichnis 314

Register
Personenregister 338
Sachregister 344

Abkürzungen und Symbole 355

Vorwort

Sie ist eine schöne, volltönende, wohlklingende Sprache, [...] sehr passend für Musik und Gesang, voll Wortspiele und dabei majestätisch.
(*Neueste Länder- und Völkerkunde. Ein geographisches Lesebuch für alle Stände. I, 3: Das Königreich Spanien*, Prag 1807, S. 242)

I

Die Kenntnis der spanischen Sprache war bis Ende des 18. Jh. in Deutschland nur in wenigen Kreisen verbreitet, etwa am Hof der Habsburger in Wien, wo 1657 die erste deutschsprachige spanische Grammatik erschien und 1670 das erste spanisch-deutsche Wörterbuch. «Die spanische Sprache» – resümiert FARINELLI (Zeitschrift für vergleichende Litteraturwissenschaft 8, 1895, S. 350) – «war den Deutschen vor den Romantikern und noch zu ihrer Zeit gar zu spanisch».
Spanisch – das heißt hier „unverständlich", „sonderbar", „unbekannt". Ursprünglich bezeichnete diese im Dreißigjährigen Krieg entstandene Redensart weniger das ‚Fremde‘ als das ‚Staunenswerte‘, und es ist sozusagen diese alte Bedeutung des Exotisch-Wunderbaren, welche um 1800 die Romantiker an der spanischen Literatur entdeckten – eine Entdeckung, die einige unter ihnen (Tieck, die Schlegel, Grillparzer u. a.) auch die spanische Sprache erlernen ließ.
Die literarische Spanienbegeisterung galt Cervantes, dem Theater von Calderón und Lope de Vega sowie der volksliedhaften Romanzenpoesie, deren deutsche Nachdichtungen das romantische Spanienbild vom «schönen Land des Weines und der Gesänge» (*Faust I*, Auerbachs Keller) geprägt haben.
Hand in Hand mit der Rezeption der spanischen Literatur – genauer: der Neurezeption, nach der ersten, verschütteten Aufnahme im deutschen Barock – entstand eine wissenschaftliche Hispanistik: 1804 erschien BOUTERWEKs *Geschichte der spanischen Poesie und Beredsamkeit* und begründete eine Kette literaturgeschichtlicher Gesamtdarstellungen, die bis heute nicht abgerissen ist. Demgegenüber fand die spanische Sprache weniger wissenschaftliches Interesse: Zwar steht der Begründer der Romanischen Sprachwissenschaft, FRIEDRICH DIEZ, mit seiner Erstlingsarbeit, der Übersetzung *Altspanische Romanzen* (1818), in der romantischen Tradition der Spanienliebe; in seinen sprachwissenschaftlichen Hauptwerken wird aber das Spanische nur aus gesamtromanischer Sicht behandelt. Eine linguistische Einzeldarstellung der spanischen Sprache gab erstmals GOTTFRIED BAIST 1888 (überarbeitet 1904–1906) in einem Beitrag zu GRÖBERs *Grundriß der romanischen Philologie* (Bd. I, Straßburg 1904–1906, S. 878–915). Baists monographischer Überblick blieb in der deutschsprachigen Hispanistik ohne Nachfolger – was

angesichts der zunehmenden Spezialisierung der Forschung nicht erstaunt. Daß nunmehr, nach achtzig Jahren, ein neuer, umfangreicher Versuch vorgelegt wird, dürfte von Wissenschaft und Praxis begrüßt werden.

II

Der Titel *Die spanische Sprache* ist Programm: Es geht um eine Gesamtdarstellung des Spanischen, gewissermaßen dessen linguistisches Portrait.

Von einer Gesamtdarstellung erwartet man thematische Breite bei knapper, aber umfassender Information. Diese Forderung läßt sich nicht enzyklopädisch, durch Masse, erfüllen, sondern nur methodisch, also von einem theoretischen Blickwinkel aus, der den Stoff in seinem architektonischen Zusammenhang zeigt. Unser methodischer Ansatz verschränkt drei Perspektiven, eine sprachpolitische, sprachhistorische und sprachsystematische, mit folgenden Hauptfragen:

• Welche Kommunikationsgemeinschaft ist heute der soziale Träger der spanischen Sprache?

• Wie haben sich die spanischsprachige Kommunikationsgemeinschaft und die spanische Sprache entwickelt?

• Wie funktioniert das sprachliche Zeichensystem des heutigen Spanisch?

Der Aufbau des Buches folgt diesen methodischen Leitlinien; es besteht aus drei Inhaltsblöcken zu Sprachsituation (Teil A), Sprachgeschichte (Teil B) und Sprachsystem (Teil C–E).

Zum Inhalt im einzelnen: Zunächst wird die spanischsprachige Welt vorgestellt: Verbreitung und Sprecherzahl, sprachpolitische Lage, Varietäten und Kontaktsprachen. Die Darstellung gibt eine – in dieser Form neue – Informationssynthese, welche die vorhandenen sprachstatistischen und sprachenrechtlichen Daten vollständig auswertet.

Die Sprachgeschichte bezieht sich auf zwei historische Prozesse: Einerseits die Herausbildung der Kommunikationsgemeinschaft (externe Geschichte), von der Latinisierung Hispaniens über die Entstehung und Ausbreitung des Kastilischen bis zur Hispanisierung Amerikas; andererseits die Entwicklung des sprachlichen Zeichensystems (interne Geschichte), von der lateinischen Basis über das Altspanische bis zum Modernspanischen. Die interne Geschichte – die in einschlägigen Handbüchern ausführlich behandelt ist – wurde hier nur exemplarisch dargestellt; Latein- oder Altspanischkenntnisse werden nicht vorausgesetzt.

Die Beschreibung des Sprachsystems – Grundlage ist das kastilische Spanisch, andere Varietäten werden aber berücksichtigt – bildet den Hauptteil des Buches. Der Bau der spanischen Gegenwartssprache wird auf drei Ebenen untersucht: Phonie/Graphie, Grammatik und Lexikon. Im Mittelpunkt steht die Grammatik: Ausgehend von Wort und Satz als Grundeinheiten, wird das grammatische Gerüst des Spanischen dargestellt. Diese grammatische Struktursskizze wird problemorientiert – auch im sprachkontrastiven Vergleich zum Deutschen – vertieft zu einer empirischen Grammatik, deren Regeln exakter sind und auf einer breiteren Datenbasis beruhen als die der traditionellen Grammatik. Eine wissenschaftliche Gesamtgrammatik des Spanischen kann das Buch freilich nicht geben. Es leistet aber, über die – im deutschen Sprachraum allein vorhandenen – Schulgrammatiken hinaus, im Sinne einer ‚Grammatik für Lehrer' eine linguistische Beschreibung praxisrelevanter Grammatikprobleme.

Die spanische Sprache wendet sich nicht nur an die Fachwelt, sondern ein breiteres, linguistisch interessiertes, aber nicht spezialisiertes Publikum. Wir haben deshalb bewußt die vertraute schulgrammatische Terminologie beibehalten und die wenigen linguistischen Fachbegriffe erläuternd eingeführt. Daß die Informationsdichte das Buch zu keiner leichten Lektüre macht, ließ sich von der Sache her nicht vermeiden. Gerade deshalb wollten wir aber die Darstellung verständlich gestalten, übersichtlich und benutzbar: Die Argumentation wird stets durch Beispiele und Abbildungen verdeutlicht, das Datenmaterial ist in zahlreichen Tabellen, Übersichten und Karten systematisch aufbereitet; eine ausführliche Gliederung und die Register ermöglichen eine rasche Konsultation des Werkes.

Die Konzeption des Buches ist aus der Lehre erwachsen: Die Schwierigkeit, um nicht zu sagen Unmöglichkeit, hier auf ein forschungskompatibles Hand- und Lehrbuch verweisen zu können, hat uns schließlich veranlaßt, *Die spanische Sprache* zu schreiben. Helmut Berschin verfaßte Teil A, E und – zusammen mit Julio Fernández-Sevilla – D, Josef Felixberger Teil B und C; für eine kritische Durchsicht des Manuskripts danken wir Gerhard Ernst (Regensburg).

Von den drei Verfassern können nur zwei dieses Vorwort unterzeichnen: Unser Freund, Julio Fernández-Sevilla (Granada), starb im Dezember 1985 als Opfer eines Verkehrsunfalles; ihm sei das Buch zum Gedächtnis gewidmet – *con palabras que gimen y . . . una brisa triste por los olivos.*

Juli 1987   Helmut Berschin (Gießen)

                                       Josef Felixberger (Regensburg)

Die erste Auflage der Spanischen Sprache wurde von Fachwelt und Publikum positiv aufgenommen. Für die zweite Auflage blieben Aufbau und Gliederung unverändert; es wurden aber zahlreiche Änderungen vorgenommen, um den Forschungsstand sowie die aktuellen sprachstatistischen und sprachpolitischen Daten einzuarbeiten (Manuskriptschluß: Ende 1992).

Dezember 1994   Die Verfasser

A

Die spanischsprachige Welt

1. Weltsprache Spanisch

Spanisch ist mit rund 300 Mio Sprechern (Stand 1990) nach Chinesisch (über 1 Milliarde), Englisch (400–450 Mio) und Hindi (rund 350 Mio) die vierthäufigste Sprache der Welt. Zum Vergleich: Deutsch zählt 95–100 Mio Sprecher.

1.1. Verbreitung

Das Verbreitungsgebiet der spanischen Sprache umfaßt das europäische Mutterland und dessen ehemalige Kolonien in Übersee. Zur spanischsprachigen Welt gehören insgesamt 26 Staaten oder staatsähnliche Gebilde in vier Erdteilen.

Karte 1: Die spanischsprachige Welt

16

Länder	Fläche (in 1000 km²)	Einwohner 1990 (in Mio)	Spanisch-sprecher[1] (in %)	Indio-bevölkerung (in %)
Europa				
Spanien	504[a]	38,8[a]	75–80	–
Gibraltar[2]	0,06	0,03	50–70	–
Afrika				
Äquatorial-Guinea	28	0,35	–[3]	–
Amerika				
Argentinien	2780	32,4	> 95	1,5
Belize[4]	23	0,18	25–35	6,6
Bolivien[5]	1099	7,3	50–70	59,2
Chile	757	13,1	> 90	5,7
Costa Rica	51	3,0	> 95	0,6
Cuba	110	10,6	> 95	–
Dominikanische Republik	48	7,1	> 90	–
Ecuador[5]	270	9,6	85–90	33,9
El Salvador	21	5,2	> 95	2,3
Guatemala[5]	109	8,9	60–80	59,7
Honduras	112	4,5	> 95	3,2
Kolumbien	1141	32,9	> 95	2,2
Mexiko[5]	1958	81,4	> 90	12,4
Nicaragua	130	3,8	> 95	1,8
Panama	76[b]	2,3[b]	> 90	6,8
Paraguay[6]	407	4,2	55–60	2,3
Peru[5]	1285	22,3	75–85	36,8
Puerto Rico	9	3,5	> 95	–
Uruguay	176	3,0	> 95	–
Venezuela	912	19,4	> 95	1,5
Vereinigte Staaten von Amerika	9529	249,2	4–7	0,7
Asien				
Israel[7]	21[c]	4,7[c]	1–3	–
Philippinen[8]	300	60,6	< 1	–
Summe (in Mio)[9]		**281–314**		

Tab. 1: Die spanischsprachige Welt

Quellen

Flächen- und Einwohnerangaben nach *1992 Britannica Book of the Year,* Chicago 1992, 748–752. Spanischsprecher: Volkszählungsdaten nach *DY* 1971, 1983, 1988; weitere Quellen Tab. 2, 3. Indiobevölkerung: Referenzwerte nach MAYER/MASFERRER 1979, 248 f.; neuere Werte (*América Indígena* 47 (1987), Heft 3, 4; GLEICH 1989) weichen – außer für Nicaragua (4–8 %) – nicht wesentlich ab.

[a] Einschließlich Kanarische Inseln, Ceuta und Melilla; Volkszählung 1.3.1991.

[b] Ohne Kanalzone.

[c] Mit Ostjerusalem.

[1] Als Spanischsprecher gelten Einwohner, die nur Spanisch sprechen (monolinguale Muttersprachler) oder bei Mehrsprachigkeit überwiegend Spanisch zur sprachlichen Kommunikation verwenden, unabhängig davon, ob es ihre Muttersprache ist oder nicht. Bei beiden Gruppen dient Spanisch als ‚Erstsprache' im funktionalen Sinn.

[2] Sprachstatistik 1970 (26 833 E.): 33 % Englisch, 38 % Spanisch, 29 % keine Angabe („unknown") – letztere vermutlich Spanisch. KRAMER (1986, 66 f.) schätzt die Anzahl der Spanischsprecher auf zwei Drittel der Bevölkerung.

[3] Sprachstatistik nicht vorhanden.

[4] Letzte Sprachstatistik 1960. Nach der ethnischen Statistik 1980 (145 000 E.) sind 40 % Schwarze, 33 % Mestizen, 10 % Maya, 8 % Garifuna (Kariben), 4 % Weiße, 5 % Sonstige; die Mestizen sind in der Regel spanischsprachig (vgl. DAVIDSON 1987, Tab. 1).

[5] Die bilinguale Bevölkerung wurde zur Hälfte als Spanischsprecher gezählt.

[6] Spanisch-Guaraní-Bilinguale wurden als Spanischsprecher gezählt.

[7] Sprachstatistik 1983 (1,35 Mio E. über 15 Jahre): 21 265 E. (= 1,57 %) mit (Juden)Spanisch als Erstsprache.

[8] Sprachstatistik 1975 (42 Mio E.): 0,6 % Kreolenspanisch (Chabacano) als Muttersprache.

[9] Berechnungsformel (bei Sprecherzahl > 90 % gilt 100 % als oberer Schätzwert):

$$\Sigma \text{ Einwohner (1990)} \times \text{Spanischsprecher (in \%)}$$

1.2. Funktionsprofile

Die Funktionen der spanischen Sprache sind innerhalb ihres Verbreitungsgebietes nicht einheitlich; man kann nach dem Hispanisierungsgrad (= Anteil der Spanischsprecher an der Gesamtbevölkerung) vier Funktionsprofile unterscheiden.

○ Nationalsprache
In Staaten mit mehr als 90 % Spanischsprechern ist das Spanische Nationalsprache: Das kommunikative Leben im privaten und öffentlichen Bereich läuft fast ausschließlich in einer Sprache ab, nämlich Spanisch.

○ Dominante Sprache
In Staaten mit 50–90 % Spanischsprechern ist Spanisch als Amts-, Prestige- und überregionale Verkehrssprache zwar vorherrschend, aber nicht Nationalsprache im eigentlichen Sinn: Das spanische Sprachgebiet deckt nicht das gesamte Staatsgebiet ab, und/oder das kommunikative Leben erheblicher Bevölkerungsteile spielt sich ausschließlich oder überwiegend in einer nichtspanischen Sprache ab.

○ Minderheitensprache
In den USA ist Spanisch eine Minderheitensprache, beschränkt auf die Kommunikation innerhalb einer Volksgruppe; dominante Sprache ist Englisch. Dieses Funktionsprofil gilt

im Prinzip auch für die britische Besitzung (seit 1713) Gibraltar und für Belize (früher Britisch-Honduras).

○ Gruppensprache
In Afrika und Asien ist das Spanische nur innerhalb kleiner Bevölkerungsgruppen verankert.

Den Kern der spanischsprachigen Welt bilden das Mutterland und dessen frühere amerikanische Kolonien. Im Mutterland ist Spanisch dominante Sprache, in Spanischamerika National- und dominante Sprache, an der Peripherie Minderheiten- und Gruppensprache.

2. Das Spanische in Afrika und Asien

Gegenüber dem euro-amerikanischen Sprachblock spielt das Spanische in Afrika und Asien räumlich und funktional eine unbedeutende Rolle.

2.1. Äquatorial-Guinea

In Äquatorial-Guinea (früher Spanisch-Guinea) blieb nach dem Ende der Kolonialzeit (1778–1968) Spanisch erste Amtssprache. In der Bevölkerung sind Spanischkenntnisse zwar verbreitet, aber kein Guineer ist monolingualer Spanischsprecher, und nur wenige verwenden es als Erstsprache (LIPSKI 1985, 6–8).

Die Sprachsituation (Gesamtdarstellung GRANDA 1985) ist – wie in den meisten Staaten des subsaharischen Afrika – polyglossisch. Gegenüber den einheimischen Muttersprachen ist aber Spanisch als überregionale und internationale Verkehrssprache dominant. Der Versuch des Diktators Macías Nguema (1969–1979), es im Zuge einer afrikanischen Authentizitätskampagne durch die Bantusprache Fang zu ersetzen, scheiterte.

2.2. Israel: Judenspanisch

In Israel wird eine Varietät des Spanischen, das Judenspanische oder Sephardische (sefardí), von Einwanderern aus dessen früherem Hauptverbreitungsgebiet (Balkan und Vorderer Orient) in gruppenbestimmten Lebensbereichen noch verwendet.

Die Vorfahren der Sephardim stammen aus Spanien (hebräisch sepharad „Spanien"): Mit Edikt der Katholischen Könige Ferdinand und Isabella vom 31. März 1492 mußten alle Juden, die nicht innerhalb von vier Monaten die katholische Religion annahmen, Spanien verlassen.

Schätzungsweise 200 000 Juden emigrierten seinerzeit, sie gelangten – teilweise über Zwischenstationen – hauptsächlich in das Osmanische Reich, wo ihnen religiöse Freiheit gewährt wurde. Als wirtschaftlich-technische Elite bewahrten sie ihre kulturelle und ethnische Identität. Die wichtigsten judenspanischen Gemeinschaften bildeten sich auf dem Balkan (Zentrum: Saloniki), sie wurden im 2. Weltkrieg unter der deutschen Besatzung physisch fast ausgerottet.

Das Judenspanische gilt heute als aussterbende Sprache. SEPHIHA (1977, 52 und 1986, 44) schätzt die Anzahl der Sprecher auf 350–400 Tausend. Nur ein geringer Teil verwendet allerdings Judenspanisch als Erstsprache, monolinguale Muttersprachler gibt es nicht mehr: «I was unable», berichtet MALINOWSKI über seine Felduntersuchung in Israel, «in spite of repeated inquiries to find an informant under twenty years of age» (1979, 108).

Die Abweichungen des Judenspanischen vom heutigen Standardspanisch werden sprachwissenschaftlich häufig als ‚Archaismus' klassifiziert im Sinne der Bewahrung eines Sprachzustandes, der vor der Ausbildung des Neuspanischen im 16. Jh. liegt[1]. Diese Archaismushypothese gilt aber nur eingeschränkt: Einerseits weist das Judenspanische, vor allem im Lexikon, eine Eigenentwicklung auf, andererseits sind seine archaischen Merkmale oft auch in anderen Varietäten des heutigen Spanisch belegt.

Textprobe
(MALINOWSKI 1979, 165; Tonbandaufnahme eines 64jährigen Informanten aus Saloniki)

Salonik era una sivdad otonoma djudia; era una republika djudia.
Salónica era una ciudad autónoma judía; era una república judía.

Yo fina diesisiete anyos no konosi amigo grego, no konosi
Yo hasta [los] diecisiete años no tuve [ningún] amigo griego, no tuve

vizino grego, no fue a merkar en butika grega.
[ningún] vecino griego, no fui a comprar en [ninguna] tienda griega.

Todo era djudios. I avlavamos en espanyol, no avia kestion.
Todo era [de] judíos. Y hablábamos en español, no había problema.

Topava una persona por la kaye avlava
[Cuando] encontraba [a] una persona por la calle, hablaba

direktamente en espanyol estando seguro ke es djudio.
directamente en español estando seguro [de] que es [era] judío.

Era una koza . . . Salonik era una sivdad djudia.
Era una cosa . . . Salónica era una ciudad judía.

---

[1] Zusammenfassung der Diskussion bei KOHRING 1980.

21

Kommentar

1. Orthographie nach der judenspanischen Zeitung *La Luz de Israel*. Die Grapheme ⟨ch, dj, j, ny, v, z⟩ entsprechen den Phonemen |ʃ, dʒ, ʒ, ɲ, v, z|; graphische Akzente fehlen.

2. Phonetisch hat das Judenspanische das altspanische Konsonanteninventar teilweise bewahrt; in der vorliegenden Varietät enthält es folgende im Neuspanischen nicht mehr vorkommende Phoneme: |ʃ| *dechar* „dejar", |dʒ| *djudio*, |ʒ| *ijo* „hijo", |v| *sivdad*, |z| *koza*.
Der Vokalismus entspricht dem Standardspanischen. Abweichungen wie Fehlen der Diphthongierung *(grego)*, Wandel von vortonigem *e, o* zu *i, u* (*vizino, butika* „bodega") sind auch im heutigen Spanisch regional verbreitet.

3. Morphologie und Lexikon zeigen Merkmale des vorklassischen Spanisch: *fue* statt *fui*, schwankender Gebrauch des personalen *a, merkar* „comprar", *topar* „encontrar", *butika*. Allerdings kommen *mercar, topar* und *botica* „farmacia" auch im heutigen Spanisch regional vor, und die Wendung *topar(se) con* „encontrarse" ist standardsprachlich. Eine Eigenentwicklung – vermutlich unter Lehneinfluß – liegt vor in *fina* (vgl. altsp. *fin que* „hasta", kat. *fin*) und *kestion* (fr. *question*).

2.3. Philippinen[2]

Auf den Philippinen sind das tagalog-basierte Filipino und Englisch Amtssprachen; Spanisch ist nicht mehr offizialisiert[3].

Die Philippinen wurden seit 1565 von den Spaniern in Besitz genommen und dienten bis zum 18. Jh. hauptsächlich als Handelsstützpunkt zwischen China und Mexiko. Die spanische Einwanderung war gering, im wesentlichen auf Manila (gegründet 1571) beschränkt, und führte zu keiner Mestizierung. Nach dem Cubakrieg (1898) wurden die Philippinen US-amerikanisch, 1946 selbständig.

Kennzeichnend für die spanische Kolonisation der Philippinen ist «the nonlinguistic character of hispanization» (PHELAN 1969, 131): Die Bevölkerung wurde zwar mit Ausnahme des islamischen Südens christianisiert – jedoch in den Eingeborenensprachen (vgl. TORMO SANZ 1978, QUILIS 1984); sie übernahm Verwaltungs- und Rechtsformen der Eroberer, nicht deren Sprache. Bei der Volkszählung von 1903, fünf Jahre nach Ende der mehr als dreihundertjährigen spanischen Herrschaft, waren unter 7,6 Mio Einwohnern nur knapp 10 % Spanischsprecher.

Das spanische Lehngut im Tagalog ist allerdings beträchtlich, KELZ 1982, 245 schätzt es auf 5000 Lexeme. Beispiele: *impiyerno* „Hölle", *demonyo* „Teufel", *mestro* „Lehrer", *gubiyerno* „Regierung", *Alemanya* „Deutschland".

---

[2] Zur Sprachsituation vgl. SIBAYAN/GONZALEZ 1991.

[3] Die Verfassung von 1987 sieht lediglich eine Förderung der spanischen Sprache vor: «Spanish and Arabic shall be promoted on a voluntary and optional basis» (Art. XIV, 7).

3. Das Spanische in Amerika[4]

In den amerikanischen Ländern weist das Spanische drei Funktionsprofile auf: National-sprache, dominante Sprache, Minderheitensprache.
Der Hispanisierungsgrad hängt mit der Bevölkerungsstruktur zusammen. Geschichtlich gesehen geht die heutige Bevölkerung in Spanischamerika auf vier Herkunftsgruppen zurück:

○ Indianische Urbevölkerung

○ Spanische Eroberer (16.–18. Jh.)

○ Schwarzafrikanische Sklaven (16.–19. Jh.)

○ Außeriberische Einwanderer (19.–20. Jh.)

Die beiden letzten Gruppen hispanisierten sich vollständig, die Indios hingegen nur teil-weise: hier blieb die Hispanisierung zunächst auf die Mestizen (= europäisch-indianische Mischlinge) beschränkt. Es besteht deshalb noch heute ein deutlicher Zusammenhang zwischen indianischem Bevölkerungsanteil und Hispanisierungsgrad (vgl. Tab. 1): Sieht man vom Sonderfall Paraguay ab, ist Spanisch nur in Staaten mit niedrigem indianischen Bevölkerungsanteil Nationalsprache.
Die Angaben zur Indiobevölkerung in Tab. 1 sind als Tendenzwerte zu verstehen. Die Erhebung ethnischer Bevölkerungsmerkmale läßt einen breiten Bewertungsspielraum: Biologisch ist wegen der Rassenmischung in Spanischamerika der Übergang zwischen Indio, Mestizen und Weißen fließend. Der Begriff ‚Indio' bezeichnet weniger eine ras-sische als eine soziale Zugehörigkeit. Man versteht darunter den Teil der Bevölkerung indianischer Herkunft, dessen Lebensform nicht den Normen der europäisch orientierten Gesellschaft entspricht. Die Indios gelten gewissermaßen als unzivilisierte Restgruppe, und die Indiofrage *(El problema del indio)* besteht nach verbreiteter Meinung darin, diese Gruppe durch Erziehung und Zwang in die Nation zu intregrieren; die ‚kulturelle Hetero-genität' (vgl. SCHARLAU et al. 1991) wird (noch) nicht anerkannt. Zum Indiostereotyp vgl. ALCIDES REISSNER 1983.

Die Indiofrage stellt sich in der Regel nur für die Hochland- oder andinen Indianer, deren traditio-nelle Siedlungsgebiete größtenteils im Einzugsbereich alter Hochkulturen (Azteken, Maya, Inka) liegen, und die ethnisch das Gesicht von Mexiko, Guatemala, Ecuador, Peru und Bolivien geprägt haben. Die relativ kleine Anzahl (etwa 1 Mio) der als Sammler und Jäger im tropischen Urwald lebenden Tiefland- oder Dschungelindianer *(selvícolas)* wird in der Diskussion kaum berück-

---

[4] Forschungsüberblick LOPE BLANCH 1980, MORENO DE ALBA 1988, FONTANELLA DE WEINBERG 1992, LÓPEZ MORALES 1992 (Karibik). Kommentierte bibliographische Übersicht MALKIEL 1972, insb. 23–47; zur sprachgeographischen Gliederung MONTES GIRALDO 1982, 95–130.

sichtigt. Sie bilden eine Vielzahl von Stämmen mit verschiedenen Sprachen. Die meisten der schätzungsweise 1200–5000 Indianersprachen[5] kommen unter den Tieflandindianern vor und sind teilweise – wie ihre Sprecher – vom Aussterben bedroht.

3.1. Spanisch als Nationalsprache

Spanisch ist Nationalsprache in einem Länderblock des außertropischen Südamerika (Argentinien, Chile, Uruguay) und einer zusammenhängenden Ländergruppe im nördlichen Südamerika (Kolumbien, Venezuela), in Zentralamerika (Costa Rica, El Salvador, Honduras, Nicaragua, Panama), der Karibik (Cuba, Dominikanische Republik, Puerto Rico) und Nordamerika (Mexiko).

3.1.1. Argentinien, Chile, Uruguay

Das außertropische Südamerika lag abseits der altindianischen Hochkulturen und im Randbereich der spanischen Kolonisation. In seiner gegenwärtigen Bevölkerungs- und Gesellschaftsstruktur wurde dieses auch als ‚europäid‘ bezeichnete Südamerika geprägt durch die nachkoloniale Gesamterschließung und europäische Einwanderung im 19. und beginnenden 20. Jh.; am nachhaltigsten zeigt sich diese Prägung in Argentinien, wo zu einer starken nichtiberischen Einwanderung ein überragender französischer Kultur- und englischer Wirtschaftseinfluß im 19. Jh. hinzutraten.

Nach der Volkszählung 1914 waren in Argentinien 29,9 % der 7,8 Mio E. im Ausland geboren, also Einwanderer erster Generation (zum Vergleich: 1910 waren im Einwanderungsland USA 14,4 % der Bevölkerung im Ausland geboren); von den Einwanderern stammten 40 % aus Italien, 35 % aus Spanien – davon die Mehrzahl aus der nicht spanischsprachigen Region Galicien (Daten nach SOLBERG 1970, 35–49).
Die deutsche Einwanderung nach Spanischamerika[6] war zahlenmäßig gering. In Chile übte sie aber wirtschaftlich (Erschließung des Südens) und kulturell (Aufbau des Bildungswesens) einen wichtigen Einfluß aus.

Die starke italienische Einwanderung im La Plata-Raum erweckte die Sorge eines Hispanitätsverlustes – der aber nicht eintrat: Die Einwanderer assimilierten sich sprachlich innerhalb von zwei Generationen (FONTANELLA DE WEINBERG 1978).
Die Indiobevölkerung in Argentinien ist gering, in Uruguay, wo die letzten, nomadisierenden Indianerstämme der Pampa 1835 ausgerottet wurden, nach offiziellen Angaben

---

[5] Zu den Schätzungen vgl. KEY 1979, 12; Inventar und Klassifikation bei TOVAR/LARRUCEA DE TOVAR 1984. Zur Sprachsituation vgl. die vorzügliche Dokumentation (Stand: 1978) POTTIER 1983.
[6] Zusammenfassende Darstellung bei FRÖSCHLE 1979 (zu Chile S. 301–372).

Null. In Südchile leben, teilweise innerhalb eigener Siedlungsgebiete, die Araukaner (Kriegername) oder Mapuche; ihre Zahl wird auf 500 000 bis 600 000 geschätzt (Mayer/ Masferrer 1979, 331; Schindler 1990, 12).

Das Gebiet der Araukaner wurde erst 1881 faktisch dem chilenischen Staat eingegliedert. Eine 1840 erschienene Landesbeschreibung unterscheidet in Südchile noch zwischen dem „spanischen Chile" *le Chili espagnol* und dem „indianischen oder unabhängigen Teil Chiles" *le Chili indien ou partie indépendante* (Famin 1840, 11). Die Spanier – ebensowenig wie die Inka – vermochten die Araukaner nicht zu unterwerfen und beschränkten die koloniale Erschließung Südchiles auf einige Küstenorte: 1552 Gründung von Valdivia (vgl. Blancpain 1990).

Entlang dem uruguayischen Grenzgebiet zu Brasilien besteht eine portugiesisch-spanische Sprachzone. Es handelt sich um ein ursprünglich portugiesischsprachiges Gebiet, das durch die seit Mitte des 19. Jh. aktive Sprach- und Siedlungspolitik Uruguays vom Spanischen überlagert wird (Elizaincín et al. 1987).

3.1.2. Venezuela, Kolumbien, Zentralamerika, Karibik

Der nördliche Länderkranz mit Spanisch als Nationalsprache gehört geschichtlich zur Hauptzone der spanischen Kolonisation, liegt jedoch im wesentlichen außerhalb des Einflußgebietes der altindianischen Hochkulturen. Die Bewohner sind heute mehrheitlich Mestizen (in Costa Rica Weiße); auf den Karibischen Inseln und in den Tiefländern der Küstengebiete ist die afroamerikanische Bevölkerung (Schwarze, Mulatten) erheblich vertreten, in der Dominikanischen Republik überwiegend. Die Afroamerikaner sind Nachkommen der schwarzafrikanischen Sklaven, die von den europäischen Kolonisatoren in den tropischen Plantagenkulturen als Arbeiter eingesetzt wurden – die Indiobevölkerung der Karibischen Inseln (Arawaken, Kariben) war schon Ende 17. Jh. fast ausgerottet.

Insgesamt wurden von Anfang des 16. Jh. bis Mitte des 19. Jh. etwa 11 Mio Sklaven nach Amerika gebracht. Nach Spanischamerika gelangten 1,68 Mio Sklaven: knapp 1 Mio bis zur Unabhängigkeit (und Abschaffung des Sklavenhandels), Anfang des 19. Jh., und rund 700 000 zwischen 1810–1870 in die verbliebenen Kolonien Kuba und Puerto Rico (Daten nach Rawley 1981, Tab. 3.1, 17.1).

In der Karibik entwickelten sich kreolisierte Varietäten des Französischen und Englischen, z. B. auf Haiti *(créole haïtien)* und Jamaika *(Jamaican Creole)*, die heute als eigene Sprachen zu bewerten sind. In der spanischen Karibik kam mit Ausnahme des Papiamento (vgl. S. 38) die Kreolisierung über Ansätze nicht hinaus; kreolische Spuren sind aber noch heute erkennbar (Granda 1988), insbesondere im kubanischen Spanisch (Perl 1989, *LRL* 545–548).

In der Dominikanischen Republik besteht entlang der Grenze zu Haiti ein kreolenfranzösisches Sprachgebiet.

3.1.3. Mexiko[7]

Der Staat mit den meisten Spanischsprechern ist nicht Spanien, sondern Mexiko. Das ist einesteils Ergebnis der Bevölkerungsentwicklung – zwischen 1900 und 1990 hat sich die Bevölkerung versechsfacht –, andererseits einer Hispanisierungspolitik, welche Spanisch zur Nationalsprache machte und die einheimischen Indianersprachen fast ganz verdrängte.

Nach den Volkszählungsdaten (vgl. Tab. 2, S. 28) ist in Mexiko der Anteil der indianischsprachigen Monolingualen zwischen 1900 und 1990 von 14 % auf 1 % zurückgegangen; vermutlich war und ist die indianischsprachige Bevölkerung aber größer als die offiziellen Statistiken angeben. Die Indianersprachen[8] galten schon um 1900 als gefährdet; hierzu bemerkte das landeskundliche Standardwerk des Prinzen ROLAND BONAPARTE:

> Actuellement, l'emploi des dialectes [indiens] est borné à des villages; dans toutes les villes et bourgades, dans la plupart des haciendas, l'espagnol est devenu le langage usuel. ...
> En un mot, l'hispanification gagne chaque jour du terrain et sa marche ne peut plus être enrayée. (1902, 106–108).

Die Hispanisierung – die als regionales Problem vor allem in Yucatán (1990: 44 % Indianischsprachige) noch besteht – verläuft heute weniger über direkte Assimilation, als vielmehr nach einem Integrationsmodell, in dem die überlieferte indianische Sprache und Kultur als Brücke dient für einen glatten Übergang in die spanischsprachige Moderne.

Träger dieses gesteuerten Kulturwandels, der insbesondere vom Instituto Nacional Indigenista vertreten wird, sind zweisprachige Lehrer *(promotores bilingües y biculturales)*, die in den indianischen Dörfern als Akkulturationsvorbild eingesetzt werden. Letzten Endes handelt es sich bei diesem Integrationsmodell – in dem z. B. das Kind zuerst in der Indianersprache alphabetisiert wird, dann im Spanischen – nur um eine indirekte, sozialtechnisch verfeinerte Form der Assimilationspolitik: Die indianische Kultur und Sprache haben in diesem Modell keinen Eigenwert, sie werden lediglich im Unterschied zur reinen Assimilationspolitik zunächst nicht radikal verneint, sondern als Hilfsmittel benutzt. Mit zunehmender Hispanisierung werden sie funktional wertlos und schrumpfen zu einem folkloristischen Rest. Vgl. KUMMER 1980.

3.1.4. Puerto Rico

Puerto Rico nimmt innerhalb der spanischsprachigen Welt eine Sonderstellung ein: *El Estado Libre y Asociado de Puerto Rico* – so der amtliche Name – ist ein spanischsprachiges Land in einem englischsprachigen Staat (USA).

---

[7] Vgl. ZIMMERMANN 1992 (Sprachsituation); zur Hispanisierung HEATH 1972, CONTRERAS GARCÍA 1985–1986 (Bibliographie).

[8] Vgl. SUÁREZ 1983 (konzise Gesamtdarstellung); zur geographischen Verbreitung der rund 50 Indianersprachen vgl. den Kartenanhang des *Atlas cultural de México*.

Puerto Rico wurde 1493 spanisch. Nach der politischen Emanzipation der spanischen Kolonien des Festlandes, Anfang des 19. Jh., bildete es zusammen mit Cuba und den Philippinen den Rest des alten spanischen Kolonialreiches. 1898 wurde Spanien durch eine US-amerikanische Militäraktion (Cubakrieg) gezwungen, Puerto Rico und die Philippinen an die USA abzutreten und Cuba in die Selbständigkeit zu entlassen. Die Puertoricaner erhielten 1917 die US-Bürgerschaft – und damit Niederlassungsfreiheit in den USA –, nicht aber das Wahlrecht: Puerto Rico ist kein Bundesstaat der USA. Der jetzige Status der Insel (seit 1952) mit innerer Autonomie bei militärischer, wirtschaftlicher und außenpolitischer Anbindung an die USA wurde 1967 und 1993 in Volksabstimmungen von 60 % bzw. 48 % der Wähler gebilligt, 39 % bzw. 46 % sprachen sich für die Umwandlung in einen US-Bundesstaat aus *(estadidad)*, der Rest für die volle Unabhängigkeit. Das Hauptargument gegen die *estadidad* ist sprachlich-kultureller Art, nämlich die Befürchtung, Puerto Rico würde als 51. Bundesstaat der USA seine hispanische Identität verlieren.

Trotz mehr als 95 % Spanischsprecher gibt es in Puerto Rico eine Sprachenfrage, nämlich die Stellung des Englischen in Bildungswesen und Gesellschaft. Die Sprachenfrage ist bedingt durch die nachspanische Geschichte der Insel. Nach der Annexion 1898 zielte die US-Sprachpolitik auf eine rasche Anglisierung der spanischsprachigen Bevölkerung: schon 1903 wurde im Schulwesen Englisch als Unterrichtssprache – nicht als Unterrichtsfach! – verbindlich (EPSTEIN 1970, 56). Die Anglisierungspolitik scheiterte und führte dazu, daß die spanische Sprache zum nationalen Identitätsmerkmal der Puertoricaner wurde: Seit 1948 ist Spanisch im öffentlichen Schulwesen – nicht im privaten – Unterrichtssprache und Englisch Unterrichtsfach. Sprachsoziologisch ist Englisch aber nicht eine ‚Fremdsprache': Es hat für die Puertoricaner, von denen die Hälfte in den USA lebt, die Funktion einer Zweitsprache – für zahlreiche Rückwanderer auch die einer Erstsprache. Durch den Sprachkontakt ist der englische Einfluß auf das puertoricanische Spanisch beachtlich, vor allem in der fachsprachlichen Lexik (vgl. LÓPEZ MORALES 1979 und 1987) und in der Phraseologie *(Te llamaré para atrás < I will call you back)*.

3.2. Spanisch als dominante Sprache

Spanisch ist dominante Sprache in Paraguay, den Andenländern Bolivien, Ecuador, Peru sowie in Guatemala und – bis 1960 – Mexiko. Außer in Paraguay bestanden in vorkolonialer Zeit auf dem Boden dieser Staaten großräumige, dichtbesiedelte indianische Herrschaftsgebiete: das Aztekenreich (Mexiko), die Maya-Kultur (Halbinsel Yucatán, Guatemala) und das Imperium der Inka (Bolivien, Ecuador, Peru). Nach der Eroberung (Conquista) bildete dieser altindianische Kulturraum den Kern des spanischen Kolonialreiches, mit den Zentren México und Lima.

27

Die spanischsprachige Welt

Staat	Volks-zählung	Sprachzugehörigkeit (in %)			
		Spanisch (monolingual)	Spanisch + Indianersprache (bilingual)[1]	Indianer-sprache[2] (monolingual)	Sonstige[3]
Bolivien	1950	35,9		63,8	0,3
	1976	37,2	40,5	22,3	–
Ecuador	1950	85,7	6,5	7,0	0,7
Guatemala	1950	59,4		40,3	0,3
Mexiko	1900		86,0	14,0	–
	1940	85,0	7,5	7,1	0,4
	1950	88,3	7,6	3,6	0,5
	1970	92,1	5,7	2,2	–
	1990	90,8	6,3	1,2	1,7
Paraguay	1950	4,7	53,8	40,1	1,4
	1962	4,4	48,4	45,0	2,2
	1982	6,5	48,6	40,1	4,8
Peru	1940	46,7	16,6	35,0	0,7
	1961	60,0	19,1	19,5	0,4
	1981	73,0	15,8	8,5	2,7

Tab. 2: Sprachzugehörigkeit im dominant spanischsprachigen Amerika

Quellen

Bolivien 1950: *DY* 1956; 1976 (vorläufige Daten): ALBÓ 1979, 322.
Ecuador 1950: *DY* 1956.
Guatemala 1950: *DY* 1956.
Mexiko 1900: *Meyers Konversationslexikon*, 6. Aufl., Bd. 13, Leipzig-Wien 1909, 733; 1940: MAYER/MASFERRER 256; 1950: *DY* 1956; 1970: *DY* 1971; LASTRA DE SUÁREZ 1978; 1990: *Censos generales de población y vivienda*, 1990.
Paraguay 1950: *DY* 1956; 1962: MINISTERIO DE HACIENDA: *Censo de población y vivienda* 1962, Asunción 1966, Tab. 5, 6; 1982: *DY* 1988.
Peru 1940, 1961: PARKER 1973, 68 f.; 1981: *DY* 1988.

---

[1] ‚Bilingual' heißt hier: Kommunikationsfähigkeit in zwei Sprachen; in den wenigsten Fällen wird der Bilinguale beide Sprachen perfekt beherrschen.
[2] Hauptsprachen: Aimara (Bolivien, Peru); Guaraní (Paraguay); Náhuatl, Maya(sprachen), Zapoteco, Otomí (Mexiko); Quechua (Bolivien, Ecuador, Peru); Quiché, Mam (Guatemala).
[3] Andere Sprachen oder keine Angaben.

28

Das Aztekenreich wurde 1519–1521 von den Spaniern unter Hernán Cortés erobert, Peru 1530–1535 von Francisco Pizarro; die Unterwerfung der Maya-Gebiete zog sich bis 1546 hin.
Die von den Konquistadoren gegründeten Städte México (1521) und Lima (1535) wurden Sitz der obersten Territorialbehörden des Kolonialreiches: des Vizekönigreiches Nueva España (seit 1535), das die spanischen Herrschaftsgebiete der Karibik, Mittel- und Nordamerikas umfaßte, und des Vizekönigreiches Peru (seit 1543), zu dem mit Ausnahme Venezuelas das gesamte spanische Südamerika bis einschließlich Panama gehörte. Im 18. Jh. wurden von Peru zwei neue Vizekönigreiche ausgegliedert: Nueva Granada mit der Hauptstadt Bogotá (1739) und Río de la Plata mit der Hauptstadt Buenos Aires (1776).
Die Vizekönigreiche waren in Gerichtsbezirke (Audiencias) unterteilt; die heutigen Staatsgrenzen in Spanisch-Amerika gehen teilweise auf die Grenzen der Audiencias und deren Untergliederung zurück (vgl. Pietschmann 1980, 182–185).

Die Bevölkerung der dominant spanischsprachigen Staaten besteht größtenteils aus Indios und Mestizen (in Paraguay fast nur Mestizen); der Anteil der Weißen – außer in Paraguay meist kolonialspanischer Abstammung – beträgt weniger als 15 %; der afro-amerikanische Anteil (Mexiko, Guatemala, Ecuador) ist gering.

Aufgrund der Volkszählungsdaten kann man die Bevölkerung in vier Sprachgruppen einteilen: (1) spanischsprachige Monolinguale, (2) Bilinguale (Spanisch + Indianersprache), (3) indianischsprachige Monolinguale, (4) Sonstige. Die Verteilung dieser Sprachgruppen ist in den einzelnen dominant spanischsprachigen Staaten unterschiedlich (Tab. 2), doch soweit Verlaufsstatistiken vorliegen von ähnlicher Entwicklungstendenz; Ausnahme: Paraguay.
Aus Tab. 2 – auch wenn die absoluten Werte Erhebungsfehler enthalten (vermutlich ist der Anteil Indianischsprachiger höher) – erkennt man deutlich zwei Tendenzen.

○ Der Anteil indianischsprachiger Monolingualer geht massiv zurück. Hierfür sind zwei Gründe maßgebend: die zunehmende Einbindung der indianischen Siedlungsgebiete in das nationale Wirtschaftsleben und die durch Überbevölkerung und wirtschaftliche Not erzwungene Abwanderung der Indios in die städtischen, spanischsprachigen Regionen.

Das Ausmaß der Binnenwanderung zeigen am Beispiel Perus folgende Daten (Smith 1988, Tab. 7): 1940 lebten im Hochland *(sierra)*, dem traditionellen Lebensraum der Indios, 64 % der Peruaner, 1981 nur noch 37 %; hingegen wuchs der Bevölkerungsanteil der spanisch besiedelten Küstenregion *(costa)* von 28 % auf 50 %, und in der Ost- und Urwaldregion *(selva)* von 8 % auf 13 %. Von den Einwohnern der peruanischen Großstädte waren 1970 fast die Hälfte zugewandert, z. B. in Lima – wo derzeit fast ein Drittel der peruanischen Bevölkerung lebt – 43,5 %. Bereits 1961 lebten 21 % der peruanischen Bevölkerung außerhalb ihrer Geburtsprovinz (Sandner/Steger 1973, 55). Diese Mobilität erfordert und verbreitet die Kenntnis der überregionalen Verkehrssprache Spanisch (vgl. die Fallstudie Gugenberger 1990 für Arequipa).

○ Der Rückgang der indianischsprachigen Monolingualen führt zunächst zu einem Anstieg der zweisprachigen Bevölkerung (Spanisch + Indianersprache). Für die langfristige Entwicklung ist nun entscheidend, ob diese Zweisprachigkeit sich stabilisiert, also von der Eltern- an die Kindergeneration weitergegeben wird, oder nur eine Zwischen-stufe auf dem Weg vom indianisch- zum spanischsprachigen Monolingualismus darstellt. Letzteres scheint die Entwicklungsrichtung zu sein, deutlich sichtbar in Mexiko und Peru, wo bei der indianischsprachigen Bevölkerung ein zweifacher Sprachwechsel in den letzten Jahrzehnten stattfand: Einerseits vom Monolingualismus zum Bilingualismus (Spanisch + Indianersprache), andererseits von diesem Bilingualismus zum spanischsprachigen Monolingualismus – was praktisch heißt, daß die Kinder der bilingualen Elterngeneration überwiegend monolinguale Spanischsprecher sind. Die Zweisprachigkeit war also in der Generationenfolge ein Übergangsstadium zwischen der nur indianischsprachigen Groß-eltern- und der nur spanischsprachigen Enkelgeneration.

Das sprachpolitische Problem der Mehrsprachigkeit stellt sich für die dominant spanisch-sprachigen Staaten in unterschiedlicher Form.

3.2.1. Ecuador, Guatemala, Peru, Bolivien

In Ecuador hat die Sprachenfrage kein nationales Gewicht, sie stellt sich – wie in Mexiko – nur regional, in Gebieten mit hohem indianischen Bevölkerungsanteil.

Die mono- oder bilinguale indianischsprachige Bevölkerung, in der Regel Quechua-Sprecher, ist allerdings weit größer als die Volkszählung 1950 vermuten läßt: CERRÓN-PALOMINO (1987; ähnlich GLEICH 1989) schätzt sie auf 2 Mio bzw. 20–25 %.

In Peru, Bolivien und Guatemala ist die Sprachenfrage ein nationales Problem, sie betrifft direkt etwa die Hälfte der Bevölkerung. Die Sprachzugehörigkeit ist verbunden mit der Zugehörigkeit zu einer Kulturgruppe, und Sprachwechsel bedeutet Kulturwechsel.

Am schärfsten ausgeprägt hat sich der Gegensatz zwischen der spanisch- und indianisch-sprachigen Kultur, zwischen *ladinos* (so der Name der hispanisierten Schicht) und *indios* (indígenas) in Guatemala. Auf der politischen Ebene zählen nur die Ladinos:

El ladino «soporta el lastre del indígena» ... Por ello, la representatividad de la *nación*, de lo *nacional* y lo *patriótico* ha sido asumida por el ladino y, a los ojos de éste ..., lo *folklórico*, lo *exótico* y lo *turístico* corre por cuenta del indio. (GUZMÁN-BÖCKLER/HERBERT 1972, 101 f.)

Nach diesem Ansatz kann die Lösung der Sprachenfrage nur in der Assimilation *(ladini-zación)* der Indios liegen – ein Prozeß, der Mitte der 70er Jahre, im Zuge der Bekämpfung einer indigenen Guerilla, gewaltsam vorangetrieben wurde durch Umsiedlung, Zer-störung der indianischen Dörfer usw. (vgl. ARIAS 1990). Die neue guatemaltekische Verfassung (1985) sieht die kulturelle Förderung der – insgesamt 23, meist mayasprachi-gen – «comunidades indígenas» vor.

In Peru wurde von der Militärregierung unter Velasco Alvarado (1968–1975) eine neue Sprachpolitik eingeleitet. Sie ging davon aus, daß beide Kulturen des Landes, die hispanische und die indianische, gleich wichtig für die Bildung der peruanischen Nation *(peruanidad)* seien und deshalb politisch gleichberechtigt sein sollten. Entsprechend wurde 1975 das Quechua, die verbreitetste Indianersprache (knapp 90 % der indianisch-sprachigen Mono- und Bilingualen), als Amtssprache mit dem Spanischen gleichgestellt:

Reconócese el quechua, al igual que el castellano, como lengua oficial de la República.

Übersetzung
Quechua gilt wie Spanisch als Amtssprache der Republik [Peru].

Diese Gleichstellung, die faktisch nicht durchführbar war, wurde in der Verfassung von 1979 zurückgenommen, die den Indianersprachen nur noch eine regional und funktional eingeschränkte Geltung als Amtssprache zuerkennt; der entsprechende Artikel 83 lautet:

El castellano es el idioma oficial de la República. También son de uso oficial el quechua y el aimara en las zonas y la forma que la ley establece. Las demás lenguas aborígenes integran así mismo el patrimonio cultural de la nación.

Übersetzung
Die Amtssprache der Republik [Peru] ist Spanisch. Ebenfalls als Amtssprache gelten Quechua und Aimara in den gesetzlich festgelegten Gebieten und Formen. Auch die sonstigen Eingeborenen-sprachen sind Bestandteil des kulturellen Erbes der [peruanischen] Nation.

Nach der faktischen Sprachsituation ist Peru zwar ein zwei- oder mehrsprachiges Land, aber die beiden Hauptsprachen Spanisch und Quechua sind nicht gleichwertig. Es besteht kein Sprachenpluralismus – wie z. B. in der Schweiz und in Belgien –, sondern eine Sprache dominiert, nämlich Spanisch. Die Zweisprachigkeit Spanisch-Quechua ist asym-metrisch, der Übergang von einer zur anderen Sprachgruppe läuft nur einseitig ab (von Quechua zu Spanisch), und der Geltungsbereich beider Sprachen verändert sich in bezug auf Sprecherzahl, Sprachgebiet und Sprachverwendung zugunsten des Spanischen.[9]

Unter Bilingualen stellt sich die Sprachenfrage individuell in der Form: Wer spricht wann zu wem in welcher Sprache[10]?
Die Quechua-Spanisch-Bilingualen sprechen Quechua nur noch in der bäuerlichen Welt, im privaten Bereich und bei Folklore; die Sprache schriftlicher Kommunikation, von Politik, Kultur, Technik und Wissenschaft, von Handel und Berufsleben ist in der Regel Spanisch. Wird in letzteren Bereichen Quechua verwendet, so in hispanisierter Form: ALBÓ 1979, 317 ermittelte für Gespräche auf Quechua über Politik und Wissenschaft einen Wortanteil von 41 % bzw. 48 % Hispanismen.

---

[9] Zur Diglossiesituation ESCOBAR 1990 und GLEICH 1992.
[10] Vgl. MOLES 1974 zur Sprachwahl bilingualer Indios in Arequipa; GNÄRIG 1981 zur Sprachwahl auf der Insel Taquile (Titicacasee) und in der indigenistischen Literatur.

In der Wissenschaft hat der bikulturelle Reformversuch in Peru zu einer vermehrten Beschäftigung mit den nichtspanischen Sprachen und Kulturen geführt – «in the last few years the quantity and quality of studies in Quechua and Aimara has sharply increased» (ALBÓ 1979, 320) –, teils in Verbindung mit Modellversuchen zur zweisprachigen Erziehung (Übersicht bei v. GLEICH 1989, 318–355).

In Bolivien, wo fast zwei Drittel der Bevölkerung mono- bis bilingual indianischsprachig sind, kam es erst Ende der 80er Jahre zu einer gewissen Aufwertung der Indiosprachen; vorher galt Spanisch uneingeschränkt als Herrschafts- und Prestigesprache der *gente decente*[11].

3.2.2. Paraguay[12]

Die Sprachsituation in Paraguay ist durch folgende Merkmale gekennzeichnet:

O Etwa die Hälfte der Bevölkerung ist bilingual (Spanisch-Guaraní), nur ein kleiner Teil monolinguale Spanischsprecher.

O Die Indianersprache, das Guaraní, gilt nicht als sozial minderwertig, sondern besitzt einen hohen nationalen Identifikations- und Gefühlswert: ein echter Paraguayer muß Guaraní sprechen können – wie ein echter Deutsch-Schweizer Schwyzertütsch.

O Spanisch ist fast uneingeschränkt Amts- und Unterrichtssprache sowie Sprache des öffentlichen Lebens.

Aufgrund dieser Merkmalkombination nimmt Paraguay unter den dominant spanischsprachigen Staaten eine sprachliche Sonderstellung ein.

Wie ist diese Sprachsituation entstanden und zu bewerten? Das Binnenland Paraguay hat sich isoliert vom übrigen Spanischamerika entwickelt. Wegen der geringen Anzahl spanischer Kolonisatoren und der raschen Mestizierung konnte es nicht, wie in Peru und Mexiko, zur Ausbildung einer weißen, nur spanischsprachigen Herrenschicht und entsprechender Unterdrückung der Indiobevölkerung kommen.

Der La Plata-Raum wurde von den Spaniern nach der Eroberung Mexikos und Perus erschlossen: 1536 Gründung von Buenos Aires – das 1540 aufgegeben werden mußte –, 1537 Asunción mit Unterstützung der ansässigen Guaraní-Indianer. Von Asunción gingen in den folgenden Jahrzehnten Eroberungszüge aus, zunächst Richtung Peru auf der Suche nach El Dorado, später in den La Plata-Raum, was 1580 zur Neugründung von Buenos Aires führte.

---

[11] Zur Sprachsituation vgl. GUITIÉRREZ MARRONE 1980, GLEICH 1992, 54–56.
[12] Zur sprachpolitischen Situation vgl. RUBIN 1968 und 1978; grundlegend CORVALÁN/GRANDA 1982. Zur Geschichte des Sprachkontaktes Guaraní–Spanisch MELIÁ 1992.

Anfang des 17. Jh. wurde das La Plata-Gebiet von Paraguay administrativ abgetrennt, und letzteres blieb eine Binnenprovinz des spanischen Kolonialreiches, wirtschaftlich unergiebig und mit wenig Außenkontakt. Die spanischen Erstkolonisatoren vermischten sich völlig mit den einheimischen Guaraníes: Schon 1575 soll die Zahl der Mestizen in Asunción 10 000 betragen haben, die der Spanier nur noch 280 (SANDNER/STEGER 1973, 363). Die Isolierung Paraguays wurde verstärkt durch die Missionspolitik der Jesuiten (seit 1609), welche die Indianer in festen Niederlassungen *(reducciones)* ansiedelten, wo sich bis zur Ausweisung der Jesuiten (1767) ein wirtschaftlich autarkes und politisch halbunabhängiges Sonderleben unter geistlicher Autorität entwickelte (Jesuitenstaat).

Als Verkehrssprache setzte sich in Paraguay die Sprache der mit den Spaniern kooperierenden Guaraní-Indianer durch; Spanisch blieb im wesentlichen auf schriftsprachliche Funktionen beschränkt.

Die heutige Sprachsituation Paraguays ist gekennzeichnet als eine sozial verbreitete, stabile Zweisprachigkeit, in der beide Sprachen relativ getrennte Funktionsfelder haben (Diglossie). Guaraní wird allgemein im ländlichen Bereich verwendet, wo die breite Mehrheit der Bevölkerung monolinguale Guaranísprecher sind. Im städtischen, überwiegend bilingualen Bereich kommt Guaraní nur in informellen Sprechsituationen zwischen miteinander vertrauten Personen vor; in formellen Situationen und zwischen weniger bekannten Personen ist Spanisch die Regel.

Im Rahmen der Zweisprachigkeitssituation Paraguays ist allerdings Spanisch die dominierende Sprache, die Sprache des sozialen Aufstiegs; das kommt einprägsam in den guaranitischen Sprachnamen für Spanisch *karai ñe'ê* „Sprache des Herren" und Guaraní *ava ñe'ê* „Sprache des einfachen Mannes" zum Ausdruck (BAREIRO SAGUIER 1990, 5). In der Schule ist Guaraní erst seit 1971 Unterrichtsfach, zweisprachiger Unterricht (vgl. CORVALÁN 1989) ist seit 1981 möglich. Nach der Verfassung von 1967 galten Spanisch und Guaraní als ‚nationsbildend' *(idiomas nacionales)*, aber nur Spanisch als Amtssprache. In der Verfassung von 1992 (Art. 140) wurde auch Guaraní offizialisiert – mit welchen praktischen Folgen, bleibt abzuwarten:

El Paraguay es un país pluricultural y bilingüe.
Son idiomas oficiales el castellano y el guaraní.
La ley establecerá las modalidades de utilización de uno y otro.

Zum Ausdruck abstrakterer Sachverhalte ist Guaraní in seiner heutigen, nichtstandardisierten Form ungeeignet. Es wird deshalb häufig mit zahlreichen Hispanismen durchsetzt, was eine Art guaraní-spanischer Mischsprache *(jopara)* ergibt.

Die Zahlwörter auf Guaraní gehen nur von 1 bis 4; ab 5 muß man auf Spanisch zählen. Selbst gebildete Bilinguale sind nicht in der Lage, Sätze wie *La raíz cuadrada de cuatro es dos* „Die Quadratwurzel von vier ist zwei" ins Guaraní zu übersetzen (RONA 1966, 290).

3.3. Spanisch als Minderheitensprache

Spanisch ist Minderheitensprache in den USA und in Belize. ‚Minderheitensprache'
besagt einmal, daß diese Sprache innerhalb eines Staates nicht dominant ist (objektives
Merkmal), zum anderen, daß deren Sprecher sich ihrer Identität als Sprachgruppe
bewußt sind und sie bewahren wollen (subjektives Merkmal). Die sprachliche Minderheit
unterscheidet sich häufig auch in ethnischer, kultureller und religiöser Hinsicht von der
Mehrheit einer Staatsbevölkerung, wodurch das Minderheitenbewußtsein verstärkt wird.

3.3.1. Vereinigte Staaten von Amerika[13]

Die spanischsprachige Bevölkerung bildet heute die bei weitem stärkste nichtenglische
Sprachgruppe der USA, vor der deutsch-, französisch- und italienischsprachigen (1990:
jeweils knapp 2 Mio). Als einzige nichtenglische Sprachgruppe hat sie in der geschichtlichen Entwicklung der USA zugenommen und ein Minderheitenbewußtsein entstehen
lassen.

Jahr	Anzahl	% der Bevölkerung
1850	118 000[a]	0,5
1880	333 000[a]	0,6
1910	448 000[b]	0,5
1940	1 861 000[a]	1,4
1960	3 335 000[a]	1,8
1970	7 823 000[b]	3,8
1980	14 588 876[c]	6,4
1990	22 354 000[c]	8,9[d]

Tab. 3: Spanischsprachige Bevölkerung in den USA 1850–1990 (ohne Puerto Rico)

Quellen

1850–1970: Macías 1979, 32 ff. und 46; 1980–1990: *The world almanac and book of facts 1993*,
New York 1992, 308.

[a] Schätzung auf der Basis von Volkszählungsdaten.
[b] Volkszählung, Erhebungsmerkmal: «Mother tongue of [1910: white] foreign born and of [white]
native of foreign or mixed parentage».
[c] Volkszählung, Erhebungsmerkmal ‚spanischstämmig': «Is this person of Spanish/Hispanic origin
or descent?». 1980 waren 86 % der Spanischstämmigen auch Spanischsprecher *(home language)*.
[d] Davon 40 % im Ausland geboren.

---

[13] Vgl. Kloss 1977 (historisch grundlegend), Wherritt/García 1989, Coulmas 1990.

Bevölkerungsstatistisch wird die spanischsprachige Minderheit *(Hispanics)* der USA nach vier Herkunftsgruppen klassifiziert: a) Mexiko-Amerikaner (Volkszählung 1990: 61 %), b) Cubaner (5 %), c) Puertoricaner (12 %) und d) Sonstige *(other Hispanics:* 22 %); die Zuordnung beruht auf Selbsteinschätzung der Befragten.
Im Zuge der Bürgerrechtsbewegung der 60er Jahre erreichten die Hispanics, daß ihre bisherige sprachliche und rassische Diskriminierung[14] gegenüber der Kultur der *Anglos* in gewissem Umfang abgebaut wurde. Im Unterrichtswesen sind seit dem *Bilingual Education Act* von 1968 bilinguale und bikulturelle Schulformen für Kinder mit «limited English proficiency» (LEP) möglich[15]. Im Gesetzentwurf hieß diese Bezugsgruppe «students whose mother tongue is Spanish and to whom is English a foreign language» (EPSTEIN 1970, 235) – ein deutlicher Hinweis, daß das Problem sich vor allem für die spanischsprachigen US-Amerikaner stellte.

Der *Bilingual Education Act* ist gesetzgeberisch mehrmals verändert worden mit dem Ziel, eine rasche Anglisierung der LEP-Gruppe zu erreichen; dabei hat der zweisprachige Unterricht nur eine zeitweise Hilfsfunktion («transitional bilingual education») zur besseren Erlernung des Englischen.
Das schulische Problem der sprachlichen Integration ist in den USA enorm: Für das Jahr 2000 wird die Zahl der 5–14jährigen LEP-Schüler auf 3,4 Mio geschätzt.

Gegen den sprachlichen Pluralismus hat sich in den 80er Jahren die Bewegung «English Only» formiert, die in einer Reihe von Einzelstaaten einen Verfassungszusatz *(English Language Amendment)* durchsetzte, der Englisch zur Amtssprache erklärt (vgl. LOWREY 1992).

Eine Anglisierung der spanischsprachigen Minderheit ist derzeit nicht zu erwarten: Zum einen haben die Hispanics eine eigene kulturelle Infrastruktur in Presse, Rundfunk und Bildungswesen aufgebaut; zum anderen wird der – im Vergleich zu anderen Einwanderergruppen langsamere – Sprachwechsel der zweiten und dritten Generation zum Englischen kompensiert durch die massive Zuwanderung neuer Muttersprachler: 1971–1980 kamen in die USA 1,5 Mio (legale) hispanische Einwanderer, 1981–1990: 3 Mio.

1973 wurde eine eigene Institution zur Pflege und Normierung des US-Spanischen gegründet, die Academia Norteamericana de la Lengua Española; mit ihrer Aufnahme in den Kreis der Academias de la lengua española (1980) wurde das US-Spanische sozusagen sprachlich anerkannt.

---

[14] Umfassende Darstellung bei GREBLER/MOORE/GUZMAN 1970; zur heutigen Situation ACOSTA-BELÉN/SJOSTROM 1988.
[15] Vgl. LEIBOWITZ 1980; über lfd. Projekte im Rahmen des *Bilingual Education Act* informiert das Mitteilungsblatt *Forum.* Zum bilingualen Unterrichtswesen FISHMAN/KELLER 1982; zur Soziolinguistik des spanisch-englischen Bilingualismus AMASTAE/ELÍAS-OLIVARES 1982, ELÍAS-OLIVARES et al. 1985.

a) Mexiko-Amerikaner

Am ausgeprägtesten ist das kulturelle und sprachliche Eigenbewußtsein bei der zahlenmäßig stärksten spanischsprachigen Minderheitengruppe, den Mexiko-Amerikanern, auch *Chicanos* (Kurzform von *Me-xicanos*) genannt oder *La Raza*. Siedlungsschwerpunkte sind die Südweststaaten Arizona, California, New Mexico und Texas *(Hispanic Southwest)*.

Der heutige Südwesten der USA gehörte zum spanischen Vizekönigreich Nueva España; es handelte sich um ein dünn besiedeltes, militärisches Vorfeld (Zentrum: Santa Fe) zum Schutz des kolonialen Kernlandes Mexiko, das Ende des 18. Jh. durch eine Reihe von Städte- und Missionsgründungen ausgebaut wurde: 1769 San Diego, 1776 San Francisco, 1781 Los Angeles.

Nach der Unabhängigkeit der spanischen Kolonien zu Beginn des 19. Jh. wurde dieses Gebiet Nordteil der Republik Mexiko (seit 1824). 1836 erklärte Texas mit US-Hilfe seine Unabhängigkeit von Mexiko und wurde 1845 in die USA aufgenommen. Nach dem mexikanisch-amerikanischen Krieg (1846–1848) – der u. a. zur Besetzung der mexikanischen Hauptstadt durch ein US-Expeditionskorps führte und die Beziehungen zwischen Mexiko und den USA bis heute belastet – mußte Mexiko alle Gebiete nördlich des Río Grande einschließlich Texas (insgesamt etwa 2,5 Mio km^2) an die USA abtreten.

Die heutigen Mexiko-Amerikaner sind außer in New Mexico (früher *Nuevo México*) meist nicht Nachfahren der damaligen, schätzungsweise 100 000 Bewohner, sondern der mexikanischen Einwanderer dieses Jahrhunderts. Die kolonialspanische Tradition und Volkskultur hat sich am stärksten in New Mexico erhalten, wo etwa 40 % der Bevölkerung Mexiko-Amerikaner sind, und sich die altansässige Bevölkerung als *Hispanos* „spanischer Herkunft" bezeichnet, um sich gegenüber den mexikanischen Zuwanderern ethnisch abzugrenzen.

b) Cubaner[16]

Eine bilinguale und bikulturelle Entwicklung zeichnet sich in Florida ab. Seit der cubanischen Revolution (1959) ließ sich hier rund die Hälfte der 1 Mio Cubaflüchtlinge nieder und machten Miami zum exilcubanischen Zentrum. Der Anteil der Hispanics (seit den 80er Jahren zunehmend aus Mittel- und Südamerika stammend) an der Bevölkerung des Großraumes Miami (1990: 1,9 Mio) beträgt heute knapp 50 % – gegenüber 5 % im Jahr 1960. Die Exilcubaner, zumeist der Mittelschicht angehörig – im Gegensatz zur *cultura de la pobreza* der Chicanos und Puertoricaner –, legen besonderen Wert auf die Bewahrung ihrer spanischen Sprache und Kultur.

Florida wurde am Palmsonntag *(Pascua florida)* 1513 von Ponce de León entdeckt und im Laufe des 16. Jh. von den Spaniern in Besitz genommen. 1821 mußte Spanien das weithin unerschlossene Land – die Zahl der weißen Einwohner betrug damals etwa 10 000, die der Indianer 4000 – unter militärischem Druck an die USA abtreten.

---

[16] Vgl. Solé 1982, Roca 1991.

c) Puertoricaner

Die Puertoricaner in den USA zeigen sich weniger sprachbewußt als die Chicanos und Cubaner. In New York, wo 1990 rund 1 Mio Puertoricaner lebten (doppelt soviel wie in San Juan, der Hauptstadt Puerto Ricos), ist die Anglisierung des Spanischen so stark, daß es abwertend als ‚Spanglish' bezeichnet wird. Beispiele: *rufa* < engl. *roof* statt *techo* „Dach", *furnitura* < engl. *furniture* statt *mueble* „Möbel", *estoy teniendo problemas* < engl. *I am having problems* statt *tengo problemas* „ich habe Probleme". Die in New York aufgewachsenen Puertoricaner *(Nuyoricans)* sind häufig weder im Englischen noch im Spanischen voll sprachkompetent (vgl. die klassische Studie FISHMAN et al. 1971).

Im Gedicht «Dos worlds» von Henry I. Padron (zit. nach ZENTELLA 1990) wird das sprachlich-kulturelle Identitätsproblem der US-Puertoricaner folgendermaßen in der bilingualen Technik des Kodewechsels *(code-switching)* formuliert:

Nuestra juventud en tremendo lío están
they don't know from where they vienen
y no saben to where they van.

3.3.2. Belize

Allgemeine Verkehrssprache in Belize ist ein kreolisiertes Englisch *(Honduras Creole Englisch)*, Amts- und Unterrichtssprache ist Standardenglisch. Spanisch gilt – wie Standardenglisch – als Prestigesprache.

Die Ostküste des Golfs von Honduras – bereits von Kolumbus entdeckt – wurde von den Spaniern nicht besetzt; seit Mitte des 17. Jh. war sie britisches Einflußgebiet, 1763 erkannte Spanien den britischen Besitzstand an. 1981 wurde Belize unabhängig.
Die kreolsprachige Bevölkerung ist größtenteils afroamerikanischer Herkunft; die Spanisch-sprachigen (Mestizen, Weiße) wanderten Mitte des 19. Jh. als Flüchtlinge aus Mexiko ein, seit den 70er Jahren aus Zentralamerika. Die spanische Sprachgruppe hebt sich prestigemäßig von der kreolsprachigen ab, was sich z. B. am Heiratsverhalten zeigt: «it is common for Creole men to want to marry Spanish girls, but few Spanish men want to marry Creole girls» (LE PAGE 1975, 549).

3.4. Pidgin- und Kreolsprachen[17]

Die kolonialsprachliche Situation – das heißt: der Kontakt zwischen einer sozial niedrigen, einheimischen oder umgesiedelten Bevölkerung und einer anderssprachigen

---

[17] Zur Begriffsbestimmung vgl. BOLLÉE 1977.

Herrenschicht – hat in den überseeischen Besitzungen Spaniens nur sporadisch zur Ausbildung von Pidgin- oder Kreolsprachen geführt.

Ein ‚Pidgin' ist die vereinfachte Version einer Basissprache, es dient in einer mehrsprachigen Gesellschaft für bestimmte, einfache Kommunikationszwecke als Verkehrssprache (Minimalwortschatz und Minimalgrammatik), ist aber niemands Muttersprache. Eine ‚Kreolsprache' ist ein elaboriertes, innerhalb einer Sprachgemeinschaft zur Muttersprache gewordenes Pidgin.

Einige pidgin- und kreolspanische Varietäten werden noch auf den Philippinen gesprochen (Zusammenstellung bei VOEGELIN 1977, 297), für Kolumbien ist das Palenquero in der Ortschaft San Basilio de Palenque (2500 E.) belegt (vgl. PATIÑO ROSSELLI 1989). Stabilisiert hat sich nur das Papiamento, das die Hauptsprache der Antilleninseln Aruba, Bonaire, Curaçao (*ABC*-Inseln) ist.

Die *ABC*-Inseln waren 1527–1634 spanisch, und sind seither niederländisch (z. Z. mit Autonomiestatus). Das Papiamento entstand, als die Inseln von den Niederländern zu einem Zentrum des Sklavenhandels ausgebaut wurden und war vermutlich ein portugiesisches Pidgin[18], gesprochen von aus Brasilien und den portugiesischen Sammellagern an der westafrikanischen Küste kommenden Sklaven. Seit Mitte des 18. Jh. hat sich das Papiamento – der früheste Text ist ein Brief von 1776 – unter Einfluß des spanischsprachigen benachbarten Festlandes zunehmend hispanisiert, insbesondere im Lexikon. Das Papiamento wurde 1956 zweite Amtssprache (nach dem Niederländischen) und ist heute die in Presse, Rundfunk, Handel und Verkehr (allerdings nicht im Bildungswesen) vorherrschende Sprache, wobei im öffentlichen Sprachgebrauch die Hispanisierung besonders stark ist (ANDERSEN 1974).
Die Volkszählung 1981 ergab folgende Erstsprachenverteilung auf den *ABC*-Inseln: 85 % Papiamento, 6 % Niederländisch, 5 % Englisch, 2 % Spanisch (TODD DANDARÉ 1989).

Typologisch gesehen ist das Papiamento mindestens ebenso dem Portugiesischen wie dem Spanischen zuzuordnen, es handelt sich um ein Hispanokreol.

Textprobe (GOILO 1974, 38)

Un muhé gordo a para riba un balansa kibrá i a pisa dies kilo.
Una mujer gorda se subió en una balanza rota y pesó diez kilos.

Wancito cu tábata mir'é a bisa su amigu:
Juan(c)ito que estaba mirándola dijo [a] su amigo:

Sigur é ta bashí paden.
Segur[amente] ella está vacía por dentro.

Kommentar

1. Aussprache: Seseo *(balansa, dies)*; ⟨h, sh, w⟩ werden wie dt. ⟨h, sch, w⟩ ausgesprochen. Kontraktion *mir'é* < *mira é*.

---

[18] Zu den Entstehungstheorien vgl. FERROL 1982, MUNTEANU 1991.

2. Morphologie: Das Papiamento kennt kein Genus *(un muhé)*, das Personalpronomen ist genus- und kasusneutral *(é* „er, sie, es, ihm, ihn, ihr"); nominaler Plural ist möglich, aber selten *(dies kilo)*. Die Verbalflexion ist analytisch und hat die Bauformel Personmorphem + Tempusmorphem + Infinitiv (vgl. Maurer 1988).

Übersicht: Verbalflexion im Papiamento (1. Person)

Tempusfunktion	Person-	+	Tempusmorphem[1]	+	Infinitiv	
Gegenwart	*mi*		*ta*		*bisa*	digo
Imperfektive Vergangenheit	*mi*		*tábata*		*bisa*	estaba diciendo
Vergangenheit	*mi*		*a*		*bisa*	dije, he dicho
Zukunft[2]	*mi*		*lo*		*bisa*	diré

[1] *ta* < *está, tábata* < *estaba, a* < *ha, lo* < pg. *logo* „dann".
[2] Häufiger: *lo mi bisa.*

4. Das Spanische im Mutterland

4.1. Sprachpolitische Lage

Auf der Iberischen Halbinsel bestehen zwei Staaten, Spanien und Portugal, aber vier Sprachen: Spanisch, Portugiesisch bzw. Galicisch, Katalanisch, Baskisch. Staats- und Sprachgrenzen decken sich nicht (vgl. Karten 2 und 3). Während Portugal mit Ausnahme einiger spanischsprachiger Grenzbezirke ein einheitliches Sprachgebiet bildet, gibt es in Spanien vier Sprachen mit folgenden Kerngebieten: Galicisch im Nordwesten, Baskisch im Baskenland und Nordnavarra, Katalanisch in den Regionen Katalonien, (Ost)Valencia, Balearen; Spanisch *(español)* oder Kastilisch *(castellano)* im Zentrum, Süden sowie auf den Kanarischen Inseln (vgl. Karten 2 und 3).

Kommentar

Bei der territorialen Gliederung des Spanischen Staates werden zwei Ebenen unterschieden:

○ Provinzen *(provincias)*; der Provinzname deckt sich in der Regel mit dem der Provinzhauptstadt.
○ Autonome Gemeinschaften *(comunidades autónomas)*.

Die Provinzeinteilung geht auf 1833 zurück, die Autonomen Gemeinschaften wurden bei der staatlichen Neugliederung nach der Verfassung von 1978 gegründet. Außer im Zentrum entsprechen die Grenzen der 17 Autonomen Gemeinschaften denen der historischen Regionen *(regiones históricas)* der früheren spanischen Kronländer. Karte 3 zeigt die alte Regionseinteilung.

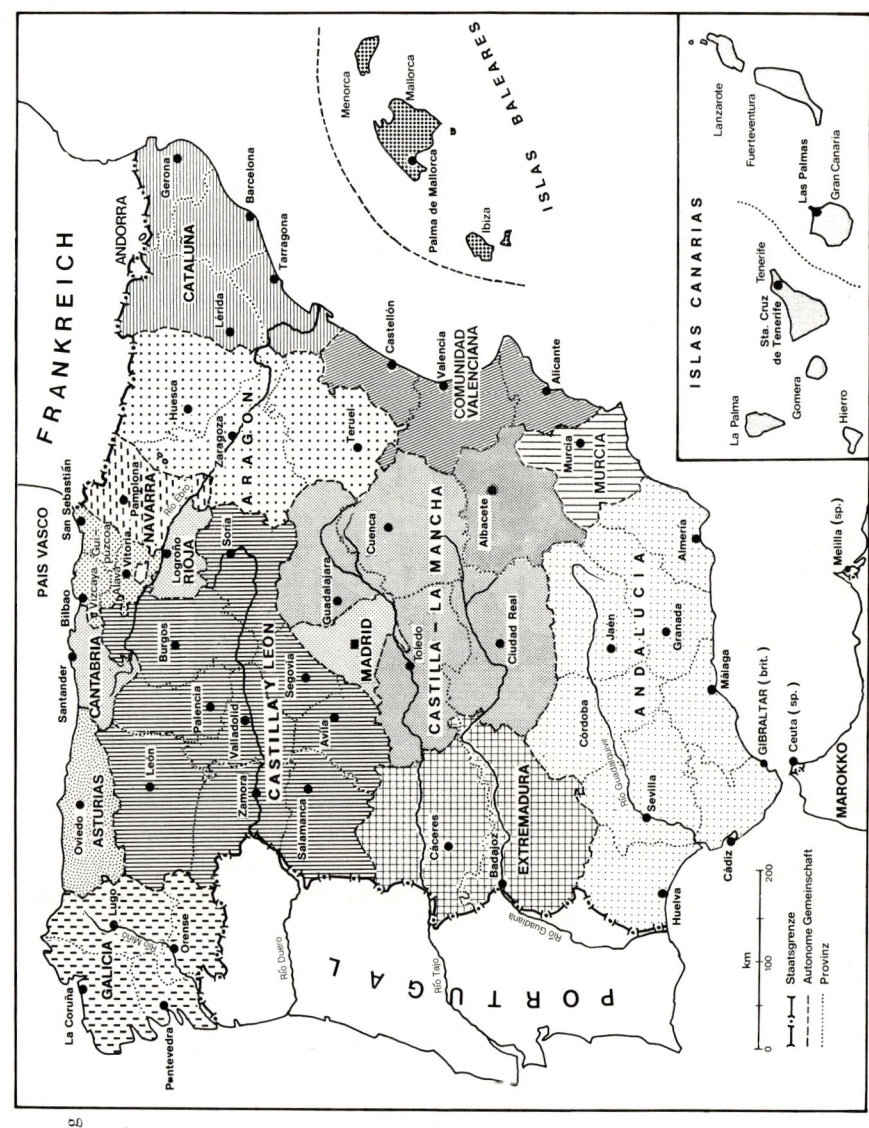

Karte 2:
Politische
Gliederung
der
Iberischen
Halbinsel

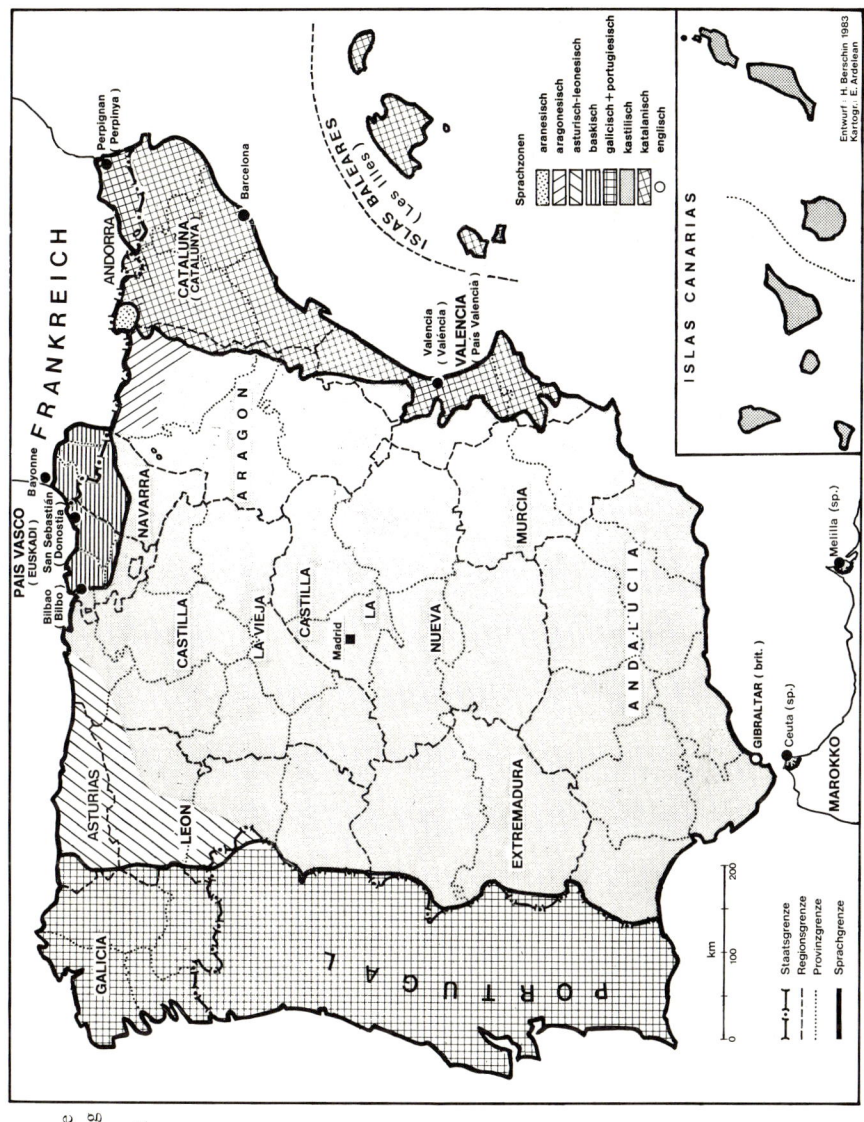

Karte 3:
Die
sprachliche
Gliederung
der
Iberischen
Halbinsel

Dominante Sprache in Spanien ist Spanisch; Galicisch, Baskisch und Katalanisch sind Minderheitensprachen. Die Minderheitensprachen übergreifen die Grenzen Spaniens: Das Galicische bildet typologisch gesehen mit dem Portugiesischen einen einheitlichen Sprachblock, das baskische und katalanische Sprachgebiet setzen sich in den Départements Pyrénées Atlantiques bzw. Pyrénées Orientales (Roussillon) nach Frankreich fort.

Vier Sprachen in Spanien: das heißt nicht, daß Spanien ein viersprachiger oder – allgemeiner – mehrsprachiger Staat ist, wie z. B. die Schweiz oder Belgien, mit Gleichberechtigung der verschiedenen Sprachgruppen. Spanien ist ein dominant einsprachiges Land mit regionaler Zweisprachigkeit; entsprechend bestimmt Art. 3 der Verfassung von 1978[19]:

1. El castellano es la lengua española oficial del Estado. Todos los Españoles tienen el deber de conocerla y el derecho a usarla.
2. Las demás lenguas españolas serán también oficiales en las respectivas Comunidades Autónomas de acuerdo con sus Estatutos.
3. La riqueza de las distintas modalidades lingüísticas de España es un patrimonio cultural que será objeto de especial respeto y protección.

Übersetzung
1. Unter den Sprachen in Spanien ist Kastilisch [Spanisch] die Amts- und Staatssprache. Alle Spanier haben die Pflicht, Kastilisch zu kennen, und das Recht, es zu verwenden.
2. Die übrigen Sprachen in Spanien gelten in den jeweiligen Autonomen Gemeinschaften gemäß ihren [Autonomie]Statuten ebenfalls als Amtssprache.
3. Der Reichtum der sprachlichen Vielfalt Spaniens stellt ein kulturelles Erbe dar, das besonders zu achten und zu schützen ist.

Die Formulierung «el castellano es la lengua española oficial» besagt erstens, daß Kastilisch bzw. Spanisch e i n e Sprache Spaniens ist – auch Baskisch, Galicisch und Katalanisch können als *lengua española* im Sinne von „Sprache in Spanien" bezeichnet werden – und zweitens, daß unter den Sprachen in Spanien Kastilisch als nationale Amtssprache eine Vorrangstellung hat. Die übrigen Sprachen können regional, also im Sprachgebiet der jeweiligen Minderheit, neben Spanisch als Amtssprache gelten. Die Schutzbestimmung in Abs. 3 bezieht sich nicht nur auf die vier Sprachen *(lenguas)* Spaniens, sondern alle Sprachvarietäten *(modalidades lingüísticas)*, etwa auch Aragonesisch, Asturisch-Leonesisch und Aranesisch.

Bei der Beratung des Art. 3 Abs. 1 in den Cortes gab der Sprachname Anlaß zu heftigen Debatten[20]. Der amtliche Entwurf lautete: «El castellano es la lengua oficial del Estado». Der Senat

---

[19] Zur juristischen Dokumentation des Sprachenartikels (einschließlich Verfassungsgerichtsurteile) AGUIAR DE LUQUE/BLANCO CANALES 1988, zur Interpretation PUIG SALELLAS 1990; zur aktuellen Sprachpolitik SALVADOR 1992.
[20] Vgl. MONTERO CARTELLE 1979, BERSCHIN 1982, LEBSANFT 1990b (Leserbriefecho); zur Geschichte der Sprachnamen *español* und *castellano* ALONSO 1943, ALVAR 1978, MONDÉJAR CUMPIÁN 1980.

veränderte, auf Vorschlag des Senators und Schriftstellers Camilo José Cela, zu: «El castellano o español es la lengua oficial del Estado». Die Kompromißformel der endgültigen Fassung: «El castellano es la lengua española oficial del Estado» behält einerseits den Sprachnamen *castellano* bei, bindet ihn aber an den Staatsnamen *español*.

4.2. Sprachstatistik

Die Zahl der Spanischsprecher in Spanien läßt sich nur grob abschätzen; eine Sprachstatistik für den Gesamtstaat gibt es nicht. Lediglich in den Minderheitenregionen werden sprachstatistische Daten erhoben, allerdings nur zur ‚Kenntnis‘ der Minderheitensprache; die Mutter- bzw. Erstsprache wird nicht ermittelt.

Region	Kenntnis der Minderheitensprache (in %)									
	Verstehen				**Sprechen**				**Muttersprache**	
	1970	1981	1986	1991	1970[a]	1981	1986	1991	1970	1986
Galicien	96	–	91	94	92 (72)	–	73	87	76	55
Baskenland	50	35	42[b]	46[b]	46 (27)	32	33[b]	36[b]	40	20
Katalonien	90	79	90	94	77 (55)	–	64	68	52	50
Balearen	94	–	89	89	91 (83)	–	70	72	84	64
Valencia	88	–	77	83	69 (40)	–	49	57	47	40

Tab. 4: Kenntnis der Minderheitensprache 1970–1986

Zur ‚Kenntnis‘ genügt eine gewisse Sprachkompetenz – z. B. in Katalonien 1986: «ser capaç de comprendre/mantenir una conversa en català sobre un tema corrent» –, die volle Kompetenz ist nicht notwendig (vgl. BOIX 1991).

[a] Überwiegender Gebrauch (Erstsprachenkriterium) der Minderheitensprache in ( ).
[b] Die Sprachstatistik unterscheidet zwischen Baskischsprechern *(euskaldunes)* und Spanischsprechern ohne bzw. mit Baskischkenntnis *(erdaldunes, cuasi-euskaldunes)*. Bei der Kategorie ‚Verstehen‘ werden euskaldunes und cuasi-euskaldunes zusammen gewertet, bei ‚Sprechen‘ die cuasi-euskaldunes nur zur Hälfte.

Quellen

1970: FUNDACIÓN FOESSA, Tab. 18.45, 18.51, 18.54; Stichprobenerhebung bei 1660 *amas de casa* „Hausfrauen".
1981: Baskenland: GOBIERNO VASCO 1983, 25; Katalonien: REIXACH 1990, Tab. 6; Volkszählung. Für die übrigen Regionen keine Daten.
1986: Galicien, Baskenland: SIGUAN 1992, 219 und 233; Katalonien, Balearen, Valencia: REIXACH Tab. 1; außer für Galicien (Schülerbefragung) Volkszählungsdaten. Muttersprache: SIGUAN 81 (Schätzung; Baskenland Volkszählung).
1991: Volkszählungsdaten.

Die Daten in Tab. 4 sind wegen der unterschiedlichen Grundgesamtheit und Erhebungs-
methoden nur bedingt vergleichbar, lassen aber zwei Tendenzen erkennen:
• Zwischen 1981/1986 und 1991 nahm die Kenntnis der Minderheitensprache in allen
Regionen zu – ein Trend, der sich vermutlich fortgesetzt.
• Die faktische Verankerung der Minderheitensprachen in der privaten Lebenswelt
(Anteil der Mutter- bzw. Erstsprachler) hat außer in Katalonien den Stand der 60er Jahre
noch nicht erreicht – trotz einer Sprachpolitik, die seit 1978 den Gebrauch der Minder-
heitensprache im öffentlichen Leben und Bildungswesen massiv fördert.

Die Förderung ist augenfällig im symbolischen Bereich: z. B. gibt im dominant spanischsprachigen
Bilbao die Stadtverwaltung einen Gebührennachlaß von 50 bzw. 25 % auf Firmen- und Reklame-
schilder, die nur auf Baskisch sind oder zweisprachig (VILLARROEL LÓPEZ 1990, 69).
In der Praxis läuft die ‚Förderung' der Minderheitensprache häufig auf eine Benachteiligung
(discriminación lingüística) der [Nur]Spanischsprecher hinaus – laut Umfrage (*Cambio16*
16./23. 9. 1991) sind 33 % der katalanischen und 28 % der baskischen Bevölkerung dieser Meinung.

Bei einer Gesamtbevölkerung Spaniens von 38,872 Mio (Stand 1991) sind rund 80 %
spanische Muttersprachler. Spanischkenntnisse haben praktisch 100 % – Spanisch ist also
die überregionale Gemeinsprache (Koine); als Erstsprache verwenden es schätzungsweise 75–80 %.

Legt man das Muttersprachenkriterium zugrunde, bilden die Spanischsprecher auch in den
Minderheitenregionen insgesamt knapp die Mehrheit der Bevölkerung, nämlich 8,5 Mio von
15,4 Mio (=55 %).

4.3. Minderheitensprachen[21]

Die Minderheitenregionen des spanischen Staates haben nicht nur eine sprachliche Sonderstellung, ihre regionale Identität beruht auch auf einer eigenständigen Tradition und
sozioökonomischen Struktur.
Am stärksten ausgeprägt ist das Regionalbewußtsein in Katalonien und im Baskenland,
den klassischen Industrieregionen Spaniens. Die hier Mitte des 19. Jh. einsetzende kulturelle und sprachliche Renaissance erweiterte sich Anfang des 20. Jh. zu einer politischen
Autonomiebewegung (1901 Gründung der Lliga Regionalista, 1906 des Partido Nacionalista Vasco); geschichtlich knüpfte sie an die früheren Landesrechte *(fueros)* an, welche
die Minderheitenregionen im spanischen Königreich besaßen (Katalonien bis 1714,
Baskenland bis 1876). Während der spanischen Republik (1931–1936) erreichte der poli-

---

[21] Allgemeiner Überblick in *Bilingüismo* 1982 und SIGUAN 1992 (Zusammenstellung der aktuellen
sprachstatistischen und sprachenrechtlichen Daten). Dokumentation der regionalen Sprach-
gesetzgebung bis 1989 in PETSCHEN VERDAGUER 1990, I, 378–384; 437–518.

tische Regionalismus Autonomiestatute für die Minderheitenregionen, die den Gebrauch des Katalanischen, Baskischen und Galicischen als regionale Amtssprachen vorsahen; wegen des Spanischen Bürgerkriegs (1936–1939) kamen sie allerdings außer in Katalonien (1932) nicht mehr zur Ausführung. Unter der Diktatur Francos (1939–1975) wurde das zentralstaatliche Regierungssystem wiederhergestellt. Der Gebrauch der Minderheitensprachen wurde bis Ende der 50er Jahre im öffentlichen Leben und Bildungswesen unterdrückt, danach dosiert im kulturellen Bereich zugelassen, nicht aber im politischen – die erste katalanische Tageszeitung nach dem Bürgerkrieg erschien 1976.

| Merkmal | Region | | | | |
	Galicien	Baskenland	Katalonien	Balearen	Valencia
Flächenanteil[1]	5,8 %	1,4 %	6,3 %	1,0 %	4,6 %
Bevölkerungsanteil[1]	6,9 %	5,4 %	15,4 %	1,9 %	10,0 %
Minderheitensprache	galicisch	baskisch	k a t a l a n i s c h		
Sprachgruppe	romanisch	nicht indogermanisch	r o m a n i s c h		
Spanisch (Muttersprache)[2]	45 %	80 %	50 %	36 %	60 %
autochthone Bevölkerung (1991)[3]	93,1 %	70,9 %	67,4 %	68,5 %	75,0 %
Pro-Kopf-Einkommen[4]	niedrig	gehoben	hoch	hoch	mittel
Erwerbstätigkeit überwiegend in	Landwirtschaft + Fischerei	Dienstleistungen + Industrie		Dienstleistungen	
Autonomiebewegung	schwach	stark	stark	mäßig	mäßig

Tab. 5: Kenndaten der minderheitssprachigen Regionen Spaniens

[1] Stand 1991: Spanien insgesamt (= 100 %) 504 782 km² und 38,872 Mio E.
[2] Stand 1986; Berechnung: 100 % – % minderheitensprachige Muttersprachler (vgl. Tab. 4).
[3] Anteil der in der Region Geborenen an der Wohnbevölkerung.
[4] Stand 1991; gemessen am Mittelwert (= 100 %) schwankte das Pro-Kopf-Einkommen zwischen 65 % (Extremadura) und 132 % (Balearen).

Die Verfassung von 1978 hat die staatliche Diskriminierung der Minderheitensprachen beendet. In den Autonomiestatuten der fünf Minderheitenregionen wurde gemäß Art. 3 Abs. 2 der spanischen Verfassung die jeweilige Minderheitensprache als regionale Amtssprache mit dem Spanischen gleichgestellt (in Navarra für die baskische Sprachzone); darüberhinaus soll ihr Gebrauch gefördert werden, wozu entsprechende Gesetze zur sprachlichen ‚Normalisierung' erlassen wurden. Die Autonomiestatute von Aragón und Asturien enthalten eine Schutzbestimmung für die regionale Sprachvarietät gemäß Art. 3 Abs. 3.

Faktisch sind die Minderheitenregionen heute sprachliche Kontakt- und Konfliktzonen. Sprachpolitisch bleibt zweierlei festzuhalten. Erstens: Die Kastilianisierungspolitik des spanischen Staates ist gescheitert. Zweitens: Der Einfluß des Spanischen als dominante Sprache der nationalen und internationalen Kommunikation sowie als Muttersprache von ein bis zwei Drittel der Bevölkerung in den Minderheitenregionen ist so stark, daß diese nicht zur früheren Einsprachigkeit zurückkehren können.

Die Verbreitung des Spanischen als Erstsprache in Galicien, den katalanischsprachigen Gebieten und im agrarischen Bereich des Baskenlandes blieb bis Ende des 19. Jh. auf Eliten beschränkt – für die ländlichen Gebiete Galiciens galt dies bis Mitte dieses Jh. Der relativ hohe Anteil der Spanischsprecher in den Minderheitenregionen ist auf zwei Ursachen zurückzuführen: Einmal, die bis Anfang der 70er Jahre massive Zuwanderung aus spanischsprachigen Gebieten in die katalanische und baskische Industrieregion (Zentren Barcelona bzw. Bilbao) sowie die in den letzten Jahrzehnten erhebliche Migration in die Region Valencia und auf die Balearen; zum anderen, eine Sprachpolitik des spanischen Staates, die seit Beginn des 18. Jh. auf Kastilianisierung der Minderheiten abzielte, aber erst in diesem Jahrhundert über den Ausbau des Bildungswesens – noch 1900 waren 60 % der Einwohner Spaniens Analphabeten – und die Massenmedien Breitenwirkung erreichte.

4.3.1. Galicisch[22]

Galicisch und Portugiesisch sind Schwestersprachen; sie gehen auf eine Ausgangssprache, das Galicisch-Portugiesische *(gallego-portugués)*, zurück, die sich zwischen 1200 und 1350 als Kunstsprache der Lyrik – in der auch kastilische Autoren schrieben – zu literarischer Blüte entfaltete, danach aber rasch verfiel und als Literatursprache nicht mehr benutzt wurde. Im 14. Jh. entwickelten sich aus dem Galicisch-Portugiesischen die beiden Varietäten Galicisch und Portugiesisch; die Sprachgrenze verlief und verläuft in etwa entlang der politischen Grenze zwischen Portugal (seit 1143 unabhängig) und Spanien. Während das Portugiesische sich als eigenständige Literatur- und Kultursprache ausbildete, blieb das Galicische auf den mündlichen Gebrauch als Volkssprache beschränkt: Das erste gedruckte Buch auf Galicisch (Juan Manuel Pintos, *A gaita gallega)* erschien 1853!
In der zweiten Hälfte des 19. Jh. kam es – beginnend mit Rosalía de Castro, *Cantares Gallegos*, 1863 – zu einer literarischen Wiederbelebung *(Rexurdimento)* des Galicischen, doch ohne Breitenwirkung: Zwischen 1864 und 1924 erschienen zwölf Bücher auf Galicisch. Eliten und Bürgertum galt Galicisch als Sprache des einfachen Volkes oder poetische Sondersprache; im öffentlichen Leben, in Kultur und Kirche dominierte Spanisch. Bei der Gründung der Real Academia Galega, 1906, wurden Gedichte auf Galicisch vorgetragen, die Reden aber auf Spanisch – auch der Programmsatz: «pueblo que olvida su lengua es un pueblo muerto» (zit. nach ALONSO MONTERO 1991, 169). Noch 1968 beschrieb Manuel María dieses gespaltene Sprachbewußtsein (zit. nach ALONSO MONTERO 1973, 190):

---

[22] Vgl. ESSER 1990.

¿Cómo hei falar galego e deixar / ¿Cómo voy a hablar gallego y dejar
que o falen os meus fillos? / que lo hablen mis hijos?
Considere atentamente / Reflexione atentamente
e logo xuzgue: eu son / y después juzgue: yo soy
da clase media, un señorito, / de la clase media, un señorito,
veño de xente fina; / vengo de gente fina,
no meu fogar, o galego somentes / en mi casa, el gallego solamente
é o idioma que usan os criados. / es el idioma que usan los criados.
Non son un labrego, por fortuna, / No soy un labriego, por fortuna,
nin carpinteiro, ferreiro ou mariñeiro; ... / ni carpintero, herrero o marinero; ...

Eine politische Regionalbewegung in Galicien entstand Anfang des 20. Jh. und führte 1931 zur Gründung des Partido Galeguista. Das 1936 verabschiedete Autonomiestatut für Galicien trat wegen des Spanischen Bürgerkriegs nicht mehr in Kraft.

Seit Ende der 60er Jahre ist eine Renaissance der galicischen Kultur und Sprache zu beobachten, die sich in den 70er Jahren nach der Demokratisierung Spaniens verstärkt hat. Durch das Autonomiestatut von 1980 wurde Galicisch als Landessprache Galiciens anerkannt und mit dem Spanischen als Amtssprache gleichgestellt (Art. 3):

1. La lengua propia de Galicia es el gallego.
2. Los idiomas gallego y castellano son oficiales en Galicia y todos tienen el derecho de conocerlos y usarlos.

Übersetzung
1. Die Landessprache Galiciens ist Galicisch.
2. Galicisch und Kastilisch sind Amtssprachen in Galicien und jedermann hat das Recht, beide Sprachen zu kennen und zu verwenden.

Nach linguistischen Kriterien nimmt das Galicische unter den Minderheitensprachen Spaniens die günstigste Stellung ein: Einerseits liegt der Anteil der Muttersprachler höher als im katalanischen und baskischen Sprachgebiet, andererseits ist Galicisch wegen seiner engen, ausbaufähigen Bindung an die Weltsprache Portugiesisch sprachpolitisch nicht isoliert[23]. Diese günstigen Ausgangsbedingungen kamen aber aufgrund der sozialen Einschätzung des Galicischen nicht zur Wirkung. Seit den 70er Jahren hat sich hier allerdings eine gewisse Einstellungsänderung gezeigt: bei einer Umfrage 1977 unter Volksschullehrern – bisher Protagonisten der Kastilianisierung – wurde die Aussage «El gallego debe convertirse en la lengua habitual de los gallegos» von 59 % bejaht und nur von 11 % verneint[24]. Nach der Volkszählung 1991 verwenden 50 % der galicischen Bevölkerung Galicisch ‚immer‘, 36 % ‚manchmal‘ und 8 % ‚nie‘ (keine Angabe: 6 %).

Die politische Autonomiebewegung ist in Galicien schwach, es dominieren – im Unterschied zum Baskenland und zu Katalonien – die gesamtnationalen Parteien.

---

[23] Die staatliche Neustandardisierung des Galicischen betont die Eigensprachlichkeit, z. B. in den 1982 erlassenen *Normas Ortográficas e Morfolóxicas*. In der Öffentlichkeit ist der Streit zwischen *anti-lusistas* und *lusistas* über die richtige Sprachnorm allerdings noch nicht beigelegt.
[24] Daten nach ROJO 1981, 310; N = 874.

4.3.2. Katalanisch[25]

Das katalanische Sprachgebiet in Spanien umfaßt Katalonien, den Ostrand von Aragón, den Ostteil Valencias und die Balearischen Inseln (vgl. Karte 3); außerhalb Spaniens gehören hierzu das Roussillon (1659 von Spanien an Frankreich abgetreten), die Republik Andorra – hier ist Katalanisch Staatssprache – sowie die Stadt Alghero in Sardinien. Das Katalanische ist eine standardisierte Kultursprache mit reicher literarischer Tradition. Die Sprachgeschichte Kataloniens ist eng mit seiner politischen Geschichte verbunden. Bereits Ende des 8. Jh. bildeten die Grafschaften im östlichen Pyrenäenraum als Grenzregion des Karolingerreiches gegen die maurischen Eroberer eine gewisse politische Einheit *(Hispanische Mark)*. Nach der Vereinigung der Markgrafschaft Barcelona mit dem Königreich Aragón (1137) entwickelte sich der katalonisch-aragonesische Staat zur führenden Macht des westlichen Mittelmeerraumes: Rückeroberung *(Reconquista)* der Balearen (1235) und Valencias (1238), Eroberung Siziliens (1282), Sardiniens (1326) und des Königreiches Neapel (1442). Innerhalb dieser nationalen Epoche *(Periode nacional)* bildete sich die katalanische Schriftsprache aus und erreichte im 14./15. Jh. ihre literarische Blüte.

Das erste gedruckte Buch auf der Iberischen Halbinsel erschien 1474 in Valencia: *Obres o trobes en lahors de la verge Maria*. Es handelt sich um Marienloblieder, die anläßlich der dortigen Blumenspiele *(Jocs Florals)* – einem im okzitanischen und katalanischen Sprachgebiet verbreiteten Dichterwettstreit – veröffentlicht wurden. Von den 45 Gedichten sind 40 auf Katalanisch verfaßt, vier auf Kastilisch, eines auf Toskanisch (Haebler 1903–1917, I, 231).

Ende des 15. Jh. vereinigten sich die Kronen von Aragón und Kastilien: 1469 Heirat der Thronerben Ferdinand von Aragón und Isabella von Kastilien, der späteren Katholischen Könige *(Reyes Católicos)*. Nach Abschluß der Reconquista mit der Eroberung Granadas (1492) entsteht ein gesamtspanischer Staat, in dem die führende Rolle Kastilien zufällt, und die politische Expansionsrichtung sich vom Mittelmeer nach Übersee verlagert. Sprachlich führte die politische Vormachtstellung Kastiliens zu einer Kastilianisierung der katalanischen Aristokratie und einem Niedergang *(Decadència)* der katalanischen Literatur. Dieser Niedergang war aber nur eine literarische Erscheinung; als Rechts-, Amts- und Umgangssprache blieb Katalanisch im spanischen Habsburgerreich unangefochten – ebenso wie die politischen Sonderrechte Aragón-Kataloniens.

Eine sprachliche Assimilationspolitik setzt erst unter der Dynastie der Bourbonen ein, die nach dem Spanischen Erbfolgekrieg (1701–1714) in Spanien zur Herrschaft kommen. Katalonien, das gegen die Bourbonen gekämpft hatte, verliert seine politische Sonderstellung und Organisation (Generalitat), es entsteht der spanische Zentralstaat in seiner

---

[25] Zur sprachpolitischen Situation in Katalonien vgl. Vallverdú 1981, Prats et al. 1990, Strubell i Trueta 1981 und 1990; zur Sprachstatistik Reixach 1990 (grundlegend), Hall 1994.

modernen Form. Der katalanische Nationalfeiertag, die Diada (11. September), erinnert noch heute an den Fall Barcelonas (11. 9. 1714) und den Verlust der katalanischen Autonomie[26]. 1716 wird Spanisch als Sprache der oberen Gerichte in Katalonien verbindlich, 1768 als Unterrichtssprache; 1779 wird verboten, Theaterstücke auf Katalanisch aufzuführen. Die praktische Umsetzung dieser Sprachgesetze zeigte allerdings wenig Wirkung.

Das Aufführungsverbot wurde 1807 erneuert und 1867 dahingehend abgeschwächt «que en adelante no se admitirán a la censura obras dramáticas que estén exclusivamente escritas en cualquiera de los dialectos de las provincias de España» (zit. nach FERRER I GIRONÈS 1985, 71); daraufhin wurde in katalanischen Stücken ein spanischsprechender Hanswurst eingeführt, weshalb 1869 das Aufführungsverbot aufgehoben wurde.

Im 19. Jh. kommt es zu einer Wiedergeburt *(Renaixença)* der katalanischen Sprache und Literatur, getragen vom Bürgertum, welches die Aristokratie als Elite abgelöst hatte. Die Renaixença[27] war zunächst rein literarisch – Neubelebung der Jocs Florals 1859 –, dann kulturell und politisch. Sprachlich führte sie zu einer Neustandardisierung des Katalanischen, im wesentlichen durch das Werk des Grammatikers Pompeu Fabra (1868–1948) und des Institut d'Estudis Catalans (gegründet 1907).

Das Katalanische erreichte rasch die Geltung einer modernen Kultursprache: 1879 erschien die erste Tageszeitung auf Katalanisch, 1933 gab es 27; zwischen 1900 und 1927 erschienen 6000 Titel auf Katalanisch, Anfang der 30er Jahre jährlich knapp 1000[28]. Zur Zeit der Republik war Katalanisch auf dem Weg zur dominanten Sprache in Katalonien. Nach dem Spanischen Bürgerkrieg, in dem Katalonien und das Baskenland gegen Franco kämpften, wurde der öffentliche Gebrauch des Katalanischen zunächst unterdrückt, später massiv behindert. Das katalanische Indentitätsbewußtsein erwies sich aber als stärker; unter der politischen Zensur fand es seinen öffentlichen Ausdruck in einer literarischen Neurenaissance und vor allem im neuen katalanischen Lied *(Nova Cançó)*, etwa beim Sänger Raimon (1964; zit. nach STEGMANN 1979, 80):

Cantarem la vida,	Cantaremos (a) la vida,
cantarem la nostra vida	cantaremos (a) nuestra vida
de poble que no vol morir.	de pueblo que no quiere morir.
Lluitarem amb força,	Lucharemos con fuerza,
lluitarem amb tota la força	lucharemos con toda la fuerza
per l'única possible,	por la única posible
perseguida, vida nostra.	perseguida vida nuestra.

---

[26] Zum kastilisch-katalanischen Antagonismus 1714–1939 vgl. HINA 1978.

[27] Zur neueren katalanischen Literaturgeschichte vgl. HÖSLE 1981.

[28] Daten nach VALLVERDÚ 1979, 35; 1975 erschienen 611 Titel auf Katalanisch, 1980: 1722, 1985: 3471, 1990: 4838.

Unter dem Autonomiestatut hat das Katalanische innerhalb eines Jahrzehntes seine Stellung als öffentliches Kommunikationsmittel zurückgewonnen. Die Sprachpolitik der 1979 gebildeten Autonomen Gemeinschaft Katalonien zielte zunächst darauf ab, das Katalanische zur ‚normalen' Sprache des öffentlichen Lebens zu machen – auch der akademischen Berufe *(el català al carrer)*. Angesichts der bisherigen Dominanz des Spanischen bedeutete die sprachliche Normalisierung, die 1983 in der *Llei de normalització lingüística* gesetzlich verbindlich wurde, eine Rekatalanisierung. Längerfristig will diese Sprachpolitik Katalanisch zur *llengua nacional* machen, also die Diglossiesituation beseitigen; entsprechend gilt nach Art. 3 des Autonomiestatutes Katalanisch als ‚Landessprache' *(lengua propia)* sowie Amtssprache *(lengua oficial)* Kataloniens, Spanisch aber nur als Amtssprache – und dies nicht kraft regionalen, sondern gesamtstaatlichen Rechtes:

1. La lengua propia de Cataluña es el catalán.
2. El idioma catalán es el oficial de Cataluña, así como también lo es el castellano, oficial en todo el Estado español.

Übersetzung
1. Die Landessprache Kataloniens ist Katalanisch.
2. Das Katalanische ist Amtssprache Kataloniens; ebenso ist dies das Kastilische als Amtssprache des gesamten Spanischen Staates.

Der Sprachpolitik der Autonomen Gemeinschaft Katalonien ist es in wenigen Jahren gelungen, einen katalanischen Kommunikationsraum im öffentlichen Leben und Bildungswesen zu schaffen, der heute – insbesonders symbolisch und prestigemäßig – den spanischen verdrängt.

Die passive Kenntnis des Katalanischen in der Bevölkerung hat sich enorm erhöht: z. B. stieg in Barcelona zwischen 1975 und 1986 die Verstehenskompetenz von 74 % auf 89 % (REIXACH 1990, Tab. 6). – Schulwesen: 1988/89 besuchten 40 % den katalanischen Zweig (mit Spanisch als Unterrichtsfach) und 60 % den bilingualen Zweig (mit Spanisch als überwiegender Unterrichtssprache)[29].

Bei der Durchdringung der privaten Lebensbereiche stößt die Katalanisierung allerdings an Grenzen: Nach einer Umfrage 1988[30] verwendeten 43 % der Bevölkerung Spanisch als Erstsprache und 55 % Katalanisch – das entspricht dem Wert von 1970 (vgl. Tab. 4).

Auf den Balearen *(les Illes)* und in Valencia *(País Valencià)* ist die Autonomiebewegung erheblich schwächer ausgeprägt als in Katalonien *(Principat de Catalunya)* – ebenso das Bewußtsein der sprachlichen und kulturellen Einheit der katalanischsprachigen Länder *(Països catalans)*. Spanisch gilt hier als Prestigesprache, eine Katalanisierung ist nicht durchzusetzen, insbesondere nicht in Valencia, wo der Westteil zum spanischen Sprachgebiet gehört. Hinzukommt, daß das Valencianische im Bewußtsein seiner Sprecher teil-

---

[29] Daten nach SIGUAN 1992, 285.
[30] Daten nach HERNÀNDEZ/MERCADÉ 1990, 309; bei 2 % keine Angabe.

weise nicht als Varietät des Katalanischen angesehen wird – weniger aus linguistischen Gründen als in Abwehr gegen die Hegemonie Barcelonas –, sondern als eigenständige Sprache *(llengua valenciana)* [31]; entsprechend lautet Art. 7 Abs. 1 des valencianischen Autonomiestatuts: «Los dos idiomas oficiales de la Comunidad Autónoma son el valenciano y el castellano».

Nicht zum katalanischen Sprachgebiet gehört das in den Zentralpyrenäen liegende Val d'Aran. Das Aranesische ist ein gaskognischer Dialekt, der allerdings heute durch die mehrsprachliche Kontaktsituation von den angrenzenden Hochsprachen Französisch, Katalanisch und Kastilisch überschichtet wird [32].

4.3.3. Baskisch

Nach baskischem Selbstverständnis besteht das Land der Basken *(Euskadi; eusko „baskisch"* + *adi „Gemeinschaft")* aus sieben Provinzen: Vizcaya, Guipúzcoa, Alava und Navarra in Spanien, Basse-Navarre, Labourd und Soule im französischen Département Pyrénées Atlantiques; die Devise des baskischen Wappens lautet: *Zazpiak Bat „Diese sieben (Provinzen) sind eine".* Zur 1979 gebildeten Autonomen Gemeinschaft Baskenland gehören Vizcaya, Guipúzcoa, Alava; Navarra bildet eine eigene Autonome Gemeinschaft. Die baskische Sprachzone in Spanien umfaßt ganz Guipúzcoa, den Ost- und Mittelteil von Vizcaya, den Nordrand von Alava sowie Nordnavarra; die Industrieregion Bilbao ist größtenteils (90 %) spanischsprachig.

Das Baskische ist die älteste ansässige Sprache Westeuropas, es handelt sich um eine vorindogermanische Sprachinsel, Rest einer alteuropäischen Hirtenkultur im Pyrenäenraum. Die Zuordnung des Baskischen zu einer Sprachgruppe ist bis heute nicht gelöst, vielleicht auch nicht lösbar, weil umfangreichere baskische Texte erst aus dem 16. Jh. stammen [33], also gemessen am Alter des Baskischen nicht weit zurückreichen.

Wie erklärt sich das späte Auftreten baskischer Texte? Das Baskische war in geschichtlich belegter Zeit nie Kommunikationsmittel in allen Bereichen; im öffentlichen und schriftsprachlichen Bereich herrschte bis in das Mittelalter Latein, später Romanisch: z. B. wurde im seinerzeit baskischsprachigen Königreich Navarra (905–1516) in Dokumenten zwar die *lingua navarrorum* oder *basconea lingua* erwähnt, aber nicht verwendet [34]. Auch die Katholische Kirche hat erst seit dem 16. Jh. im Zuge der Gegenreformation das Land auf Baskisch evangelisiert, um den Protestantismus – die erste baskische Bibelüber-

[31] Vgl. CREMADES MARCO 1982.
[32] Zur Sprachsituation vgl. WINKELMANN 1989 (grundlegend).
[33] Für das gesamte Mittelalter sind 18 baskische Textfragmente belegt (Zusammenstellung bei MICHELENA 1964, 39–65).
[34] Zur Sprachgeschichte Navarras vgl. GONZÁLEZ OLLÉ 1970a; zur baskisch-kastilischen Sprachgrenze vgl. die Dokumentation im *DEV*, Bd. 31 (1991), Stichwort *Navarra: lengua.*

setzung (La Rochelle 1571) stammt vom Protestanten Leizarraga – einzudämmen. Die frühe baskische Literatur ist fast ausschließlich religiöser Art und erreicht im 17. Jh. in der französischen Provinz Labourd eine gewisse Blüte.

Trotz der Vernachlässigung des Baskischen als Schrift- und Kultursprache war der Sprachstolz der Basken ausgeprägt: seit dem 16. Jh. erschienen zahlreiche Apologien, in denen das Baskische als älteste und reinste Sprache gepriesen wird – auf Spanisch. Noch Wilhelm v. Humboldt, der Begründer der modernen baskischen Sprachwissenschaft, steht in seiner Abhandlung *Die Vasken* [1801] im Banne dieser Ursprünglichkeitsidee:

Die Vasken zeichnet Sprache, Verfassung, Sitte, Gesichtsbildung, alles mit einem Wort, was ihn [= Stamm] umgibt, den Anblick seines Landes selbst nicht ausgenommen, als einen reinen und abgeschiedenen Volksstamm aus. (1961, 426)

Die baskische Bewegung Ende des 19. Jh. konnte an diesen Sprach- und Stammesstolz anknüpfen; einer ihrer Hauptvertreter, Sabino Arana Goiri (1865–1903), prägte das Neuwort *Euskadi* und begründete den baskischen Nationalismus.

Die baskische Sprache widerstand sämtlichen Sprachwellen auf der Iberischen Halbinsel: der Indogermanisierung um 500 v. Chr., der Romanisierung zu Beginn unserer Zeitrechnung, der Kastilianisierung in der Neuzeit. Allerdings schrumpfte das baskische Sprachgebiet erheblich (vgl. S. 71), und es wurde schon mehrmals der Tod des Baskischen vorausgesagt. Humboldt meinte 1801: «in weniger als einem Jahrhundert also wird das Vaskische aus der Reihe der lebendigen Sprachen verschwunden seyn» (423). Ein Jahrhundert später prophezeite Unamuno, selbst Baske, das unaufhaltsame Ende des Baskischen: «Lo que afirmo y reafirmo y sostengo es que el vascuense se pierde sin remedio . . .» (1902, Kap. I).

Die heutige sprachpolitische Situation des Baskenlandes[35] ist dadurch gekennzeichnet, daß die Basken als Sprachgruppe nicht nur national sondern auch regional eine Minderheit bilden: Der Anteil der Baskischsprecher *(euskaldunes)* in der Autonomen Gemeinschaft Baskenland beträgt rund ein Viertel, in der baskischen Sprachzone knapp die Hälfte. Politisch dominieren allerdings im Baskenland die baskischen Parteien, vor allem der PNV und radikalnationale Parteien wie Herri Batasuna „Volkseinheit", für die gilt: «Los vascos no somos españoles»; gewichtig ist auch der Einfluß der 1959 als Widerstandsgruppe gegen das Francoregime gegründeten ETA (*Euskadi Ta Azkatasuna* „Baskenland und Freiheit"), die mit Gewalt für einen unabhängigen baskischen Staat eintritt.

Zu Karte 4 (S. 53):

Die Prozentwerte wurden auf Bezirksebene *(comarca)* errechnet; Daten nach EUSKALTZAINDIA 1979 auf der Basis einer repräsentativen Stichprobe von 1550 Informanten.

---

[35] Grundlegend hierzu EUSKALTZAINDIA 1979, GOBIERNO VASCO 1983; vgl. auch VILLARROEL LÓPEZ 1990, KREMNITZ 1991.

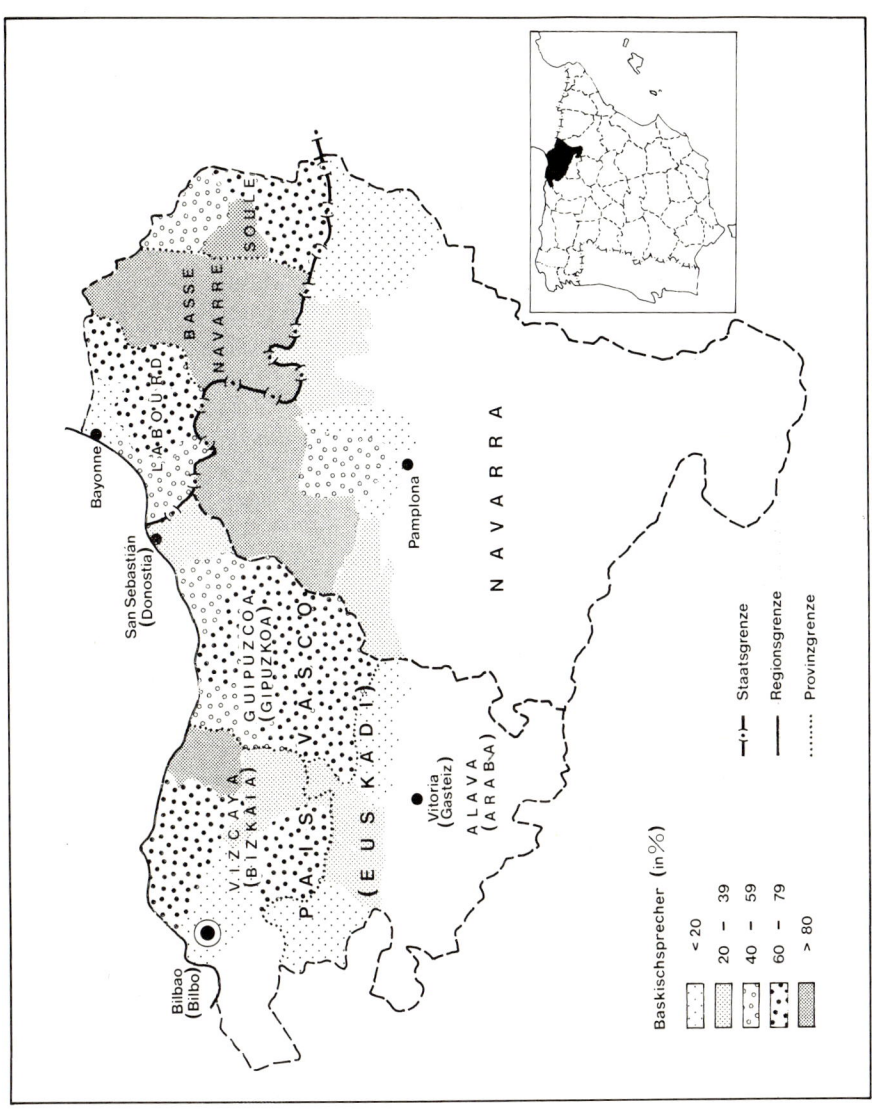

Karte 4:
Anteil der
Baskisch-
sprecher
(in %) im
baskischen
Sprach-
gebiet

Nach dem Autonomiestatut 1979 ist das Baskische rechtlich dem Spanischen als Amtssprache des Baskenlandes gleichgestellt (Art. 6 Abs. 1):

El euskera, lengua propia del Pueblo Vasco, tendrá, como el castellano, carácter oficial en Euskadi, y todos sus habitantes tienen el derecho a conocer y usar ambas lenguas.

Übersetzung
Das Baskische, die dem baskischen Volk eigene Sprache, hat, wie das Kastilische, im Baskenland den Status einer Amtssprache; (und) alle Einwohner haben das Recht, beide Sprachen zu kennen und zu verwenden.

Die Gleichsetzung von Sprache und Volk in der Formulierung «lengua propia del Pueblo Vasco» verweist einerseits auf die grenzübergreifende Volkseinheit der Basken, andererseits auf deren sprachlichen Selbstbehauptungswillen. Letzterer hat dazu geführt, daß im Bildungswesen[36] und öffentlichen Leben das Baskische heute anerkannt wird – auch von der Mehrheit der spanischsprachigen Bevölkerung, wo die Sprecher mit Baskisch als Zweitsprache zunehmen. Im Zuge einer probaskischen Sprachpolitik hat sich die öffentliche Präsenz des Baskischen – zumindest symbolisch – sichtbar erhöht. In der kommunikativen Praxis stößt eine Normalisierung des Baskischen im Sinne seines Eindringens in bisher spanischsprachige Bereiche *(euskerización)* auf große Schwierigkeiten, weil Baskisch nur eine schwache Tradition als Schrift- und Kultursprache hat und seine Standardisierung *(Euskera batua)* noch nicht abgeschlossen ist.

4.4. Das spanische Sprachgebiet

Der Norden der Iberischen Halbinsel ist in fünf romanische Sprachräume gegliedert: Galicisch bzw. Portugiesisch im Westen, Leonesisch, Kastilisch und Aragonesisch im Zentrum, Katalanisch im Osten. Der Mittelbereich wird hier unter der Bezeichnung ‚Spanisch' zusammengefaßt.
Den Kern des spanischen Sprachgebietes bildet das Kastilische. Leonesisch und Aragonesisch sind Übergangszonen zwischen dem Kastilischen und dem Galicischen bzw. Katalanischen[37]. Die geographische Abgrenzung des Spanischen gegenüber diesen beiden Sprachen wird im allgemeinen nach einem sprachgeschichtlichen Leitkriterium vorgenommen, nämlich der Diphthongierung der betonten lateinischen Kurzvokale $\breve{e}$, $\breve{o}$.

---

[36] 1988/89 besuchten 12 % der Schüler den baskischen Zweig, 20 % den bilingualen und 68 % den spanischen (mit Baskisch als Unterrichtsfach); Daten nach SIGUAN 1992, 285.

[37] Zur Abgrenzung des Leonesischen vgl. LANG 1982, 241–258, zur katalanisch-aragonesischen Sprachgrenze ALVAR 1976.

Leonesisch und Aragonesisch unterscheiden sich – gemeinsam mit dem Galicischen und Katalanischen – vom Kastilischen z. B. durch die Entwicklung von lat. *-ps-* und die Bewahrung von lat. *f-*, Aragonesisch hebt sich u. a. durch die Bewahrung von *-p-*, *-t-*, *-k-* ab.

Übersicht: Einige Abgrenzungskriterien

	Etymon	gal. + pg.	leon.	kast.	arag.	kat.
ẹ́	dẹ́nte	dente	*diente*	*diente*	*diente*	dent
ọ́	pọ́rta	porta	*puerta*	*puerta*	*puerta*	porta
-ps-	capsa	caixa[1]	caxa[1]	caja	caxa[1]	caixa[1]
f-	furnu	forno	forno	horno	forno	forno
-p-	sapere	saber	saber	saber	saper	saber

[1] [-ʃ-]

Geschichtlich geht die heutige sprachliche Gliederung der Iberischen Halbinsel[38] – im Unterschied zu anderen romanischen Ländern – weniger auf die Latinisierung (vgl. S. 71) zur Zeit der römischen Herrschaft zurück, als vielmehr auf die Reconquista im Mittelalter: Die lateinisch-romanische Sprachentwicklung wurde zu Beginn des 8. Jh. abrupt unterbrochen, als ein von Afrika übergesetztes islamisch-arabisches Invasionsheer innerhalb weniger Jahre (711–718) fast die ganze Halbinsel eroberte und das herrschende westgotische Königreich (seit 507) vernichtete. In den folgenden sieben Jahrhunderten ist die Geschichte Spaniens geprägt vom Neben- und Gegeneinander islamisch-arabischer (maurischer) und christlich-romanischer (hispanischer) Kultur und Herrschaft. Das Gegeneinander wird unter dem Stichwort ‚Reconquista' zusammengefaßt, der Rückeroberung des maurisch beherrschten Gebietes.

Die Reconquista fand in mehreren Etappen statt (vgl. Karte 8, S. 89):

○ **8.–10. Jh.** Von einer Widerstandslinie in Asturien, Kantabrien und dem Pyrenäenraum aus wird der christliche Herrschaftsbereich langsam vorverlegt; die Grenzlinie erreicht um 900 den Duero und das nördliche Ebrobecken.
In dieser Epoche bilden sich die christlichen Staaten heraus, Asturien-León – zu dem ursprünglich die am Fuße des kantabrischen Gebirges liegende Grafschaft *Castilla* „Burgenland" gehört –, Navarra und die Markgrafschaft Barcelona. Eine Gefahr für die maurische Herrschaft waren sie nicht. Diese erreicht im Kalifat von Córdoba (912–1031) ihren Höhepunkt.

---

[38] Grundlegend BALDINGER 1972 (mit umfassender Bibliographie); eine dialektologische Synthese gibt ZAMORA VICENTE 1970.

○ **11.–12. Jh.** Nach dem Zerfall des Kalifats in zahlreiche Kleinkönigreiche *(reinos de Taifas)* geht die Initiative an die christlichen Staaten über, insbesondere Kastilien und León. Der militärische Durchbruch gelingt in der Meseta, in der Epoche des Cid unter Alfons VI. (1072–1109), mit der Eroberung Toledos 1085. Der Durchbruch am Ebro – von aragonesisch-katalanischer Seite – glückte 1118 mit der Eroberung Zaragozas. Die aus Marokko kommenden islamischen Erneuerungsbewegungen der Almoraviden (1086–1145) und Almohaden (1146–1225), welche im maurischen Gebiet die Herrschaft übernahmen, konnten die Expansion der christlichen Staaten nur zeitweise stoppen.

○ **13.–15. Jh.** In der ersten Hälfte des 13. Jh. kommt die Reconquista praktisch zum Abschluß: Portugal (seit 1143 unabhängig) erobert die Algarve; Kastilien die Extremadura, Murcia und Andalusien; Aragón-Katalonien (seit 1137 vereinigt) Valencia und die Balearischen Inseln.
Der verbliebene maurische Herrschaftsbereich beschränkt sich auf das tributpflichtige Königreich Granada, das – als Epilog – 1481–1492 erobert wird.
Die in Spanien verbliebene maurische Minderheit (*moriscos* „Morisken") wird 1609–1614 außer Landes getrieben, nachdem ihre Zwangshispanisierung gescheitert war.

Im Verlauf der Reconquista hat sich das Kastilische einerseits im Norden und im gesamten Süden ausgebreitet, andererseits das Leonesische und Aragonesische in eine Randlage abgedrängt (vgl. Karte 3, S. 41)[39]. Der Sprachstand dieser Seitenareale hat Merkmale bewahrt, die im innovatorischen Zentrum und Süden durch den Sprachwandel verändert wurden. Leonesisch und Aragonesisch bilden somit ein sprachgeschichtliches Fenster, das den Ausblick auf eine ältere – häufig auch im Altkastilischen belegte – romanische Sprachschicht eröffnet.

4.4.1. Aragonesisch[40]

Das Aragonesische bildete im frühen Mittelalter zusammen mit dem – schon im 16. Jh. vom Kastilischen verdrängten – Navarresischen[41] eine romanische Sprachlandschaft, deren Ausläufer bis in die Rioja reichten. Das älteste spanische Sprachdenkmal, die *Glosas Emilianenses* (vgl. S. 81), weist zahlreiche navarro-aragonesische Merkmale auf. Seit Ende des 12. Jh. wird das Aragonesische in Urkunden verwendet, im 13. und 14. Jh. gibt es eine aragonesisch gefärbte Prosa. Eine eigenständige aragonesische Schriftsprache hat sich aber nicht herausgebildet. Schon die Sprache der frühen aragonesischen Texte steht unter starkem kastilischen Einfluß, Ende des 15. Jh. ist die Schriftsprache in Aragón vollständig kastilianisiert.

Die ersten am sprechsprachlichen Gebrauch orientierten aragonesischen Texte sind im 17. Jh. belegt. Es handelt sich um Gedichte satirischen Inhalts, die bei einem Dichterwettstreit in Zaragoza 1650 vorgetragen wurden (CONTE 1977, 96). Bei ähnlichen Wettbewerben in Pamplona 1609 und

---

[39] Zur Ausbreitung des Kastilischen vgl. ALVAR 1969, 13–42.
[40] Zusammenfassende Darstellung der Sprachgeschichte und -situation bei CONTE 1977, QUINTANA 1991; Grammatik: NAGORE 1989; Lehrbuch: BAL PALAZIOS 1980.
[41] Grundlegend hierzu GONZÁLEZ OLLÉ 1970b; vgl. auch NEIRA MARTÍNEZ 1982.

1610 wurden nur Baskisch, Kastilisch und Portugiesisch als Sprachen verwendet – das Navarresische war bereits ausgestorben (GONZÁLEZ OLLÉ 1970b, 90).

Als Sprechsprache wurde das Aragonesische im Laufe des 15.–20. Jh. vom Kastilischen fast gänzlich abgelöst. Zur Zeit seiner größten Ausdehnung, um 1300, umfaßte das aragonesische Dialektgebiet, keilförmig zwischen dem Kastilischen und Katalanischen eingeschoben, grosso modo den Westteil des katalanisch-aragonesischen Königreiches. Bereits um 1600 sind der Süden und das westliche Ebrobecken kastilianisiert, um 1900 ist das Aragonesische auf ein Rückzugsgebiet im Pyrenäenraum (Alto Aragón) geschrumpft. Heute gehören zum aragonesischen Sprachgebiet nur noch einige Pyrenäentäler, im weiteren Sinn rechnet man auch das kastilianisierte Vorfeld als Einflußzone hinzu. Die Zahl der Sprecher, die überwiegend Aragonesisch im häuslichen und dörflichen Bereich verwenden, wird auf 8000–12 000 geschätzt, Kenntnisse des Aragonesischen haben 40 000 bis 60 000 (CONTE 1977, 133).

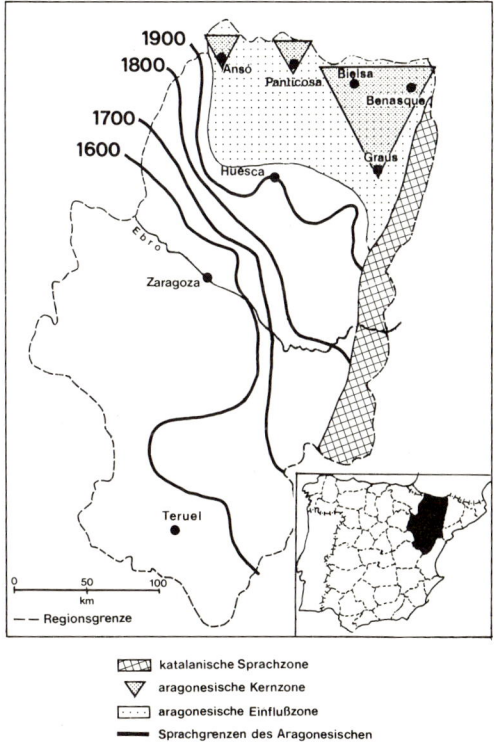

Karte 5: Der Rückgang des Aragonesischen im 16.–20. Jh. (adaptiert nach CONTE 1977, Karte 6 u. 7)

Der Name ‚Aragonesisch' ist ein linguistischer Oberbegriff für einen Komplex verschiedener, aber verwandter Dialekte. Eine *lengua aragonesa* (zur Diskussion MONGE 1989) gibt es im allgemeinen Sprachbewußtsein nicht.

Die Frage, wie die ortsübliche Sprache heißt, wird im aragonesischen Kerngebiet in zweierlei Weise beantwortet. Einmal ortsbezogen: *belsatán* (Bielsa), *ansetano* (Ansó), usw., zum anderen abwertend: *hablar basto* „bäurisch reden" (Gegensatz: *hablar fino*), arag. *patwés* „Patois", arag. *charrar baturro/basto* „bäurisch schwatzen [auf Aragonesisch]", arag. *charradís* „bäurischer Schwatz" (vgl. *ALEANR* I, Karte 5). Die Sprachnamen drücken ein Lokal- und/oder Minderwertigkeitsbewußtsein aus, nicht aber die Zugehörigkeit zu einer aragonesischen Sprachgemeinschaft.

Textprobe (Nagore, *Aspero saper* 1971; zit. nach BAL PALAZIOS 1980, 96)

Aspero saper	Espero saber
cuan o morir me plegue	cuando la muerte me llegue
qué bi-ha dezaga	qué hay detrás
d'ixa alcabía	de esa tela [fina]
que bi-ye debán.	que está [es] delante.
Bellos días me biene	Algunos días me viene
enta l'esmo	al conocimiento
lo ricuerdo d'a muerte	el recuerdo de la muerte
y allora	y entonces
remero lo día	recuerdo el día
en que talloron	en que cortaron
o mío cordón melical.	mi cordón umbilical.

Kommentar

Das Gedicht ist in einem normalisierten Aragonesisch *(aragonés literario unificado)* geschrieben, wie es vom Kreis des Consello d'a Fabla Aragonesa empfohlen wird.

1. Laut- und Schriftebene: Das aragonesische Vokalsystem entspricht dem kastilischen, der Konsonantismus enthält zusätzlich |ʃ|. Graphie: |ʃ| wird ⟨x⟩ geschrieben, |b| und |θ| stets ⟨b⟩ bzw. ⟨z⟩, ansonsten gelten die kastilischen Graphisierungsregeln.

2. Lautgeschichte: Im Aragonesischen bleiben anlautendes lat. *pl-, kl-, fl-* erhalten, ebenso (tendenziell) intervokalisch *-p-, -t-, -k-*; letztere Erscheinung ist in der gesamten Ibero- und Galloromania einzig in Aragón belegt.

Übersicht

Etymon	arag.	kast.	Etymon	arag.	kast
plicare	*plegar*	*llegar*	*sapere*	*saper*	*saber*
clamare	*clamar*	*llamar*	*pariete*	*parete*	*pared*
flamma	*flama*	*llama*	*umbilicu*	*melico*	*ombligo*

3. Morphosyntax

3.1. Der bestimmte Artikel Sg. Mask. *o*, Fem. *a*, Pl. Mask. *os*, Fem. *as* lautet nach vokalisch auslautendem Wort *lo, la, los, las*: *o morir*, aber *remero lo día*. Kontraktion *de a > d'a, de ixa > d'ixa*.
3.2. Das aragonesische Possessivpronomen hat nur ein Formenparadigma: *o libro ye **mío** „el libro es **mío**", *o **mío** libro* „mi libro"; in adjektivischer Funktion muß es mit dem Artikel kombinieren: *o mío cordón melical*.
Beim Indefinitpronomen lauten die kast. *algun-o* entsprechenden aragonesischen Formen: Mask. *bel, bellos*, Fem. *bella, bellas*.
3.3. Die aragonesischen Lokative *bi* und *en, ne* haben im Kastilischen keine Entsprechung; ihre Funktion ist mit fr. *y, en* vergleichbar: *bi-ha* fr. „il y a", „hay"; *Tú t'en bas* fr. „Tu t'en vas", „Tú te vas".
3.4. Der semantische Unterschied zwischen sp. *ser*: *estar* wird im Aragonesischen nicht gemacht: *Yes aragonés* „**Eres** aragonés" vs. *Yes en Aragón* „**Estás** en Aragón".

4. Lexikon: Die etymologische Struktur des aragonesischen Wortschatzes weicht teilweise von der des kastilischen ab. In *deban, allora, bi, bellos, esmo* geht das Aragonesische mit der Galloromania (vgl. fr. *devant, alors, y, bel*; altfr. *esmee*), pyrenäenromanisch ist *enta* „hacia" (vgl. gask., kat. *entà*). Die Arabismen *(de)zaga* „zaga", *alcabía* „alcabtía" sind im Kastilischen heute veraltet, ebenso die etymologisch entsprechende Übersetzung *remero* „remiembro".

4.4.2. Leonesisch[42]

Unter ‚Leonesisch' versteht man eine historische Sprachlandschaft, die den Ostteil des – 1230 endgültig der kastilischen Krone einverleibten – Königreiches León umfaßte (vgl. Karte 8, S. 89); ihr Zentrum bildeten die Hauptstädte Oviedo (bis 910) und León. Das frühere leonesische Sprachgebiet ist heute nur noch in Resten erkennbar: einerseits im regionalen Kastilisch, wo bestimmte Eigenschaften sich einer durch die Kastilianisierung überdeckten Sprachstufe, dem Leonesischen, zuordnen lassen; andererseits in einem Dialektmosaik im Nordwesten als sprachlicher Übergangszone zwischen Kastilisch und Galicisch bzw. Portugiesisch. Die heute verbreitetste Varietät des Leonesischen ist das Asturische[43], die gesamte Sprachzone heißt deshalb auch ‚asturisch-leonesisch'. Das Asturische ist eine Sprechsprache, keine Schriftsprache. Im Mittelalter ist es lediglich in zwei Rechtsbüchern des 12. Jh. (Handschrift 13. Jh.) belegt, dem *Fuero de Oviedo* und dem *Fuero de Avilés*. Der erste bekannte, im eigentlichen Sinn asturische Text wurde 1639 bei einem Dichterwettstreit in Oviedo vorgelegt (NOVO MIER 1980, 32). Asturisch wird in einer Vielzahl lokaler Formen *(bables)* gesprochen, wobei man grosso modo eine westliche, zentrale und östliche Sprachzone unterscheiden kann. Der Sprachgebrauch des Zentrums wird als Basis für eine standardisierte asturische Schrift- und Literatursprache *(llingua asturiana)* angesehen.

---

[42] Vorzüglicher Forschungsüberblick bei LANG 1982, 224–272.
[43] Einführung: NOVO MIER 1980; Sprachstruktur und interne Geschichte: NEIRA MARTÍNEZ 1982; Grammatik: CANO GONZÁLEZ et al. 1976; sprachpolitische Entwicklung: VIAUT 1992.

Für seine Sprecher steht das Asturische im allgemeinen nicht in Konflikt zum Kastilischen, weil die kommunikative Funktion beider Varietäten verschieden ist: Bable auf lokaler, mündlicher und informeller Ebene, ansonsten Kastilisch. Die sprachliche Interferenz zwischen Bable und Kastilisch ist allerdings stark – «El observador no especialista puede preguntarse si aquí se habla ‹asturiano› castellanizado o ‹castellano› asturianizado» (MARTÍNEZ ALVAREZ 1968, 7) –, und im Bewußtsein seiner Sprecher gilt das Bable häufig als kastilischer Dialekt.

Nach Umfragen konnten Ende der 70er Jahre 38 % der Asturianer ein Bable ‚gut' *(bien)* oder ‚etwas' *(con dificultad)* sprechen; 1991 waren es 44 % von 1,09 Mio Einwohner oder knapp 450 000[44]. Ein sprachliches Minderheitenbewußtsein gibt es bei den Bable-Sprechern nicht.

Textprobe (MARTÍNEZ ALVAREZ 1968, 127 f.)

– Pues sí, ó, como te diba diziendo, ye un casu lo que adelanten
Pues sí, hombre, como te iba diciendo, hay que ver lo que adelantan

los tiempos. Nun sé ánde se ba llegar. ¿Bisti lo d'esi que-y
los tiempos. No sé adónde se va a llegar. ¿Has visto lo de ese al que

punxieron un corazón nuebu? . . .
le pusieron un corazón nuevo?

– Tubo curioso, é, lo d'esi del corazón. . . . Paez emposible y non
Fue [estuvo] curioso, eh, lo de ése del corazón. Parece imposible y no

lo ye. Y aí lu tienes, que según la prensa ya s'afaitó él solu
lo es. Y ahí lo tienes, [y es] que según la prensa ya se afeitó él solo

y pasióse en sin que lu ayudaren.
y se paseó sin que lo ayudaran.

– Pa que la cosa tubiera bien, a mí paezme que tenín que fazélos
Para que la cosa estuviera bien, a mí me parece que tendrían que hacerlos

d'algún material a propósito, porque si tien que murir unu pa
de algún material a propósito, porque si tiene que morir uno para

que biba otru, nun fiximos ná. Y a saber si tá del todo muertu. . . .
que viva otro, no hemos hecho nada. Y a saber si está del todo muerto.

– Too pué ser, ombre; pa qué se ba dizir lo contrario.
Todo puede ser, hombre, para qué se va a decir lo contrario.

---

[44] LLERA RAMO 1979; N = 660; für 1991 (N = 10 515) Daten nach VIAUT 1992, 24.

Kommentar

Der Text, eine Dialektaufnahme aus San Claudio bei Oviedo, zeigt ein kastilisch beein-
flußtes Zentralasturisch *(bable central)*.

1. Laut- und Schriftebene: Das Vokalsystem entspricht dem kastilischen, der Konsonantismus
enthält zusätzlich |ʃ|. Transkription wie beim aragonesischen Textbeispiel.
Die wort- und satzphonetischen Abweichungen von der kastilischen Aussprachenorm treten im
Asturischen häufig auf, kommen aber auch überregional im español popular vor: Schwund von *-d-
(too)*, Reduktionsformen *(pa, ná, pue)*, Hiatustilgung *(pasió)*, Kontraktion *(s'afaitó)*, Schließung
von vor- und nachtonigem *e, o* zu *i, u (dizir, murir; bisti, casu)*, usw.

2. Lautgeschichte: Anlautendes lat. *f-* bleibt erhalten: *facere* > ast. *fazer*, kast. **hacer.**

3. Morphosyntax
3.1. Hervorstechendstes Merkmal des Zentralasturischen ist ein dreigliedriges Genussystem beim
singularischen Adjektiv und direkten Objektpronomen mit den Endungen Mask. *-u*, Fem. *-a*,
Neutralform *-o*. Bei nicht zählbaren semantischen Einheiten (Kollektiva, Stoffbezeichnungen,
bestimmte Abstrakta) kongruiert das Adjektiv in der Neutralform *(neutro de materia, neutro
colectivo)* [45] unabhängig davon, ob das Substantiv maskulin oder feminin ist.

Beispiel	Neutralkongruenz	Mask.-/Fem.-Kongruenz
	el tiempo ta frí-**o** *la* leche ta frí-**o**	*el* día ta frí-**u** *la* nuiche ta frí-**a**

In der Neutralform stehen auch Quantifikatoren und substantivierte Adjektive: *ta del tod-**o**
muertu, l-**o** contrari-**o**.*
3.2. Das indirekte Objektpronomen Sg. lautet *y*, das direkte Mask. *lu*, Fem. *la*, Neutralform *lo*:
¿Lu/la/lo bisti? „Hast du ihn/sie/es gesehen?". Das tonlose Pronomen kann im bejahten Satz n a c h
dem finiten Verb stehen: *paezme, pasióse.*
3.4. Das asturische Tempussystem kennt im Prinzip keine zusammengesetzten Formen. Die Funktion des kastilischen Perfekt wird vom Präteritum übernommen: *Bisti, fixiemos; Vilu agora mesmo*
„Lo he visto ahora mismo", die des Plusquamperfekts vom Konjunktiv Imperfekt *-ra: Cuando
llegué ya marcharen* „Cuando llegué ya se habían marchado". Das Imperfekt kommt in Ver-
wendungen des kastilischen Konditional vor: *tenín.*
3.5. Die Partikel *sin* kann durch *en* verstärkt werden: *en sin que lu ayudaren; non* lautet vor Verb
nun: Non, nun sé „No, no sé".

4. Lexikon: Keine Abweichung vom Kastilischen.

4.4.3. Kastilisch

Das Kastilische *(castellano)* nimmt fast das gesamte spanische Sprachgebiet ein; es wird
deshalb als Sprachname im allgemeinen mit der Bezeichnung ‚Spanisch' *(español)* gleichgesetzt.

---

[45] Vgl. hierzu NEIRA MARTÍNEZ 1978.

Verglichen mit dem Deutschen ist das Kastilische dialektal nicht gefächert. Es bildet einen relativ einheitlichen Sprachblock mit einer gewissen Variationsbreite im lexikalischen und phonetischen Bereich; die morphosyntaktische Variation ist gering. Eine Grobgliederung des Kastilischen nach phonetischen Kriterien ergibt folgenden Varietätenaufbau in räumlicher (diatopischer) und sozialer (diastratischer) Hinsicht:

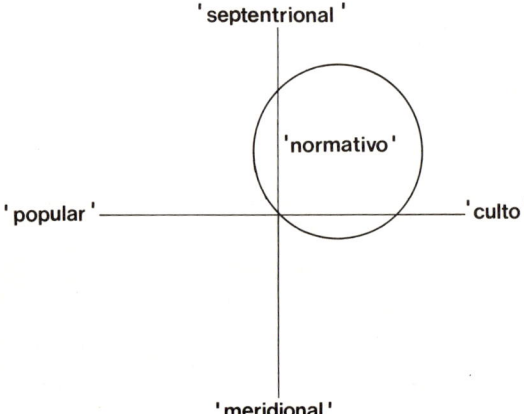

Abb. 1: Räumlich-soziale
Varietäten des Kastilischen

Diatopisch ist zwischen einer nördlichen und südlichen Aussprachevarietät zu unterscheiden, die Grenze verläuft etwa im Süden Leóns und quer durch Neukastilien und Murcia entlang der Diagonale Toledo – Murcia. Diastratisch markieren die bildungs- und hochsprachliche Norm einerseits, der populärsprachliche Gebrauch andererseits, die Hauptrichtungen eines Aussprachekontinuums. Die nördliche Aussprache entspricht tendenziell der hochsprachlichen – und damit der akademischen Norm –, die südliche der populären.

Das Begriffspaar ‚culto‘ – ‚popular‘ ist im Deutschen begrifflich schwierig wiederzugeben, da hier eine dreiteilige Gliederung vorliegt: ‚Dialekt‘ – ‚Umgangssprache‘ – ‚Hochsprache‘. Die habla culta hat kommunikativ etwa die Funktion der Hochsprache und der allgemeinen Umgangssprache, die habla popular deckt die Bereiche der regional und/oder informell geprägten Umgangssprache und des Dialekts ab. Im folgenden bezeichnen wir die habla culta als ‚Hochsprache‘ oder ‚Standardsprache‘, die habla popular je nach Register als ‚Populär-‘ oder ‚Umgangssprache‘.

Die Hauptmerkmale der **südlichen Aussprachevarietät** sind:

1. Entphonologisierung der Opposition |s| : |θ| zugunsten von *s (seseo)* oder *θ (ceceo)*; der Ceceo gilt als ländlich-provinziell (vgl. S. 140).

2. Entphonologisierung der Opposition |λ| : |y| zugunsten von *y*; *yeísmo* (vgl. S. 140).

3. Abschwächung der Konsonanten im Wortauslaut zu einem Hauchlaut oder Null: *verdad* [bɛrðáʰ], *cristal* [kristáʰ], *comer* [koméʰ], *cruz* [kruʰ], *las ventanas* [lą ßentáną], *Carmen* [kárme], usw.

4. Abschwächung von silbenschließendem Konsonant, insbesondere *-s* vor Kons., zu einem Hauchlaut, Null oder Assimilation an den nachfolgenden Konsonanten: *mismo* [miʰmo, mimo, miᵐmo].

5. Neutralisation von vorkonsonantischem *r-/l-*[46]; dieses Merkmal kommt nur in der habla popular vor: *el tío* [eʳtío], *árboles* [áˡbole].

6. Schwund von intervokalischem *-d-*: *lado* [lao], *nada* [na]; dieses Merkmal ist allerdings in der habla popular gesamtspanisch verbreitet.

Für die Partizipform stellte MOYA CORRAL (1979, 63–65) in Jaén folgende Schwundquoten des *-d*-fest: *-ado* > *-ao* 89 %, *-ido* > *-ío* 41 %, *-ada* > *-á* 44 %, *-ida* > *ía* 15 %.

Die Merkmale 1 und 2 reduzieren das Phoneminventar des Kastilischen, 3–5 die phonematischen Distinktionen des Konsonantismus in silbenschließender Position[47].

Karte 6 zeigt nach dem *Atlas Lingüístico de la Península Ibérica (ALPI)* die sprachgeographischen Grenzen der südlichen Aussprachemerkmale.

Der *ALPI* erfaßt 529 Ortschaften (Meßpunkte) des romanischen Sprachgebietes der Iberischen Halbinsel. Die Spracherhebung wurde 1931–1936 durchgeführt, und zwar mit je einem Informanten pro Ortschaft. Untersuchungsziel war «la lengua popular, hablada en pueblos menores y antiguos por personas iletradas o de escasa cultura, entre los cuarenta y sesenta años de edad» (NAVARRO TOMÁS 1975, 9). Von dem auf zehn Bände geplanten Werk ist bisher Band I, *Fonética*, erschienen. Die Daten des *ALPI* geben ein großräumiges Gesamtbild der *habla popular y rural* Anfang der 30er Jahre – sie erfassen nicht die städtische Sprache und die der Gebildeten. Die neueren regionalen Sprachatlanten für Andalusien (*ALEA* 1961–1973) und Aragón, Navarra, Rioja (*ALEANR* 1979–1980) mit ihrem feinmaschigeren Erhebungsnetz zeigen, daß der Sprachstand des *ALPI* in großen Zügen noch heute gültig ist.

Technischer Kommentar

Das Erhebungsgebiet wird geometrisch gerastert, wobei jedem Meßpunkt ein Polygon zugeordnet wird, entsprechend der idealtypischen Voraussetzung, daß der Meßpunkt für ein bestimmtes Gebiet repräsentativ ist. Die sprachlichen Grenzlinien (Isoglossen) werden entlang der Außenkante der Polygone gezogen. Isoliertes Auftreten südlicher Aussprachemerkmale im Norden bzw. nördlicher im Süden (Sprachinseln) wird nicht berücksichtigt.
Die Isoglosse *-ps-* > ʃ mündet in die Diphthongierungslinie ě, ǒ und verläuft dann südwärts wie diese.

---

[46] Gesamtdarstellung bei AMADO ALONSO 1961.
[47] Vgl. FERNÁNDEZ-SEVILLA 1980; zur daraus entstehenden Diskrepanz von Phonie und Graphie vgl. GECKELER 1978.

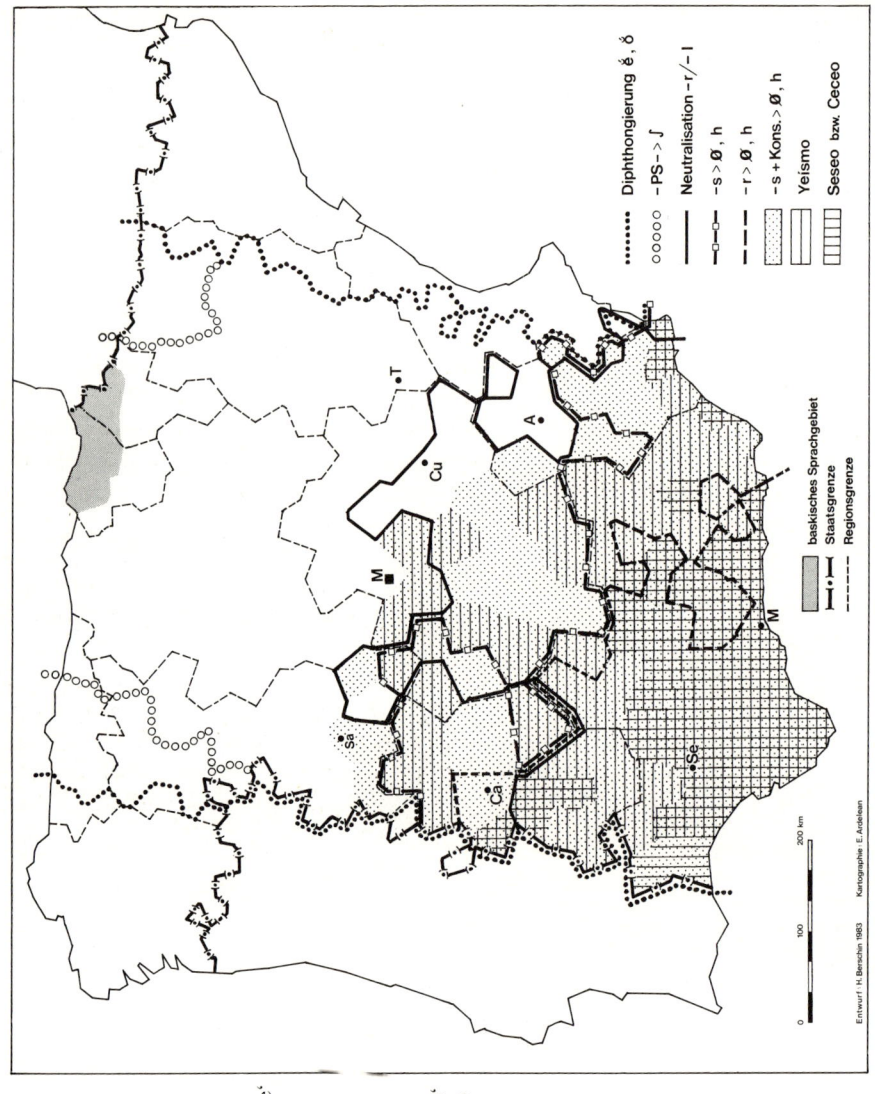

Karte 6:
Phoeti-
sches Glie-
derungs-
profil des
spanischen
Sprachrau-
mes (Daten
nach *ALPI*,
Karten
13 ‚ahogarse‘
15 ‚andar‘
17 ‚árboles‘
18 ‚asa‘
29 ‚caballo‘
30 ‚cabeza‘
32 ‚caja‘
66 ‚desnudo‘
67 ‚deudas‘)

Insgesamt ist die südspanische Aussprache weniger fixiert als die normativ nordspanische, sie zeigt deshalb eine Fülle phonetischer Realisationsformen (Polymorphie).

Für Jaén wertete MOYA CORRAL 1979 die Aussprache von 33 Informanten phonometrisch aus. Bei -r und -l vor Pause ergaben sich folgende Realisationen:

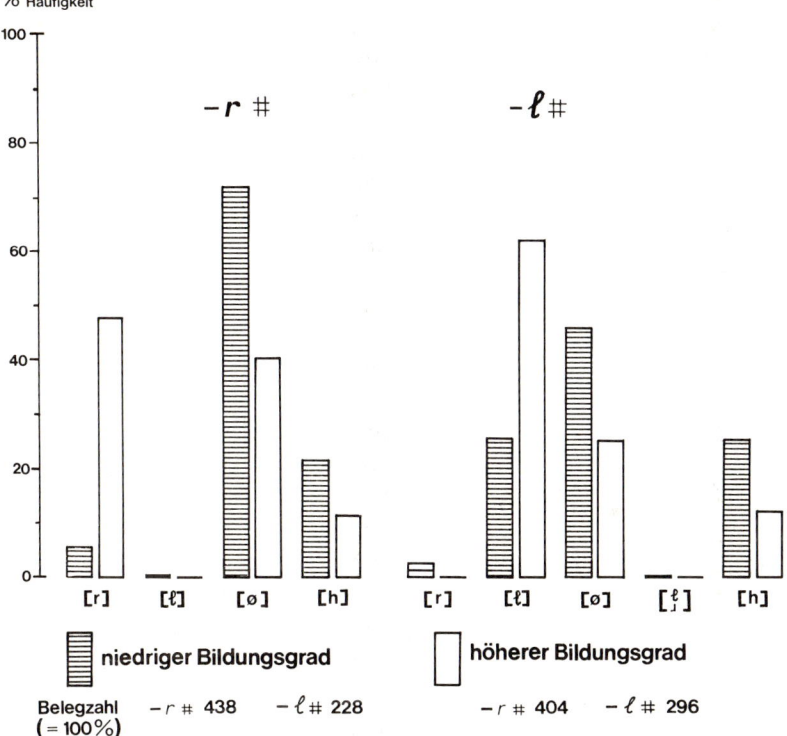

Abb. 2: Aussprache von kast. -r, -l vor Pause bei Informanten höheren und niedrigen Bildungsgrades in Jaén (Daten nach MOYA CORRAL 1979, 110).

Kommentar

Die Abschwächungstendenz *(h, ∅)* ist bei *-r* ⧣ stärker als bei *-l* ⧣ und dominiert bei Informanten niedrigen Bildungsgrades: Hier wird *-r* ⧣ in 72 % (höherer Bildungsgrad: 41 %) der Fälle zu ∅, in 22 % (11 %) zu *h*; *-l* ⧣ in 46 % (25 %) zu ∅ bzw. 24 % (12 %) zu *h*. Die Neutralisation *-r/-l* kommt in der Pausaposition selten vor und nur bei Informanten niedrigen Bildungsgrades.

Man erkennt, daß die südliche Aussprachevarietät nach Norden durch ein lockeres Isoglossenbündel abgegrenzt wird, wobei die einzelnen Isoglossen eine unterschiedliche

Raumtiefe haben. Die verbreitete Bezeichnung ‚andalusisch' für die südliche Varietät ist deshalb nicht im Sinne einer Deckung von sprachlichen und administrativen Grenzen zu verstehen: gewisse Merkmale wie Seseo, Ceceo kommen nur in Teilgebieten der Region Andalusien vor, andere, z. B. die Abschwächung von -s, greifen weit darüber hinaus[48]. Begrifflich zweckmäßiger ist die geographische Richtungsbezeichnung ‚südspanisch' *(español meridional)*; im Hinblick darauf, daß südspanische Aussprachemerkmale sich auf den Kanarischen Inseln[49] und in Spanischamerika (insbesondere im Küstenbereich) fortsetzen, spricht man auch von *español atlántico*[50]. Aus didaktischer Sicht empfiehlt es sich, die diastratische und diatopische Gliederung zusammenzufassen. Es ergeben sich vereinfacht zwei Hauptvarietäten des Spanischen, eine ‚konservative' und eine ‚progressive' (GUITART 1982). Erstere ist relativ stabil und konstant, mit historischem Ursprung in Kastilien; letztere nimmt ihren geschichtlichen Ausgang im sprachlichen Kolonisationsgebiet des Südens (vgl. S. 110), ist weniger fixiert, variantenreich und in rascher Entwicklung. Die akademische Norm und der Sprachunterricht orientieren sich an der prestigestärkeren, konservativen Varietät mit ihrer schriftorientierten Aussprache (‚no comerse las letras').

Textprobe

Der andalusische Schriftsteller VAZ DE SOTO (1981, 105 f.) gibt die hoch- und populärsprachliche südspanische Varietät – von ihm *andaluz culto* bzw. *popular* genannt – in phonetischer Orthographie idealtypisch folgendermaßen wieder:

¿Escribir en andaluz?

andaluz culto	andaluz popular
Algunoj lejtorej no ejtán de acuerdo conmigo en que no se pueda ejcribir en andaluj. ¡Puej claro que se puede ejcribir en andaluj! … Lo que yo he dicho y sojtengo ej que no se puede ejcribir en andaluj con la ortografía vigente – común para el andaluj, el cajteyano y demaj modalidadej del español –, y el intento resiente de Manuel Barrioj[1] en ejte mijmo periódico[2] no pasó de ser, sin duda, en la intensión del autor, un divertimento.	Argunoj lejtorej no ejtán de acuerdo conmigo en que no se pueda ejcribí en andalú. ¡Poj claro que se pue ejcribí en andalú! … Lo que yo he dicho y sojtengo ej que no se pue ejcribí en andalú con la ortografía vigente – común pa el andalú, er cajteyano y demaj modalidadej del ejpañó –, y el intento resiente de Manué Barrioj en ejte mijmo periódico no pasó de sé, sin duda, en la intensión del autó, un divertimento.

[1] Manuel Barrios, *1924 (Cádiz), Schriftsteller
[2] *ABC* (Ausgabe Sevilla)

---

[48] Zum Andalusischen *(andaluz)* vgl. die Bibliographie MONDÉJAR CUMPIÁN 1989; eine Gesamtdarstellung der Phonetik des andalusischen Spanisch auf der Basis des *ALEA* geben ALVAR 1955 und LLORENTE 1962.
[49] Zum kanarischen Spanisch vgl. DÍAZ ALAYÓN 1990 (Forschungsbericht); zur Aussprache des kanarischen Spanisch vgl. ALVAR 1972, zur Rolle Sevillas als Ausstrahlungszentrum der südlichen Aussprache ALVAR 1974.

Kommentar

Der Text enthält die im Sprachbewußtsein als typisch ‚andalusisch' (faktisch: westandalusisch) geltenden Abweichungen von der kastilischen Standardaussprache.

1. Merkmale des andaluz culto sind Yeísmo *(cajteyano)*, Seseo *(resiente)*, Aspiration – hier durch ⟨j⟩ graphisiert – von *-s, -θ* sowie Aspirationstendenz silbenauslautender Konsonanten: *lejtorej, andaluj, sojtengo,* aber *español.*

2. Das andaluz popular weist folgende zusätzliche Merkmale auf: Schwund auslautender Konsonanten (außer Flexionsmorphem *-s*) und des intervokalischen *-d-: ejcribí, andalú, ejpañó, pue;* Kurzformen: *pa, poj* < *pos*; Neutralisation von vorkonsonantischem *-r/-l: argunoj.*

---

[50] Zur Diskussion vgl. SALVADOR 1981.
Zu den Abschwächungstendenzen im Konsonantismus *(-s, -r, -l, -n, -d-)* des español atlántico liegen eine Reihe vergleichbarer soziolinguistischer Untersuchungen auf lautstatistischer Grundlage vor: LÓPEZ MORALES 1983 (Puerto Rico), NÚÑEZ CEDEÑO et al. 1986 (Karibik), SAMPER PADILLA 1990 (Kanarische Inseln), CARAVEDO 1990 (Lima), BECERRO 1991 (Cartagena/Kolumbien).
Zur Abschwächung des *-s* aus gesamtromanischer Sicht vgl. SEKLAOUI 1989.

B
Sprachgeschichte

1977 feierte die spanischsprachige Welt den milenario de la lengua española: Vor etwa tausend Jahren schrieben Mönche aus der Rioja die ersten uns erhaltenen Zeugnisse der spanischen Sprache nieder. Vor der tausendjährigen Geschichte des Spanischen liegt eine ebenso lange Zeit der Vorgeschichte, während der sich das Latein, das die Römer mit der Eroberung auf die Iberische Halbinsel brachten, zu den iberoromanischen Sprachen entwickelte. Im Jahr 19 v. Chr. – also vor ziemlich genau zweitausend Jahren – wurden die kantabrischen Stämme durch Augustus unterworfen. Damit war die Voraussetzung für die Romanisierung des Gebietes geschaffen, in dem das Kastilische entstand, das dann als Schrift- und Staatssprache ganz Spaniens zum Spanischen wurde.

1. Die Entstehung des Kastilischen

Das Kastilische ist als romanische Sprache in den wesentlichen Bereichen eine Nachfolgesprache des Lateins, die sich unter den spezifischen politischen, ethnischen und sprachlichen Bedingungen Nordspaniens herausgebildet hat.

Erste Voraussetzung für die Entstehung der iberoromanischen Sprachen war die Verbreitung des Lateinischen auf der Pyrenäenhalbinsel. Diesen Vorgang bezeichnen wir als Latinisierung. Die Latinisierung ist ein Teilaspekt der Romanisierung, worunter wir den gesamten Akkulturationsvorgang verstehen, in dessen Verlauf die vorrömische Bevölkerung ihre eigene Lebensweise aufgegeben und die römische übernommen hat, z. B. in Siedlungsform, Architektur, Kleidung, Kunst, Religion, Sozialstruktur, Rechtswesen, Schrift und Sprache. Verlauf und Ergebnis der Latinisierung hängen von den geographischen, politischen, ethno-linguistischen und ökonomischen Voraussetzungen des Romanisierungsprozesses ab.

1.1. Die vorrömischen Sprachen[1]

Das vorrömische Hispanien bildete weder politisch noch ethnisch eine Einheit. Wir besitzen nur geringe Kenntnisse über die ethno-linguistische Gliederung. Es sind zwar viele Stammesnamen überliefert, aber ihre sprachliche Zuordnung ist vielfach noch ungeklärt. Nach den vorliegenden Informationen in Form von Aussagen antiker Schriftsteller, Inschriften, Orts- und Personennamen kann als gesichert gelten, daß auf der Iberischen Halbinsel zur Zeit der römischen Erorberung sowohl indogermanische als auch nicht-

---

[1] Vgl. dazu SCHMOLL 1959; UNTERMANN 1961. Zusammenfassend TOVAR 1977; *ELH* I.

indogermanische Sprachen gesprochen wurden, wobei die indogermanische Gruppe den Westen und das Innere der Halbinsel umfaßte, die nichtindogermanische, genauer vorindogermanische Gruppe den Süden, die Mittelmeerküste, das Ebrobecken und die Pyrenäen.

Innerhalb der indogermanischen Gruppe kann unterschieden werden zwischen der Sprache der von den antiken Autoren *Keltiberer* genannten Völker, die das zentrale Hochland des Nordteils der Halbinsel bewohnten, und dem Lusitanischen, der Sprache der *Keltiker* genannten Völker zwischen dem Unterlauf von Duero und Tajo, der späteren Provinz Lusitanien. Das Keltiberische ist zweifellos eine keltische Sprache, auch wenn es vielfach in iberischer Schrift überliefert ist. Nicht so sicher ist die Zuordnung des sehr archaischen, wohl auf eine vorkeltische indogermanische Einwanderung zurückgehenden Lusitanischen.

Vorindogermanisch ist das an der Südküste zwischen Atlantik und Almería inschriftlich belegte Tartessische, das mit dem sagenhaften Tartessos der Griechen, dem biblischen Tarsis, in Zusammenhang gebracht wird, und das Iberische, das in einem Küstenstreifen von Almería bis zur Rhônemündung gesprochen wurde und nur im Ebrobecken in das Innere der Halbinsel reichte.

Die bisher erwähnten vier Sprachgruppen sind im Zuge der Latinisierung ausgestorben. Überlebt hat, wenn auch nur in einem Teil des früheren Verbreitungsgebietes, das Baskische. Die Herkunft des Baskischen und auch seine Beziehung zum Iberischen sind ungeklärt. Das Verbreitungsgebiet umfaßte im Altertum nach dem Zeugnis der Ortsnamen die Bergregion von Kantabrien bis zum Mittelmeer und noch im Mittelalter reichte es fast bis Burgos und schloß Pamplona ein.

An der Süd- und Ostküste gab es karthagische und griechische Kolonien. Die Karthager waren im 5. Jh. v. Chr. im Süden an die Stelle der Phönizier getreten, die um 1100 Cádiz gegründet hatten, und hatten auch die Griechen an die Nordostküste abgedrängt.

1.2. Die Latinisierung

Die militärische Unterwerfung der Iberischen Halbinsel dauerte 200 Jahre: 218–19 v. Chr. Zum Vergleich: Caesar eroberte Gallien in sieben Jahren. Die Römer übernahmen im Verlauf des 2. Punischen Krieges (218–201 v. Chr.) die Kontrolle über die Mittelmeerküste und setzten sich im Guadalquivirbecken und in Katalonien fest: 206 endgültige Vertreibung der Karthager. In langwierigen Kämpfen unterwarfen sie bis 133 – Einnahme von Numantia – die wichtigsten keltiberischen Stämme und sicherten die Beherrschung der Westküste bis zum Miño. Nach dem Ende der römischen Bürgerkriege und damit auch der Republik besiegte Augustus 19 v. Chr. die letzten noch unabhängigen Stämme im Bergland des Nordens, die Asturer und Kantabrer.

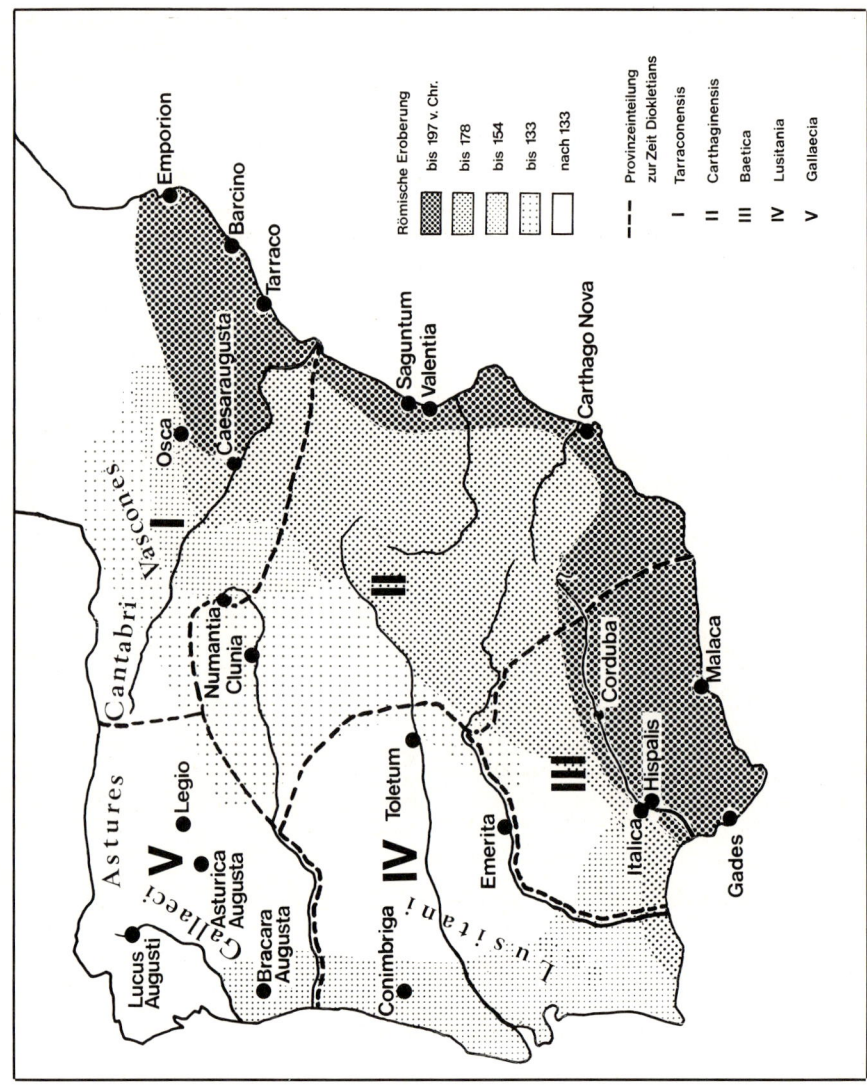

Karte 7:
Romanisie-
rung der
Iberischen
Halbinsel
(adaptiert
nach TAVANI
1968, 63)

Die lange Dauer der Eroberung bewirkte eine chronologische Staffelung der Romanisierung[2]: Sie begann im Nordwesten zu einer Zeit, wo sie im Süden fast schon abgeschlossen war. Die Folgen der chronologischen Staffelung wurden durch die unterschiedliche Intensität der Romanisierung verstärkt. Die früh eroberten Gebiete wurden schnell romanisiert. Gründe dafür sind die Küstenlage und damit Offenheit für fremde Kultureinflüsse (Kolonisationsgebiete der Griechen und Karthager), gute Seeverbindungen nach Italien, ausgeprägte Stadtkultur, klimatische und wirtschaftliche Attraktivität, die zu einer starken italischen Einwanderung führten. Wie sehr sich das römische Interesse auf diese Gebiete konzentrierte, ist an der Verteilung der Kolonien abzulesen. Sie liegen von wenigen Ausnahmen abgesehen an der Mittelmeerküste, am Ebro und häufen sich südlich des Guadiana, in der Provinz Baetica[3]. Zahlreiche Indizien lassen die rasche Latinisierung dieser Gebiete und auch den Romanisierungsvorsprung der Baetica erkennen.

So wurde etwa auf den Münzprägungen, die mit der römischen Eroberung einsetzten, in vielen Städten des Südens, darunter auch Córdoba, von Anfang an das lateinische Alphabet verwendet, wogegen sich im Nordosten, so auch in Tarragona, das iberische Alphabet bis in die Zeit Caesars halten konnte (UNTERMANN 1975, 55 f.).
Der griechische Geograph Strabo (III, 2, 15; III, 4, 20) berichtet um Christi Geburt, die Turdetaner, ein in der Baetica wohnhaftes Volk, hätten die römische Lebensweise angenommen und ihre eigene Sprache vergessen. Die Keltiberer des Ebrogebietes nennt er *togatoi* „Togaträger". Um die gleiche Zeit hören die iberischen Inschriften auf und die einheimischen Namen auf Inschriften werden selten.
Die 27 Senatoren aus der Zeit der Kaiser Trajan (98–117) und Hadrian (117–138) – beide selbst in der Baetica geboren –, deren hispanische Herkunft sicher ist, kommen sämtlich aus diesen Gebieten: 9 aus den Küstenstädten Barcelona, Tarragona, Sagunt und Valencia, 18 aus der Baetica[4].

Die Latinisierung des zentralen Hochlandes und des Nordwestens der Halbinsel setzte später ein und vollzog sich wesentlich langsamer. Das ist an den archäologischen Funden abzulesen[5], an der Häufigkeit einheimischer Namen in der Kaiserzeit (ALBERTOS FIRMAT 1976) und den dabei zu beobachtenden Nord-Süd-Unterschieden (CURCHIN 1991, 188), an der langen Bewahrung der vorrömischen Sippengliederung[6].

Ausgangspunkt der Romanisierung waren sicher die zu Städten ausgebauten Verwaltungszentren wie Lugo (Lucus Augusti), Astorga (Asturica Augusta), Clunia, Braga (Bracara Augusta). Der mit Augustus beginnende systematische Ausbau des Straßennetzes stellte die Verbindung zu den stark romanisierten Gebieten am Mittelmeer und zur Baetica her. Wie überall im Reich waren auch die Militärlager, insbesondere die ständig in León stationierte Legio VII Gemina, mit ihren Außenposten Ausstrahlungszentren römischer Zivilisation und Sprache.

---

[2] Vgl. SÁNCHEZ-ALBORNOZ 1949; GALSTERER 1979.
[3] GARCÍA Y BELLIDO 1959. Ganz ähnlich ist die Verteilung der villae rusticae (vgl. GORGES 1979).
[4] Karte bei BLÁZQUEZ 1975, 248 f.
[5] Karte mit Verteilung einheimischer Grabsteine bei BLÁZQUEZ 1975, 390 f.
[6] Karten bei UNTERMANN 1975, 129 und TOVAR 1949, Karte I.

Wie lange es gedauert hat, bis die Latinisierung abgeschlossen war, wissen wir nicht. Die Landbevölkerung hat die einheimischen Sprachen sicher länger bewahrt als die Städter. Auch zwischen den sozialen Schichten dürfte es deutliche Unterschiede gegeben haben.

Wie wir durch Tacitus wissen, wandte sich ein Bauer aus dem keltiberischen Tiermes 25 n. Chr., d. h. fast zwei Jahrhunderte nach der Eroberung des Gebietes durch die Römer, *voce magna sermone patrio* „laut in seiner Muttersprache" gegen seine Folterer (*Annales* IV, 45).
Die Untersuchung der lateinischen Inschriften von Coimbra ergibt, daß bei den in Stein gemeißelten Inschriften 33 % der Personennamen einheimische Bestandteile aufweisen, bei den Inschriften auf Keramik dagegen 75 %, was auf eine raschere Annahme der römischen Namengebung bei den wohlhabenderen Schichten schließen läßt (ETIENNE et al. 1976, 98).
Eine Stelle des *Liber de similitudine carnis peccati*, dessen Autorschaft und Datierung allerdings strittig sind, bezeugt die Predigt des Evangeliums in *lingua barbara* für das 4., vielleicht sogar das 6. Jh. n. Chr. (GARCÍA Y BELLIDO 1967, 28). Es scheint, daß die Latinisierung in großen Gebieten erst durch die Predigt des Christentums zum Abschluß gekommen ist (vgl. MARINER 1976).

Für die Entwicklung des Spanischen ist entscheidend, daß die Romanisierung das kantabrische Bergland, die Heimat des Kastilischen, offensichtlich am wenigsten erfaßt hat: Römische Villen sind nicht nachgewiesen[7], lateinische Inschriften und frühchristliche Zeugnisse spärlich. Auch die römischen Garnisonen befanden sich in Galicien und Asturien und sparten Kantabrien aus. Die späte und oberflächliche Romanisierung ist vielleicht ein Grund dafür, daß das Kastilische sich in seiner Entwicklung im Vergleich zu den anderen iberoromanischen Sprachen innovierend verhält. Ob die besondere Charakteristik des Kastilischen auch darauf zurückgeht, daß es der Treffpunkt zweier Romanisierungsströme war, ist nicht unumstritten. Nach der These von HARRI MEIER handelt es sich dabei um eine von der Baetica ausgehende, durch die Stadtkultur geprägte Romanisierungsströmung, die über Lusitanien und Galicien ein literarisch eingefärbtes Latein nach Kantabrien gebracht habe. Dort hätte sich dieses mit einem mehr volkstümlich geprägten Latein gemischt, das vom römischen Zentrum des Nordostens, Tarragona, ausgehend das Ebrotal aufwärts ebenfalls bis Kantabrien vorgedrungen sei[8].

1.3. Das hispanische Latein

1.3.1. Das klassische Latein

In die lange Zeitspanne der Romanisierung Hispaniens fällt die Entstehung und die Blütezeit der römischen Literatur. Unter starkem griechischen Einfluß hatte sich seit Mitte des 3. Jh. v. Chr. durch Auswahl aus der Formenvielfalt des Altlateins bis zum 1. Jh. v. Chr.

---

[7] Vgl. Karte bei BLÁZQUEZ 1975, 268 f.
[8] Darstellung der Diskussion bei BALDINGER 1972, 104–110.

eine Literatursprache entwickelt, für die in Aussprache, Morphologie, Syntax und Vokabular Normen festgelegt waren. Seit Ennius (239–169 v. Chr.) war die literarische Tätigkeit begleitet von Reflexion über die Sprache (Stolz/Debrunner/Schmid 1966). In den tiefgreifend romanisierten Gebieten Hispaniens, d. h. im Nordosten und insbesondere in der Baetica, haben lateinische Literatur und Grammatik schnell Wurzeln geschlagen. Bereits für das Jahr 74 v. Chr. erwähnt Cicero – wenn auch etwas abschätzig – Dichter, die in Córdoba geboren sind. Die Voraussetzungen waren gegeben: eine blühende Stadtkultur mit einer wohlhabenden Oberschicht und einem Bildungsangebot[9], das literarische Interessen förderte (vgl. Marrou 1977, 537 f.). Von den Schriftstellern des ersten nachchristlichen Jahrhunderts sind in Hispanien geboren: Martial (Bilbilis), Lukan (Córdoba), die beiden Seneca (Córdoba), Quintilian (Calahorra).

Dieses Latein, orientiert an der klassischen Literatur und kodifiziert durch die Grammatiker, änderte sich nur wenig. Generationen nach dem Ende des Römischen Reiches, als die Hispania zur Gothia geworden war, schrieb Isidor von Sevilla (560–636), einer der meistgelesenen Schriftsteller des Mittelalters, ein Latein, in dem nur ganz wenige lexikalische Abweichungen von der klassischen Norm festzustellen sind (Sofer 1933). Das Schriftlatein überlebte den Untergang des weströmischen Reiches und blieb das Mittelalter hindurch Kultursprache sowohl der romanisierten als auch der nichtromanisierten Länder West- und Mitteleuropas.

1.3.2. Das Vulgärlatein

Die romanischen Sprachen, die das Latein allmählich verdrängten, leiten sich nicht vom literarischen Latein ab. Die Kenntnis der Literatursprache wurde durch langjährigen Unterricht erworben, der in der Regel eine privilegierte soziale Stellung voraussetzte. Die Normen des klassischen Lateins erreichten somit nur einen – vermutlich kleinen – Teil der Bevölkerung. Die große Mehrheit der einheimischen Bevölkerung Hispaniens lernte das Latein in seiner umgangssprachlichen Form, das Vulgärlatein. Wir verstehen darunter ein breites Spektrum von Sprachformen unterhalb der Hochnorm, das von der gepflegten Umgangssprache der Gebildeten bis zur Vulgärsprache der Legionäre und Händler reichte[10].

Auch wenn die klassische Literatursprache keine regionalen Unterschiede erkennen läßt[11], und auch die volkstümlichere spätlateinische Literatur bemerkenswert einheitlich ist[12], müssen wir annehmen, daß die unterschiedlichen Bedingungen der Romanisierung

---

[9] Zu den Bildungsinstitutionen im römischen Hispanien vgl. Cassani 1952.

[10] Vgl. dazu Berschin/Felixberger/Goebl 1978, 58–65.

[11] Zur Hispanität Senecas vgl. Tovar 1968.

[12] Zur sprachlichen Herkunft der *Peregrinatio Aetheriae* (4. Jh.) aus Hispanien vgl. Löfstedt 1936 und Tavani 1968, 96 ff.

zu einer Differenzierung des Provinzlateins geführt haben. Nur so sind die Unterschiede zwischen den romanischen Sprachen im Bereich des Erbwortschatzes zu erklären.

Beispiel

Latein	Spanisch	Französisch	Italienisch	Rumänisch
pulcher	*hermoso*	*beau*	*bello*	*frumos*
pulchrior	*más hermoso*	*plus beau*	*più bello*	*mai frumos*

In Italien und Gallien wurde *pulcher* umgangssprachlich durch *bellus* ersetzt und der Komparativ mit *plus* gebildet; Hispanien und Dacien bevorzugten *formosus* und die Komparativbildung mit *magis*.

Methodisch besteht das Problem darin, daß wegen der sprachlichen Einheitlichkeit der überlieferten Texte die Differenzierung des Provinzlateins in römischer Zeit aufgrund der Unterschiede zwischen den romanischen Sprachen postuliert wird, daß umgekehrt aber diese Unterschiede ihrerseits unter anderem durch die Differenzierung des Sprechlateins begründet werden.

1.3.3. Besonderheiten des hispanischen Lateins[13]

1.3.3.1. Archaismus[14]

Das hispanische Latein muß nach Ausweis des Spanischen im Vergleich zur Sprache anderer Provinzen, vor allem Italiens und Galliens, bereits in der Kaiserzeit archaische Züge aufgewiesen haben. Es lassen sich zwei Arten von Archaismen unterscheiden.
Die Romanisierung Hispaniens begann in vorklassischer Zeit, die Latinisierung brachte also einen vorklassischen Sprachzustand auf die Iberische Halbinsel. In Spuren ist dieser Sprachzustand, der in Italien durch die weitere Sprachentwicklung überdeckt wurde und nie nach Gallien kam, noch heute faßbar. Tovar 1968 und 1969 weist nach, daß sich vorklassische Wörter und Bedeutungen, wie sie bei Cato (234–149 v. Chr.) und Lucilius (180–102 v. Chr.) auftreten, die beide als Heerführer in Hispanien gewesen sind, im Spanischen erhalten haben.

Beispiele

materies	„Baustoff"	> *madera*	„(Bau)Holz"
vervactum		> *barbecho*	„Brachland"
rostrum	„Schnauze"	> *rostro*	„Gesicht"
demagis		> *demás*	„übrig"

---

[13] Vgl. *ELH* I mit Supplement; Laín Entralgo 1968.
[14] Vgl. Coseriu 1953; Mariner 1960.

Von diesen absoluten Archaismen unterscheiden sich die relativen Archaismen, die darin bestehen, daß sich von mehreren Wellen gemeinromanischer Neuerungen die älteren gehalten haben. Einer der Gründe für die Bewahrung der früheren Neuerungen in Hispanien könnte die geographische Randlage sein. Da auffallend häufig Parallelen des Spanischen mit dem Rumänischen auftreten – Dacien war 107–275 n. Chr. römische Provinz –, scheint es sich um Sprachstände zu handeln, die bis ins 2./3. Jh. reichen. Spätere Neuerungen der zentralen Romania, Italien und Gallien, haben Hispanien wegen der Auflösung der Reichseinheit seit dem 4. Jh. vermutlich nicht mehr erreicht.

Beispiele

Klt.   Sp.   Fr.

loqui   *fabulari*   >   *hablar*   *parabolare*   >   *parler*
invenire   *afflare*   >   *hallar*   *tropare*   >   *trouver*
edere   *comedere*   >   *comer*   *manducare*   >   *manger*

1.3.3.2. Dialektale Latinität

Die These, das hispanische Latein sei von nichtlateinischen mittel- und süditalienischen Sprachen, insbesondere dem Oskisch-Umbrischen, beeinflußt, ist strittig[15]. Sicherlich stammte ein beträchtlicher Teil der Soldaten und Siedler, die nach Hispanien kamen, nicht aus Latium. Ortsnamen und Inschriften bestätigen das (MENÉNDEZ PIDAL 1960). Da sie im 2. Jh. v. Chr. noch nicht völlig latinisiert waren, konnten sie ein oskisch gefärbtes Latein nach Hispanien bringen. Es ist jedenfalls eine Reihe von Übereinstimmungen lautlicher, morphologischer und lexikalischer Art zwischen iberoromanischen auf der einen und mittel- und süditalienischen Sprachformen auf der anderen Seite feststellbar, z. B. die Assimilation -*mb*- > *m* (*palumba* > *paloma*), personaler Akkusativ (vgl. S. 263), *tener* als Hilfszeitwort.

Die Herstellung einer Kausalbeziehung ist jedoch problematisch, weil unsere Kenntnisse der nichtlateinischen italischen Sprachen und von der Verteilung der Siedler in Hispanien nur gering sind, und gleiche oder vergleichbare Erscheinungen auch in Gebieten ohne oskisch-umbrische Kolonisation vorkommen.

1.4. Einflüsse der vorromanischen Sprachen: Substrat[16]

Die Latinisierung Hispaniens bestand in der Einwanderung einer lateinischen Bevölkerungsgruppe und im Sprachwandel der zahlenmäßig weit überlegenen einheimischen

---

[15] Vgl. *ELH* I mit Supplement; Diskussion bei BALDINGER 1972.
[16] Vgl. JUNGEMANN 1955, BALDINGER 1972.

Bevölkerung. Es ist unmöglich, daß der Sprachwechsel ohne Interferenzen verlaufen ist. Dennoch sind in den iberoromanischen Sprachen nur geringe Spuren der vorrömischen Sprachen festzustellen.

Dies hat z. T. forschungstechnische Gründe: Die Substratsprachen und auch das gesprochene Latein Hispaniens sind großenteils unbekannt; der zeitliche Abstand zwischen der Romanisierung und dem Auftreten der romanischen Sprachen ist so groß, daß Kausalbeziehungen weitgehend hypothetisch bleiben müssen.

Die Latinisierung bestand aber nicht nur im Sprachwechsel, sondern auch im Abbau der anfänglich auftretenden Interferenzen. Solange Hispanien politisch, wirtschaftlich und kulturell von Rom abhängig war, konnte die Latinisierung auch nach dem Aussterben der einheimischen Sprachen weitergehen als Anpassung des hispanischen Provinzlateins an die Sprache Roms. Nur die vorrömischen Einflüsse, die sich bis zur Lösung der Verbindungen zwischen Provinz und Hauptstadt gehalten hatten, konnten sich in den romanischen Sprachen fortsetzen.

Beträchtlich sind die Spuren, die die vorrömischen Sprachen in der Toponymie hinterlassen haben[17]. Ortsnamen, welche die keltischen Elemente *briga* „Festung", *seg* „Sieg" enthalten, weisen die für das indogermanische Substrat typische geographische Verteilung auf: *Coimbra* < *Conimbriga; Segovia, Sigüenza* < *Segontia.* Die Zuweisung nichtkeltischer Namen wie *Tarragona, Toledo, Aranjuez, Andorra* ist schwieriger. Die Namen mit *Ili-/Ilu-*, z. B. *Lérida* < *Ilerda, Elche* < *Ilici*, weisen die für das nichtindogermanische Substrat typische Verbreitung auf: Süd- und Ostküste, Ebrobecken. Die Namen auf *-ippo* und *-uba*, z. B. *Estepa* < *Ostippo, Córdoba* < *Corduba*, konzentrieren sich südlich des Guadalquivir, liegen also in dem oben als tartessisch bezeichneten Sprachgebiet. Es ist erstaunlich, in welchem Maße sich die Verteilung bestimmter Ortsnamentypen, z. B. keltisch *briga* und vorindogermanisch *Ili-*, mit der Grenze zwischen indogermanischen und vorindogermanischen Inschriften deckt[18].

Der keltische Anteil am Wortschatz der iberoromanischen Sprachen ist relativ gering. Einige keltische Wörter kamen mit dem Latein, das sie früh aus den keltischen Sprachen Norditaliens entlehnt hatte, nach Hispanien. Dazu gehören z. B. *legua, camisa, carro, cerveza, braga.* Genuin hispanische Keltizismen des Spanischen sind möglicherweise u. a. *álamo, colmena, gancho.*

Galicisch-Portugiesisch	Gesamtheit der span. Dialekte	Kastilisch/Leonesisch	Katalanisch
33	48	35	53

Tab. 6: Hispanische Keltizismen in den iberoromanischen Sprachen (nach HUBSCHMID 1960, 149)

---

[17] Vgl. FAUST 1976, HUBSCHMID 1960.
[18] Vgl. die Karten bei UNTERMANN 1961.

Die Zahl der vorindogermanischen Wörter ist größer, aber nur schwierig abzuschätzen. Ein beträchtlicher Teil der spanischen Wörter unbekannter Herkunft dürfte hier einzuordnen sein, z. B. *barro, charco, manteca, perro.* Schriftsteller der Antike erwähnen als hispanisch: *lancea > lanza, arrugia > arroyo, cuniculus > conejo, gurdus > gordo* (LAPESA 1980, 51).

Was die Aussprache betrifft, ist eine Einfärbung des Provinzlateins durch die Substrate zwar sehr wahrscheinlich, vor allem in Bezug auf Rhythmus und Intonation, aber nur schwer nachzuweisen. Die Berücksichtigung analoger Vorgänge außerhalb der Iberischen Halbinsel und der Vergleich mit den historisch belegten keltischen Sprachen und dem Baskischen erlauben es jedoch, in einigen Fällen vorrömische Einflüsse auf die Lautentwicklung des Spanischen plausibel zu machen.

Auf keltischen Einfluß wird die Entwicklung *-kt- > it* zurückgeführt, deren Ergebnis im Spanischen [c] ist: *dictum > dicho.* Dafür spricht ihr Auftreten in keltischen Sprachen, Verbreitung in den keltisch besiedelten Gebieten der Romania und das hohe Alter der Erscheinung. Als Ergebnis eines mit dem Baskischen verwandten Substrates gilt die Entwicklung *f- > h-.* Auch hierfür spricht die geographische Verbreitung: Der Lautwandel geht von dem an das Baskische angrenzenden kantabrischen Gebiet aus und tritt auch in dem nördlich an das Baskische anschließenden Gaskognisch auf. Die Tatsache, daß das Baskische anlautendes *f-* in lateinischen Wörtern ersetzte oder wegließ, z. B. *festa > pesta, ficum > iko,* weist darauf hin, daß es ursprünglich kein *f-* besaß (vgl. MENÉNDEZ PIDAL 1964, 198–233).

1.5. Das westgotische Superstrat

409 n. Chr. drangen verschiedene Völker – Sueben, Vandalen, Alanen – in Spanien ein. Die römische Zentralgewalt ließ den Kampf gegen die Invasoren durch die Westgoten führen, die seit 418 in Aquitanien als Bundesgenossen saßen. Das militärische Übergreifen der Westgoten auf die Iberische Halbinsel führte zu einer zunehmenden gotischen Siedlung. Nach der Niederlage gegen die Franken 507 verlagerte sich das politische Zentrum des westgotischen Reiches nach Hispanien. Hauptstadt war zunächst Barcelona, von der zweiten Hälfte des 6. Jh. bis zum Ende des Reiches (711) Toledo.

Siedlungsmäßig konzentrierten sich die Westgoten in der kastilischen Meseta, im Raum Toledo – Palencia – Calatayud (THOMPSON 1971, 155). Sie waren der hispanoromanischen Bevölkerung zahlenmäßig weit unterlegen: 1–5 % der Gesamtbevölkerung[19]. Ortsnamen vom Typ *Godos, Gudillos, Godones – Romanos, Romanillos, Romancos* (MENÉNDEZ PIDAL 1964, § 103) deuten darauf hin, daß sie getrennt von den Romanen in eigenen Siedlungen lebten. Der Religionsunterschied – die Westgoten waren Arianer – und das

---

[19] Zu den verschiedenen Schätzungen vgl. BALDINGER 1972, 96.

Eheverbot zwischen Germanen und Romanen haben in den ersten beiden Jahrhunderten der Gotenherrschaft die Bevölkerungsmischung wenn nicht unmöglich gemacht, so doch erschwert. Gegen Ende des 6. Jh. setzte eine Politik des Ausgleiches ein: 587 konvertierte Rekkared zum römischen Bekenntnis, Ende des Jahrhunderts wurde das Eheverbot aufgehoben, seit Mitte des 7. Jhs. galt für Goten und Romanen das gleiche Recht (ALEGRE PEYRÓN 1966, 13).

Die Westgoten waren wegen ihres langen Aufenthaltes im römischen Reich – 257 drangen sie in Dacien in den römischen Herrschaftsbereich ein – sicherlich schon stark romanisiert, als sie sich in Hispanien niederließen. Dort kam ihre sprachliche Assimilation zum Abschluß.

Der Einfluß des Gotischen auf das Hispanoromanische ist gering einzuschätzen. Lautliche Einflüsse sind nicht nachzuweisen, die Zahl der spanischen Wörter, die mit einiger Sicherheit auf das Gotische zurückgehen, ist sehr klein: die Aufstellung bei GAMILLSCHEG 1967 umfaßt 28 Wörter, darunter *esquilar*, *gana*, *ganso*; HOWARD 1969 listet 44 gesicherte, 16 wahrscheinliche und 53 mögliche gotische Etymologien auf.

Die Zahl der germanischen Wörter im Spanischen ist allerdings größer. Einige gehen auf frühe Entlehnungen ins Vulgärlatein zurück und sind deshalb nicht ausschließlich hispanisch, z. B. *jabón*, *brasa*. Die meisten kamen jedoch auf verschiedenen Wegen aus dem gallischen Raum, wo die Franken, insbesondere im Norden, das Romanische wesentlich stärker geprägt haben. Dazu gehören u. a. *yelmo, fresco, guerra, jardín*[20].

Beträchtlich ist der gotische Anteil an den mittelalterlichen Personennamen, z. B. *Rodrigo, Gonzalo, Fernando, Alfonso, Gunetrudia, Menendo* (vgl. *LRL* 468 f.). Auch unter den Ortsnamen finden sich, vor allem im Nordwesten, zahlreiche Bildungen, die aus einem germanischen Personennamen bestehen oder einen enthalten.

Beispiele (PIEL 1960)

Fernández	*Casandulfe*	(< *casa* + *Andulf*)
Balter	*Castrogeriz*	(< *castrum* + *Sigerich*)
Gundomar	*Villarruriz*	(< *villare* + *Roderich*)

Die Zeit der Germanenreiche war für die weitere Entwicklung des Hispanoromanischen nicht wegen der direkten Beeinflussungen von Bedeutung, sondern wegen der Änderung der Entwicklungsbedingungen: Lösung von Rom; Verlagerung des politischen Zentrums aus der Baetica und dem Nordosten, die kulturell allerdings mit den Zentren Sevilla und Zaragoza führend blieben[21], in ein weniger romanisiertes Gebiet; Sonderstellung des Nordens und des Nordwestens durch die lange Selbständigkeit des Suebenreiches (bis 585) und nur lockere Abhängigkeit des kantabrischen Gebietes (LAPESA 1980, 124 f.).

---

[20] Vgl. die Karten bei ROHLFS 1971, 283 ff.
[21] Vgl. ALEGRE PEYRÓN 1966.

2. Die Sprachverhältnisse im Mittelalter

Die Entwicklung des Vulgärlateins zu den iberoromanischen Sprachen vollzog sich auf der Ebene der Sprechsprache. Sie ist uns nur insofern zugänglich, als sie Spuren in den schriftlichen Dokumenten der Übergangszeit (5.–10. Jh.) hinterlassen hat. Diese Spuren sind spärlich: vereinzelte Hinweise auf Besonderheiten des Wortschatzes, z. B. *mantum, cama* bei Isidor von Sevilla (SOFER 1933); Anzeichen für die phonetische Entwicklung in den Inschriften aus westgotischer Zeit: *comodo* und *issu* statt *quomodo* bzw. *ipsum* weisen auf sp. *como* und *ese* (RABANAL ALVAREZ 1971). Auf das 8. und 9. Jh. sucht man von den einen sehr archaischen Sprachzustand aufweisenden mozarabischen Texten zu schließen. Mit dem 10. und 11. Jh. fließen die Quellen etwas reichlicher. Es gibt, insbesondere in León, Texte, deren Graphie bei weitgehender lateinischer Syntax und Morphologie eine stark romanisch gefärbte Aussprache repräsentiert. MENÉNDEZ PIDAL 1964 nennt diese Sprachform *leonesisches Vulgärlatein* und nimmt an, es handle sich um eine bewußt gewählte, zwischen Schullatein und Volkssprache liegende Sprachebene. Für WRIGHT 1982 ist es die zeit- und ortsübliche Form, das Romanische in Anlehnung an die lateinische Graphietradition zu schreiben.

2.1. Die ersten Sprachzeugnisse: *Glosas Emilianenses*[22], *Glosas Silenses*

Wann das Bewußtsein entstanden ist, daß es sich bei der romanischen Volkssprache um eine vom Latein verschiedene Sprache handle[23], ist im nachhinein nicht mehr festzustellen. Daß sie aber um die Jahrtausendwende in Nordspanien eine Entwicklungsstufe erreicht hatte, die in phonetischer und morphologischer Hinsicht als spanisch gelten muß, bezeugen die aus dieser Zeit stammenden Glossen. Mönche aus den Klöstern San Millán de la Cogolla (Rioja) und Silos (südlich von Burgos) haben lateinische Texte mit Worterläuterungen versehen, teils auf Lateinisch, teils Romanisch, in zwei Fällen sogar in baskischer Sprache. Die romanischen Glossen bestehen meist aus Einzelwörtern, manchmal aber auch aus Syntagmen.

---

[22] Ausgabe MENÉNDEZ PIDAL 1964, 3 ff.; Faksimile 1977; Ausgabe mit umfangreichem Kommentar WOLF 1991. – Die Datierung von MENÉNDEZ PIDAL war Grundlage für die Feier des milenario de la lengua española 1977. DÍAZ Y DÍAZ 1978 datiert die Glossen ins 11. Jh.

[23] WRIGHT 1982 setzte den Beginn der Diglossie Latein – Romanisch in Spanien erst für die 20er Jahre des 13. Jh. an. Dagegen erhob sich scharfer Widerspruch: MARCOS MARÍN 1984, BERSCHIN H./BERSCHIN W. 1987.

Beispiele (E = *Glosas Emilianenses*; S = *Glosas Silenses*)

	Glosse		Neuspanisch	Latein
Diphthongierung	E 49	*tienet*	*tiene*	*tenet*
Palatalisierung	E 26	*seingnale*	*señal*	*signum*
Aktiv statt Deponens	S 210	*mueran*		*moriantur*
Romanisches Futur	E 103	*jras*	*irás*	*ibis*
Periphrastisches Passiv	S 9	*kematu siegat*	*sea quemado*	*crematur*
Artikel, keine Kasus	S 360	*de las tierras*		*terrarum*

2.2. Sprachzonen um das Jahr 1000

Die politischen Verhältnisse auf der Iberischen Halbinsel waren im 10. Jh. geprägt von der Eroberung durch die Mauren (711) und die ersten Erfolge der Reconquista. Im maurischen Herrschaftsbereich war eine starke kulturelle und sprachliche Assimilation eingetreten. In welchem Maße das Romanische sich bei der christlich gebliebenen Bevölkerung, den Mozarabern, gehalten hat, ist unsicher (vgl. THOMPSON 1970). Sicher war das Mozarabische im 10. Jh. die romanische Sprachform mit der größten geographischen Verbreitung: Es wurde u. a. in Córdoba, Toledo und Zaragoza gesprochen. Aus dem 11. und 12. Jh. sind als Teile arabischer und hebräischer Lieder mozarabische Strophen erhalten, die sog. Jarchas, die früheste Lyrik in einer romanischen Sprachform (vgl. HEGER 1960, GARCÍA GÓMEZ 1975).

Von den romanischen Sprachzonen des christlichen Spanien gingen der Nordwesten und der Nordosten, mehr politisch als sprachlich bedingt, eigene Wege. Das Galicische drang mit der Reconquista nach Süden vor und wurde zum Portugiesischen. Im Nordosten griff das Frankenreich mit der Hispanischen Mark (770–986) über die Pyrenäen: Hier entstand mit engen sprachlichen Beziehungen zur Galloromania das Katalanische.

Das dazwischen liegende spanische Sprachgebiet umfaßt mit dem Asturisch-Leonesischen im Westen und dem Aragonesischen in der Rioja und in den Pyrenäen eine Archaitätszone, die aufgrund der Übereinstimmungen mit dem Mozarabischen für die relative sprachliche Einheit des westgotischen Hispanien zeugt. Dazwischen eingesprengt ist das Kastilische, ein Dialekt mit auffallenden Neuerungen in der Aussprache, der mit der sich seit dem 11. Jh. abzeichnenden politischen Hegemonie Kastiliens zur dominierenden Sprachform wurde. Das früheste literarische Denkmal des Kastilischen ist der *Cid*, dessen Entstehungszeit strittig ist: Die Datierung schwankt zwischen Mitte des 12. Jh. (MENÉNDEZ PIDAL 1908: um 1140) und Beginn des 13. Jh. (z. B. SMITH 1983: 1207 oder kurz vorher)[24].

---

[24] Überblick über die – meist außersprachlichen – Argumente bei LOMAX 1977.

2.3. Ein kastilisches Textbeispiel: *Cantar de mío Cid*

Der Text (S. 84) steht, obwohl er zeitlich in etwa eine Mittelstellung zwischen dem Ende des Römischen Reiches und der Gegenwart einnimmt, dem Neuspanischen unvergleichlich näher als dem Latein. Er ist für einen heutigen Spanier, von einigen lexikalischen Schwierigkeiten abgesehen, verständlich. Einen semantischen Kommentar benötigen *señas, dueñas, inojo, mesturero, iffante* (= *infante*), *remanida*. Die Fremdartigkeit des Textes beruht auf den Unterschieden in Phraseologie und Syntax: z. B. *de días chicas* «klein/jung an Tagen»; *llora de los ojos* «weint mit den Augen»; *la barba vellida* «der schöngewachsene Bart» = «der mit dem schöngewachsenen Bart»; *estar en ida* «im Aufbruch sein»; *las sues fijas* = *sus hijas*; *llegar* in transitiver Verwendung; Vorwegnahme des Objektsatzes durch ein Pronomen *Yo* **lo** *veo que estades vos en ida*; *partir nos hemos* = *nos hemos de separar*.

Die Morphologie dagegen ist fast identisch mit dem heutigen Spanisch. Abweichungen: zweisilbige Endungen, wo heute infolge des Konsonantenschwundes Diphthonge stehen (*estades* statt *estáis, veedes* statt *veis*); *aquestas* neben *estas*; *so* statt *soy*; *mie, sues* statt *mi/mía* bzw. *sus/suyas*.

In Bezug auf die Aussprache (grundlegend PENNY 1991) bestehen bei den Vokalen nur minimale Unterschiede zwischen dem Alt- und Neuspanischen, hier im Text etwa *mugier, complida, enclinar* statt *mujer, cumplida, inclinar*.

Bei den Konsonanten sind sie jedoch größer als die Graphieunterschiede vermuten lassen.

2.3.1. Vokale

Die spanischen Wörter zeigen in Bezug auf die Vokale noch weitgehend lateinische Verhältnisse. Man vergleiche die folgenden Wortpaare:

Lateinisch	Spanisch	Lateinisch	Spanisch
barbam	> *barba*	*plorat*	> *llora*
infantes	> *iffantes*	*servita*	> *servida*

Die Veränderungen lassen sich in drei Gruppen einteilen.

2.3.1.1. Vokalschwund

Tonlose Vokale, d. h. Vokale, die weder den Hauptton tragen noch in einer Anfangssilbe stehen, neigen wegen der geringen Artikulationsintensität zum Verstummen. Ausgenommen sind -*a* und -*o* am Wortende.

mercédem	> *merçed*	*dóminam*	> *doña*
óculos	> *ojos*	*honoráta*	> *ondrada*

Abschied des Cid von seiner Frau Jimena und seinen beiden Töchtern

Altspanischer Text (Ausgabe Menéndez Pidal 1966, V. 262–286)

Afevos doña Ximena con sus fijas do va llegando;
señas dueñas las traen e adúzenlas en los braços.
Ant el Campeador doña Ximena fincó los inojos amos.
Llorava de los ojos, quísol besar las manos:
5 «Merçed, Canpeador, en ora buena fostes nado!
«Por malos mestureros de tierra sodes echado.

«Merçed, ya Çid, barba tan complida!
«Fem ante vos yo e vuestras ffijas
«iffantes son e de días chicas,
10 «con aquestas mis dueñas de quien so yo servida.
«Yo lo veo que estades vos en ida
«e nos de vos partir nos hemos en vida.
«Dadnos consejo por amor de santa María!»
Enclinó las manos la barba vellida,
15 a las sues fijas en braço las prendía,
llególas al coraçon, ca mucho las quería.
Llora de los ojos, tan fuerte mientre sospira:
«Ya doña Ximena, la mi mugier tan complida,
«commo a la mie alma yo tanto vos quería.
20 «Ya lo veedes que partir nos emos en vida,
«yo iré y vos fincaredes remanida.
«Plega a Dios e a santa María,
«que aun con mis manos case estas mis fijas,
«e quede ventura y algunos días vida,
25 «e vos, mugier ondrada, de mí seades servida!»

Deutsche Übersetzung[25]

Seht nun Doña Jimena, die mit ihren Töchtern daherkommt.
Beide Kinder werden von Ammen getragen, die sie in den Armen halten.
Vor dem Campeador beugte Doña Jimena beide Knie nieder.
Mit Tränen in den Augen wollte sie seine Hände küssen.
5 «Gnade, Campeador, zu guter Stunde seid Ihr geboren!
Durch böse Zwietrachtstifter seid Ihr des Landes verwiesen.

Gnade, Cid, trefflicher Recke mit dem prächtigen Bart!
Hier stehe ich vor Euch mit Euren Töchtern
– Kinder sind sie und von zartem Alter –
10 und mit diesen Damen, die mir zu Diensten sind.
Ich sehe es, daß Ihr im Aufbruch seid
und daß wir uns noch in diesem Leben von Euch trennen müssen.
Gebt uns Rat, um der Liebe der Heiligen Maria willen!»

---

[25] Nach der zweisprachigen Ausgabe von NEUSCHÄFER 1964.

Neuspanische Version[26]

He aquí que doña Jimena va llegando con sus hijas;
sendas doncellas las traen en sus brazos.
Ante el Campeador hincó doña Jimena ambas rodillas.
Sus ojos lloraban, quiso besarle las manos:
5 «¡Merced, Campeador, en buena hora nacisteis!
Por malos calumniadores sois echado de vuestra tierra.

¡Merced, oh Cid, el de la barba hermosa!
Heme ante vos a mí y a vuestras hijas,
niñas son y de pocos días,
10 con estas mis doncellas por quienes soy servida.
Veo que vos estáis para partir
y nos hemos de separar de vos en vida.
¡Dadnos consejo, por amor de Santa María!»
Alargó las manos el de la barba hermosa,
15 cogió en brazos a sus hijas,
las acercó al corazón, pues las quería mucho.
Con lágrimas en los ojos suspira fuertemente:
«Oh, dōna Jimena, mujer mía, tan leal,
os quiero tanto como a mi alma.
20 Ya veis que nos hemos de separar en vida,
Yo me iré y vos os quedaréis aquí.
Quiera Dios y Santa María,
que con mis manos case a estas hijas mías
y que me quede ventura y algunos días de vida
25 y vos, mujer honrada, por mí seréis servida.»

Da streckte der Cid mit dem prächtigen Bart die Hände aus;
15 seine Töchter nahm er in die Arme,
er preßte sie an sein Herz, denn er liebte sie sehr.
Er hat Tränen in den Augen, gar schwer seufzt er.
«Doña Jimena, mein treffliches Weib;
wie meine eigene Seele, so sehr liebe ich Euch.
20 Ihr seht wohl, daß wir uns lebend voneinander trennen müssen.
Ich muß weggehen und Ihr werdet hier zurückbleiben.
Möge es Gott und der Heiligen Maria gefallen,
daß ich noch mit eigenen Händen diese meine Töchter verheirate
und daß mir Glück und einige Zeit zum Leben beschieden sei
25 und daß ich Euch, ehrbare Frau, [noch weiter] dienen könne!»

---

[26] Mit Benützung der Übersetzungen von BOLAÑO E ISLA 1972, GUARNER 1973, LÓPEZ ESTRADA 1969, REYES 1970.

2.3.1.2. Vokalzusammenfall

Das Latein besaß je fünf Lang- und Kurzvokale: $\bar{a}, \bar{e}, \bar{\imath}, \bar{o}, \bar{u}; \breve{a}, \breve{e}, \breve{\imath}, \breve{o}, \breve{u}$. Die Quantität war distinktiv: *mālum* «Apfel» – *mălum* «schlecht». Der Längenunterschied ging beim Übergang zum Spanischen verloren, hat aber, außer bei *a*, unterschiedliche Entwicklungen bewirkt. Die Langvokale blieben, sofern sie nicht verstummten, als *a*, *e*, *i*, *o*, *u* erhalten. Kurzvokale: *ă* fiel mit *ā* zu *a* zusammen, *ĭ* und *ŭ* wurden – wie *ē* bzw. *ō* – zu *e* bzw. *o*.

consĭlĭŭm	> *consejo*	*tántŭm*	> *tanto*
sŭspírat	> *sospira*	*vĭdétĭs*	> *veedes*

2.3.1.3. Diphthongierung

Unter dem Haupton werden *ĕ* und *ŏ* zu den Diphthongen *je* bzw. *we*.

dŏminam	> *dueña*	*quĕm*	> *quien*
bŏnam	> *buena*	*tĕrra*	> *tierra*

Latein									
Klt.	ī	ĭ ē	ĕ	ā ă	ŏ	ō ŭ	ū
Vlt.	i	e	ε	a	ɔ	o	u
Spanisch									
Haupton	i	e	je	a	we	o	u
Nebenton*	i	e		a	o		u
unbetont		e		a		o	

* Anfangssilbe, die nicht den Haupton trägt.

Abb. 3: Schematische Darstellung der Vokalentwicklung vom Latein zum Spanischen ohne Sonderentwicklungen (Jot, Apokope)

2.3.2. Konsonanten

Das Konsonantensystem hat im Laufe der ganzen Geschichte des Spanischen wesentlich stärkere Veränderungen erfahren als die Vokale. Es können deshalb nur einige im Textbeispiel belegbare Entwicklungstendenzen aufgezeigt werden.

2.3.2.1. Abschwächung und Schwund

Von der Abschwächung sind insbesondere die stimmlosen Okklusive *p*, *t*, *k* betroffen, die in intervokalischer Stellung stimmhaft werden. Die Tendenz zum Verstummen erfaßt vor allem die silbenschließenden Konsonanten, die stimmhaften Verschlußlaute *b*, *d*, *g* in intervokalischer Stellung, anlautendes *g-* vor *i*, *e* und generell *h*[27].

Übersicht

	generell	Anlaut	intervokalisch	Auslaut
Schwund	**h**	**g**	**b, d, g**	**m, t**
Schwächung			**p, t, k > b, d, g**	

Beispiele

hora	>	*ora*	*quaerebat*	>	*quería*
genuculum	>	*inojo*	*videtis*	>	*veedes*
vitam	>	*vida*	*amorem*	>	*amor*
plicandum	>	*llegando*	*plorat*	>	*llora*

2.3.2.2. Palatalisierung und Assibilierung

In der Nachbarschaft eines palatalen Lautes, vor allem *j*, und aus Langkonsonanten, die zum Teil durch Assimilation entstanden waren, haben sich im Spanischen neue, im Latein noch nicht existierende Palatalkonsonanten entwickelt.
Unter anderen Bedingungen hat palatale phonetische Umgebung die Entstehung neuer dentaler und alveolarer Frikative und Affrikaten bewirkt: Assibilierung.

Übersicht

Konsonantengruppen mit Palatal   Konsonantengruppen ohne Palatal   Langkonsonanten

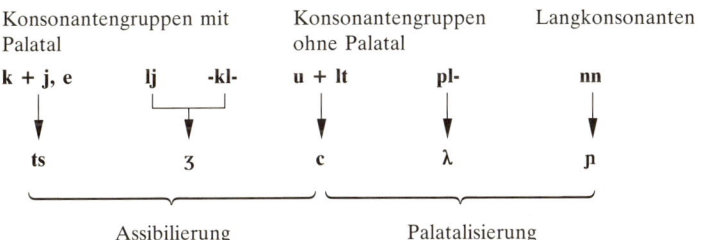

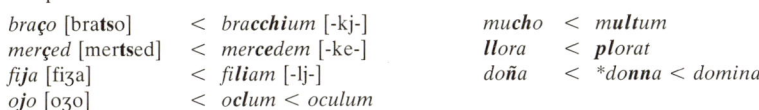

Assibilierung   Palatalisierung

Beispiele

braço [bratso]	<	*bracchium* [-kj-]	*mucho*	<	*multum*
merçed [mertsed]	<	*mercedem* [-ke-]	*llora*	<	*plorat*
fija [fiʒa]	<	*filiam* [-lj-]	*doña*	<	**donna < domina*
ojo [oʒo]	<	*oclum < oculum*			

---

[27] Lateinisches *h* ist gemeinromanisch verstummt. Wo es geschrieben wird, hat es keinen Lautwert: vgl. die Graphien *hemos* bzw. *emos* des Textes.

Wird die Beschränkung auf die im Text belegbaren Entwicklungen aufgegeben, zeigt sich, daß die in der Übersicht gegebene eindeutige Zuordnung von Assibilierung und Palatalisierung zu bestimmten Konsonantenverbindungen nicht durchzuhalten ist: *kl* wird zwar intervokalisch assibiliert, im Anlaut aber zu λ palatalisiert *(clamare > llamar)*.

2.4. Die Expansion des Kastilischen durch die Reconquista

Die Veränderungen der Sprachverhältnisse der Iberischen Halbinsel im Laufe des Mittelalters sind weitgehend durch den Verlauf der Reconquista bedingt.

Bemerkenswert ist, daß die oben aufgeführten Sprachformen mit einer Ausnahme alle noch vorhanden sind. Ausgestorben ist das Mozarabische: In den früh eroberten Gebieten, z. B. Toledo (1085), ging es im Romanisch der Sieger auf, allerdings nicht ohne Spuren zu hinterlassen (GALMÉS DE FUENTES 1983, 322); in den später eroberten Gebieten, z. B. Sevilla (1248), war es schon vor der Rückeroberung durch Arabisierung und Auswanderung der mozarabischen Bevölkerung verschwunden.

Im Zuge des militärischen Vorrückens nach Süden konnte Portugal und damit das Galicisch-Portugiesische seinen Anteil halten. Dem Leonesischen dagegen wurde, nachdem die Hegemonie von León an Kastilien übergegangen war, der Weg nach Süden abgeschnitten: Extremadura und Andalusien sind sprachlich gesehen kastilische Kolonisationsgebiete. Dem Aragonesischen wurde sowohl durch die Expansion des Kastilischen nach Murcia als auch durch das Katalanische, das sich der Küste entlang bis Alicante ausbreitete, der Durchbruch zum Mittelmeer verwehrt.

Die Reconquista führte wegen der auf die Eroberung folgenden Repoblación, der Ansiedlung von Christen zur Sicherung der Gebiete, zur Vermischung verschiedensprachiger Bevölkerungsgruppen[28]. Die einheimische Bevölkerung sprach arabisch, in den ersten Jahrhunderten der Reconquista z. T. auch noch mozarabisch. Die Neusiedler kamen aus den verschiedenen Sprachgebieten des christlichen Spanien, teilweise auch aus Frankreich. Vor allem bei der leonesischen Repoblación des desierto estratégico im Duerobecken, einem Gebiet, das im 8. und 9. Jh. als eine Art Niemandsland zwischen den Machtblöcken weitgehend bevölkerungsleer geblieben war, beteiligten sich auch Mozaraber aus dem maurischen Spanien. In der Toponymie ist die ethnische Vielfalt der Neusiedler noch heute deutlich zu erkennen (vgl. CARRERA 1988, 1652).

---

[28] *La Reconquista española y la repoblación del país* 1951. – Im Fuero de Salamanca werden neben Mauren und Juden christliche Bevölkerungsgruppen aus allen Himmelsrichtungen genannt: Portugiesen, Leonesen aus Toro, Franzosen, Kastilier und Mozaraber (ALVAR 1968, 29–89).

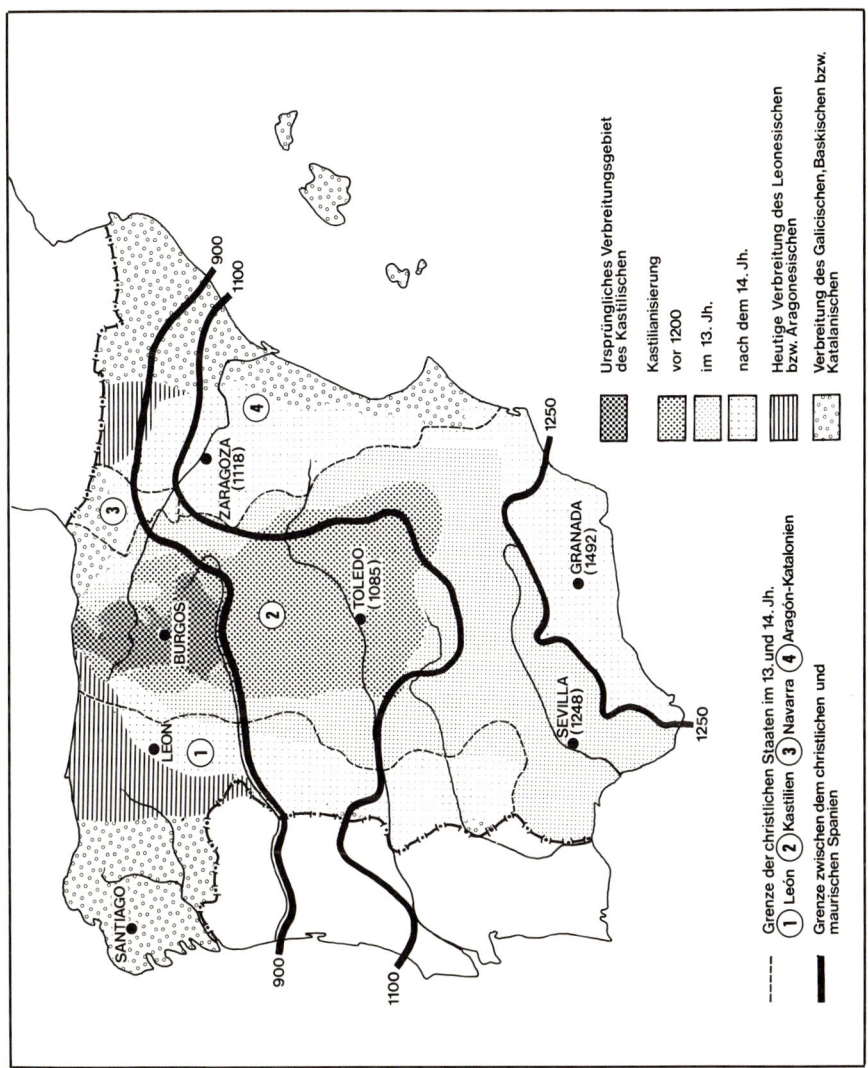

Karte 8:
Verlauf der
Reconquista
und Aus-
breitung des
Kastilischen
(adaptiert
nach Vicens
Vives 1944,
XXXI,
XXXVII
und Lapesa
1980, 192a)

89

Beispiele (MARSÁ 1960)

León (Salamanca, Zamora)	**Altkastilien** (Burgos, Palencia, Segovia)
Gallegos, Asturianos	*Gallegos, Castellanos*
Castellanos, Narros (Navarra)	*Bascones, Narros*
Francos	*Franco, Riofranco*
Mozarves, Toldanos (Toledo), *Cordobilla*	*Moarbes, Cordobilla*
Coreses (Coria), *Madridanos, Granadilla*	

Die durch diese Bevölkerungsmischung gegebene Notwendigkeit einer gemeinsamen Sprache begünstigte die Ausbreitung der Sprache der Eroberer, führte aber auch zu deren Veränderung im Sinne einer Ausgleichssprache. Die Sprachen der Kolonisationsgebiete übernahmen die kleinräumigen Regionalismen der ursprünglichen Dialektgebiete nicht und wurden deshalb sprachlich einheitlicher als diese.

2.5. Die spanische Schriftsprache

Über den Beginn des Spanischen als Sprechsprache kann man nichts aussagen. Wir wissen nicht, wann der Unterschied der lateinischen Sprechsprache von der Schriftsprache so groß geworden war, daß wir sie eher spanisch als lateinisch nennen können. Seit dem 10. Jh. gibt es jedenfalls, wie wir oben gesehen haben, Anzeichen dafür, daß das sich entwickelnde Romanisch das altspanische Sprachstadium erreicht hat.

Diese romanische Sprache war die einzige Sprachform, über die die Ungebildeten, d. h. die analphabetische Mehrheit der Bevölkerung, verfügten. Die Gebildeten sprachen auch Romanisch, bedienten sich jedoch weiterhin überwiegend des Lateins, wenn sie schrieben. Als Schriftsprache gewann das Spanische seit dem 13. Jh. an Bedeutung. Zwar gab es schon vorher eine spanische Literatur, aber diese war mündlich, so z. B. die Heldenlieder *(cantares de gesta)*, deren berühmtestes, der *Cantar de mío Cid*, mündliche Vorstufen voraussetzt. Das Neue an der spanischen Literatur des 13. Jh. besteht in der sprachlichen Form, inhaltlich handelt es sich großenteils um Bearbeitungen oder Übersetzungen von Texten, die in den Kultursprachen der Zeit, Latein und Arabisch, abgefaßt waren.

2.5.1. Das Spanische als Konkurrent des Lateins

Das Spanische blieb dem Latein bei den Gebildeten an Ansehen noch lange unterlegen. In der Praxis aber verdrängte es dieses zunehmend aus einer Reihe traditioneller Anwendungsgebiete: Unter Alfons dem Weisen (1252–1284) wurde es zur Sprache der offiziellen Historiographie; im 14. Jh. nahm das Latein in der Geschichtsschreibung nur mehr eine Randstellung ein (MORALEJO 1980, 82 f.). Ähnlich war die Entwicklung der Kanzleisprache.

Bis zum Beginn des 13. Jh. stellten die königlichen Kanzleien von Kastilien und León ihre Urkunden ausschließlich auf Lateinisch aus. Unter Ferdinand III. (1217–1252 König von Kastilien, seit 1230 auch König von León) wurde zunehmend auch das Kastilische verwendet. Die Repoblación von Extremadura brachte viele Streitigkeiten über Besitzverhältnisse und Grenzen mit sich. Da die Siedler weitgehend des Lateins unkundig waren, verwandte die königliche Kanzlei die Volkssprache. Seit der Regierungszeit Alfons des Weisen war das Kastilische die übliche Sprache der königlichen Kanzlei, nur im Verkehr mit dem Ausland wurde weiter das Latein verwendet (LOMAX 1971).

Das Kastilische war damit de facto, wenn auch gesetzliche Verfügungen dazu nicht bekannt sind[29], die Amtssprache des kastilisch-leonesischen Reiches.

2.5.2. Vom Kastilischen zum Spanischen

Die Sprache der königlichen Kanzlei war relativ einheitlich. Die rege literarische Tätigkeit am Hof Alfons des Weisen in Toledo führte zu einer gewissen sprachlichen Standardisierung, deren Grundlage vermutlich das Kastilische von Toledo war, vielleicht auch eine Art Hofsprache: Einem *hablar paladina mientre* „hofgemäß" wird ein *hablar corrompuda mientre* „verderbt" gegenübergestellt[30]. Das Normbewußtsein zeigt sich darin, daß der König sich selbst um den Stil der spanischen Texte bemühte, die in seiner Umgebung entstanden. Sein Ziel war ein *castellano drecho*, ein „richtiges Kastilisch".

Bereits die Glossen von San Millán, das erste spanische Sprachzeugnis, und der *Cantar de mío Cid*, das erste literarische Werk, machen deutlich, daß es im Mittelalter zwar verschiedene regionale Varianten des Spanischen gab – WOLF 1991, 72–84 zeigt sehr schön den aragonesischen Sprachstand der Glossen – aber auch, daß das Kastilische die wichtigste war: Die Sprache des *Cid* ist, wenn auch mit einigen regionalen Einsprengseln, das Kastilische. Die Tatsache, daß die Heldenlieder auf Kastilisch verfaßt waren, hat bereits vor dem 13. Jh. zu dessen überregionaler Verbreitung beigetragen.

Dies ist aber nicht gleichbedeutend mit einem Verschwinden der anderen Sprachformen. Noch bis Ende des 14. Jh., in Einzelfällen bis ins 15. Jh., wurden leonesisch oder aragonesisch gefärbte Texte verfaßt[31].

---

[29] Seit dem 16. Jh. wird in der historiographischen Literatur die Meinung vertreten, Alfons der Weise habe die Einführung des Kastilischen als Amtssprache verfügt (GONZÁLEZ OLLÉ 1978). – Vgl. auch RUBIO GARCÍA 1981.

[30] Vgl. HILTY 1954, NIEDEREHE 1975, 75 f.; kritisch dazu MONDÉJAR CUMPIÁN 1981, 40–43.

[31] Noch 1409 waren für einen Vertrag zwischen Kastilien und Aragón zwei Fassungen vorgesehen: «la una escripta en lengua aragonés [sic]; la otra, escripta en lengua castellana» (GONZÁLEZ OLLÉ 1984); zur Kastilianisierung des Aragonesischen im 15. Jh. vgl. POTTIER 1952.

Eine wichtige Rolle spielte im 13. und 14. Jh. das Galicische, das – so wie das Kastilische die Sprache der Epik – zur Sprache der Lyrik geworden war. Auch Alfons der Weise, der in Galicien aufgewachsen war, schrieb seine *Cantigas de Santa María* in galicischer Sprache. Noch der Marqués de Santillana (1398–1458) verwandte sie gelegentlich. Erst im 16. Jh. hat das Kastilische seine romanischen Konkurrenten, auch das Katalanische, verdrängt und ist damit zur überregionalen Schriftsprache Spaniens, zum Spanischen, geworden (vgl. ENTWISTLE 1973, 209–212).

In der Umgangssprache breiteten sich die kastilischen Sprachmerkmale in einem allmählichen Prozeß, der für die Vergangenheit wenig belegt, aber an den heutigen Sprachkarten abzulesen ist, aus und drängten das Leonesische und Aragonesische nach Nordwesten bzw. Nordosten ab (vgl. Karte 3, S. 41). Dieser Vorgang ist bis heute noch nicht abgeschlossen. Dabei entwickeln, wie MENÉNDEZ PIDAL 1964, § 100, 101 in einer Reihe von Karten gezeigt hat, die einzelnen Merkmale recht unterschiedliche Stoßkraft. Deshalb gibt es breite Übergangszonen zwischen den Sprachgebieten.

2.6. Sprachliche Veränderungen

Es wurde bereits oben festgestellt, daß die morphologische Entwicklung des Spanischen schon im ersten literarischen Text weitgehend abgeschlossen ist. Gleiches gilt für die Aussprache der Vokale. Bei den Konsonanten dagegen traten im 16. und 17. Jh. wesentliche Änderungen ein (vgl. S. 113). Die stilistischen und syntaktischen Ausdrucksmittel erweiterten sich seit dem 13. Jh. beträchtlich durch die Nachahmung arabischer und lateinischer Vorbilder. Am stärksten wirkten sich Sprachkontakte auf die Entwicklung des spanischen Wortschatzes aus.

2.6.1. Arabismen

Die blühende Kultur, die sich bis zum 10. Jh. im maurischen Spanien entwickelt hatte, trug arabisches Gepräge, obwohl die islamischen Invasoren zahlenmäßig nur eine kleine Minderheit darstellten und größtenteils Berber und Syrer, nur zum geringeren Teil Araber waren[32]. Die kulturelle und sprachliche Arabisierung erfaßte alle anderen Bevölkerungsgruppen, auch die Mozaraber.

Ein Zeugnis dafür ist die Klage des Paulus Alvarus von Córdoba († 861) darüber, daß seine Mitchristen sich mehr für arabische Sprache und Literatur interessierten als für das Latein, das viele nicht mehr beherrschten:

---

[32] Vgl. SÁNCHEZ-ALBORNOZ 1974 und PÉRÈS 1962.

Heu pro dolor, legem suam nesciunt Xp̄iani et linguam propriam non aduertunt Latini, ita ut omni Xp̄i collegio uix inueniatur unus in milleno hominum numero qui salutatorias fratri possit ratjonauiliter dirigere litteras, et repperitur absque numero multiplices turbas qui erudite Caldaicas uerborum explicet pompas . . . (*Indiculus luminosus*, in: J. Gil (Hg.): *Corpus scriptorum muzarabicorum I*, Madrid 1973, 314 f.).

Übersetzung

Welch ein Jammer! Ihr [biblisches] Gesetz kennen die Christen nicht, sie kümmern sich nicht um ihre eigene Sprache, so daß sich in der ganzen Christengemeinde unter Tausend kaum noch einer findet, der an einen Mitbruder in angemessener Weise einen brieflichen Gruß richten könnte. Dagegen gibt es zahllose Leute, die die Schönheiten der arabischen Sprache kenntnisreich darlegen können.

Die Ausstrahlung von Kunst, Wissenschaft und Sachkultur des maurischen Spanien auf die christlichen Staaten führte dazu, daß mit vielen neuen Dingen auch deren Bezeichnungen übernommen wurden. Vermittler des arabischen Einflusses waren bis zum 11. Jh. vor allem Mozaraber, die in den Norden geflohen waren (vgl. KONTZI 1982, 409 ff.). Seitdem mit Toledo 1085 das erste maurische Kulturzentrum erobert worden war, kamen die Christen in direkten Kontakt mit der Kultur des maurischen Spanien. In welchem Maße die Mozaraber Toledos, die bis Ende des 13. Jh. als eigene Bevölkerungsgruppe faßbar sind (vgl. PASTOR DE TOGNERI 1970) und etwa ein Fünftel der Einwohnerschaft Toledos gestellt haben dürften (GONZÁLEZ GONZÁLEZ 1978), Träger der arabischen Kultur waren, zeigt sich darin, daß sie auch nach der Eroberung durch ihre Glaubensbrüder noch zwei Jahrhunderte das Arabische als Schriftsprache bevorzugten. Die zahlreichen, häufig von Juden durchgeführten Übersetzungen wissenschaftlicher Werke aus dem Arabischen – Blütezeit der Übersetzerschule von Toledo im 12. und 13. Jh. – führten zur Übernahme eines umfangreichen Fachwortschatzes.

Der arabische Anteil am spanischen Wortschatz ist beträchtlich: LAPESA 1980, 135 beziffert ihn unter Einschluß der Ableitungen auf über 4000 Wörter[33]. Daß die Übernahme der Wörter die Folge der Übernahme einer Sachkultur war, sieht man daran, daß es sich von wenigen Ausnahmen abgesehen um Substantive handelt.

---

[33] Diese Zahl sagt nichts über die tatsächlichen Entlehnungen aus. Bei etwa drei Viertel dieser Wörter handelt es sich um spanische Ableitungen von arabischen Wortstämmen. Der Index des *DCEC* führt 1163 arabische Wörter auf, SOLÁ-SOLÉ 1967/68, 276 nennt die Zahl 850. Die Zahlen bei NEUVONEN 1941, 305 zeigen die Intensität des arabischen Einflusses im 13. Jh.: Von den 272 untersuchten Arabismen sind 14 % vor 1050 zum ersten Mal belegt, 15 % von 1050 bis 1200, im 13. Jh. aber 71 %. Ende des 15. Jh. geht die Zahl der Entlehnungen zurück: 1300–1350: 79; 1350–1454: 136; 1454–1514: 45 (MAILLO SALGADO 1983, 49 f.). Der Gebrauchswert der Arabismen im heutigen Spanisch ist relativ gering: Das *FDSW*, das die 5000 häufigsten Wörter des Spanischen aufführt, enthält nur 36 Arabismen (PATTERSON 1968, 315).

Beispiele

Kriegswesen		Landwirtschaft		Siedlung	
alférez	Fähnrich	*algodón*	Baumwolle	*aldea*	Dorf
albarda	Packsattel	*azúcar*	Zucker	*albañil*	Maurer
atalaya	Wachtturm	*aceite*	Öl	*adobe*	Lehmziegel

Handel		Verwaltung		Wissenschaft	
almacén	Lager(haus)	*alcalde*	Bürgermeister	*alcohol*	Alkohol
aduana	Zoll	*alguacil*	Amtsdiener	*cifra*	Ziffer
tarifa	Tarif	*albacea*	Testaments- vollstrecker	*cenit*	Zenit

Mit dem Wandel der Sachkultur sind viele Wörter arabischen Ursprungs aus dem allgemeinen Wortschatz geschwunden[34]. Andere wurden, als mit der militärischen Niederlage die kulturelle Ausstrahlung zu Ende war, durch Konkurrenzbildungen verdrängt: *alfayate* durch *sastre, alfajeme* durch *barbero, albéitar* durch *veterinario* usw. (LAPESA 1980, 157 f.).

Die Ortsnamen arabischer Herkunft, z. B. *Mancha, Medina, Alcalá, Guadalajara, Guadalquivir, Gibraltar,* überziehen mit Ausnahme Kantabriens die ganze Halbinsel, mit starken Verdichtungszonen in der Südhälfte[35].

2.6.2. Latinismen

Die jahrhundertelange Symbiose des Spanischen mit der lateinischen Bildungssprache hat bewirkt, daß Bildungswortschatz und wissenschaftliche Terminologie des Spanischen in hohem Maße aus Latinismen bestehen. Der lateinische Einfluß auf das Vokabular ist bereits in den frühesten Texten feststellbar, in geringerem Maße in der volkstümlichen Literatur, z. B. dem *Cid*, stark jedoch im Schrifttum der Gebildeten, dem *mester de clerecía*, z. B. bei Gonzalo de Berceo (vgl. GARCÍA DE LA FUENTE 1981).

Beispiele (BUSTOS TOVAR 1974)

Berceo		Cid	
absolución	*culpa*	*abbat*	*eglesia*
apóstol	*perfidia*	*monesterio*	*altar*
genuflexión	*cartelario*	*caridad*	*Dios*
penitencia	*honorificencia*	*cristiano*	*encarnación*

---

[34] WALSH 1967, 347 beziffert die ausgestorbenen oder von der RAE für veraltet erklärten Arabismen auf 561.
[35] Vgl. LAUTENSACH 1960; SINGER 1980.

Die Funktionsausweitung des Spanischen in alfonsinischer Zeit auf Kosten des Lateins, z. B. als Verwaltungssprache und Fachsprache verschiedener wissenschaftlicher Disziplinen, war nur möglich durch den Ausbau der erforderlichen Terminologien. Da diese auf Lateinisch bereits vorlagen, wurden sie ins Spanische übernommen. Das Spanische konnte mit dem Latein also nur konkurrieren, indem es sich latinisierte.

Eine Stichprobe an den mit *l-* beginnenden Wörtern des Akademiewörterbuches zeigt, daß von den 2028 Wörtern 624, d. h. etwa 31 %, aus der lateinischen Bildungssprache übernommen oder von ihr beeinflußt sind (ALVAR/MARINER 1967, 21). Unter den 5000 häufigsten Wörtern des Spanischen befinden sich 41 % Lehnwörter, davon stellt das Latein mit 81 % den Löwenanteil, d. h. der Anteil der Latinismen an diesem Korpus beläuft sich auf 33 % (PATTERSON 1968, 321 f.). In wissenschaftlichen Fachterminologien dürfte der Anteil noch wesentlich höher liegen.

3. Die Hispanisierung Amerikas

Als Folge der Entstehung des Kolonialreiches im 16. Jh. hat das Spanische als «compañera del imperio» – so Nebrija in seiner 1492 erschienenen *Gramática castellana* – in großen Teilen Amerikas Fuß gefaßt. Nicht überall konnte es sich halten: In Haiti, einem Teil der Insel, die unter dem Namen *La Española* der wichtigste Stützpunkt während der ersten Jahrzehnte der Entdeckung und Eroberung Lateinamerikas war, wurde es durch das Französische verdrängt. Aber außer in Paraguay ist das Spanische in allen amerikanischen Staaten, die im letzten Jahrhundert auf dem Gebiet des spanischen Kolonialreiches entstanden, zur Sprache der Mehrheit der Bevölkerung geworden.

3.1. Die demographische Entwicklung der Indiobevölkerung[36]

Auch wenn die Schätzungen über die Bevölkerung Amerikas im Jahre der Entdeckung und ihre weitere Entwicklung nur Annäherungswerte darstellen und teilweise beträchtlich differieren, besteht Einmütigkeit darüber, daß in den auf die Eroberung folgenden Jahrzehnten ein drastischer Rückgang der Indiobevölkerung eingetreten ist.

Moderne Schätzungen über die Zahl der Bewohner Amerikas gegen Ende des 15. Jh. bewegen sich etwa zwischen 10 Mio und 50 Mio (KONETZKE 1956, 104), liegen zum Teil aber auch weit darüber, wie die empirisch gut fundierte Studie von WAGNER 1968, der allein für Mittelamerika 50 Mio annimmt.

---

[36] Detaildarstellung in minimalistischer Sicht bei ROSENBLAT 1954. Zusammenfassend, mit ebenfalls minimalistischer Tendenz, BARÓN CASTRO 1959. Problematisierend KONETZKE 1956, 95–108.

Die enormen Unterschiede zwischen den Ausgangsdaten führen zu entsprechenden Abweichungen in der Einschätzung des Bevölkerungsschwundes. Der Vergleich einiger neuerer Schätzungen zur Bevölkerungsentwicklung von La Española soll das zeigen.

	1492	1514	1520	Schwundrate
ROSENBLAT	100 000	30 000		70 %
MOYA PONS	380 000	25 300		93,3 %
KONETZKE	1 000 000		16 000	98,4 %
COOK/BORAH	8 000 000	27 800		99,7 %

Tab. 7: Rückgang der Indiobevölkerung auf La Española in den ersten Jahrzehnten der Kolonialzeit (Daten nach ROSENBLAT 1954, 107; MOYA PONS 1977; KONETZKE 1956, 105; COOK/BORAH 1971, 376–410).

Für Peru schätzt WACHTEL 1977 den Rückgang der Indiobevölkerung bis zum Jahr 1560 auf 75 %, von 10 Mio auf 2,5 Mio. Für das Gebiet des heutigen El Salvador nimmt BARÓN CASTRO 1959, 335, der von ähnlich niedrigen Werten wie ROSENBLAT ausgeht, zwischen 1524 und 1551 einen Rückgang von 54 % an. Für Mexiko kommt eine maximalistische Schätzung zu einem Schwund von 25 Mio auf 3 Mio in den ersten vier Jahrzehnten der spanischen Herrschaft, d. h. zu einer Verringerung der eingeborenen Bevölkerung um 88 % (KONETZKE 1956, 105).

Der Rückgang der Indiobevölkerung setzte sich, wenn auch abgeschwächt, bis ins 19. Jh. fort. Erst in den 50er Jahren unseres Jahrhunderts erreichte sie mit rund 15 Mio wieder die Stärke, die ROSENBLAT für das Entdeckungsjahr 1492 annimmt. Ihr Anteil an der Gesamtbevölkerung ist allerdings in den viereinhalb Jahrhunderten von 100 % auf 13 % gefallen.

Gründe für den Rückgang der einheimischen Bevölkerung waren insbesondere: das Massensterben der Indios durch die Kämpfe der Eroberungszeit, die Zerstörung der sozialen Strukturen, Zwangsarbeit, Epidemien, vor allem die Pest, und die Mestizierung.

Die Mestizierung hat offensichtlich von Anfang an beträchtliche Ausmaße angenommen. Zahlreich sind die Berichte, daß sich Spanier einen Harem von Indiofrauen hielten, daß einzelne in drei Jahren bis zu fünfzig Kinder zeugten: Francisco de Aguirre, zeitweilig Gouverneur von Tucumán, der bereits sechs Kinder hatte, als er in die Neue Welt ging, werden in Amerika noch an die fünfzig Kinder zugeschrieben (BIRCKEL 1980, 52; PÉREZ DE BARRADAS 1948, Kap. VI).

Heute stellen in einer Reihe spanischsprachiger Staaten Amerikas die Mestizen die Mehrheit der Bevölkerung, so z. B. in Mexiko, Honduras, Nicaragua und Paraguay.

Wie der Vergleich der Zahlen verschiedener Forscher für das Jahr 1950 zeigt, ist die Zuordnung zu den ethnischen Gruppen sehr unscharf (Tab. 8); die Abweichungen sind allerdings systematisch: AGUIRRE BELTRÁN hat durchwegs die höheren Werte, was darauf beruht, daß er in den angeführten Ländern keine Gruppe der Weißen annimmt: Indios und Mestizen machen zusammen 90–100 % der Bevölkerung aus. Bei ROSENBLAT dagegen gehören zu den Gruppen der Indios, Mestizen, Neger und Mulatten in Mexiko 81 %, in Honduras 89 %, in Peru 74 %, in Paraguay 74 % und in Chile 52 % der Bevölkerung. Der Rest gilt vermutlich, wenn auch nicht als eigene Gruppe aufgeführt, als Weiße.

	ROSENBLAT	AGUIRRE BELTRÁN
Mexiko	60 %	79 %
Guatemala	30	44
Honduras	80	90
Nicaragua	75	86
Kolumbien	46	72
Venezuela	29	66
Ecuador	30	50
Peru	32	58
Chile	50	97
Paraguay	70	97

Tab. 8: Anteil der Mestizen an der Bevölkerung lateinamerikanischer Staaten 1950 (Daten nach ROSENBLAT 1954, 20a; AGUIRRE BELTRÁN 1960, 159)

3.2. Die Sprachpolitik von Kirche und Krone

Die Kirche befürwortete in Übereinstimmung mit den Beschlüssen des Konzils von Trient (1545–1563) die Missionierung in den Indiosprachen. Dies führte zur Entstehung einer umfangreichen Literatur über diese Sprachen: Von 1524 bis 1572 erschienen allein im Vizekönigreich Neuspanien 109 Bücher als sprachliche Hilfsmittel für die Missionierung (KONETZKE 1964, 78). Die Provinzialkonzilien von Lima (1552) und México (1555) forderten von den Missionsgeistlichen die Kenntnis der Indiosprache und übten auch Druck in dieser Richtung aus: Drohung mit Gehaltskürzung und sogar Verlust der Pfarrstelle. Insofern diese Politik erfolgreich war, behinderte sie nachhaltig die Verbreitung des Spanischen, da sie zu einer „Rassentrennung im kirchlichen Leben" (ib. 82) führte.
Es scheint jedoch, daß sie außer in einigen isolierten Gebieten wie Paraguay nicht in die Tat umgesetzt wurde. Zum einen war die Zahl der Geistlichen zu gering, zum anderen fehlte einem beträchtlichen Teil trotz aller Vorschriften die Kenntnis der Indiosprachen[37]: Der Consejo de Indias begründete 1596 seine Maßnahmen zur Hispanisierung mit dem Mangel an Geistlichen mit Sprachkenntnissen. Aber auch wenn die Kenntnis der überregional verbreiteten Indiosprachen, der sogenannten *lenguas generales*, vorhanden war,

---

[37] In der Provinz Chucuito (Peru) gab es im Jahre 1567 für über 60 000 Einwohner 16 bis 18 Geistliche, von denen keiner die Aimarasprache der Indios beherrschte (WACHTEL 1977, 152). 1559 gab es im ganzen Vizekönigreich Neuspanien nur rund 800 Geistliche (ROSENBLAT 1964a, 204). – Um die Rekrutierung von Klerikern, «qui in idioma indiorum esciant» (die in den Indiosprachen bewandert sein sollten) zu erleichtern, wurde vom Papst 1576 sogar vom Weihehindernis der unehelichen Geburt dispensiert (SOLANO 1991, 73).

erwies sich die Übertragung der christlichen Inhalte in sie als problematisch, so daß zunehmend auch innerhalb der Kirche die Verwendung des Spanischen befürwortet wurde (SOLANO 1991, LXIV ff.).

Die Haltung des spanischen Staates gegenüber den Indiosprachen war von einer bemerkenswerten Toleranz. Zwar wurde bereits zu Beginn des 16. Jh. gefordert, daß die Indios Spanisch lernen sollten, aber der Wille des Konzils von Trient, die christliche Verkündigung solle in der Sprache der zu Bekehrenden erfolgen, wurde respektiert. Der Staat förderte die Unterweisung der Geistlichen in den lenguas generales, dem Yunga in Ecuador, dem Muisca in Kolumbien, dem Quechua in Peru und dem Nahuatl in Mexiko, durch die Einrichtung von Lehrstühlen für diese Sprachen: 1580 in Lima und México, später auch in Quito, Guatemala, Bogotá, Santiago de Chile (SOLANO 1991, LIV f.). Kenntnis einer lengua general sollte Voraussetzung für die Priesterweihe sein.

Gleichzeitig drängte die Krone allerdings weiter darauf, den Indios sollten, insbesondere durch Einrichtung von Schulen, Kenntnisse der spanischen Sprache vermittelt werden. Als Gründe wurden angeführt: leichtere Christianisierung; Möglichkeit für die Indios, ihre Rechte vor Behörden zu vertreten; Förderung der Zuneigung zu den Spaniern.

Die Sprachpolitik der Krone ist zu charakterisieren als eine Erwartungshaltung, die neben der religiösen auch die sprachliche Assimilation der einheimischen Bevölkerung wünschte. Wirkungsvolle politische Maßnahmen wurden dagegen nicht getroffen. Es wurden weder die finanziellen Mittel zur Verfügung gestellt, die für ein Hispanisierungsprogramm nötig gewesen wären, noch Zwangsmaßnahmen eingeleitet, wie sie der Consejo de Indias 1596 vorgeschlagen hatte[38]. Die Besorgnis, die Beziehung zwischen Indios und Spaniern zu verschlechtern, wog offensichtlich schwerer als der Wunsch nach einer Beschleunigung der Hispanisierung.

Auch als nach dem großen Indioaufstand unter Tupac Amaru in Peru (1780/81) der Generalvisitator Areche eine verstärkte Assimilationspolitik vorschlug, beschränkte sich die Krone auf die Anordnung, die Familienväter sollten «por los medios más suaves y sin usar coacción» dazu gebracht werden, ihre Kinder in die Schulen zu schicken (KONETZKE 1962, 501).

Offensichtlich waren nicht nur die Anstrengungen der Spanier gering, es bestand auch eine ausgeprägte Abwehrhaltung von seiten der Indios. Viele Berichte sprechen davon, daß sie die spanische Sprache verabscheuten: «No sólo [son] desinclinados al uso de la lengua española, sino que la aborrecen» (1688; RICARD 1961, 292).

---

[38] Vgl. GIMENO GÓMEZ 1964, 314. – Der Consejo de Indias hatte u. a. vorgeschlagen, die Stammesführer *(caciques)* abzusetzen, die zu ihren Stammesgenossen in ihrer Sprache sprächen. Philipp II. unterstrich dagegen in einem Erlaß aus dem gleichen Jahr den Gesichtspunkt der Freiwilligkeit.

Gegen Ende des 18. Jh. änderte sich die Zielsetzung der Sprachpolitik. Auf Anregung des Erzbischofs von México wurde gegen den Widerstand des Consejo de Indias in die Reformgesetze von 1770 auch das Prinzip der sprachlichen Assimilation aufgenommen. Die Verpflichtung der Geistlichen zur Erlernung der Indiosprachen entfiel, das Spanische sollte als Sprache der christlichen Verkündigung durchgesetzt werden. Der Quechua-Lehrstuhl in Lima wurde in einen für Moralische Philosophie umgewandelt. Voraussetzung für die Priesterweihe war nun nicht mehr die Kenntnis einer Indiosprache, sondern der Nachweis über erfolgreichen Spanischunterricht[39]. Ziel war nicht mehr nur die Verbreitung des Spanischen, sondern die Auslöschung der Indiosprachen (vgl. TRIANA Y ANTORVEZA 1987, Kap. 8).

3.3. Der Verlauf der Hispanisierung

3.3.1. Die Indios

Der tatsächliche Verlauf der Hispanisierung, die ja bis heute nicht abgeschlossen ist, ist weitgehend unbekannt.

Es scheint, daß die gesetzlichen Regelungen nur begrenzt wirksam geworden sind. Schulen für die Indiobevölkerung wurden in den ersten Jahrhunderten der Kolonialzeit, wenn überhaupt, insbesondere für die Kinder der Kaziken eingerichtet (vgl. RIVAROLA 1989, 155). Die Geistlichen, die nach dem Willen der Krone den Sprachunterricht durchführen sollten, kümmerten sich meistens nicht viel um diese Aufgabe. Die Folge davon war, daß nur in einzelnen Fällen eine mehr oder weniger tiefgehende sprachliche und kulturelle Assimilation erreicht wurde.

Die peruanischen Chronisten indianischer Herkunft, die die Ereignisse der Eroberungszeit beschrieben haben, gehören sämtlich der Führungsschicht an: Felipe Guamán Poma de Ayala[40] (*Nueva corónica y buen gobierno* 1613) und Juan Santa Cruz Pachacuti Yamqui Salcamaygua (*Relación de antiguedades deste Reyno del Perú* 1620) waren Kaziken; Titu Cussi Yupanqui (*Relación de la conquista del Perú y hechos del Inca Manco II* 1570), der nach der Taufe den Namen Diego de Castro führte, hatte selbst Ansprüche auf den Thron (SÁNCHEZ I, 261 ff.; ESTEVE BARBA 1968, LVII ff.).

Insbesondere über die kirchliche Laufbahn war es einzelnen Indios möglich, in die Bildungsschicht einzudringen: Im 17. Jh. trat Juan de Espinosa Medrano aus Cuzco als Kommentator des Thomas von Aquin hervor, im 18. Jh. brachte es Ignacio Díaz bis zum Dompfarrer von Lima und Sekretär des Erzbischofs und Vizekönigs (TOVAR 1961, 836 f.).

---

[39] Provinzialkonzil von Lima 1772 (KONETZKE 1964, 103).

[40] Poma de Ayala hat trotz seines Protestes gegen die bestehenden Verhältnisse die Akkulturation befürwortet und die Indios aufgefordert, Lesen und Schreiben zu lernen. Analphabeten hielt er für Barbaren (Ausgabe BUSTÍOS GÁLVEZ III, 40).

Die Mehrheit der Indiobevölkerung, insbesondere in ländlichen Gebieten, scheint jedoch von der Hispanisierung nicht erfaßt worden zu sein. Noch 1682 wurde das Spanische in Peru außer in Lima und Umgebung nicht verstanden, das Quechua war so lebendig wie zur Zeit der Eroberung (BUFFA 1974, 30). Gegen Ende der kolonialen Epoche besaß die überwiegende Mehrheit der Indios[41] keine spanischen Sprachkenntnisse (RICARD 1961, 288–290).

Auch der Versuch Karls III. (1759–1788), die Hispanisierung durch den Ausbau des Schulwesens zu beschleunigen, trug nur bescheidene Früchte. In Guatemala gab es zwischen 1758 und 1772 nach zeitgenössischen Berichten für eine Bevölkerung von etwa 250 000 nur 69 Schulen, die schätzungsweise 4 % der Kinder erfaßten. Die geringe Zahl der Schulen, die Weigerung der Indios, ihre Kinder in Schulen zu schicken, und die niedrige Qualität des Unterrichts lassen die Bedeutung der Schulen für die Hispanisierung als recht gering erscheinen (SOLANO 1970).

Wo das Spanische sich im Laufe der Kolonialzeit bei der Indiobevölkerung verbreitete, geschah dies meist durch Kommunikationsnotwendigkeiten in den alltäglichen Beziehungen. Ein anderer Grund kann das Bedürfnis nach einer Verkehrssprache angesichts der durch die starken Bevölkerungsbewegungen entstandenen Mischung verschiedener Sprachgruppen sein. Seit dem 18. Jh. setzte sich in solchen Fällen statt der lengua general auch das Spanische durch[42].
Auch spielten Faktoren wie Siedlungsform, wirtschaftliche Bedeutung, geographische Lage, Verkehrsverhältnisse, Art und Verbreitung der Indiosprache, Kulturniveau der Bevölkerung eine Rolle, so daß kein gleichmäßiges Vordringen des Spanischen anzunehmen ist, sondern eine große regionale Vielfalt.

Erst im 19. und 20. Jh. hat das Spanische weitere Verbreitung erlangt, im 20. Jh. insbesondere aufgrund von Faktoren wie Schule, Militärdienst und Massenmedien.

3.3.2. Die Mestizen

In wesentlich höherem Maße als die Indios wurden die Mestizen sprachlich und kulturell assimiliert[43], da der soziale Abstand zur Schicht der Weißen viel geringer war[44]. Während Ehen zwischen Spaniern und Indio-Frauen selten blieben, waren Mestizinnen als Ehefrauen begehrt, da diese Verbindung die limpieza de sangre nicht beeinträchtigte.

Der Nachweis der limpieza de sangre, d. h. der Nichtabstammung von Mauren, Juden, Häretikern und durch die Inquisition Bestraften, war Voraussetzung für die Übernahme eines öffentlichen Amtes. Endgültige Abschaffung 1865.

---

[41] SOLANO 1970: in Guatemala über 90 %.

[42] Für Guatemala vgl. SOLANO 1970.

[43] Ein Indiz dafür ist der Bedeutungswandel des Wortes *ladino*, das in Mittelamerika zur Bezeichnung für den Mestizen wurde (SOLANO 1970, 299).

[44] Zur sozialen Stellung der Mestizen vgl. KONETZKE 1946 und 1960, MURO OREJÓN 1975.

ROSENBLAT 1964b, 211 spricht von einer «amplia generación de mestizos ilustrados». Herausragende Gestalten sind in Peru Cristóbal de Molina und Garcilaso de la Vega, el Inca (SÁNCHEZ I, 232 ff., 267 ff.).

3.4. Verbreitung der Indiosprachen

Die Mestizen waren sicher in vielen Fällen, insbesondere wenn sie aus einem länger dauernden Konkubinat stammten, zweisprachig. Es fehlt auch nicht an Zeugnissen für die Zweisprachigkeit von *criollos*, der im Lande geborenen Weißen, die im Kontakt mit der einheimischen Bevölkerung die Indiosprache der Gegend erlernt hatten.

Fray Francisco de Molina, zunächst Dolmetscher für die Franziskanermissionare und dann selbst erfolgreicher Prediger bei den Indios, hatte das Aztekische beim Spielen mit Indiokindern gelernt (KONETZKE 1964, 78).
Der Consejo de Indias stellte 1596 fest, der Teil des Klerus, der der Indiosprachen mächtig sei, bestehe vor allem aus Mestizen und Kreolen (RICARD 1961, 284; weitere Zeugnisse bei TRIANA Y ANTORVEZA 1987, 241 f.).

Die geringe Verbreitung des Spanischen unter den Indios hat viele Weiße dazu geführt, Indiosprachen, vor allem die lenguas generales, zu erlernen, wenn auch vermutlich häufig in einer pidginisierten Form[45]. Die weißen Herren verkehrten mit dem indianischen Hauspersonal anscheinend vielfach in dessen Sprache.

Der Erzbischof von Quito schrieb 1635 an den König: «en esa ciudad de Quito y demás lugares desa provincia son innumerables los indios que hay de servicio en las casas particulares, a los cuales sus amos y amas los hablan en lengua del Inca» (RICARD 1961, 293).

Die Eroberungszüge wurden meist mit indianischen Verbündeten durchgeführt, was die Kenntnis der Indiosprachen bei einem Teil der spanischen Soldaten voraussetzte bzw. bewirkte.
Es ist bemerkenswert, daß die Eroberung Amerikas nicht nur zu einer dauerhaften Verbreitung des Spanischen, sondern auch zu einer, wenn auch temporären Ausdehnung bestimmter Indiosprachen über ihr ursprüngliches Verbreitungsgebiet hinaus geführt hat (vgl. BUFFA 1974, 20 f.). Wegen der Unmöglichkeit einer raschen Hispanisierung der Indios begünstigten die Eroberer und die Kirche die Verbreitung der lenguas generales, die von den Indios williger und leichter erlernt wurden als das Spanische[46].

---

[45] Zur Verwendung pidginisierter Formen des Spanischen und der Indiosprachen in Yucatán vgl. KUMMER 1980, 11.
[46] Zur Ausbreitung des Quechua in den Nordwesten Argentiniens während der Kolonialzeit vgl. MORÍNIGO 1952.

101

3.5. Das amerikanische Spanisch

3.5.1. Die Bewahrung der sprachlichen Einheit

Trotz der Verbreitung über ein riesiges Gebiet mit sehr unterschiedlichen geographischen und klimatischen Bedingungen, trotz der Kontakte mit einer Vielzahl von Sprachen und trotz der schwierigen und langen Reisewege[47] ist das Spanische in Amerika relativ einheitlich geblieben und hat sich auch vom europäischen Spanisch nur unwesentlich entfernt: «en el sentido de los dialectos europeos no hay dialectos en Hispanoamérica» (MONTES GIRALDO 1970, 293). Die sprachlichen Unterschiede in Spanischamerika sind geringer als die zwischen den regionalen Varietäten in Spanien. Die vom kastilischen Standard abweichenden Merkmale des amerikanischen Spanisch sind fast alle auch im europäischen Spanisch zu belegen.

Als Gründe für diese Tatsache, die oft dem Differenzierungsprozeß des Lateins bei der Entstehung des römischen Weltreiches gegenübergestellt wird, können angeführt werden:

a) Die spanischen Siedler des 16. Jh. repräsentierten nicht die sprachliche Vielfalt Spaniens. Der Osten, d. h. das Königreich Aragón, und das 1492 eroberte Granada waren nur schwach vertreten: Die Aragonesen wurden in bezug auf Handel und Niederlassung in Amerika erst 1596 den Kastiliern gleichgestellt (TRIANA Y ANTORVEZA 1987, 75). Auch aus den ausgeprägten Dialektgebieten des Nordens kam nur ein geringer Anteil. Die Mehrzahl der Siedler stammte aus dem Zentrum und dem Südwesten Spaniens: Westandalusien, Extremadura, südlicher Teil von León und Kastilien, d. h. aus Gebieten, in denen sich im Laufe der Reconquista eine relativ einheitliche Ausgleichssprache kastilischer Prägung entwickelt hatte.

b) Die lange Dauer der Überfahrt und das Warten darauf konnten bereits eine gewisse sprachliche Angleichung bewirken. Dieser Prozeß setzte sich in den ersten Stützpunkten auf den Antillen, insbesondere La Española, fort, von denen aus Jahrzehnte später das Festland erobert wurde.

Ein Zeichen für die Ausbildung einer spanischamerikanischen Ausgleichssprache auf den Antillen und deren Verbreitung auf das Festland ist die Tatsache, daß ein großer Teil der überregional verbreiteten Indigenismen aus den Sprachen der Karibik stammt. Obwohl deren Kultur sich nicht mit der der Maya, Azteken oder Inka vergleichen konnte, haben Wörter wie *maíz, cacique* sich auf dem Festland verbreitet und nicht die entsprechenden Wörter des Nahuatl oder Quechua (CATALÁN 1958).

---

[47] Im 16. Jh. dauerte die Hin- und Rückfahrt Spanien – Peru zwei bis drei Jahre, die Reise von Callao (Peru) von Hafen zu Hafen die Küste entlang nach Chile ein Jahr (BIRCKEL 1980, 47). Kartographische Darstellung der Reisezeiten bei CHAUNU 1969, 282.

c) Der Anteil des niedrigen Adels, der Hidalgos, scheint nach zeitgenössischen Berichten überdurchschnittlich groß gewesen zu sein[48]. Auch die Angehörigen der Bildungsschicht waren überrepräsentiert. Der hohe Anteil der Personen mit Zugang zur Hochsprache konnte sich hemmend auf Differenzierungstendenzen auswirken.

d) Die Kolonialverwaltung war zentralistisch von Spanien aus organisiert. Die turnusmäßig wechselnden Verwaltungsspitzen hielten zusammen mit der weiterlaufenden Einwanderung den sprachlichen Kontakt zum Mutterland.

3.5.2. Die Unterschiede zur kastilischen Norm

Die Unterschiede des amerikanischen Spanisch zur kastilischen Norm entstanden durch
a) weiträumige Verbreitung regional markierter Sprachformen des europäischen Spanisch,
b) Beeinflussung durch die Eingeborenensprachen,
c) teilweise Abkoppelung von der weiteren Entwicklung des europäischen Spanisch.

3.5.2.1. Andalusismen

Es ist offensichtlich, daß weitverbreitete Abweichungen der amerikanischen Aussprache von der kastilischen Norm, z. B. Seseo, Yeísmo und Schwächung des implosiven *s*, sich in Südspanien, insbesondere in Andalusien, gleichfalls finden. Da diese Erscheinungen als umgangssprachliche Entwicklungen nur selten graphisch ausgedrückt wurden, sind Aussagen über ihre Entstehung und Verbreitung problematisch (vgl. FRAGO GRACIA 1991). Entsprechend kontrovers war lange Zeit ihre Einschätzung entweder als eigenständige amerikanische Entwicklungen oder als andalusischer Spracheinfluß[49].
Inzwischen scheint gesichert, daß die genannten Lautentwicklungen in Amerika nicht früher auftraten als in Spanien, und daß Südspanien, vor allem Andalusien, im ersten Jahrhundert der Kolonisation mit Abstand den größten Anteil an Auswanderern gestellt hat, so daß die Annahme, Südspanien habe der amerikanischen Aussprache seinen Stempel aufgedrückt, wenigstens bei den früheren Phänomenen einen hohen Grad von Wahrscheinlichkeit besitzt (vgl. FRAGO GRACIA 1990).

---

[48] ROSENBLAT 1964b, 208 schätzt den Anteil auf über 13 %, BOYD-BOWMAN 1972, 129 kommt allerdings durch Auswertung von Passagierlisten nur auf 4 %.
[49] Zusammenfassung der Diskussion bei GUITARTE 1958, LAPESA 1964, FERNÁNDEZ-SEVILLA 1987, MORENO DE ALBA 1988, 24–41.

Die Untersuchung der regionalen Herkunft von über 45 000 Auswanderern zwischen 1493 und 1579 zeigt, daß vier Regionen einen Anteil von über 10 % stellen: Altkastilien 14,7 %, Neukastilien 14,8 %, Extremadura 16,9 %, Andalusien 35,8 %. Alt- und Neukastilien zusammen stellen also knapp ein Drittel, Andalusien über ein Drittel, Andalusien und Extremadura zusammen über die Hälfte der Auswanderer (BOYD-BOWMAN 1972, 143).

Bei einer derartigen Zusammensetzung ist eine meridionale Färbung der amerikanischen Aussprache nicht verwunderlich, ist doch das Spanische Amerikas weitgehend verpflanztes Südspanisch. Der sprachliche Ausgleich, von dem oben die Rede war, ist nicht immer auf kastilischer Basis erfolgt, sondern wegen der zahlenmäßigen Überlegenheit in bestimmten Fällen auch auf der Basis des Andalusischen.

Als der Altkastilier Bernal Díaz del Castillo in Guatemala 1568 seine *Historia verdadera* schrieb, hatte er die kastilische Unterscheidung zwischen *s* und *z* bereits aufgegeben und den Seseo übernommen (CATALÁN 1958, 239).

3.5.2.2. Indigenismen

In Bezug auf den Einfluß der Eingeborenensprachen auf das Spanische gilt: «pocos son los fenómenos – fonéticos o gramaticales – que podrían explicarse seriamente como resultado de la influencia de los sustratos prehispánicos» (LOPE BLANCH 1967, 395). Einflüsse der Indiosprachen auf das Phonemsystem betreffen entweder nur Bevölkerungsteile, die gerade von der Hispanisierung erfaßt werden bzw. zweisprachig sind, z. B. Verwechslung von |i – e| und |u – o| unter dem Einfluß des Quechua (CASSANO 1974), oder marginale Bereiche des Wortschatzes, z. B. |ʃ| und die unspanische Konsonantenverbindung |tl| bei einigen einheimischen Wörtern in Mexiko: *Xochimilco* [ʃocimilko], *Nahuatl* (LOPE BLANCH 1967a), oder auch die Intonation. Syntaktische Einflüsse sind nur in Gebieten mit besonders intensiver Zweisprachigkeit, z. B. Paraguay, nachzuweisen (GRANDA 1979).

Unübersehbar sind jedoch die Einflüsse auf das Lexikon, wenn auch der Umfang der lexikographischen Inventare täuscht. Der Großteil der registrierten Indigenismen betrifft den Fachwortschatz, insbesondere die Terminologie von Fauna und Flora, hat nur kleinräumige Verbreitung und ist deshalb der Mehrheit der Bevölkerung, vor allem in den Städten, unbekannt[50].

Eine Untersuchung in der Stadt México ergab, daß von den 1500 Aztekismen des Wörterbuches von ROBELO nur etwa 10 % allgemein bekannt sind. Die Hälfte der Substantive betrifft Fauna und Flora (LOPE BLANCH 1967b).

---

[50] Vgl. LOPE BLANCH 1974 und 1979, MUNTEANU 1976, NEAGU 1976.

Was die Herkunft betrifft, zeigt sich der überragende Einfluß der lenguas generales und der karibischen Sprachen. Der Anteil dieser Sprachgruppen an den Indigenismen ist seit dem 16. Jh. konstant. Allerdings hat sich – historisch bedingt – eine beträchtliche Verschiebung zugunsten des Quechua ergeben.

	Entlehnungen 16. Jh.	Entlehnungen 17. Jh.	Bestand[51] 20. Jh.
Nahuatl	41 %	28 %	30 %
Quechua	10 %	36 %	34 %
Arawakisch + Karibisch	35 %	21 %	26 %

Tab. 9: Herkunft der Indigenismen (Daten nach ZAMORA 1971, 80; MEJÍAS 1978, 202; SALA et al. 1977, 163–166)

Die anderen Indiosprachen – deren Zahl geht in die Tausende – haben keinen oder kaum Einfluß auf den Wortschatz des amerikanischen Spanisch ausgeübt.

3.5.2.3. Eigenständige Entwicklungen

Im Bereich der Morphosyntax gibt es nicht allzuviele Fälle einer eigenständigen Entwicklung des amerikanischen Spanisch. Beispielshalber können der Voseo (vgl. S. 192) und der Gebrauch des Präteritums anstelle des Perfekts (vgl. S. 226) genannt werden. Beträchtlich sind die Unterschiede dagegen in Phraseologie und Vokabular. Sie vor allem bewirken, daß das amerikanische Spanisch dem Spanier manchmal fremdartig vorkommt. Zum Teil hat es Entwicklungen des europäischen Spanisch nicht mitgemacht und ältere Wörter, die in Europa nicht mehr gebraucht werden, bewahrt, z. B. *prieto* „dunkel", *mercar* „kaufen" (vgl. LERNER 1970). In anderen Fällen sind in Amerika Bedeutungsveränderungen eingetreten, z. B. *vereda* „Gehsteig", *páramo* „Nieselregen", *invierno* „nasse Jahreszeit" (LAPESA 1980, 595). Zahlreich sind die in Amerika neu gebildeten Wörter, aus neuester Zeit etwa *vocero* „Regierungssprecher", *vitrinista* „Schaufensterdekorateur", *aeromoza* „Stewardess" (PAUFLER 1974).
Nach der Lösung von Spanien erfolgte im 19. Jh. als Reaktion gegen das ehemalige Mutterland eine Hinwendung zur französischen Kultur. Diese Beziehungen und der wirtschaftliche Einfluß Angloamerikas haben zur Übernahme französischer und englischer Wörter geführt, z. B. *usina* „Fabrik", *overol* „Arbeitsanzug", *truque* „Lastwagen".

---

[51] Bezogen auf die 257 Wörter, die nach den Auswahlkriterien von SALA et al. 1977 die Kerngruppe der Indigenismen bilden.

Die Anzahl der lexikalischen Amerikanismen ist groß. Der *Diccionario de Americanismos* von NEVES 1973 enthält an die 30 000 Einträge. Viele davon haben allerdings nur begrenzte Verbreitung oder gehören zu Fach- bzw. Sondersprachen.

Auf dem Gebiet des Wortschatzes sind auch die inneramerikanischen Unterschiede am größten. Ein Beispiel aus neuerer Zeit: Für „Stewardess" sagt man in Argentinien, Uruguay und Chile *stewardess*, in den letzten beiden Ländern aber auch wie in Spanien *azafata*. In Cuba wird ebenfalls *azafata* gebraucht, häufiger ist aber *aeromoza*. Dieses Wort dominiert in Mittelamerika, Venezuela, Kolumbien und Peru. Daneben gibt es in Peru aber noch *hôtesse*, in Kolumbien *cabinera* und *auxiliar de vuelo* (PAUFLER 1974, 340).

4. Die Entwicklung zum Neuspanischen

Das 16. und 17. Jh. bringen für Spanien bedeutsame politische, religiöse und kulturelle Veränderungen: Entstehung des Weltreiches und Kampf um die Hegemonie in Europa; Reformation und Gegenreformation; Blütezeit der Literatur: Siglo de oro. Auch für die Sprache beginnt eine neue Epoche. Das durch den politischen und kulturellen Aufstieg erstarkte Selbstbewußtsein führt zu einer Höherbewertung und bewußten Pflege der eigenen Sprache. Diese erreicht nach einer Phase des Wandels und der Fluktuation gegen Ende des hier behandelten Zeitraumes einen Zustand relativer Stabilität.

4.1. Das Sprachbewußtsein

Die Veränderung des Sprachbewußtseins widerspiegelt die Entwicklung der kulturellen Selbsteinschätzung der Spanier. Das Bewußtsein der Unterlegenheit gegenüber der Antike und des Rückstandes gegenüber Italien schlug allmählich um zur Überzeugung von der Gleichwertigkeit oder gar Überlegenheit der spanischen Kultur[52].

4.1.1. Das Verhältnis Latein – Volkssprache[53]

Das Verhältnis Latein – Volkssprache war in Spanien seit dem 13. Jh. dadurch gekennzeichnet, daß das Latein als traditionelle Kultursprache in den auf der geistigen Werte-

---

[52] Vgl. GREEN 1969, III, Kap. 9.
[53] Vgl. GIL FERNÁNDEZ 1981, Kap. 3 «Latín y vernáculo». – *(Lengua) vulgar* „Volkssprache" und *romance* sind im 16. Jh. neben *castellano* und *español* häufige Bezeichnungen für das Spanische (vgl. AMADO ALONSO 1943).

106

skala ganz oben stehenden Bereichen Religion und Wissenschaft unbestritten dominierte, daß aber das Spanische, insbesondere in Form von Übersetzungen, auch hier zunehmend an Bedeutung gewann. Offensichtlich gab es ein bildungsinteressiertes Publikum, das nicht mehr über ausreichende Lateinkenntnisse verfügte.

Die Universität blieb zwar der Idee und den Rechtsverordnungen nach lateinisch, in Wirklichkeit hatte aber auch dort die Volkssprache bereits Fuß gefaßt. Strafandrohungen – zwei Reale, wenn ein Student spanisch sprach – dürften daran nicht viel geändert haben[54].

In aller Schärfe stellte sich die Sprachenfrage im letzten Viertel des 15. Jh. mit der Einführung des Buchdrucks (1473 Barcelona und Valencia), der dem geschriebenen Wort wesentlich größere Verbreitungsmöglichkeiten eröffnete. Die Buchproduktion der ersten beiden Jahrzehnte des 16. Jh. zeigt deutlich, daß das Latein nur mehr in der Liturgie und der lateinischen Philologie uneingeschränkt dominierte, in allen anderen Bereichen aber auf dem Rückzug war.

56 zeitgenössischen literarischen Texten auf Latein[55] stehen 280 auf Spanisch und 30 auf Katalanisch gegenüber. Bei den historiographischen Werken lautet das Verhältnis 24:4, in der Theologie 135:76, in der Medizin 25:7 zugunsten des Spanischen. Auf dem Gebiet der Musik gibt es 23 spanische, keine einzige lateinische Ausgabe. Am stärksten ist das Latein noch in der Jurisprudenz vertreten: 12 lateinische, 8 spanische Ausgaben (NORTON 1966, 125–128).

Die Stellung des Spanischen war also damals bereits übermächtig (vgl. WEINRICH 1985), wesentlich stärker als etwa die des Französischen, das in der gleichen Zeit in Frankreich nur einen Anteil von 9–14 % an den Buchtiteln erreichte (FÈBVRE/MARTIN 1958, 480).

Die Diskussion über Wert und Verwendungsmöglichkeiten der Volkssprache ist eine Folge der zunehmenden humanistischen Tendenzen des 15. Jh., die nicht auf die Universitäten beschränkt blieben, sondern auch Teile des Adels erfaßten: Isabella von Kastilien (1474–1504) lernte noch mit 31 Jahren Latein und sorgte für eine humanistische Erziehung ihrer Kinder. Die bessere Kenntnis der antiken Autoren, das philologische Bemühen um Texttreue führten zu einem auf die antiken Klassiker fixierten Stilbewußtsein der Latinisten. Die hohe Einschätzung der Klassiker in Bezug auf Inhalt und sprachliche Form bewirkten bei einem Teil der Humanisten eine Abwertung der volkssprachlichen Literatur und der Volkssprache als Ausdrucksmittel ernsthafter Gegenstandsbereiche. Das

---

[54] In den *Constitutiones* von Papst Martin V. (1417–1431) heißt es: «Nullus audiatur nisi latine loquens». Die Statuten der Universität Salamanca von 1538 schreiben vor «que los lectores sean obligados a leer en latín y no hablen en las cátredas [sic] en romance» (GONZÁLEZ DE LA CALLE 1925, 796 f.). Die Statuten sind auf Spanisch! – Zum Latein als *lengua conversacional* an der Universität Salamanca vgl. GONZÁLEZ DE LA CALLE 1916.

[55] Zur lateinischsprachigen Literatur im 15. und 16. Jh. vgl. MORALEJO 1980, 94–137.

Spanische stand somit unter Rechtfertigungszwang[56]. Wie in anderen europäischen Ländern, z. B. Italien (vgl. KLEIN 1957) und Frankreich[57], entstand als Gegenreaktion eine umfangreiche apologetische Literatur, wobei die Ähnlichkeit der Problemstellung zur weitgehenden Identität der Argumentation führte.

Argumente

Dem Latein wurden Qualitäten wie Reichtum und Differenziertheit des Wortschatzes, stilistische Ausdruckskraft und ein Höchstmaß von Eleganz zugeschrieben, denen gegenüber die Volkssprache als «rudo y desierto», «humilde y baxa lengua» erscheinen mußte[58]. Die Klage über die Armut des Spanischen an sprachlichen Ausdrucksmitteln kehrt immer wieder, insbesondere bei den Übersetzern klassischer Literatur.

Das Latein war als kodifizierte Sprache dem Wandel nicht in dem Maße unterworfen wie die Volkssprache, die keine explizite Norm besaß. Diesen Vorteil der Kommunikationsmöglichkeit über lange Zeiträume hinweg suchte man auch für das Spanische zu erreichen. Nebrija beschrieb die Zielsetzung seiner *Gramática castellana* 1492 so: «para que lo que agora i de aqui adelante en el [castellano] se escriviere pueda quedar en un tenor, i estenderse en toda la duracion de los tiempos que estan por venir» (Prolog 9).

Der Gesichtspunkt des mit der Wahl der Sprache gegebenen Lesepublikums[59] spielte vor allem im religiösen Bereich eine große Rolle. Die reformatorischen Strömungen in vielen Ländern Europas erweckten das Mißtrauen der Kirche gegenüber den Bibelübersetzungen in die Volkssprache[60]. Das Konzil von Trient gestattete ihre Lektüre nur mit besonderer Erlaubnis. Auch die Verfasser von Erbauungsbüchern in der Volkssprache wie Fray Luis de Granada und Fray Luis de León standen unter Rechtfertigungsdruck, wie man aus den Vorreden entnehmen kann (ROMERA NAVARRO 1929, 238 ff.).

Ein oft angeführter Grund für die Geringschätzung des Spanischen war das Fehlen literarischer Werke von internationalem Ansehen, die als Sprachmodelle hätten dienen können. Aus diesem Grund räumte Juan de Valdés, dem es sonst an sprachlichem Selbstbewußtsein nicht fehlte, in seinem *Diálogo de la lengua* 1535 ein, das Spanische sei «más vulgar» als das Italienische, das auf Petrarca und Boccaccio verweisen könne.

---

[56] Für die Schulgelehrten war das Latein ein Statussymbol. Wer volkssprachliche Werke veröffentlichte, lief Gefahr, sich dadurch zu deklassieren. Entsprechende Äußerungen von Fray Luis de León bei BLEIBERG 1951, 69.

[57] Vgl. STRAUSS 1938, BRUNOT II.

[58] Juan de Mena 1519 (BEARDSLEY 1961, 117).

[59] Fray Pedro Malón de Chaide wandte sich gegen die These «que las doctrinas graves y de importancia no han de andar en manos del vulgo liviano» (BLEIBERG 1951, 82).

[60] 1551 stehen auf dem Index verbotener Bücher auch «Biblia hispano vel alio vulgari sermone traducta» (CARRERA DE LA RED 1988, 134).

Das Ansehen des Spanischen war in den Kreisen der Gelehrten durch bestimmte literarische Gattungen, wie z. B. die Ritterromane diskreditiert, die ihnen als «sucios amores o fábulas vanas» (Ambrosio de Morales[61]) oder «novelas o istorias embueltas en mil mentiras i errores» (NEBRIJA 1492, 9) erschienen. Das Ansehen der Sprache könne, so wird immer wieder festgestellt, nur dann gehoben werden, wenn man ernsthafte Themen in ihr behandle.

Zugunsten des Spanischen sprach das Argument vom natürlichen Vorrang der Muttersprache vor jeder Fremdsprache und die Möglichkeit, die Teile der Bevölkerung zu erreichen, die der Unterweisung am meisten bedurften (Pedro Mexía 1540, nach CARRERA DE LA RED 1988, 123). Francisco Sánchez, el Brocense, der große Humanist, begründete die Wahl des Spanischen für das *Enchiridion* so: «Ansi quise escrivir en mi lengua, porque tan gran bien fuesse a muchos comunicado» (GIL FERNÁNDEZ 1981, 43). Dazu kam der Stolz auf die Verbreitung des Kastilischen in Spanien, Europa und der Neuen Welt, mit der sich nicht einmal das Lateinische messen könne[62], und das patriotische Bewußtsein, die Pflege der eigenen Sprache sei ein Beitrag zur Größe des Vaterlandes:

«mi pensamiento i gana siempre fue engrandecer las cosas de nuestra nacion» schrieb Nebrija im Vorwort zu seiner Grammatik. Übersetzungen ins Spanische wurden angefertigt «por honor y utilidad de España» und mit der Absicht «aprovechar . . . a la republica» (BEARDSLEY 1961, 242 und 233).

Das sprachliche Minderwertigkeitsgefühl schlug gegen Ende des 16. Jh. definitiv in ein hohes Selbstwertgefühl um. Urteilte Fernando de Herrera 1580 noch maßvoll «ninguna de las vulgares le [castellano] ecede, i mui pocas pueden pedille igualdad» (ROMERA NAVARRO 1929, 226), so stellte der Horaz-Übersetzer Luis Zapata 1592 das Spanische über alle anderen Sprachen:

la [lengua] Española, a la qual todas las demas deven reconocer ventaja . . . vence a las mejores que sabemos, que son Latina, Griega, y Toscana . . . vence a la Latina en facilidad de prononciacion y claridad y no ambiguedad, a la Griega en authoridad, en decencia i no en afectacion, a la Italiana, a la Francesa, en gravedad y abundancia, a la Tudesca en mansedumbre y llaneza, en no hacer al rostro, a la garganta, a los labios al acento violencia y fuerça (BEARDSLEY 1961, 188).

Sämtliche zeitüblichen Qualitätsmerkmale einer Sprache wie suavedad, dulzura, gravedad, pureza, gracia, abundancia, propiedad usw. werden dem Spanischen in hohem Maße zugesprochen[63]. Völlig auf den Kopf gestellt erscheint das frühere Wertungsverhältnis bei Übersetzern des 17. Jh., die spanische Übersetzungen für besser halten als die lateinischen Originaltexte (BEARDSLEY 1961, 259).

---

[61] *Discurso sobre la lengua Castellana* 1546 (BLEIBERG 1951, 57).
[62] Rafael Martín de Viciana, Juan de Valdés, Gonzalo Correas (BLEIBERG 1951, 41, 25, 167).
[63] Zu den Sprachstereotypen der Zeit vgl. WEINRICH 1980.

In der Kultur- und Erziehungsdiskussion des 17. und 18. Jh. war die Stellung des Lateins kontrovers. 1623 und 1747 wurde die Zahl der Lateinschulen begrenzt (KAGAN 1973, 303 f.); die Aufhebung des Jesuitenordens 1767 schwächte die schulische Basis noch mehr. Obwohl die Universitätsreformen in der 2. Hälfte des 18. Jh. auf dem Lateinischen als Unterrichtssprache bestanden, verlor es auch dort zunehmend an Bedeutung (LÁZARO CARRETER 1985, 163–182; GUTIÉRREZ CUADRADO 1988).

4.1.2. Das Verhältnis Spanisch – Italienisch

Die hohe Bewertung des Italienischen basierte auf dem Ansehen des italienischen Humanismus und dem Prestige der italienischen Literatur des 14. Jh., der Spanien nichts Gleichwertiges entgegenzusetzen hatte. Garcilaso klagte: «yo no sé qué desventura ha sido siempre la nuestra, que apenas ha nadie escrito en nuestra lengua sino lo que se pudiera muy bien escusar»[64]. Ähnlich äußerte sich Juan de Valdés (BLEIBERG 1951, 26).
Es war im 16. Jh. üblich, die Reputation einer Sprache durch eine ehrenvolle Genealogie oder den Nachweis der Ähnlichkeit mit einer Prestigesprache, meist dem Latein, zu mehren[65]. In dieser Beziehung war dem Italienischen als einer romanischen Schwestersprache aber nicht beizukommen, auch wenn manche versuchten, dem Spanischen den Status einer Ursprache zuzuschreiben, oder nachzuweisen, das Spanische sei dem Latein ähnlicher als das Italienische oder auch Französische, und zu diesem Zwecke Texte verfaßten, die gleichzeitig spanisch und lateinisch sein sollten (vgl. BUCETA 1925).
Mit Beginn des 17. Jh. machte der Stolz auf die eigene Literatur derartige Argumente überflüssig. Im 18. Jh. wischte Fray Benito Jerónimo Feijoo y Montenegro diese Rechthabereien vom Tisch, indem er unter Hinweis auf das Prinzip der Arbitrarietät der Sprachen und die Unterscheidung zwischen Sprachsystem und Stil die Subjektivität vergleichender Wertungen von Sprachen darlegte (BLEIBERG 1951, 210 ff.).

4.2. Regionale und soziale Basis der kastilischen Norm

Anders als in Italien, wo die Frage nach der regionalen Grundlage der Literatursprache im Zentrum der questione della lingua stand, stellte sich dieses Problem in Spanien nicht mehr. Bereits im 13. Jh. war die Entscheidung zugunsten des Kastilischen gefallen. Das kastilische Sprachgebiet reichte allerdings schon damals von der Biscaya bis zur Südküste und war keineswegs einheitlich. Andalusien war junges, zum Teil noch sehr junges Kolonisationsland und besaß wie Aragón und die Levante bis zur Vertreibung der Morisken

---

[64] In einer Dedicatoria zu Boscáns Übersetzung (1534) des *Cortegiano* von Castiglione, S. 10.
[65] Zu den Theorien über die Genealogie des Spanischen vgl. BAHNER 1966, BORST III, 1.

1609 das ganze 16. Jh. hindurch eine beträchtliche arabischsprachige Minderheit. Auf das Kastilische Andalusiens, insbesondere den Wortschatz, blieb diese Sprachsituation nicht ohne Auswirkungen. Eine Abwertung durch die Kastilier, sehr stark bei Juan de Valdés, war die Folge. Altkastilien wies eine starke dialektale Gliederung auf, seine Sprache wurde als bäurisch abgelehnt. Neukastilien war sprachliches Ausgleichsgebiet, nahm geographisch eine Mittelstellung ein und stellte mit Toledo die Hauptstadt. Der Regierungssitz der Westgotenkönige war nach der Reconquista, die ja die Wiederherstellung des Westgotenreiches zum Ziel hatte, zur ideellen Hauptstadt Kastiliens geworden. Urteile über Sprachvarietäten spiegeln weitgehend die Rangordnung der Träger der verschiedenen Sprachformen. Für Kastilien hieß das: Die Literatursprache sollte nicht bäurisch sein, sondern städtisch; sie sollte nicht die Sprache der unteren sozialen Schichten repräsentieren, sondern die der politischen und geistigen Elite. Das höchste Prestige mußte deshalb auf die Stadt fallen, in der der König Hof hielt. Auch der Bezug zur kulturellen Führungsrolle Toledos im 13. Jh. unter Alfons dem Weisen spielte eine Rolle. Seit dem 16. Jh. waren die Historiographen davon überzeugt, daß Alfons der Weise selbst 1253 den sprachlichen Vorrang Toledos in einem Beschluß der Cortes offiziell habe festschreiben lassen (BRIESEMEISTER 1969, 41; GONZÁLEZ OLLÉ 1988). Das Lob Toledos galt nicht in erster Linie dem Regiolekt – dieser hatte durchaus auch Kritiker (vgl. MOREL-FATIO 1900, 182 f.) –, sondern dem Soziolekt des Hofes, der gemäß der sozialen Stellung seiner Träger als kultiviert und elegant galt, wegen der regionalen Mischung aber auch den Vorzug der Überregionalität besaß (ASENCIO 1960, 104). Bis ins 17. Jh. war Toledos Prestige als Sprachmodell des Kastilischen unbestritten[66], obwohl die Stadt spätestens seit 1561 nicht mehr als Hauptstadt gelten konnte. Sogar im 18. und 19. Jh. fanden sich noch Bewunderer der Sprache Toledos.

In einer *Práctica de Ortographía para los idiomas castellano y Valenciano* 1732 heißt es: «Los del reino de Toledo son los que hablan la lengua con más primor y pulcritud en su pronunciación» (AMADO ALONSO 1943, 56).

Daneben vergaßen die Sprachgelehrten auch sich selbst nicht. Neben dem Hof sollte auch den «personas graves y doctas»[67] eine wichtige Rolle zukommen, denn sie verkörperten «la habla del arte», der Francisco López de Villalobos den Vorzug gab (MOREL-FATIO 1900, 183). Auch Nebrija hatte die Meinung vertreten «el uso de los sabios siempre vence» (KUKENHEIM 1932, 209).

Maßgebend war der aktuelle Sprachgebrauch der geistigen und politischen Elite. Literarische Modelle der Vergangenheit spielten im Gegensatz zu Italien keinerlei Rolle.

---

[66] Zusammenstellung einschlägiger Stellen bei MOREL-FATIO 1900, 175 ff.; erster Beleg 1492 (GONZÁLEZ OLLÉ 1987).
[67] Luis Alfonso de Carvallo 1602 (NOUGUÉ 1968–72, 476).

4.3. Sprachliche Veränderungen

Das Spanische hat im Bereich der Phonologie und Morphologie während des 16. und 17. Jh. im wesentlichen seine heutige Gestalt gefunden. In diesem Zeitraum haben sich zahlreiche, zum Teil tiefgreifende Veränderungen durchgesetzt, und die Ergebnisse sind bis heute relativ stabil geblieben. Ein großer Teil der Unterschiede zwischen dem kastilischen und dem sogenannten atlantischen Spanisch – Andalusien, Kanarische Inseln, Amerika – geht auf diese Zeit zurück.

4.3.1. Phonologie[68]

Es wurde bereits darauf hingewiesen, daß die Vokale vom Altspanischen bis heute stabil geblieben sind. Innerhalb des Konsonantensystems vollzog sich dagegen eine grundlegende Umgestaltung der Teilsysteme der Frikative und Affrikaten.
Das Spanische des 15. Jh. besaß in diesem Bereich eine fast lückenlose Korrelation zwischen stimmhaften und stimmlosen Phonemen.

Übersicht

	labiodental		dental		alveolar		präpalatal		glottal
stimmhaft	–	+	–	+	–	+	–	+	–
Affrikaten			ts	dz			c		
Frikative	f	v			s	z	ʃ	ʒ	(h)[69]
Graphie (Nebrija)	f	v, u	c, ç	z	ss*	s	ch x	j, g	h

* Nur intervokalisch, sonst ⟨s⟩.

Beispiele (Prolog zur *Gramática castellana* 1492)

fortuna escrivir nacion dezir passar cosa mucho ojo hablar
escriuir fuerça dexar gente

---

[68] Grundlegend AMADO ALONSO 1955–1969; Zusammenfassung bei LAPESA 1980, 370–381; zur Graphie vgl. DOUGLAS 1964.
[69] Im Altkastilischen bereits verstummt oder im Verstummen (vgl. BLAKE 1989).

Folgende Veränderungen sind eingetreten:

a) *v* wird bilabial und fällt mit *b* zu einem Phonem zusammen.

b) Das aus dem lateinischen *f* entstandene *h* verstummt.

c) Die Affrikaten *ts* und *dz* werden zu den dentalen Frikativen *s̬* und *z̬*.

d) Die stimmhaften Frikative *z*, *z̬* und *ʒ* werden entsonorisiert und fallen mit *s*, *s̬* und *ʃ* zusammen[70]. Das Judenspanische – Vertreibung der Juden 1492 – hat neben anderen Archaismen *z* und *ʒ* bis heute bewahrt (vgl. S. 22).

e) Im Kastilischen wird *s̬* zum interdentalen Frikativlaut *θ*. Die Opposition zu *s* bleibt erhalten. Im atlantischen Spanisch und im Judenspanischen wird die Opposition zwischen dentalen und alveolaren Frikativen aufgegeben: Seseo und Ceceo.

f) *ʃ* wird über eine palatale Zwischenstufe zu *χ* velarisiert. Regional kommt als Ergebnis der Verschiebung des Artikulationsortes auch *h* vor.

	bilabial	labiodental		dental		alveolar		präpalatal			glottal
stimmhaft	+	+	–	+	–	+	–	+	–	–	–
Alt-spanisch Okklusive	b										
Affrikaten				dz	ts					c	
Frikative		v	f			z	s	ʒ	ʃ		h
1. Verstummen											∅
2. Entaffrizierung				z̬	s̬						
3. Entsonorisierung					s̬		s		ʃ		
4. Änderung des Artikulationsortes	b			inter-dental θ				velar χ			
Neuspanisch Okklusive	b										
Frikative			f		θ		s		χ		
Affrikaten										c	

Abb. 4: Entwicklungsschema des spanischen Konsonantismus (die Reihenfolge entspricht nicht in allen Fällen einer chronologischen Ordnung)

[70] Ausführliche Diskussion der Ursachen dieser Entwicklung bei Lantolf 1974.

Die genannten Veränderungen gingen in der Mehrzahl von Altkastilien aus. Die Durchsetzung altkastilischer Regionalismen gegenüber der prestigestarken Toledaner Norm dürfte durch politische und wirtschaftliche Veränderungen begünstigt worden sein.

Als Philipp II. (1556–1598) zuerst Valladolid und dann endgültig 1561 Madrid zur Residenzstadt machte, verstärkte sich der altkastilische Einfluß am Hof. Die Bevölkerung Madrids wuchs in der zweiten Hälfte des 16. Jh. um das Fünffache von 12 000 bis 14 000 auf etwa 65 000 Einwohner, während Burgos in der gleichen Zeit die Hälfte seiner Bevölkerung verlor und auch Toledo von einem raschen wirtschaftlichen und demographischen Abstieg betroffen war (LANTOLF 1974, 277 ff.). Ein großer Teil der Neumadrider kam, wie MENÉNDEZ PIDAL 1962 gezeigt hat, aus dem altkastilischen Raum. Die altkastilischen Regionalismen prägten die Sprache des Hofes und der Hauptstadt, wurden wegen ihres neuen Prestiges von den wichtigsten Zentren wie Toledo und Sevilla übernommen und breiteten sich dann weiter aus (CATALÁN 1957).

Südlicher Herkunft ist der Wandel $\int > \chi$. Diese Verschiebung trat zunächst in Andalusien auf und setzte sich um 1660, begünstigt durch die wirtschaftliche und literarische Bedeutung Sevillas, allgemein durch (KIDDLE 1975, 97).

4.3.2. Morphologie

Die morphologischen Veränderungen betreffen vor allem die Verben und Pronomina als die Wortarten mit der stärksten morphologischen Differenzierung.

Das Verb

Bei den Verbformen läßt sich die Tendenz zur Beseitigung der Polymorphie, d. h. der Existenz verschiedener Formen mit gleicher Funktion, und damit zur Regularisierung der Stämme und Endungen feststellen.

$$\left.\begin{array}{l} ponré \\ pondré \\ porré \\ porné \end{array}\right\} \longrightarrow pondré \qquad \left.\begin{array}{l} tenré \\ tendré \\ terré \\ terné \end{array}\right\} \longrightarrow tendré^{71} \qquad \begin{array}{l} poneldo \longrightarrow ponedlo \\ \\ envialdo \longrightarrow enviadlo^{72} \end{array}$$

In den zusammengesetzten Formen wird *haber* als einziges Hilfszeitwort verallgemeinert. Es verliert zum einen seine Funktion als Vollverb und verdrängt zum anderen *ser* aus dem Paradigma des Aktivs. Im *Diálogo de la lengua* 3 heißt es noch: *ha desseo platicar con nosotros; los moços **son** idos a comer.*

---

[71] Nach GARCÍA DE DIEGO 1970, 251 f.; Juan de Valdés hatte im *Diálogo de la lengua* 60 auch *saliré* statt *saldré* vorgeschlagen (vgl. ALVAR/POTTIER 1983, 250).
[72] Juan de Valdés 50; Orthographie adaptiert.

Bei den einfachen Formen ist insbesondere die 2. Pers. Pl. betroffen[73]. Bis Ende des 14. Jh. wiesen diese Formen mit Ausnahme des Präteritums ein intervokalisches -d- auf. Im 15. Jh. fiel dieses -d- im Indikativ und Konjunktiv Präsens weitgehend aus[74].

Während der Übergangszeit konkurrierten bei den Verben auf -ar und -er diphthongische und monophthongische Formen.

Übersicht (Indikativ Präsens)

	Alt-spanisch	diphthongische Formen	monophthongische Formen	Neu-spanisch
amar	*amades*	*amais*	*amás*	*amáis*
leer	*leedes*	*leeis*	*leés*	*leéis*
oír	*oides*		*oís*	*oís*

Die monophthongischen Formen werden noch heute regional in den Voseo-Gebieten gebraucht (vgl. S. 193).

Das Personalpronomen

Im pronominalen Bereich sind bei den Personalpronomina und dort insbesondere bei der Anrede die stärksten Veränderungen eingetreten. *Nos* und *vos* wurden als Subjektpronomina durch *nosotros* und *vosotros* ersetzt. *Vos* wurde auch als Objektpronomen abgelöst, und zwar durch die Form *os*. Eine völlige Umgestaltung erfuhr das System der formellen Anrede: An die Stelle von *vos* + 2. Pers. Pl. des Verbs trat im 17. Jh. *usted* + 3. Pers. (vgl. LAPESA 1970), eine Kontraktion von *vuestra merced*, die zunächst in sehr verschiedenen Formen auftrat, z. B. *vuesarced, vuarced, vuasted, vuested, uced* (ALATORRE 1989, 227).

4.4. Die Entstehung der expliziten Norm

Die zunehmende Fixierung der Schriftsprache im Laufe des 17. und 18. Jh. geschah weniger durch bewußtes Festschreiben einer Norm durch die Sprachkritik als vielmehr durch die Modellfunktion der Literatur des Siglo de oro, die zur normsetzenden Autorität wurde.

---

[73] Vgl. dazu CUERVO 1893 und MALKIEL 1949.

[74] Die Formen des Konjunktiv Imperfekt *amassedes – leiessedes – oiessedes* hielten sich in der Literatursprache ein gutes Jahrhundert länger und schwanden erst im Laufe des 17. Jh.

4.4.1. Grammatiken

Bis ins 18. Jh. erschien ein Großteil der grammatischen Beschreibungen des Spanischen außerhalb der Iberischen Halbinsel als Hilfsmittel zur Erlernung des Spanischen als Fremdsprache (vgl. *LRL* 618 ff.).

Zu den frühesten Beispielen gehören die *Gramática castellana* 1558 von Villalón, Antwerpen (Ausgabe C. García, Madrid 1971) und zwei anonyme Grammatiken aus Löwen: *Util y breve institution para aprender los principios y fundamentos de la lengua hespañola* 1555 (Ausgabe A. Roldán, Madrid 1977) und *Gramática de la lengua vulgar de España* 1559 (Ausgabe R. de Balbín/ A. Roldán, Madrid 1966).

Von den in Spanien entstandenen Grammatiken erreichten einige wichtige Arbeiten nur geringe Verbreitung, so Nebrijas *Gramática castellana* 1492 – die erste spanische und vielleicht die erste volkssprachliche Grammatik Europas –, von der nur eine einzige Ausgabe bekannt ist, oder die umfangreiche *Arte de la lengua española castellana* von Gonzalo Correas, die – wie der *Diálogo de la lengua* von Juan de Valdés – Manuskript geblieben ist[75].

Von ihrer Anlage her waren die Grammatiken des 16. und 17. Jh. nur bedingt geeignet, zur Normierung der Sprache beizutragen. Meist von geringem Umfang, das Hauptgewicht auf Orthographie und morphologische Paradigmen legend, blieben die problematischen Bereiche der Wortverwendung und Syntax weitgehend unbehandelt. Eine wesentliche Änderung ergab sich erst mit dem Erscheinen der Akademiegrammatik 1771, da diese durch königliches Dekret von 1780 zur Grundlage des Spanischunterrichts gemacht wurde, der obligatorisch dem Lateinunterricht vorauszugehen hatte (Lázaro Carreter 1985, 189). Diese Maßnahme bedeutete die Institutionalisierung einer expliziten Norm des Spanischen.

4.4.2. Wörterbücher

Auch die frühen Wörterbücher des Spanischen waren als Hilfsmittel zur Fremdsprachenerlernung entstanden und deshalb mehrsprachig (vgl. Haensch 1990, *LRL* 637 ff.).

Das *Universal vocabulario en latín y en romance* 1490 des Alfonso de Palencia ist in erster Linie ein lateinisches Wörterbuch mit lateinischen und spanischen Worterklärungen; zweisprachig sind das *Vocabulario de romance en latín* 1495 von Antonio de Nebrija und das *Vocabulario de las dos lenguas Toscana y castellana* 1570 von Cristóval de las Casas; dreisprachig *Le Thrésor des trois langues, espagnole, françoise, et italienne* 1617 von César Oudin.

Sie begnügen sich meist mit einfachen Wortgleichungen. Eine Sonderstellung nimmt der *Tesoro de la lengua castellana o española* 1611 von Sebastián de Covarrubias ein, der eine

---

[75] Erstdruck 1903; neue Ausgabe E. Alarcos García, Madrid 1954.

bunte Fülle etymologischer und enzyklopädischer Information ausbreitet. Auch hier setzte die Akademie einen neuen Anfang. Ihr *Diccionario de la lengua castellana* (6 Bände, 1726–1739) wurde für lange Zeit das maßgebende Wörterbuch.

4.4.3. Die Real Academia Española

Gegründet 1713 auf private Initiative und mit königlichen Privilegien ausgestattet, leistete die Akademie im 18. Jh. einen entscheidenden Beitrag zur Festigung der sprachlichen Norm (vgl. FRIES 1984). Sie wurde damit ihrer Devise *Limpia, fija y da esplendor* gerecht. Die beiden wichtigsten Veröffentlichungen waren das Wörterbuch und die Grammatik. Das Wörterbuch stellt an Umfang und Informationswert alle früheren lexikographischen Werke in den Schatten. Gegenüber den etwa 11 000 Einträgen bei Covarrubias wurde die Zahl der Lemmata auf über 37 000 erhöht (LÁZARO CARRETER 1980, 113). Es war nicht als Bestandsaufnahme des zeitgenössischen Wortschatzes gedacht, sondern als Thesaurus der spanischen Literatursprache. Zitate aus der Literatur von 1200 bis 1700 sollten den richtigen Gebrauch der Wörter gewährleisten und verhalfen dem Wörterbuch zur Bezeichnung *Diccionario de autoridades.*

Es erlebte in dieser Form keine zweite Auflage. Seit 1780 erschien es einbändig (Ausnahme: 20. Aufl. 1984) und ohne Zitate. Seit 1925 lautet der Titel *Diccionario de la lengua española*[76].

Das Akademiewörterbuch stand wegen seiner historisch-literarischen Ausrichtung den Neologismen reserviert gegenüber, strebte aber Vollständigkeit an und war allen Sprachregistern gegenüber offen[77].

Im 1. Kapitel der Statuten heißt es zum Wörterbuch: «... un Diccionario de la lengua, el mas copioso que pudiere hacerse: en el qual se annotarán aquellas voces y phrases que están recibidas debidamente por el uso cortesano, y las que están antiquadas, como tambien las que fueren baxas» (*Historia de la Academia*, in: *Diccionario de autoridades* Bd. 1, S. XXIII).

Es wurden Wörter mit regionaler Verbreitung berücksichtigt «aunque no son comúnes en Castilla» und auch die «voces de la Gerigonza ò Germanía» (Prolog V), d. h. der Gaunersprache, wurden wegen ihres Vorkommens in der Literatur aufgenommen. Ausgeschlossen waren nur «las palabras que significan desnudamente objéto indecente» (ib. VI) und die Fachsprachen, für die ein eigenes Wörterbuch geplant war, das allerdings nie erschienen ist.

Das Akademiewörterbuch wurde in seinen verschiedenen Ausgaben maßgebend für die Fixierung der spanischen Orthographie.

---

[76] Knappe Charakterisierung der verschiedenen Ausgaben bei SALAS 1964; ALVAR EZQUERRA 1985.

[77] Vgl. HENSCHEL 1981; v. GEMMINGEN-OBSTFELDER 1982.

Die *Gramática de la lengua castellana* 1771 der Akademie führte die spanische Grammatikertradition weiter: Antonio de Nebrija, Bartolomé Jiménez Patón[78] und Gonzalo Correas[79] werden im Vorwort genannt. Die Bedeutung Nebrijas geht daraus hervor, daß 1768 an die Akademiemitglieder Exemplare seiner Grammatik verteilt wurden (DOMÍNGUEZ CAPARRÓS 1976, 103). Die seit dem 17. Jh. sich verbreitende Doktrin der logischen Grammatik übte keinen Einfluß aus. Die Grammatik der Akademie hatte pädagogische und normierende Ziele: Sie wollte die «arte de bien hablar» vermitteln, «perfeccionarle [uso] con el arte» (Prolog). Wegen der umfangreichen sprachlichen Kasuistik, in der Detailprobleme behandelt werden, war sie für diese Ziele besser geeignet als die Vorgänger.

5. Einheit oder Sprachspaltung?

Die gewaltsame politische Emanzipation der amerikanischen Kolonien – mit Ausnahme von Cuba und Puerto Rico – im ersten Viertel des 19. Jh. blieb nicht ohne Auswirkungen auf die sprachlichen Beziehungen zwischen der spanischsprachigen Alten und Neuen Welt. Zum einen führte das Nationalgefühl in den jungen Staaten zu einer sehr kritischen Einstellung gegenüber der spanischen Kultur und damit auch der Literatur und Sprache. Zum anderen waren die Wirkungsmöglichkeiten der RAE, der bisherigen zentralen sprachnormierenden Institution, stark eingeschränkt.

5.1. Sprachbewertung in Spanischamerika[80]

Schon vor der Revolution gab es Anzeichen für das Entstehen eines hispanoamerikanischen Sprachbewußtseins. Im *Diario de México* wurde 1805/1806 eine lange Debatte über Sprachprobleme geführt, in deren Zentrum Seseo und Yeísmo standen. Den Verfechtern der kastilischen Norm, die diese Aussprachefehler korrigiert sehen wollten, wurde entgegengehalten, die Aussprache der criollos sei von hohem Alter, allgemein verbreitet und

---

[78] *Instituciones de la gramática española* 1614 (Ausgabe A. QUILIS/J. M. ROZAS, Madrid 1965).

[79] *Trilingüe de tres artes de las tres lenguas Castellana, Latina i Griega* 1627.

[80] Da die Sprachdiskussion in Argentinien während des 19. Jh. am intensivsten war und auch am besten erforscht ist, beschränken wir uns weitgehend auf dieses Land. – Ausführliche Darstellung bei COSTA ALVAREZ 1922. Zusammenfassungen bei TORO Y GISBERT 1912, GROSSMANN 1926; vorzüglich ROSENBLAT 1969. Hinweise auf andere lateinamerikanische Staaten bei GUITARTE/ TORRES QUINTERO 1974, 322.

dazu «muy dulce y clara»; sie sei das deutlichste Identifikationszeichen gegenüber den Spaniern, Element der «constitución nacional de nuestro idioma» (AGUILA 1980 88–92).

Die nationale Unabhängigkeit verstärkte den Wunsch nach kultureller und sprachlicher Eigenständigkeit. Die spanische Kultur galt als epigonenhaft und überlebt, wobei man sich auch auf Spanier, insbesondere Mariano José de Larra (1809–1837), berufen konnte. Einige Stimmen dazu (nach COSTA ALVAREZ 1922, 21–56): Esteban Echeverría (1805–1851) spricht von der «rancia ilustración española contemporánea», Domingo Faustino Sarmiento (1811–1888) äußert sich schärfer: «Como instrumento de civilización puede decirse que el idioma castellano es una lengua muerta». Als Weg zur kulturellen Erneuerung wird die Anlehnung an ein «idioma . . . más conductor de los conocimientos humanos» (Sarmiento) gefordert und praktiziert. Diese Sprache des Fortschrittes war das Französische. Juan Bautista Alberdi (1810–1884): «En su forma actual, la francesa es una lengua de la mayor perfección filosófica . . . Aproximarnos a esta forma por las imitaciones francesas es acercarse a la perfección de nuestra lengua». Daß diese Meinung nicht überall geteilt wurde, mußte Sarmiento während seines Exils in Chile erfahren, als er und mit ihm die argentinische Literatur von einer Gruppe von Chilenen wegen der Französisierung der Sprache scharf angegriffen wurde (vgl. ROSENBLAT 1969, 45 f.).

Auch in Sarmientos Auseinandersetzung mit Andrés Bello (1781–1865)[81] spielte die Frage der Gallizismen eine Rolle, Hauptstreitpunkt war jedoch die Norm. Während Bello die Garantie für die «claridad y pureza del español» in einer literarischen Norm sah, plädierte Sarmiento für eine stärkere Berücksichtigung der Volkssprache: «Los pueblos en masa, y no las academias, forman los idiomas». Er forderte eine den Lebensverhältnissen in Amerika gerecht werdende «gramática hispanoamericana»:

El idioma de América deberá, pues, ser suyo propio, con su modo de ser característico y sus formas e imágenes tomadas de las virginales, sublimes y gigantescas que su naturaleza, sus revoluciones y su historia indígena le presentan. Una vez dejaremos de consultar a los gramáticos españoles, para formular la gramática hispanoamericana . . .

Der Ruf nach sprachlicher Emanzipation darf nicht als Sprachseparatismus mißverstanden werden[82]. Gefordert wurde nicht eine eigene Sprache, sondern eine eigene Literatur, d. h. Eigenständigkeit des Inhaltes. Was die Sprache betrifft, trat man für die Gleichwertigkeit des amerikanischen mit dem europäischen Spanisch ein. Eine Aufsehen erregende Demonstration dafür war 1876 die Ablehnung der Mitgliedschaft in der RAE als korre-

---

[81] Zitate nach ROSENBLAT 1969, 32–45.

[82] Nur in Paraguay war nach der Unabhängigkeit das Guaraní zur Amtssprache erklärt worden (AGÜERO 1962, 29). – Zur Behandlung der Sprachenfrage in den Verfassungen der hispanoamerikanischen Staaten vgl. ALVAR 1982 und *LRL* 25–27.

spondierendes Mitglied durch Juan María Gutiérrez (1809–1878)[83]. Die Bildungsnorm (habla culta) wurde nicht ernstlich in Frage gestellt: Echeverría wollte Sprachbereicherung «sin adulterar con postizas y exóticas formas su índole y esencia» (COSTA ALVAREZ 1922, 27), Sarmiento hielt die spanischen Autoren für ein «correctivo indispensable de los vicios de lenguaje» (ib. 55), Alberdi schließlich nahm im Gegensatz zu Gutiérrez die Mitgliedschaft der RAE an.

Die in Argentinien im 19. Jh. erschienenen Grammatiken demonstrieren zwar im Titel nationale Gesinnung, vertreten aber die Norm der spanischen Akademie[84]: Die *Gramática y ortografía de la lengua nacional* 1817 von A. J. Valdés lehnt die argentinischen Aussprachegewohnheiten wie Seseo und Yeísmo ab; nicht anders die *Gramática argentina* 1852 von Rufino und Pedro Sánchez. Die Nationalsprache ist das Spanische, sagt der Titel des *Compendio gramatical de la lengua nacional llamada castellano* 1821 von J. Catalá Codina[85]. Bezeichnenderweise wurde die *Gramática de la lengua castellana, destinada al uso de los americanos* 1847 des Venezolaners Bello zur Grundlage der spanischen Grammatik des 19. und 20. Jh. (vgl. LÁZARO MORA 1981).

Im Ganzen gesehen war die Einstellung zur Sprache in Spanischamerika während des 19. Jh. widersprüchlich. Es gab akademischen Purismus, der gegen die amerikanischen Sprachmerkmale kämpfte. Sprechende Titel sind etwa: *Ejercicios para corregir palabras y frases mal usadas en Colombia* 1870; *El lenguaje incorrecto de Chile* 1892; *Vicios del lenguaje y provincialismos de Guatemala* 1892 (RONA 1973, 280)[86]. Andere Arbeiten verfolgten dagegen das Ziel, die Amerikanismen in der Bildungsschicht zu verbreiten und ihre Anerkennung durch die Akademie zu erreichen.

Zwei Beispiele für die Widersprüchlichkeit und Halbherzigkeit im Verhältnis zur Sprache:

Die Gaucho-Literatur ist der Versuch, eine in Inhalt und Sprache argentinische Literatur zu schaffen[87]. Die Sprache dieser Texte ist jedoch nicht die ländliche Umgangssprache; es wird vielmehr eine beschränkte Anzahl von Sprachmerkmalen verwendet, um den Texten das gewünschte Lokalkolorit zu geben.
Sarmiento hatte 1843 in seiner *Memoria sobre ortografía americana* eine bewußt gegen Spanien gerichtete «ortografía vulgar, ignorante, americana» gefordert (ROSENBLAT 1969, 46). 1844 beschloß die Universität von Santiago de Chile eine gemäßigte Reform, die sich im wesentlichen nur auf drei Punkte bezog[88].

---

[83] Vgl. COSTA ALVAREZ 1922, 57–70.
[84] Vgl. SÁNCHEZ GARRIDO 1962, 67–82.
[85] Vgl. ROSENBLAT 1960, 576 f.
[86] Zahlreiche weitere Titel bei QUESADA 1923, 34–40.
[87] Vgl. SÁNCHEZ GARRIDO 1962, 37–62; CAMPRA 1977.
[88] ⟨j⟩ statt ⟨g⟩ vor ⟨e, i⟩; ⟨i⟩ für vokalisches ⟨y⟩; ⟨s⟩ statt ⟨x⟩ vor Konsonant. Beispiel: ⟨Soi jeneral estranjero⟩ statt ⟨Soy general extranjero⟩. Vgl. auch das Bello-Zitat S. 121. Diese Orthographie galt in Chile offiziell bis 1927.

5.2. Diskussion über die Gefahr der Sprachspaltung

Nach der Erringung der Unabhängigkeit war die Befürchtung laut geworden, der politischen Lösung von Spanien könnte die sprachliche Trennung folgen (GUITARTE/TORRES QUINTERO 1974, 319). Bello betonte 1847 im Vorwort zu seiner Grammatik, die Gefahr der Sprachspaltung sei das Hauptmotiv für seine Arbeit gewesen. Sein Ziel ist «la conservacion de la lengua de nuestros padres en su posible pureza, como un medio providencial de comunicacion i un vínculo de fraternidad entre las varias naciones de oríjen español derramadas sobre los dos continentes» (*Obras completas* IV, 8).

Um die Jahrhundertwende flammte die Diskussion über die sprachliche Zukunft Spanischamerikas neu auf. 1899 hatte der kolumbianische Philologe Rufino José Cuervo (1844–1911) die Befürchtung geäußert, die politische Spaltung des spanischen Sprachgebietes, der zurückgehende Einfluß Spaniens, die geistige Orientierung an anderen Ländern, die starke Immigration, der Einfluß der Indiosprachen könnten zu einer allmählichen Sprachspaltung führen[89]:

Estamos pues en vísperas (que en la vida de los pueblos pueden ser bien largas) de quedar separados, como lo quedaron las hijas del imperio Romano: hora solemne y de honda melancolía en que se deshace una de las mayores glorias que ha visto el mundo ... (CUERVO 1901, 35).

1900 behauptete der Franzose Luciano Abeille in seinem Buch *El idioma Nacional de los Argentinos*, in Argentinien sei eine eigene Sprache im Entstehen:

... en la República Argentina se forma una nueva raza. Por consiguiente el idioma español ó lengua de los conquistadores de este país ha de evolucionar hasta formar un idioma nuevo. (S. 35).

Da diese Entwicklung angesichts der radikalen Veränderungen des Landes zwangsläufig sei, rief er zu ihrer Förderung auf. Die Fachkritik konnte die empirische Haltlosigkeit der These Abeilles nachweisen, da die meisten der von ihm für argentinisch gehaltenen Besonderheiten auch in anderen spanischamerikanischen Staaten und in Südspanien vorkommen. Auch Cuervos Befürchtungen wurden von vielen optimistischen Stimmen überdeckt, darunter auch die von Menéndez Pidal und Miguel de Unamuno[90].

Auch in der Gegenwart schwankt das Urteil über das künftige Schicksal der spanischen Sprachgemeinschaft (vgl. AGÜERO 1962, 47–51). Dámaso Alonso äußerte als Präsident der RAE seine Sorge vor einem sprachlichen Auseinanderdriften der spanischsprachigen Länder und forderte wirkungsvolle Gegenmaßnahmen (ALONSO 1956, 1964, 1980).

---

[89] Zusammenfassung der Polemik mit dem Spanier Juan Valera bei ROSENBLAT 1969, 52–60 und BOCHMANN et al. 1993, 353–359. Cuervo stellte seinen Standpunkt ausführlich dar in id. 1901, 1903. Zur Entwicklung von Cuervos Ideen vgl. GUITARTE 1981.

[90] Sprachtheoretische Überlegungen zu dieser Diskussion bei COSERIU 1990.

Jedoch scheint der Optimismus das Übergewicht zu gewinnen. Rosenblat 1951 vertritt die Meinung, es sei im 20. Jh. eine zunehmende sprachliche Annäherung, insbesondere auf der Ebene der Bildungssprache zu beobachten. Einig sind sich der Spanier und der Amerikaner darin, daß die Sprachlenkung sich nicht mehr vom Purismus leiten lassen dürfe, sondern vom Bemühen um die Bewahrung der sprachlichen Einheit: «El imperativo categórico no parece hoy la pureza de la lengua, sino la unidad» (Rosenblat 1974); «unificación antes que purismo» (Alonso 1964, 267).

5.3. Sprachlenkung

Bereits in den ersten Jahrzehnten der Selbständigkeit zeigten sich da und dort Bestrebungen nach einer amerikanischen oder nach nationalen Ersatzinstitutionen für die RAE, so z. B. 1822 in Argentinien, 1835 in Mexiko, seit 1860 in Kolumbien (Guitarte/Torres Quintero 1974, 319). Aber erst als die RAE 1870 die Möglichkeit geschaffen hatte, in den einzelnen Staaten assoziierte Akademien einzurichten, kam es zu lebensfähigen Gründungen. Da in einer Reihe von Staaten die Akademien jedoch nur kurzlebig waren und deshalb – zum Teil mehrfache – Neugründungen erfolgten, ist die Angabe von Gründungsjahren problematisch. Die offizielle Anciennitätsfolge der korrespondierenden Akademien ist[91]:

Academia Colombiana	1871	Academia Panameña	1926
Academia Ecuatoriana	1874	Academia Cubana	1926
Academia Mexicana	1875	Academia Paraguaya	1927
Academia Salvadoreña	1876	Academia Dominicana	1927
Academia Venezolana	1883	Academia Boliviana	1928
Academia Chilena	1885	Academia Nicaragüense	1928
Academia Peruana	1887	Academia Hondureña	1949
Academia Guatemalteca	1887	Academia Puertorriqueña	1955
Academia Costarricense	1922	Academia Norteamericana	1973
Academia Filipina	1924	de la Lengua Española	

Die Mitglieder dieser Akademien sind gleichzeitig korrespondierende Mitglieder der RAE. Dies ist nicht der Fall bei den beiden assoziierten Akademien:

Academia Argentina de Letras	1931
Academia Nacional de Letras de Uruguay	1943

---

[91] Nach RAE 1984, XI–XVII; geändert gegenüber dem *VIII Congreso de Academias de la lengua española* 1980. – Weitgehend andere Daten bei Guitarte/Torres Quintero 1974, 324–326, bei Nichols 1941, 4 ff. und im *Diccionario enciclopédico Salvat* I, 65 f., 11. Aufl., Barcelona 1964.

Für die 12. Auflage des Akademiewörterbuches 1884 wurden zum ersten Mal Beiträge der korrespondierenden Akademien berücksichtigt (REHRMANN 1990, 13). Um die Zusammenarbeit effektiver zu gestalten, trafen sich 1951 Vertreter der Akademien in Mexiko zum Primer Congreso de Academias de la lengua española und gründeten die Asociación de Academias de la lengua española, deren Ziel es ist «trabajar asiduamente en la defensa, la unidad e integridad del idioma común, y velar porque su natural crecimiento sea conforme a la tradición y a la naturaleza íntima del castellano»[92]. Diese Kongresse wiederholen sich in regelmäßigen Abständen; der 10. Kongreß fand 1994 in Madrid statt[93]. Um die Zusammenarbeit der Akademien wirkungsvoller zu gestalten, wurde eine Comisión Permanente eingerichtet, mit Sitz in Madrid, als Zeichen der führenden Rolle, die der RAE im Rahmen der Asociación eingeräumt wird.

Die Bedeutung der organisierten Zusammenarbeit der Akademien liegt darin, daß alle spanischsprachigen Länder bei der Festlegung der sprachlichen Norm mitwirken können, und daß die so entstandenen Empfehlungen größere Aussicht haben, allgemein akzeptiert zu werden. Die direkten Lenkungsmöglichkeiten der Akademien dürfen nicht überschätzt werden. Auch gesetzliche Verfügungen, wie sie 1949 in der Dominikanischen Republik[94], 1960 und 1979 in Kolumbien[95] auf Forderung der Akademien hin zum Schutz des Spanischen erlassen wurden, betreffen nur Randgebiete und haben keine oder nur geringe Wirkung: In der Dominikanischen Republik war für das Inkrafttreten des Gesetzes, das für Institutionen, Gesellschaften, Läden, Apotheken u. a. nichtspanische Namen verbietet, eine Übergangsfrist von zwei Jahren vorgesehen, 1980 galt sie noch immer.

Angesichts der harten Kritik, die D. Alonso auf dem 8. Kongreß der Asociación an der Arbeit der Akademien übte – «Hay bastantes de las Academias de la Asociación que no trabajan o apenas» – ist es wohl realistischer, die Chance für die Einheit der spanischen Sprache in der Alphabetisierung und damit Verbreitung der Hochsprache, in der Wirkung der Massenmedien und in den intensiven kulturellen Beziehungen zwischen den spanischsprachigen Ländern zu sehen.

---

[92] Art. 1 der Statuten (*VIII Congreso* 1980, 25).
[93] Hierbei wurde der Beschluß gefaßt, *ch* und *ll* nicht mehr als eigene Buchstaben in der alphabetischen Ordnung aufzuführen.
[94] *VIII Congreso* 1980, 279 f.
[95] *VIII Congreso* 1980, 405–407.

C
Phonologie und Graphie

1. Phonologie

Es ist nicht beabsichtigt, im folgenden die Vielfalt der im spanischen Sprachgebiet vorkommenden Aussprachemöglichkeiten darzustellen. Es wird die europäische Norm des Spanischen zugrunde gelegt, die aus historischen Gründen auf der «pronunciación ... de la gente culta de Castilla»[1] beruht. Berücksichtigt werden auch Ausspracheformen, die wegen ihrer übernationalen Verbreitung in Spanischamerika nicht mehr als provinziell oder inkorrekt betrachtet werden, sondern als normkonforme Regionalismen gelten. Die Norm für das europäische Spanisch wird durch die Real Academia Española festgelegt, für die Gesamtheit der spanischsprachigen Länder durch die Asociación de Academias de la lengua española.

1.1. Beschreibungsebenen

Ziel ist nicht in erster Linie die Beschreibung der richtigen Aussprache des Spanischen ausgehend von der Schrift – wenngleich die Kapitel ‚Phonologie' und ‚Graphie' zusammengenommen das im wesentlichen leisten. Es geht vielmehr um eine Beschreibung der Lautgestalt des Spanischen auf zwei Ebenen: der Ebene der Lauttypen mit wortunterscheidender Funktion, der ‚Phoneme', und deren Realisierungstypen, der ‚Varianten'. Methodisch heißt das, daß man die große Zahl der Laute, die von den Sprachbenutzern gebildet und unterschieden werden, zu einer begrenzten Menge von Lauttypen zusammenfaßt: Phonetisch ähnliche Laute, die für sich allein nicht als minimaler Kontrast Wörter unterscheiden können, werden als Realisationen eines Phonems, d. h. als funktional identisch, betrachtet. Der Nachweis der wortunterscheidenden Funktion geschieht durch Vergleich von Wörtern, die sich nur in einem Lautsegment unterscheiden (‚Minimalpaar').

Beispiel

[p] und [b] sind in Bezug auf die Erzeugung und den Gehörseindruck sehr ähnlich. Sie können dennoch im Spanischen nicht zu einem Phonem zusammengefaßt werden, weil sie Minimalpaare bilden:

    [palenθja] : [balenθja]
    Palencia   *Valencia*

Der Unterschied zwischen [p] und [b] hat im Spanischen wortunterscheidende Funktion, er ist ‚distinktiv': Sowohl |p| als |b| sind im Spanischen Phoneme.

---

[1] RAE 1924, 499; NAVARRO TOMÁS 1980: «la que se usa corrientemente en Castilla en la conversación de las personas ilustradas».

Anders [s] und [z]. Auch diese beiden Laute sind in Bezug auf Erzeugung und Gehörseindruck sehr ähnlich. Sie können aber im Spanischen – im Gegensatz zum Deutschen – zu einem einzigen Phonem zusammengefaßt werden, weil es keine Wortpaare gibt, die sich nur durch den Kontrast [s – z] unterscheiden. Der Unterschied ist deshalb nicht distinktiv, sondern ‚redundant'. [s] und [z] sind Varianten eines Phonems, das wir als |s| notieren. Ist die Art der Variante durch die phonetische Umgebung bedingt – [z] vor stimmhaften Konsonanten, [s] in den anderen Positionen –, sprechen wir von ‚positionellen Varianten'. Ist die Realisation eines Phonems nicht aufgrund phonetischer Bedingungen voraussagbar, handelt es sich um ‚freie Varianten'. Aber auch in diesem Fall wählt der Sprecher nicht willkürlich, vielmehr ist die Art der Variante in der Regel von Faktoren wie regionale oder soziale Herkunft, Alter, Bildungsstand u. ä. abhängig (vgl. S. 141).

Eine Beschreibung auf der Ebene der Phoneme gibt an, welche Lautunterschiede in einer Sprache zur Unterscheidung der Wörter benützt werden, bzw. welche Unterscheidungen gemacht werden müssen, damit Verständigung möglich ist. Damit könnte es sein Bewenden haben. Da aber der Klangcharakter einer Sprache nicht nur vom Phoneminventar, sondern auch von den Realisationsnormen geprägt ist, wird in der folgenden Beschreibung auch die Ebene der Varianten berücksichtigt. Ein Verstoß gegen die Realisierungsregeln macht die Verständigung zwar nicht unmöglich. Da die Varianten aber die den Muttersprachlern geläufigen Artikulationsweisen repräsentieren, kann ihre Nichtbeachtung die Verständigung erheblich beeinträchtigen.

1.2. Terminologie

Bei der folgenden Beschreibung der Laute wird eine Terminologie verwendet, die den Vorgang der Lauterzeugung charakterisiert. Diese artikulatorische Terminologie beruht auf zwei Parametern, dem Artikulationsort und der Artikulationsart.
Als ‚Artikulationsort' gilt die Stelle, an der sich die beweglichen Artikulationsorgane am stärksten den unbeweglichen nähern, z. B. die Zunge dem Gaumen.

Terminologie der Artikulationsorte

Unterlippe an Oberlippe:	‚bilabial'
Unterlippe an den oberen Schneidezähnen:	‚labiodental'
Zungenspitze zwischen den Schneidezähnen:	‚interdental'
Zungenspitze an den Schneidezähnen:	‚(apiko)dental'
Zungenspitze oder vorderer Zungenrücken an den Zahnhöhlen:	‚alveolar'
Mittlerer Zungenrücken am harten Gaumen:	‚palatal'
Hinterer Zungenrücken am weichen Gaumen:	‚velar'
Kehlkopf:	‚glottal'

Als ‚Artikulationsart' bezeichnen wir die unterschiedlichen Bedingungen, unter denen die Atemluft beim Sprechen den Artikulationskanal passiert: Weg der ausströmenden Luft; keine, geringe oder starke Hindernisbildung.

Die artikulatorische Terminologie stellt eine Graduierung der beiden Parameter Artikulationsort und Artikulationsart dar. Deshalb bietet sich die Darstellung der Laute in einem zweidimensionalen Schema an mit den Koordinaten Artikulationsort und Artikulationsart.

1.3. Phonetisches Alphabet

Transkriptionstabelle

Zeichen	Beispiel Phonie	Graphie	Zeichen	Beispiel Phonie	Graphie
j	oβjeðo	Oviedo	θ	θaraγoθa	Zaragoza
i	almeria	Almería	s	seβiλa	Sevilla
e	toleðo	Toledo	z	lizβoa	Lisboa
ε	tεjðe	Teide	χ	χiχɔn	Gijón
a	malaγa	Málaga	y	kalatayuð	Calatayud
ɑ	bilβɑo	Bilbao	ŷ	ŷukatan	Yucatán
o	seγoβja	Segovia	m	maðrið	Madrid
ɔ	rrɔsas	Rosas	ɱ	eɱfraɲθja	en Francia
w	weska	Huesca	n	naβarra	Navarra
u	luγo	Lugo	ɲ	espaɲa	España
			ŋ	salamãŋka	Salamanca
p	pamplona	Pamplona	l	leɔn	León
b	barθelona	Barcelona	λ	kastiλa	Castilla
β	seβiλa	Sevilla	r	χereθ	Jerez
t	toleðo	Toledo	rr	tarraγona	Tarragona
d	andaluθia	Andalucía			
ð	toleðo	Toledo	ʒ ⎫		wie fr. Genève
c	cile	Chile	ʃ ⎪	im Neuspa-	wie dt. ⟨sch⟩
k	kɔrðoβa	Córdoba	h ⎬	nischen	wie dt. ⟨h-⟩
g	granaða	Granada	ü ⎪	nicht vor-	wie dt. ⟨ü⟩
γ	malaγa	Málaga	ö ⎪	handen	wie dt. ⟨ö⟩
f	tenerife	Tenerife	ə ⎭		wie der Auslaut von dt. Liebe

Diakritische Zeichen

˜	Nasalität	.	interdentale Artikulation	˳	Entsonorisierung
⌐	dentale Artikulation	ˎ	Vokalöffnung	ˏ	silbisch
˙	palatale Artikulation	ˇ	Sonorisierung	ˆ	unsilbisch

Die hier verwendete lautschriftliche Notation spanischer Wörter entspricht den Normen der Association Phonétique Internationale (API). Ausnahme: Der palatale stimmhafte Reibelaut wird in Übereinstimmung mit der spanischen Transkriptionstradition durch *y*, die entsprechende Affrikata mit *ŷ* wiedergegeben.

1.4. Vokale

1.4.1. Phoneminventar

Das Spanische besitzt fünf Vokalphoneme: |i, e, a, o, u|. Der Parameter Artikulationsort ist gegeben durch die Zungenverschiebung in der Horizontalen vom harten zum weichen Gaumen, der Parameter Artikulationsart durch die Bewegung der Zunge in der Vertikalen und damit die Verengung bzw. Erweiterung des Artikulationskanals. Es sind jeweils drei Stufen zur Beschreibung ausreichend.

Schema: Die spanischen Vokalphoneme

	palatal	zentral	velar	Beispiele	
geschlossen	i		u	*piso*	*puso*
mittel	e		o	*peso*	*poso*
offen		a		*paso*	

Es gilt die Konvention, daß die linke Seite dem vorderen, die rechte dem hinteren Teil des Mundraumes entspricht; daß im oberen Teil des Schemas die Laute mit Zungenhebung, im unteren solche mit Zungensenkung eingetragen werden.

1.4.2. Varianten

Faktoren der Wortstruktur wie Betonung, Silbentyp und phonetische Umgebung bewirken Variantenbildung.

a) Für alle Vokalphoneme gilt:

○ Unbetonte Vokale, insbesondere am Ende der Wortgruppe, werden weniger deutlich artikuliert als betonte.

○ Vokale zwischen Nasalkonsonanten, gelegentlich auch im Anlaut vor Nasalkonsonant, werden nasaliert: [mãɲca] *Mancha*.

○ Die Länge der Vokale hängt von Faktoren wie Betonung, Stellung zum Akzent und Position im Wort ab. Die Untersuchung von QUILIS 1971 macht deutliche individuelle Unterschiede sichtbar, erlaubt jedoch die Ableitung von Tendenzregeln: Betonte Vokale sind unabhängig von ihrer Stellung im Wort etwas länger als unbetonte; die unbetonten Vokale sind am kürzesten in der drittletzten Silbe endbetonter Wörter.

b) Mit Ausnahme von |a| weisen die Vokale, insbesondere die mit mittlerem Öffnungsgrad, offene und geschlossene Varianten auf. Für die offenen Varianten gelten nach NAVARRO TOMÁS 1980 die folgenden Vorkommensbedingungen[2]:

vor und nach |rr|:   [gɛrra] *guerra*   [tɔrre] *torre*
vor |χ|:   [kɛχa]   *queja*   [ɔχa]   *hoja*
in gedeckter Silbe[3]: [bɛrðe] *verde*   [kɔsta] *costa*

|e| und |o| werden außerdem in fallenden Diphthongen (vgl. S. 132) mit der offenen Variante realisiert: [pɛjne] *peine*, [bɔjna] *boina*.

c) Der Zentralvokal |a| wird vor den Palatalkonsonanten |c, λ, ɲ, y| palatal, vor den Velarvokalen |u, o|, dem Velarkonsonanten |χ|, aber auch vor |l| velar, ansonsten in einer mittleren Stellung artikuliert: [káλe] *calle*, [màco] *macho* – [bilβɑo] *Bilbao*, [ɑlto] *alto*.

1.4.3. Phonologisierungstendenzen

1.4.3.1. Quantität

Es können dadurch Langvokale entstehen, daß aufeinanderfolgende identische Vokale innerhalb eines Wortes oder an der Wortgrenze zu einem Vokal zusammengezogen werden. Ob die Kontraktionsvokale an der Wortgrenze lang oder kurz ausgesprochen werden, hängt weitgehend von den Akzentverhältnissen ab.

Akzentverhältnisse	Anteil der Langvokale	Beispiele	
v́ + v́	62,5 %	*compró ostras*	[komprɔːstras]
v + v	11,5 %	*la avenida*	[laːβeniða]
v + v́	64,5 %	*mi hijo*	[miːχo]
v́ + v	30,4 %	*compré esquís*	[kompreːskis]

Tab. 10: Langvokale durch aufeinanderfolgende identische Vokale (Daten nach QUILIS 1965)

---

[2] Durch instrumentalphonetische Untersuchungen sind diese Öffnungsgradunterschiede allerdings weitgehend nicht nachweisbar (vgl. MONROY CASAS 1980, 50 ff.). Wo sie nachweisbar sind, scheint – auch in der norma culta von Madrid – freie Variation vorzuliegen (QUILIS/ESGUEVA/CANTARERO 1985, 71 f.).

[3] D. h. in konsonantisch auslautender Silbe. Bei |e| tritt die Öffnung nicht ein vor |m, n, d, s, θ|.

Die Zahlen ergeben: Ist der wortanlautende Vokal betont, entsteht in rund zwei Drittel der Fälle ein Langvokal; ist nur der Auslautvokal betont, dominiert Kurzvokal; sind beide Vokale unbetont, kommt Langvokal nur selten vor.

Obwohl sich mit den durch Kontraktion entstandenen Langvokalen teilweise Minimalpaare bilden lassen, zu den oben angeführten Beispielen etwa durch *mijo* und *la venida*, besteht keine Notwendigkeit, eigene Langvokalphoneme anzusetzen. Da in jedem Fall die Aussprache mit Doppelvokal möglich ist, kann der Ausspracheunterschied phonologisch als Opposition zwischen Doppelvokal und einfachem Vokal beschrieben werden.

1.4.3.2. Öffnungsgrad

In bestimmten Formen des regionalen Spanisch – die zuverlässigsten Daten liegen für Ostandalusien vor (Karte *LRL* 519) – wird die morphologische Funktion des im Silbenauslaut geschwundenen |s| durch Öffnungsgradunterschiede der Vokale übernommen.

| [toro] | : | [tɔrɔ] | [tjene] | : | [tjɛnɛ] |
| *toro* | | *toros* | *tiene* | | *tienes* |

Es kommt so zu einem ungewöhnlichen sechsstufigen Vokalsystem.

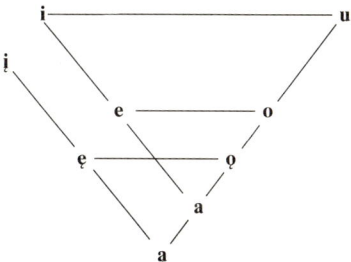

Abb. 5: Vokalsystem des Ostandalusischen (nach SALVADOR 1977)[4]

Das Verstummen des |s| kann auch zu anderen Veränderungen der phonetischen Umgebung führen. Beispiel Kuba: RESNICK/HAMMOND 1975 weisen durch Wahrnehmungstests eine hochgradige Unterscheidung von *pescado* und *pecado* durch Längung des vorausgehenden Vokals nach: |peːkado| : |pekado|; RUIZ HERNÁNDEZ/MIYARES BERMÚDEZ 1984, 17 f. finden, insbes. in der habla popular, auch Längung des folgenden Konsonanten: *bastante* [baˈttante].

---

[4] Trotz Einwänden gegen die phonetische Beschreibung – Ist der Öffnungsgrad distinktiv? – und Zweifel an der Funktionalität – hoher Grad an Kontextdetermination des Numerus – bleibt SALVADOR 1989 im Wesentlichen bei seiner Auffassung. – Darstellung im Rahmen der Numerusmarkierung des Spanischen bei VILLENA PONSODA 1987.

1.4.4. Diphthonge und Triphthonge

Das Spanische besitzt im Vergleich zu anderen europäischen Sprachen – romanischen und nichtromanischen – nur eine kleine Anzahl von vokalischen Phonemen.

Zum Vergleich:

Deutsch	15	Katalanisch	7
Französisch	16	Portugiesisch	13
Italienisch	7	Rumänisch	7

Es besitzt jedoch neben den fünf einfachen Vokalen eine große Anzahl von einsilbigen Vokalverbindungen: ‚Diphthonge' und ‚Triphthonge'. Diese bestehen aus einem beliebigen silbischen Vokal mit einem oder zwei nichtsilbischen Vokalen (‚Halbvokale'). Ein Diphthong heißt ‚steigend', wenn der Halbvokal an erster Stelle steht, ‚fallend', wenn er an zweiter Stelle steht[5].

a) Diphthonge

Im Spanischen kommen alle kombinatorisch möglichen Verbindungen von Halbvokal und Vokal mit Ausnahme der Gruppen [ji, ij, wu, uw] vor.

Bei den Gruppen, die einen geschlossenen Vokal enthalten, ist die Unterscheidung zwischen steigendem und fallendem Diphthong nicht distinktiv: Es kommt sowohl die Aussprache [ju, wi] als auch [iw, uj] vor. Die Norm bevorzugt die steigenden Diphthonge.

Übersicht

steigende Diphthonge   **fallende Diphthonge**

$$w + \begin{cases} a & \textit{agua} \\ e & \textit{Cuenca} \\ o & \textit{antiguo} \end{cases} \qquad \left. \begin{array}{l} a \\ e \\ o \end{array} \right\} + w \begin{array}{l} \textit{causa} \\ \textit{Europa} \\ \textit{bou}^6 \end{array}$$

$$j + \begin{cases} a & \textit{democracia} \\ e & \textit{tiempo} \\ o & \textit{radio} \end{cases} \qquad \left. \begin{array}{l} a \\ e \\ o \end{array} \right\} + j \begin{array}{l} \textit{aire} \\ \textit{seis} \\ \textit{soy} \end{array}$$

ju ~ iw   *ciudad*
wi ~ uj   *muy*

---

[5] Bei enger phonetischer Beschreibung kann zwischen ‚Halbkonsonanten' vor dem Silbenkern und ‚Halbvokalen' nach dem Silbenkern unterschieden werden; akustische Beschreibung des Unterschiedes bei BORZONE DE MANRIQUE 1976.

[6] Kommt allerdings nur in Fremdwörtern oder durch satzphonetische Verschleifung vor: [lɔwso] *lo usó*.

b) Triphthonge

Ein Triphthong besteht aus einem Vokal und zwei Halbvokalen in der Anordnung Halbvokal + Vokal + Halbvokal. Die Kombinationsmöglichkeiten innerhalb eines Wortes sind stark eingeschränkt; die meisten Fälle gehören zur Verbalmorphologie. Als Silbenkerne kommen im Wortrahmen nur die Vokale |a| und |e| vor. Lautmalende Wörter wie *miau, guau* ausgenommen, gibt es nur die Halbvokalkombinationen [j–j, w–j].

jaj	*despreciáis*	waj	*continuáis*
jej	*despreciéis*	wej	*continuéis, buey*

Durch satzphonetische Verschleifung können an der Wortgrenze weitere Triphthonge entstehen: [jaw] justicia͜humana, [wow] monstruo͜humano (NAVARRO TOMÁS 1980, 72).

c) Phonologische Wertung

Die Diphthonge und Triphthonge des Spanischen werden fast einmütig als Phonemverbindungen und nicht als eigenständige Phoneme gewertet. Silbenkern und Halbvokal bilden für sich Minimalpaare:

jo : ja *sucio : sucia* ej : oj *seis : sois*	wa : we *cuanto : cuento* wi : we *fui : fue*	we : je *pues* : *pies* aw : aj *aus(ente)* : *ais(lar)*

Kontrovers ist dagegen die phonologische Wertung des halbvokalischen Elementes.

Für die Annahme eigenständiger halbvokalischer Phoneme spricht neben regeltechnischen Gründen (vgl. MEL'ČUK 1973) insbesondere die Tatsache, daß bei sorgfältiger Aussprache in vergleichbarer Umgebung auch die den Diphthongen analogen zweisilbigen Vokalverbindungen vorkommen:

[rejnar] *reinar*   [reilar] *rehilar*
[pawsar] *pausar*   [aumar] *ahumar*

Die nichtsilbische Aussprache [j, w] ist also kein phonetischer Automatismus, sondern potentiell oppositionsbildend.

Für die Wertung der Halbvokale als Varianten der Vokale |i, u|[7] wird neben dem beschreibungstechnischen Argumenten der geringeren Phonemzahl insbesondere das Fehlen überzeugender Minimalpaare angeführt. Die obengenannten Paare, z. B. *pausar – ahumar*, werden dadurch zum Teil entwertet, daß sie eine verschiedene morphologische Struktur aufweisen: Durch die zweisilbige Vokalverbindung verläuft die Morphemgrenze.

Beide Lösungen erfüllen die Anforderung, daß aus einer phonologischen Beschreibung die Aussprache durch Regeln ableitbar sein soll. Die vokalische Lösung funktioniert in diesem Sinn allerdings nur dann, wenn die phonologische Transkription morphologische Information in Form der Morphemgrenze (≠) enthält.

---

[7] Auch die Zuordnung zu den Konsonanten |y, w| wird vertreten, z. B. von BOWEN/STOCKWELL 1955. Zusammenfassung der Diskussion bei HARA 1973 und MORGAN 1984.

Konsonantische Wertung			Vokalische Wertung		
|rejnar|	:	|reilar|	|reinar|	:	|re≠ilar|
|pawsar|	:	|aumar|	|pausar|	:	|a≠umar|

1.4.5. Vergleich des spanischen und deutschen Vokalsystems

Das Vokalsystem der um die Jahrhundertwende normierten deutschen Hochlautung[8] umfaßt 15 Einzelphoneme sowie 3 Diphthonge, deren phonetische Beschreibung und mono- bzw. biphonematische Wertung strittig sind[9].

Schema: Die Vokalphoneme des Deutschen

Kurzvokale	Langvokale	Diphthonge	Beispiele: Langvokale		
i ü u	i: ü: u:		*liegen*	*lügen*	*lugen*
e ö o	e: ö: o:	oj	*legen*	*lögen*	*logen*
	ae:		*lägen*		
a	a:	aj, aw		*lagen*	

a) Vergleich auf Phonemebene

○ In beiden Sprachen besteht das Problem der phonologischen Wertung der Diphthonge.

○ Im Spanischen gibt es keine palatale Reihe mit Lippenrundung *(ü, ö)*.

○ Die Quantität ist im Spanischen redundant, im Deutschen distinktiv. Die auch phonetisch stärkeren Längenunterschiede im Deutschen veranlassen deutsche Muttersprachler vielfach, die spanischen Vokale in bestimmten Positionen zu stark zu dehnen.

○ Im Deutschen sind bei den Langvokalen vier Öffnungsgrade distinktiv.

○ In Bezug auf die Einzelvokale besteht zwischen dem Spanischen und Deutschen ein Zahlenverhältnis von 5:15, in Bezug auf die einsilbigen Vokalgruppen von 18:3.

b) Vergleich auf Variantenebene

○ In beiden Sprachen sind weitgehend drei Öffnungsgrade distinktiv. Weitere Differenzierungen hängen im Spanischen von Silbenstruktur und phonetischer Umgebung, im Deutschen von der Vokalquantität ab: Langvokale sind geschlossener, Kurzvokale offener.

---

[8] SIEBS 1898; liberalisiert als «gemäßigte Hochlautung» in SIEBS 1969.
[9] Zusammenfassung der Diskussion bei WERNER 1972.

○ Im Spanischen und Deutschen treten vor Nasalkonsonanten Nasalierungserscheinungen auf.

○ Beim offensten Vokal gibt es in beiden Sprachen eine palatale und eine velare Realisation, im Spanischen in Abhängigkeit von der lautlichen Umgebung, im Deutschen in Zusammenhang mit der Längenopposition: [vɑːtə] *wate* : [vatə] *Watte*.

○ Auch die Abschwächungstendenz unbetonter Vokale ist in beiden Sprachen zu beobachten, im Deutschen insbesondere bei |e|, das unbetont als [ə], häufig überhaupt nicht realisiert wird: [leːbən] bzw. [leːbm̩] *leben*.

1.5. Konsonanten

Bei den Konsonanten beschreibt der Parameter Artikulationsort die Lage der Verschluß- bzw. Engstelle; der Parameter Artikulationsart charakterisiert die verschiedenen Arten der Geräuscherzeugung und des Ausströmens der Atemluft.

1.5.1. Terminologie der Artikulationsarten

a) Durch die Art der Geräuscherzeugung charakterisierte Laute: ‚**Obstruenten**‘.
Momentaner Verschluß des Artikulationskanals: ‚**Okklusive**‘.
Verschluß mit anschließender Engebildung am gleichen Artikulationsort: ‚**Affrikaten**‘.
Engebildung: ‚**Frikative**‘.

b) Durch den Weg der ausströmenden Luft charakterisierte Laute: ‚**Sonanten**‘.
Oraler Verschluß, Ausströmen der Luft durch die Nase: ‚**Nasale**‘.
Verschluß in der Gaumenmitte, seitliches Ausströmen der Luft: ‚**Laterale**‘.
Periodisches Schließen und Öffnen des Artikulationskanals: ‚**Vibranten**‘.

Außerdem sind noch zwei modifizierende Faktoren zu berücksichtigen:

Bei den Obstruenten werden je nach der Beteiligung der Stimmbänder ‚stimmhafte‘ und ‚stimmlose‘ Laute unterschieden.
Bei den Vibranten muß die durch die Zahl der Vibrationen gegebene Dauer berücksichtigt werden: ‚einfacher‘ und ‚mehrfacher‘ Vibrant.

1.5.2. Schematische Darstellung

Schärfer als bei den Vokalen stellt sich bei den Konsonanten das Problem der Notation abstrakter Lauttypen. Variantenbildung besagt, daß sich die Realisationen eines Phonems in Artikulationsort, Artikulationsart oder Stimmbeteiligung unterscheiden. Die phonologische Notation abstrahiert von diesen Unterschieden. Aber wie soll ein Phonem notiert werden, das sowohl okklusiv als

auch frikativ realisiert werden kann? [b] und [β] sind im Spanischen Varianten eines Phonems, aber es gibt kein Symbol für das orale bilabiale stimmhafte Konsonantenphonem. Im folgenden werden die üblichen, meist dem lateinischen Alphabet entnommenen Symbole verwendet, im angesprochenen Fall *b*, obwohl phonetisch gesehen das Phonem |b| häufiger frikativ als okklusiv realisiert wird.
Die Symbole des phonologischen Schemas sind deshalb nicht als lautschriftliche Symbole im strengen Sinn zu verstehen, sondern als konventionelle Zeichen für Phoneme, d. h. abstraktere Einheiten als die der phonetischen Notation zugrundeliegenden Laute.

Bei den Konsonanten bestehen Unterschiede zwischen den verschiedenen, insbesondere regionalen Varietäten des Spanischen. Das folgende Inventar ist das des kastilischen Spanisch. Diese Wahl rechtfertigt sich

a) durch das historisch bedingte Prestige der kastilischen Norm in Spanien und Europa,

b) dadurch, daß das kastilische Spanisch das Maximalsystem besitzt und die anderen Varietäten diesem gegenüber durch das Fehlen bestimmter Phoneme charakterisiert sind.

Schema: Die spanischen Konsonantenphoneme[10]

	bilabial		labio-dental		inter-dental		dental		alveolar		palatal		velar	
Stimm-beteiligung	–	+	–	+	–	+	–	+	–	+	–	+	–	+
Okklusive	p						t						k	
		b						d						g
Frikative			f		θ				s			y	χ	
Affrikaten											c			
Nasale		m								n	ɲ			
Laterale										l	λ			
Vibranten einfach mehrfach										r rr				

Beispiele

capa	*(gafa)*	*caza*	*cata*	*casa*	*caya*	*caca*
cava			*cada*	*cana*	*cacha*	*caga*
cama				*cala*	*caña*	*caja*
				cara	*calla*	
				carra		

---

[10] Die Reihenfolge der Artikulationsarten im Schema entspricht nur z. T. einer Skalierung nach dem Öffnungsgrad. Es wurde eine möglichst sinnvolle Einordnung der Phoneme angestrebt, deren Varianten zu verschiedenen Artikulationsarten gehören.

Schema: Die positionellen Varianten der spanischen Konsonanten

	bilabial		labio-dental		inter-dental		dental		alveolar		palatal		velar	
Stimm-beteiligung	−	+	−	+	−	+	−	+	−	+	−	+	−	+
Okklusive	p	b					t	d					k	g
Affrikaten											c	ŷ		
Frikative	β	β	f		θ	θ̬	ð	δ	s	z		y	χ, γ̊	γ
Nasale	m			ɱ	n̥		n̪		n		ɲ		ŋ	
Laterale					l̥		l̪		λ					
Vibranten einfach										r				
mehrfach										rr				

1.5.3. Problemfälle der phonologischen Wertung

a) Die Affrikata |c| wird seit MARTINET 1939 monophonematisch gewertet. Eine Analyse in |t + ʃ| ist phonetisch inadäquat, weil beide Bestandteile dental-alveolare Artikulation haben und der palatale Artikulationsort von |c| nicht als Resultat eines Assimilationsvorgangs beschreibbar ist. Außerdem kommt |ʃ| im Spanischen sonst nicht vor.

b) [y] unterscheidet sich von [i] durch seinen unsilbischen und konsonantischen Charakter. Die Vorkommensmöglichkeiten sind komplementär zu denen von [i] und [j]: intervokalisch, wortanlautend vor Vokal. Diese Verteilung und die phonetische Ähnlichkeit machen eine Zuordnung zum Phonem |i| möglich (MACPHERSON 1975). Für diese Lösung kann auch angeführt werden, daß [y] im morphonologischen Variationsbereich von |i| liegt: Das Wort y wird je nach phonetischem Kontext als [i, j, y, ŷ] realisiert.

Für eine Trennung von [i] und [y] gibt es keine Minimalpaare im strengen Sinn, aber Argumente:

○ Das Hauptargument von ALARCOS LLORACH 1965, 154 ist der konsonantische Charakter des [y]: «si [ŷ] es ‚consonante' e [i] ‚vocal' y se excluyen, son necesariamente dos fonemas». Diese apodiktische Feststellung basiert mehr auf einem methodischen Apriori als auf sprachlichen Fakten. Sowohl in diachronischer als in synchronischer Perspektive sind die Grenzen zwischen Vokalen und Konsonanten nicht so scharf und Übergänge nicht selten. Phonetisch gesehen ist der Übergang zwischen |i| und |y| fließend. ALARCOS LLORACH nimmt in seiner Beschreibung sogar eine Überlappung der Varianten von |i| und |y| in Kauf:

$$\overbrace{\text{i} - \text{i̯} - \text{j} - \text{y}}^{|i|} - \underbrace{\text{y} - \hat{\text{y}}}_{|y|}$$

○ Es gibt eine Position, in der sowohl unsilbisches |i| als auch der stimmhafte palatale Obstruent vorkommen und wo keine Variation besteht: zwischen |n| und Vokal.

[tenjente] *teniente* : [kɔɲŷuχe] *cónyuge*
[trikɔrnjo] *tricornio* : [iɲŷeɣ̂θjɔn] *inyección*

Der konstante Ausspracheunterschied zwischen [j] und [ŷ] in dieser Position rechtfertigt auch ohne das Vorliegen von Minimalpaaren die Einführung eines konsonantischen Phonems |y|. Diese Lösung hat den Vorteil, daß sie auch den Ausspracheverhältnissen in Spanischamerika angemessen ist, wo |y| teilweise durch Vorverlagerung der Artikulation zum alveolaren Frikativlaut [ʒ] geworden ist, bei Entsonorisierung sogar zu [ʃ], was eine Identifikation mit dem Vokal |i| unmöglich macht (vgl. S. 140 f.).

1.5.4. Variantenbildung innerhalb der kastilischen Norm

Die Variation betrifft vor allem Artikulationsart und Stimmbeteiligung.

a) Artikulationsart

|b, d, g| können okklusiv und frikativ realisiert werden; die Verteilung ist positionsabhängig: okklusive Artikulation am Beginn der phonetischen Gruppe und nach Konsonanten mit gleichem Artikulationsort, sonst frikative Aussprache.

Beispiele

	okklusiv		frikativ
	Beginn der pho- netischen Gruppe	nach homorganem Konsonant	
|b|	[burɣos] *Burgos*	m: [alambra] *Alhambra*	[seβiʎa] *Sevilla*
|d|	[dwero] *Duero*	n: [andes] *Andes* l: [eldoraðo] *Eldorado*	[granaða] *Granada*
|g|	[granaða] *Granada*	ŋ: [taŋgo] *tango*	[burɣos] *Burgos*

|y| wird am Anfang der phonetischen Gruppe häufig, inlautend nach |n| und |l| regelmäßig als Affrikata artikuliert: [ŷukatan] *Yucatán*, [iɲŷeɣ̂θjɔn] *inyección*.

b) Stimmbeteiligung

|s, θ| und [β, ð, ɣ] variieren am Silbenende in Bezug auf die Stimmbeteiligung: bei |s, θ| Sonorisierung vor stimmhaften Konsonanten[11]: [izlazβaleares] *Islas Baleares*, [χereθðela-

---

[11] Neuere Untersuchungen zur norma culta von Madrid zeigen, daß die Sonorisierung im Gesprächsstil meist nicht eintritt (QUILIS/ESGUEVA/CANTARERO 1985, 72). Das scheint auch für Hispanoamerika zu gelten (zu Venezuela vgl. MORA DE GONZÁLEZ 1989, 166).

frontera] *Jerez de la Frontera*; bei [β, δ, γ] Entsonorisierung vor stimmlosen Konsonanten: [aβsurδo] *absurdo*, [aδχetiβo] *adjetivo*, [aŷθjɔn] *acción*.

1.5.5. Neutralisation

Wortanlaut und intervokalische Stellung sind im Spanischen die Positionen mit den geringsten Vorkommensbeschränkungen der Konsonanten (vgl. S. 143). Die vom Konsonantensystem gebotenen Unterscheidungsmöglichkeiten werden hier maximal genutzt.

Am Silbenende dagegen sind die phonologischen Oppositionen stark eingeschränkt: am Wortende durch ein stark reduziertes Inventar; im Inlaut durch Reduzierung des Inventars, Abschwächungstendenz und Variantenbildung durch Assimilation an den folgenden Konsonanten (vgl. FERNÁNDEZ-SEVILLA 1980).

○ Die Abschwächung führt bei den Okklusiven zu Frikativen, wodurch die Oppositionen |p : b|, |t : d| und |k : g| neutralisiert werden: [esθeβθjɔn] *excepción*, [aδlas] *atlas*, [aŷtɔr] *actor*. Zum Teil tritt auch völliger Schwund ein: [pesikola] *Pepsi-Cola*, [dotɔr] *doctor*.

○ Die Assimilation an die folgenden Konsonanten bewirkt insbesondere bei den Nasalkonsonanten die Neutralisation der Opposition durch Variantenbildung.
Die drei Nasalkonsonanten des Spanischen stehen nur intervokalisch in Opposition zueinander; im Anlaut kommen, von wenigen Ausnahmen (Fremdwörter oder Dialektalismen) abgesehen, nur |m| und |n| vor, im Auslaut nur |n|. Steht der Nasal vor einem Konsonant, gleicht er sich diesem im Artikulationsort an.

Beispiele

bilabial:	m	[embilβɑo]	en *Bilbao*
labiodental:	ɱ	[eɱfwerteβeṇtura]	en *Fuerteventura*
interdental:	n̪	[en̪θɛwta]	en *Ceuta*
dental:	n̪	[en̪toleδo]	en *Toledo*
palatal:	ɲ	[eɲcile]	en *Chile*
velar:	ŋ	[eŋkaδiθ]	en *Cádiz*

Die Opposition zwischen den Nasalkonsonanten ist hier neutralisiert: Phonologisch gibt es nur einen Nasalkonsonanten, das Archiphonem |N|, dessen phonetische Realisation vom Artikulationsort des folgenden Konsonanten abhängt.

○ Auch die Quantitätsopposition |r : rr| ist nur intervokalisch distinktiv. In dieser Position ist die Zahl der Vibrationen – bei |r| meist eine, bei |rr| in der Regel drei oder vier (vgl. QUILIS 1981, 292) – von Bedeutung für die Identifikation der Wörter: |caro : carro|. Am Wortanfang wird das Archiphonem Vibrant als [rr], am Wortende als [r] realisiert: [rrɔnda] *Ronda*, [santandɛr] *Santander*.

1.5.6. Regionale Besonderheiten[12]

○ Die Opposition |s : θ| entspricht dem kastilischen Standard, besteht aber im größten Teil des spanischen Sprachgebietes nicht. Der Ceceo, die Verallgemeinerung von |θ|, ist von eingeschränkter Verbreitung: Südandalusien (Provinzen Cádiz und Sevilla, außer in den Hauptstädten; Küstengebiete von Huelva und Málaga) und einige kleinere Sprachinseln in Südamerika. Er gilt als Merkmal provinziell-ländlicher Aussprache. Der Seseo, die Verallgemeinerung von |s|, hat sich in einem Teil des andalusischen Binnenlandes und in fast ganz Spanischamerika durchgesetzt[13]. Er ist als normkonform anerkannt.

○ Dem Verbreitungsgebiet der Opposition |s : θ| entspricht in großen Zügen die apiko-alveolare Aussprache des |s| (kastilisches s). Wegen der Kesselbildung durch die Zunge ähnelt der Gehörseindruck dem deutschen [ʃ]. In den anderen Teilen des spanischen Sprachgebietes dominiert ein dem deutschen apikodentalen [s] ähnlicher Laut, der durch Anlegen der Zungenspitze an die unteren Schneidezähne gebildet wird.

○ Die auch in der kastilischen Norm vorhandene Schwächungstendenz des silbenschließenden |s| ist in großen Teilen Andalusiens und Spanischamerikas wesentlich stärker ausgeprägt. Das Ergebnis ist in der Regel ein Hauchlaut oder völliges Verstummen: [lɔ⁽ʰ⁾ˈtɔrɔ⁽ʰ⁾] los toros.

○ In Südspanien, aber auch in der Umgangssprache von Madrid (QUILIS 1965, 22), zeigt |y| die Tendenz zur Vorverlagerung der Artikulation in den alveolaren Bereich in Richtung auf [ʒ]: Rehilamiento. In der La Plata-Region ist diese Entwicklung bereits abgeschlossen. Neben [ʒ] ist dort mit [ʃ] auch die stimmlose Aussprache zu hören. Die Verteilung der Varianten ist abhängig von Stilebene, Bildungsstand und Alter, wobei insbesondere Jugend (unter 30 Jahre), weibliches Geschlecht und spontane Gesprächssituation die stimmlose Aussprache begünstigen (Abb. 6).

○ Die Opposition |y : λ| entspricht dem kastilischen Standard. In weiten Teilen des spanischen Sprachgebietes gilt sie nicht oder nicht durchgängig. Dort ist |λ| mit |y| und seinen Varianten zusammengefallen: Yeísmo. Der Yeísmo ist als normkonform anerkannt. Er dominiert in Spanischamerika, wo sich |λ| nur in einigen Rückzugsgebieten erhalten hat[14]. In Spanien lassen sich grob drei Zonen unterscheiden[15]: In Nordspanien, insbesondere in

---

[12] Zu den phonetischen Merkmalen des amerikanischen Spanisch vgl. CANFIELD 1962 und 1981; RESNICK 1975; PAUFLER 1977.

[13] Zur Entstehung und Verbreitung von Ceceo und Seseo vgl. LAPESA 1956, 1957; kartographische Darstellung bei LAPESA 1980.

[14] Zu den Gründen für die Bewahrung des |λ| vgl. GRANDA 1980.

[15] NAVARRO TOMÁS 1964 mit Karte. – Nach FRAGO GRACIA 1978 dringt der Yeísmo in neuester Zeit in den navarro-aragonesischen Raum ein; in Burgos – insbesondere bei jüngeren Sprechern – überwiegt er es bereits (MARTÍNEZ MARTÍN 1983).

den Regionen León, Altkastilien, Navarra, Aragón und im Osten Neukastiliens gilt die Opposition |λ : y|; in Süd- und Ostandalusien herrscht durchgängig Yeísmo; die dazwischen liegenden Gebiete, d. h. Extremadura, übriges Andalusien, der Westen Neukastiliens und Murcia sind Übergangsgebiete, die mit unterschiedlicher Gewichtung die beiden Sprachstände aufweisen (vgl. Karte 6, S. 64).

○ Eine vergleichbare Erscheinung bei den Vibranten, nämlich die Assibilierung von |r| und |rr| zu ʒ-ähnlichen Frikativen, ist in Spanien nur für Dialekte nachgewiesen, in

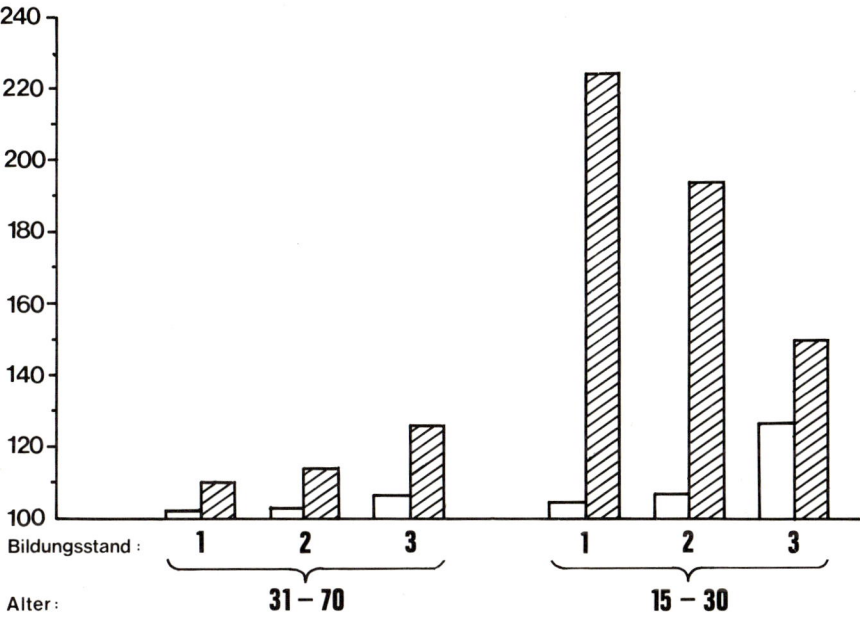

Abb. 6: Häufigkeit der Aussprache [ʒ] bzw. [ʃ] für |y| in der Provinz Buenos Aires nach Altersgruppen, Geschlecht und Bildungsniveau (Daten nach Fontanella de Weinberg 1978, 237; 1979, 95)

Hinweise:

Maßzahl 100: ausschließlich stimmhafte Aussprache [ʒ]
Maßzahl 300: ausschließlich stimmlose Aussprache [ʃ]
Bildungsstand: *1* Volksschule; *2* Oberschule; *3* Universität
Schraffierung: Frauen; weiß: Männer

141

Spanischamerika jedoch an zahlreichen Punkten von Neumexiko bis Argentinien belegt[16]. Nach den bisherigen Forschungen scheinen Chile, Paraguay und Argentinien mit Ausnahme der La Plata-Zone das Hauptverbreitungsgebiet zu sein.

Neuere Untersuchungen für Mexiko zeigen beträchtliche Unterschiede zwischen Stadt und Land[17] und die Abhängigkeit des Lautwandels von Faktoren wie Alter, Geschlecht und sozialem Status.

Geschlecht		Alter			Soziale Schichten		
Männer	Frauen	16–32	33–55	über 55	Ober-schicht	Mittel-schicht	Unter-schicht
38,9 %	81,8 %	73,5 %	64,3 %	31,3 %	59,8 %	80,8 %	53,9 %

Tab. 11: Häufigkeit der Assibilierung von |r| in der Stadt México in Abhängigkeit von Geschlecht, Alter und sozialer Zugehörigkeit (Daten nach PERISSINOTTO 1972).

1.5.7. Vergleich des spanischen und deutschen Konsonantensystems

Ein Vergleich zwischen dem spanischen und deutschen Konsonantensystem wird dadurch erschwert, daß es bei den deutschen Konsonanten eine relativ große Zahl von strittigen Punkten gibt.

Das folgende Schema geht von der Wertung der Affrikaten als Konsonantenverbindungen aus, berücksichtigt |ʒ| wegen seiner Beschränkung auf Fremdwörter, z. B. *Genie*, nicht, betrachtet den *Ich*- und *Ach*-Laut als Varianten eines Phonems, |h| und |ŋ| als eigenständige Phoneme.

Schema: Die deutschen Konsonantenphoneme

	bilabial		labiodental		dental		alveolar		palatovelar		glottal
Stimm-beteiligung	–	+	–	+	–	+	–	+	–	+	–
Okklusive	p	b			t	d			k	g	
Frikative			f	v	s	z	ʃ		χ	j	h
Nasale		m						n		ŋ	
Laterale								l			
Vibranten								r			

---

[16] Zur geographischen Verbreitung vgl. insb. CARDENAS 1958 mit Karte; zusammenfassende Bibliographie bei MORENO DE ALBA 1972.

[17] MORENO DE ALBA 1972 und PERISSINOTTO 1972.

a) Vergleich auf Phonemebene

○ Das Deutsche verfügt über ein umfangreicheres Inventar bei den Frikativen, insbesondere den stimmhaften.

○ Das Spanische besitzt die palatalen Sonanten |ɲ| und |λ|.

○ Das Spanische hat kein Phonem |h|. Phonetisch kommt [h] jedoch als regionale Variante von |χ| vor.

b) Vergleich auf Variantenebene

○ Die stimmlosen Okklusive werden im Deutschen im Gegensatz zum Spanischen in einigen Positionen aspiriert, z. B. vor Vokal und am Wortende: [tʰɑːtʰ] *Tat*.

○ Die stimmhaften Okklusive werden im Deutschen häufig entsonorisiert und nähern sich so |p, t, k|, z. B. im Anlaut: [g̊lants] *Glanz*; frikative Varianten wie im Spanischen finden sich regional: [vɑːɣən] *Wagen*.

○ Im Bereich der Vibranten ist im Spanischen wie im Deutschen eine ausgeprägte positionelle und regionale Variation zu beobachten. Charakteristisch für das deutsche |r| ist die starke Neigung zur Vokalisierung am Silbenende und verbreitet uvulare Aussprache (Zäpfchen-*r*).

1.6. Phonemkombinatorik

1.6.1. Vokale

Bei den Vokalen gibt es nur in der Schlußsilbe mehrsilbiger Wörter Vorkommensbeschränkungen. Während in den anderen Positionen alle Vokale betont und unbetont vorkommen, enthält die unbetonte Schlußsilbe in der Regel nur |a, e, o|. Auslautend betontes |i| ist in der Verbmorphologie geläufig, unbetontes aber außerhalb von Diphthongen auf Randbereiche des Lexikons wie Fremdwörter, Abkürzungen, Eigennamen und lautmalende Wörter beschränkt; auslautendes |u| kommt nur in diesen Bereichen vor: *tenis, mili, Trini; álbum, cucú, gluglú*.

1.6.2. Konsonanten

Auch bei den Einzelkonsonanten führt nur das Wortende zu einer merklichen Beschränkung des Inventars. Intervokalisch sind alle Konsonanten möglich; am Wortanfang ist nur [r] ausgeschlossen, allerdings tritt in dieser Position |ɲ| nur in Randbereichen des Lexikons auf, z. B. *ñu, ñoño*. Am Wortende dagegen kommen nur |n, l, r, s, θ, d, χ| vor, wobei |d| und |χ| generell, |s, θ, r| regional zum Verstummen neigen.

Konsonantengruppen sind am Wortende nicht möglich außer bei Fremdwörtern, insbesondere im Plural: Hier werden die Konsonantengruppen allerdings meist vereinfacht ausgesprochen, z. B. *los estands* [estan, estans] (KROHMER 1970). Am Wortanfang treten nur Zweiergruppen mit Okklusiv oder |f| an erster, Liquid an zweiter Stelle auf, wobei die Dentale nicht mit |l| kombinieren[18].

Schema: Konsonantengruppen im Anlaut

erster Konsonant   zweiter Konsonant

```
    f        ⎫ ⎫
    p    b   ⎬ ⎪  + l
    k    g   ⎭ ⎬  + r
    t    d      ⎭
```

Im Inlaut sind neben den Anlautgruppen noch zahlreiche Konsonantenkombinationen möglich. In der folgenden Tabelle ist die Neutralisation der Opposition zwischen den stimmhaften und stimmlosen Okklusiven sowie bei den Nasalen berücksichtigt.

		Zweiter Konsonant															
Erster Konsonant		p	t	k	c	b	d	g	f	s	θ	χ	y	m	n	l	λ	r	rr
	p/b	×	×			×	×		×	×	×	×	×	×	×	×		×	×
	t/d			×			×				×	×	×	×	×		×		
	k/g			×			×			×	×			×	×	×		×	
	f																×		×
	s	×	×	×	×	×	×	×		×	×	×	×	×	×	×			×
	θ	×	×	×			×	×	×					×	×	×			
	m/n	×	×	×	×	×	×	×	×	×	×	×	×	×	×	×	×		×
	l	×	×	×	×	×	×	×	×		×	×	×		×	×			×
	r	×	×	×	×	×	×	×	×	×	×	×	×	×	×	×			

Übersicht: Die zweigliedrigen Konsonantengruppen des Spanischen im Inlaut[19] (nach ALARCOS LLORACH 1965, 191; SAPORTA/OLSON 1958)

---

[18] Phonetische Kultismen wie |ps| in *psicología* oder |ks| in *xenofobia* – normal *sicología* und [senofoßja] – sind nicht berücksichtigt.

[19] Nur in Fremdwörtern vorkommendes vorkonsonantisches |f| und |χ| bleiben unberücksichtigt: *difteria, afgano, majzén.*

Die Inventare der an erster bzw. zweiter Stelle vorkommenden Einheiten sind verschieden. An zweiter Stelle sind alle Konsonanten außer |ɲ|, das nie als Glied einer Gruppe vorkommt, möglich. Das Inventar der ersten Position ist demgegenüber sowohl durch die Neutralisationen als auch durch das Fehlen von |c, χ, y, λ, rr| reduziert.

Die Dreiergruppen bestehen in der Mehrzahl der Fälle aus einem Auslautkonsonanten, und zwar |N, l, r, s, θ|, und einer wortanlautenden Zweierverbindung, wobei allerdings die kombinatorischen Möglichkeiten unterschiedlich genutzt werden: z. B. |N| vor allen zwölf wortanlautenden Gruppen, |r| nur vor denen, die |p| oder |t| enthalten, |θ| nur vor |kl|.

Beispiele

*com**pr**a*   *fal**tr**iquera*   *es**cr**úpulo*
*con**tr**a*   *per**pl**ejo*   *mez**cl**ar*

In schriftorientierter Aussprache kommen noch weitere Dreierverbindungen vor, z. B. |ktr| in *ac**tr**iz*, ebenso einige seltene Vierergruppen wie |nskr|, |bstr|: *tran**scr**ipción, ab**str**acto*.

1.6.3. Silbenstruktur

Die starken Beschränkungen, denen die Konsonantengruppen des Spanischen im Vergleich zum Deutschen unterliegen – keine Gruppen am Wortende wie in *Ast, Obst*; keine Dreiergruppen am Wortanfang wie in *Strick, Zweig* [tsvajk] – bewirken, daß sich die beiden Sprachen in Bezug auf die relative Häufigkeit von Vokalen und Konsonanten sowie in der Typologie und Häufigkeit der Silbenstrukturen deutlich unterscheiden.

In deutschen Texten überwiegen die Konsonanten etwa in einem Verhältnis von 6:4 (MEIER 1967, 248), in spanischen Texten die Vokale mit 5:4. Im Spanischen dominieren die freien Silben in einem Verhältnis von etwa 7:3, im Deutschen die gedeckten im Verhältnis von 6:4 (DELATTRE 1965, 41 f.).

	Spanisch		Deutsch
	Lexikon	Text	Text
VC	5,0	3,1	9,8
CV	61,3	**55,6**	28,7
CVC	21,4	19,8	**38,1**
CCV	4,8	10,2	3,3

Tab. 12: Häufigkeit der wichtigsten Silbentypen im Spanischen und Deutschen im Lexikon (Daten nach LLOYD/SCHNITZLER 1967) und in fortlaufenden Texten (Daten nach DELATTRE 1965, 41)

1.7. Betonung

Unter ‚Betonung‘ oder ‚Akzent‘ versteht man die Hervorhebung eines Vokals im Rahmen des Wortes oder einer umfassenderen phonetischen Einheit. Die physikalischen Merkmale des spanischen Akzentes sind kontrovers. Neuere Untersuchungen schreiben der Länge, insbes. aber der Tonhöhe, größere Bedeutung zu als der Intensität[20].

1.7.1. Wortakzent

Die obige Begriffsbestimmung setzt voraus, daß mindestens zwei betonbare Vokale vorhanden sind. Es ist im folgenden also nur von den mehrsilbigen Wörtern des Spanischen die Rede.

1.7.1.1. Phonologische Funktion

Die Akzentstelle ist im Spanischen abhängig von der phonetischen und morphologischen Struktur, aber sie wird von diesen Faktoren nicht determiniert. In diesem eingeschränkten Sinne kann man von einer freien Akzentsetzung im Spanischen sprechen. Die relative Freiheit des spanischen Akzentes ermöglicht ihm die Übernahme distinktiver Funktionen, insbesondere im morphologischen Bereich.
Die Akzentstelle unterscheidet Verbformen untereinander und Nomina von Verben.

Beispiele

Verbformen			Nomina
cantará	:	*cantara*	:	*cántara*
terminó	:	*termino*	:	*término*
celebré	:	*celebre*	:	*célebre*

Im Deutschen ist die funktionale Belastung der Akzentopposition wesentlich geringer. Sie operiert im wesentlichen nur bei einigen Präfixen, z. B. *úmgehen* : *umgéhen*, und hat somit nur lexikalische, nicht morphologische Funktion.

1.7.1.2. Betonungstypen und Betonungsregeln

In mehrsilbigen Wörtern kann im Spanischen der Akzent auf der letzten, vorletzten oder drittletzten Silbe stehen.

---

[20] Quilis 1981, 327–332. – Bei Wahrnehmungstests mit synthetischen Wortformen korrelierte die Tonhöhe am konstantesten mit der Akzentwahrnehmung (Enríquez/Casado/Santos 1989).

Akzent auf der

letzten Silbe:	*papá, cantó, razón, venir, allí, ayer*
vorletzten Silbe:	*vino, canta, joven, fácil, cantas*
drittletzten Silbe:	*sílaba, célebre, lingüística*

Nur in Zusammensetzungen aus Verbform und enklitischen Personalpronomina ist auch Betonung auf der viertletzten und sogar fünftletzten Silbe möglich: *cómetelo, comiéndosemelo.*

Zwei mit dem Kriterium des Wortauslautes arbeitende Regeln geben für den größten Teil der spanischen Wörter die Akzentstelle an:

R 1 Auf Vokal, *-n* oder *-s* auslautende Wörter werden auf der vorletzten Silbe betont.

R 2 Anders auslautende Wörter werden auf der letzten Silbe betont.

Die Freiheit der spanischen Wortbetonung besteht darin, daß ein nicht unbeträchtlicher Teil der Wörter von diesen Regeln abweicht. Diese Wörter erhalten einen graphischen Akzent (vgl. S. 154).

Zwei Stichproben über je 1000 Wörter, wobei die eine das erste und letzte Hundert jedes Tausends im *FDSW* umfaßte, die andere das erste Tausend mehrsilbiger Wörter des Romans *Los pazos de Ulloa* von E. Pardo Bazán, erbrachten Abweichungen von 14,5 % bzw. 17,5 %.

Im Spanischen überwiegt im Gegensatz zum Deutschen, wo die Betonung stark zum Wortanfang tendiert, unabhängig von der Silbenzahl die Betonung auf der vorletzten Silbe.

	Spanisch			Deutsch		
Akzent auf der	zwei-silbig	drei-silbig	vier-silbig	zwei-silbig	drei-silbig	vier-silbig
letzten Silbe	22 %	20 %	9 %	11 %	1 %	0 %
vorletzten Silbe	**78** %	**74** %	**80** %	**89** %	**51** %	12 %
drittletzten Silbe		6 %	11 %		48 %	39 %
viertletzten Silbe			0 %			**49** %

Tab. 13: Häufigkeit der Betonungstypen im Spanischen und Deutschen (Daten nach DELATTRE 1965, 29)

1.7.2. Satzakzent und Entakzentuierung

Im Rahmen der sprachlichen Äußerung ist nicht jedes Wort betont. Ihre Betonung behalten die Zentralwörter der Wortgruppen, insbesondere also Verben, Substantive, Adjektive, Adverbien, Fragewörter, «betonte» Pronomina, und Wörter mit wichtiger semantischer Information wie Zahlwörter und adjektivische Fragewörter. Unbetont sind in der Regel die determinierenden grammatischen Elemente wie Präpositionen, Artikel, vorangestellte Possessivadjektive, «unbetonte» Pronomina und Konjunktionen:

en el coche   ¿no lo ves? más grande   dos perros

Der satzphonetische Unterschied betont: unbetont kann somit unterschiedliche syntaktische Funktion anzeigen. Derartige satzphonetische Minimalpaare werden auch in der Graphie durch einen Akzent unterschieden.

Beispiele

Fragewort : Konjunktion	Betontes Per- : Possessivpronomen, sonalpronomen Artikel	Adverb : Konjunktion
¿cuándo? *cuando*	*para mí* *mi padre*	*más* *mas*
¿dónde? *donde*	*para él* *el perro*	*sí* *si*

Die Betonung der Wörter im Satz hängt also eng mit der syntaktischen Funktion zusammen, ist aber nicht ausschließlich von ihr abhängig. Jedes Zentralelement eines Syntagmas ist betont, aber nicht jedes determinierende Element ist unbetont. Auch determinierende Elemente werden betont, wenn es sich um lexikalische Morpheme, z.B. Zahlwörter, Adjektive, handelt[21]. Das Syntagma ist also nicht Akzenteinheit; ein Syntagma kann auch mehr als ein betontes Wort enthalten: *dos perros blancos.*

1.8. Intonation[22]

Unter ‚Intonation' versteht man den durch die Schwingungsfrequenz der Stimmbänder bei der Aussprache von Vokalen und stimmhaften Konsonanten gegebenen Tonhöhenverlauf. Einheit der Intonationsbeschreibung ist die phonetische Gruppe, d.h. ein Redeabschnitt zwischen realisierten oder potentiellen Pausen. Im Rahmen dieser Einheit können Intonationsmuster festgestellt werden.

Funktionen der Intonation

Weder im Spanischen noch im Deutschen werden allein durch den Intonationsverlauf Wörter unterschieden. Die Intonation hat also keine phonologische Funktion wie der Akzent.

---

[21] Ausnahme: Die phonetischen Handbücher stimmen darin überein, daß der unbestimmte Artikel betont ist: *un perro.*
[22] Ausführliche Darstellung bei QUILIS 1981.

148

a) Symptom- und Appellfunktion

Die Intonation ist unabhängig von der lexikalischen Zusammensetzung einer sprachlichen Äußerung Träger des emotionalen Gehaltes der Rede. Sie ist Ausdruck des psychischen Zustandes des Sprechers, z. B. Freude, Ärger, Überraschung, Angst[23], und seiner Einstellung zum Gesprächspartner, z. B. beschwichtigend, ironisch, verächtlich.

b) Abgrenzungsfunktion

Wegen ihrer Abhängigkeit von der Pausensetzung markiert die Intonation die Gliederung der Rede in kleinere Sinneinheiten, z. B. Sätze und Satzteile. Die unterschiedliche syntaktische Struktur der beiden Sätze *No vamos a trabajar* und *No, vamos a trabajar* wird nicht nur durch die Pause, sondern auch durch die Verschiedenheit des Intonationsverlaufes gekennzeichnet.

c) Morphematische Funktion

Die Richtung des Intonationsverlaufes kann für sich allein einen Fragesatz von einem aus den gleichen Morphemen bestehenden Aussagesatz unterscheiden: *¿Viene?*, *Er kommt?* mit steigender Intonation sind Fragesätze; *Viene*, *Er kommt* mit fallender Intonation Aussagesätze. Da die steigende Intonation am Satzende Zeichen für den Fragesatz ist, kann man der Intonation morphematische Funktion zusprechen.

Allerdings läßt sich in der Regel keine eindeutige Zuordnung von Intonationsmustern zu bestimmten Bedeutungen vornehmen. Steigende Intonation kommt auch bei phonetischen Gruppen vor, die am Satzanfang oder im Satzinnern stehen: Sie gilt dann als Zeichen der Unabgeschlossenheit. Fallende Intonation am Satzende ist nicht ausschließlich auf Aussagesätze beschränkt. Auch bei Befehlssätzen oder Wortfragen tritt sie auf.

In dem hier skizzierten allgemeinen Rahmen sind die Verhältnisse im Spanischen und Deutschen weitgehend identisch. Bei der Gestaltung der Intonationsverläufe im einzelnen gibt es sowohl zwischen den beiden Sprachen als auch zwischen ihren Varietäten[24] beträchtliche Unterschiede.

Nach der vergleichenden Darstellung von DELATTRE 1965, 23 ff. erfolgt etwa beim fallenden Intonationsmuster der Tonstieg im Deutschen innerhalb der letzten betonten Silbe, der Tonabfall anschließend. Im Spanischen dagegen steigt der Ton mit den unbetonten Silben vor der letzten Tonsilbe und diese bringt dann bereits den Tonabfall.

---

[23] LÉON 1993 versucht, bestimmten emotionalen Zuständen akustische Parameter, darunter auch Intonationsmuster, zuzuordnen.

[24] Der singende Tonfall gilt als charakteristisches Kennzeichen des amerikanischen Spanisch. Die konkrete Ausprägung des cantito in Córdoba (Argentinien) untersucht FONTANELLA DE WEINBERG 1971.

2. Graphemik

Die Schriftnorm regelt die Zuordnung von Lautung und Schrift. Die spanische Orthographie ist phonologisch in dem Sinn, daß sie nicht Varianten, sondern Phoneme darstellt. Die graphischen Einheiten, welche die Phoneme abbilden, nennen wir ‚Grapheme'[25]. Zwischen den Phonemen und Graphemen des Spanischen bestehen teilweise Eins-zu-Eins-Beziehungen. Bei den mehrdeutigen Beziehungen – einem Phonem sind mehrere Grapheme oder einem Graphem mehrere Phoneme zugeordnet – ist die Schreibung bzw. Aussprache in der Regel durch die phonetische oder graphische Umgebung festgelegt[26]. Die Schwierigkeit der spanischen Orthographie liegen in den wenigen Fällen undeterminierter Zuordnung.

2.1. Grapheminventar

Die Grapheme des Spanischen sind Buchstaben (B), Buchstaben mit diakritischen Zeichen (BdZ) und Verbindungen von zwei Buchstaben (Digramme).

Übersicht: Das spanische Grapheminventar

| Graphem | | | Name | Graphem | | | Name |
B	BdZ	Digramm		B	BdZ	Digramm	
a			*a*	ñ			*eñe*
b			*be*	o			*o*
c			*ce*	p			*pe*
		ch	*che*			qu	*cu*
d			*de*	r			*ere*
e			*e*			rr	*erre*
f			*efe*	s			*ese*
g			*ge*	t			*te*
(h)			*hache*	u			*u*
i			*i*		ü		*u*
		hi		v			*ve, uve*
j			*jota*	w			*ve doble,*
k			*ka*				*uve doble*
l			*ele*	x			*equis*
		ll	*elle*	y			*i griega*
m			*eme*	z			*zeda, zeta*
n			*ene*				

---

[25] Der Buchstabe *h* gilt nach der obigen Definition nicht als Graphem, da er keinem Phonem zugeordnet werden kann.

[26] Vgl. die Kontextregeln bei BÖRNER 1975.

2.2. Beziehungen Graphem – Phonem

2.2.1. Vokale

Eine Eins-zu-Eins-Beziehung zwischen Phonem und Graphem besteht bei den Vokalen |a, e, o|.

|a| ——— ⟨a⟩ *Palma*
|e| ——— ⟨e⟩ *Elche*
|o| ——— ⟨o⟩ *Logroño*

Die Beziehungen zwischen |i, u| und den sie abbildenden Graphemen sind mehrdeutig, aber durch Kontextbedingungen determiniert.

Das Graphem ⟨y⟩ ist wegen der Wertung von |y| als eigenes Phonem sowohl einem Konsonanten als einem Vokal zugeordnet. Als Graphie für |i| ist es mit Ausnahme der Wörter *y* und *muy* auf die halbvokalische Position in fallenden Diphthongen beschränkt.

Dennoch handelt es sich in diesem Fall um keine variantennotierende Graphie, da sie nur in einer wortstrukturell definierten Position, nämlich im absoluten Auslaut endbetonter Wörter, vorkommt: z. B. *rey, estoy, hay.*

⟨ü⟩ für |u| steht nur zwischen ⟨g⟩ und ⟨i, e⟩. In der gleichen Position fungiert ⟨u⟩ ohne Lautwert als Hilfszeichen, um die Lautung |g| für ⟨g⟩ zu sichern: [gernika] *Guernica*.

2.2.2. Konsonanten

Bei den Konsonanten sind wegen der Neutralisationserscheinungen im Normspanischen und der Unterschiede zwischen den Varietäten die Beziehungen zwischen phonologischer und graphischer Ebene komplexer.

Legt man die kastilische Aussprachenorm zugrunde, läßt man die besonders in der Umgangssprache häufige Abschwächung silbenschließender Konsonanten unberücksichtigt und notiert man die Neutralisation nur bei den Nasalen, dann ergibt sich folgende Zuordnung:

---

[27] Die Beispiele illustrieren die Beziehungslinie, neben der sie stehen: *Ibiza* die Zuordnung |i| – ⟨i⟩, *Monterrey* die Zuordnung |i| – ⟨y⟩.

Eindeutige Zuordnung

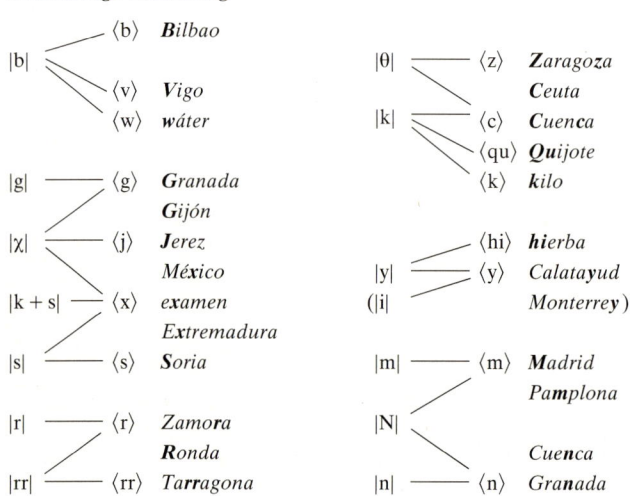

|p|	⟨p⟩	*Pirineo*	|f|	⟨f⟩	*El Ferrol*
|t|	⟨t⟩	*Tajo*	|l|	⟨l⟩	*Logroño*
|d|	⟨d⟩	*Duero*	|λ|	⟨ll⟩	*Castilla*
|c|	⟨ch⟩	*Chile*	|ɲ|	⟨ñ⟩	*España*

Mehrdeutige Zuordnung

|b|
　⟨b⟩ *Bilbao*
　⟨v⟩ *Vigo*
　⟨w⟩ *wáter*

|g| ⟨g⟩ *Granada*
　　Gijón
|χ| ⟨j⟩ *Jerez*
　　México
|k + s| ⟨x⟩ *examen*
　　Extremadura
|s| ⟨s⟩ *Soria*

|r| ⟨r⟩ *Zamora*
　　Ronda
|rr| ⟨rr⟩ *Tarragona*

|θ| ⟨z⟩ *Zaragoza*
　　Ceuta
|k| ⟨c⟩ *Cuenca*
　⟨qu⟩ *Quijote*
　⟨k⟩ *kilo*

　⟨hi⟩ *hierba*
|y| ⟨y⟩ *Calatayud*
(|i| 　 *Monterrey*)

|m| ⟨m⟩ *Madrid*
　　Pamplona
|N|
　　Cuenca
|n| ⟨n⟩ *Granada*

Obwohl die mehrdeutigen Beziehungen zahlreicher sind als die eindeutigen, gibt es nur an einigen Punkten systemimmanente Gründe für Orthographieschwierigkeiten. Ansonsten wird die Mehrdeutigkeit durch Kontextbedingungen beseitigt oder es handelt sich um marginale Fälle.

○ Marginale Fälle

⟨hi⟩ für |y| kommt nur im Anlaut weniger Wörter vor: *hielo, hierba*. ⟨w⟩ und ⟨k⟩ sind auf Fremdwörter beschränkt, ebenso ⟨m⟩ für |N| am Wortende. ⟨x⟩ für |χ| steht nur in einigen Eigennamen.

○ Kontextdetermination

Die phonetische bzw. graphische Umgebung determiniert die Schreibung in folgenden Fällen:

|k|: ⟨qu⟩ vor |i, e|, sonst ⟨c⟩

|θ|: Vor |e, i| steht – von einigen Fremdwörtern wie *zenit, zinc* abgesehen – ⟨c⟩, sonst ⟨z⟩.

|N|: Vor ⟨p, b⟩ steht ⟨m⟩, sonst ⟨n⟩. Am Silbenende repräsentieren ⟨m, n⟩ das Archiphonem |N|, sonst |m| bzw. |n|.

|rr|: Nur am Wortanfang, wo die Opposition |r : rr| neutralisiert ist, steht ⟨r⟩ für |rr|, sonst ⟨rr⟩.

○ Undeterminierte Fälle

|b|: Nur in einigen Positionen gibt es kontextgestützte Verteilungsregeln für ⟨b⟩ und ⟨v⟩, z. B. ⟨b⟩ immer in den silbenanlautenden Konsonantengruppen |br, bl|.

|χ|: Zwar gilt, daß ⟨g⟩ nur vor |i, e| vorkommt, aber ⟨j⟩ ist nicht auf bestimmte phonetische Umgebungen festgelegt.

|s|: Wird in der kastilischen Norm meist durch ⟨s⟩ wiedergegeben. Am Silbenende und am Wortanfang toleriert die Akademie jedoch auch die Aussprache |s| für ⟨x⟩[28]. Die Schreibung mit ⟨x⟩ folgt einem etymologischen Kriterium; auf phonetischer Basis ist die Zuordnungsregel nicht determiniert.

Es zeigt sich, daß auf der gewählten Beschreibungsebene – kastilische Norm und sorgfältige, d. h. in der Regel graphiebezogene Aussprache – den Graphemen eindeutig oder durch Kontextregeln die phonemische Interpretation zugeordnet ist. Die Übertragung der Schrift in Lautung stößt also auf keine systemimmanenten Schwierigkeiten.

Die Übertragung der Lautung in die Schrift dagegen stößt auf die Schwierigkeiten der undeterminierten Schreibung von |b, χ, s| und die Schreibung des stummen Konsonanten ⟨h⟩.

Typische Fehlerbeispiele (aus Schüleraufsätzen)

lavavo	statt	*lavabo*	*aver*	statt	*haber*
voca		*boca*	*ay*		*hay*
cojer	statt	*coger*	*Estremadura*	statt	*Extremadura*
jente		*gente*	*expiga*		*espiga*

Verläßt man die Ebene der graphieorientierten Aussprache, dann nimmt die Zahl der undeterminierten Zuordnungen von Phonemen und Graphemen stark zu wegen der schon besprochenen Abschwächungstendenz der Konsonanten im Silbenauslaut. Da die Schwächung, insbesondere im Wortauslaut, bis zum Schwund geht, wächst die Zahl der «stummen» Konsonanten: z. B. ⟨c⟩ in *coñac*, ⟨d⟩ in *Madrid*, ⟨j⟩ in *reloj*, ⟨s⟩ in *pues*, ⟨p⟩ in *séptimo* (auch die Schreibung *sétimo* ist zugelassen).

---

[28] Bei einigen Wörtern ist auch die Schreibung mit ⟨s⟩ toleriert: *escusa* neben *excusa*.

Noch größer sind die Orthographieschwierigkeiten für die Sprecher des Spanischen, deren Varietät ein im Vergleich mit dem Kastilischen reduziertes Phoneminventar aufweist. Der Normanspruch ist in Bezug auf die Schreibung größer als in Bezug auf die Aussprache. Für die Aussprache gibt es verschiedene Grade der Normkonformität, etwa: kastilische Norm, tolerierter Regionalismus, dialektal oder soziolektal markierter Vulgarismus. In der Schreibung dagegen gibt es nur zwei Möglichkeiten: richtig oder falsch. Seseo und Yeísmo sind auf der Ebene der Aussprache normkonforme Regionalismen. Entsprechende graphische Lizenzen, etwa *⟨Andalusía⟩ neben ⟨Andalucía⟩ gibt es nicht. In den Gebieten mit Seseo und Yeísmo, das ist der größte Teil des spanischen Sprachgebietes, gelten deshalb die folgenden undeterminierten Zuordnungen:

Graphiefehler, die durch regionale Aussprache bedingt sind (aus Aufsätzen andalusischer Kinder)

	Seseo			Yeísmo	
empieso *zer*	statt	*empiezo* *ser*	*alludar* *llo*	statt	*ayudar* *yo*
	silbenschließendes *s*			silbenschließendes *r, l*	
entonse *mi pese*	statt	*entonces* *mis peces*	*helmano* *armorzar*	statt	*hermano* *almorzar*

2.3. Der graphische Akzent

Der graphische Akzent dient im Spanischen als Betonungszeichen zusätzlich zu den oben angeführten phonetischen Betonungsregeln (vgl. S. 147).

Wenn die Betonung von diesen Regeln abweicht, wird die betonte Silbe durch einen graphischen Akzent auf dem Vokal gekennzeichnet. Die Häufigkeit des graphischen Akzents ist somit ein Maßstab für die Unabhängigkeit der Betonung im Spanischen von phonetischen Bedingungen.

Der graphische Akzent steht:

R 1 Bei allen Wörtern, die auf der drittletzten Silbe betont sind: *Córdoba*.

R 2 Bei vokalisch oder auf -*n*, -*s* auslautenden Wörtern, die endbetont sind: *Bogotá*, *nación*, *compás*.

R 3 Bei anders auslautenden Wörtern, die auf der vorletzten Silbe betont sind: *carácter*.

Sonderfälle

Verbformen mit enklitischen Personalpronomina behalten ihren ursprünglichen Akzent: *salíme*.
Um zweisilbige Vokalfolgen, die aus einem geschlossenen *(i, u)* und einem nichtgeschlossenen
Vokal bestehen, von den analog gebauten Diphthongen zu unterscheiden, bekommen betontes *i*
und *u* im Hiat immer den graphischen Akzent, auch wenn die Betonung den phonetischen Betonungsregeln entspricht: *María, maíz, Raúl*.
Bei einer Reihe von Wörtern dient der graphische Akzent nicht zur Markierung der Wortbetonung,
sondern der Satzbetonung (vgl. S. 148).

2.4. Groß- und Kleinschreibung

Die übliche Form der spanischen Grapheme sind die Kleinbuchstaben. Die Großschreibung dient nach der Schriftnorm des Spanischen[29] der Textgliederung und Hervorhebung.

Textgliederung

In Wörtern, die einen Text eröffnen oder am Beginn eines Satzes stehen, wird der erste
Buchstabe groß geschrieben. Dies gilt auch für Digramme: *Ch, Hi, Ll, Qu*; ⟨rr⟩ kommt
am Wortanfang nicht vor.

Hervorhebung

Durch Großschreibung des ersten Buchstabens werden hervorgehoben:

○ Eigennamen, Beinamen sowie Titel, wenn sie bestimmte Personen bezeichnen:
Castilla; *Alfonso el Sabio*; *Marqués de Santillana*. In Eigennamen, die aus Syntagmen
bestehen, werden Substantive und Adjektive groß geschrieben: *Real Academia
Española, Museo del Prado*.

○ Die Abkürzungen von Anreden: *Sr. D. (señor don), Ud.* und *Vd. (usted)*.

○ Bestimmte Kollektiva wie *el Clero, el Reino*.

Sonderfälle

In bestimmten Texttypen sind weitere Hervorhebungen möglich:
○ In Inschriften, Titeln von Büchern und Zeitschriften, Überschriften u. ä. kommt neben der
Großschreibung der Anfangsbuchstaben von Substantiven und Adjektiven häufig auch durch-
gängige Großschreibung vor: *ESBOZO DE UNA NUEVA GRAMÁTICA DE LA LENGUA
ESPAÑOLA*.

---

[29] RAE 1981, 144f.

155

○ In Texten der Staatsverwaltung werden die Namen der Institutionen und Personen, die die Staatsgewalt verkörpern, durch Großschreibung des Anfangsbuchstabens hervorgehoben: *el Rey es el Jefe del Estado*; *la Corona de España es hereditaria*; *la presente Constitución*; *las Fuerzas Armadas* (Verfassung von 1978). Auch in Zeitungen findet sich diese Großschreibung häufig.

○ In Versdichtung kann das erste Wort jedes Verses groß geschrieben werden.

2.5. Satzzeichen[30]

Die Satzzeichen sind graphische Zeichen für den Intonationsverlauf und die Gliederung der Rede durch Pausen.

2.5.1. Intonationszeichen

Fragezeichen und Ausrufezeichen kennzeichnen die Intonationsverläufe, die Fragen bzw. Ausrufe von Aussagesätzen unterscheiden. Im Gegensatz zum Deutschen werden sie paarweise am Beginn und Ende der Intonationseinheit in spiegelbildlicher Anordnung gebraucht.

¿Qué pasa?   Y tú, ¿qué estás haciendo?
¡Que susto!   Eh tú, ¡ven aquí!

Anders als im Deutschen müssen beim Imperativ keine Ausrufezeichen stehen; sie können gesetzt werden, um den Ausrufcharakter zu betonen. Soll der Ausrufcharakter einer Frage hervorgehoben werden, können Frage- und Ausrufezeichen auch miteinander kombiniert werden.

Pero, ¿qué estás haciendo!
¡Qué te pasa, hombre?

2.5.2. Pausenzeichen

Die Setzung von Punkt, Strichpunkt, Doppelpunkt und Gedankenstrich entspricht im wesentlichen dem Deutschen.

Ausnahmen

○ Nach der Briefanrede steht Doppelpunkt.

Muy señor mío:

---

[30] Vergleichende Darstellung der deutschen und spanischen Interpunktion bei ORTIZ DE LATIERRO 1977.

○ Der Gedankenstrich markiert häufig direkte Rede und Sprecherwechsel in Dialogen.

– *No puede ser, Isla.*
– *¿Por qué?*
– *No se puede entrar. Está cerrado.*
– *¿Por qué?*
(A. A. Mingote, *Las Palmeras de Cartón*)

Größer sind die Unterschiede beim Komma, das kürzere Pausen innerhalb des Satzgefüges anzeigt. Ganz allgemein läßt sich sagen, daß im Spanischen größere Freiheit herrscht, und das Komma seltener ist als im Deutschen (vgl. PELZING 1986).

Im Spanischen steht das Komma normalerweise nicht

vor Infinitivsätzen:	*Se fué a casa para buscar las llaves*	*Er ging heim, um die Schlüssel zu holen*
vor Subjektsätzen:	*Que lo diga quien lo sepa*	*Wer es weiß, soll es sagen*
vor Objektsätzen:	*Sé que vendrá*	*Ich weiß, daß er kommen wird*
vor restriktiven Relativsätzen:	*¿Te gusta el libro que te regalé?*	*Gefällt dir das Buch, das ich dir geschenkt habe?*
vor adverbiellen Nebensätzen:	*Voy donde me llaman*	*Ich gehe, wohin man mich ruft*

Nach voranstehenden Nebensätzen steht dagegen meist Komma: *Si quieres, te acompaño* «Wenn du willst, komme ich mit».

157

D
Grammatik

1. Einführung

La gramática es arte de hablar bien „Grammatik ist die Kunst, recht und rein zu reden", definiert die spanische Akademiegrammatik 1771 eingangs ihren Gegenstand. Ähnlich heißt es in der Ausgabe 1924: *Gramática es el arte de hablar y escribir correctamente* „Grammatik ist die Kunst des richtigen Sprechens und Schreibens". Diese traditionelle, seit der Antike überlieferte Definition enthält zwei für die Sprachlehre grundlegende Aussagen: Grammatik ist erstens ein Regelwerk, um Äußerungen einer natürlichen Sprache richtig (*bien, correctamente*) zu erzeugen, und zweitens ein erlernbares Können, eine Kunst (*arte*). Das Regelwerk ist ,objektiv', es gilt innerhalb einer Sprachgemeinschaft faktisch und normativ. Faktisch, weil den Äußerungen der Sprecher grammatische Regeln zugrundeliegen – ein regelloses Sprechen wäre unverständlich –, normativ, weil Abweichungen, auch wenn die Äußerung verständlich bleibt, als Regelverstoß gewertet werden. Allerdings ist zu berücksichtigen, daß zahlreiche Sprachnormen nur eine sozial, regional oder situativ eingeschränkte Gültigkeit haben. Die Kunst, die grammatischen Regeln richtig anzuwenden, ist ,subjektiv', sie wird durch Übung erworben und verfeinert. Nach traditioneller Auffassung enthält der normgerechte Sprachgebrauch auch eine ästhetische Seite, *hablar bien* heißt ,richtig' und ,rein' (*castizo* „dem Geist der Sprache gemäß") reden, *correctamente* nur ,richtig'.

Was leistet die Grammatik? Nehmen wir ein Beispiel für *hablar bien*:

Al fondo del semioscuro salón, un violinista melenudo y lleno de literatura toca, apasionadamente, las czardas de Monti.

Am Ende des halbdunklen Salons spielt ein Geiger, langhaarig und voll von Literatur, leidenschaftlich die Csárdás[tänze] von Monti.

(Cela, *La colmena* [1946], Ausgabe Barcelona 1965, 186)

Formal läßt sich dieser Satz als eine wohlgeformte Zeichenkette beschreiben, ,wohlgeformt' deshalb, weil die Einzelzeichen regelgerecht miteinander verknüpft sind. Vom kombinatorischen Potential her könnten die 18 Sprachzeichen oder Wörter insgesamt 18! = 186 402 373 705 728 000 verschiedene Anordnungen ergeben. Die Grammatik wirkt als Filter, das nur wenige Zeichenkombinationen durchläßt – einige Tropfen aus dem Meer der Möglichkeit.

Grammatik ist ein Ordnungsgefüge. Die grammatische Ordnung wird als Form, Funktion und Kombination sprachlicher Einheiten beschrieben. Diese Einheiten sind hierarchisch gegliedert, d. h. jede Einheit, außer der Basiseinheit, besteht aus Elementen der nächstniedrigeren Einheit: Der ,Text' aus Sätzen, der ,Satz' aus Satzgliedern, das ,Satzglied' aus Wörtern, das ,Wort' aus Morphemen, das ,Morphem' aus Phonemen.

Der Bereich der Grammatik wird unterschiedlich festgelegt. Wir beschränken uns hier auf den Kernbereich, nämlich die Wort- und Satzebene. Die Strukturen dieses sprachlichen Systemkerns sind im wesentlichen invariant und lassen sich weitgehend isoliert vom kommunikativen Kontext beschreiben.

Der Baustein der grammatischen Strukturbeschreibung ist das Wort. Das Wort besteht morphologisch aus einer Folge kleinster, in der Regel untrennbarer, bedeutungstragender Einheiten, den ‚Morphemen‘: *semi-oscur-o, violin-ista, llen-o*. Die Morpheme bilden funktional und semantisch zwei Klassen: lexikalische Morpheme (Lexeme) und grammatische. Lexeme drücken vorzugsweise außersprachliche Sachverhalte (Dinge, Handlungen, Eigenschaften) aus, grammatische Morpheme Beziehungen zwischen Sachverhalten und abstrakte, in der Sprachstruktur formalisierte Bedeutungskategorien (Genus, Numerus, Tempus, etc.): In *mendig-a-s* „Bettlerinnen", expliziter: „mehrere weibliche Personen, die betteln", bedeutet das Genusmorphem *-a-* „weiblich(e) (Person)" und das Numerusmorphem *-s* „Mehrzahl"; das Lexem *mendig-* enthält die sachbezogene Information. Die lexikalische Bedeutung bleibt bei Flexion und Wortbildung erhalten:

semi-oscur-o	halb-**dunkel**	*oscur-idad*	**Dunkel**-heit
oscur-a-mente	**dunkel** [Adverb]	*oscur-ecer*	ver-**dunkel**-n

Die Wortstruktur wird auf der morphophonetischen und lexikalischen Ebene beschrieben. Die Grammatik befaßt sich mit dem Wort im Prinzip nur als Element einer ‚Wortklasse‘ oder ‚Wortart‘. Nach formalen, distributionellen und semantischen Kriterien kann man das spanische Wortmaterial in zehn Klassen einteilen.

Übersicht: Die spanischen Wortklassen

	Form	
Bedeutung	**flektierbar**	**flexionslos**
lexikalisch[1]	Substantiv Adjektiv Verb	Adverb Zahlwort[2] Interjektion[3]
grammatisch	Artikel Pronomen	Präposition Konjunktion

[1] Wörter mit mindestens einem lexikalischen Morphem heißen ‚lexikalisch‘.
[2] Beschränkt flektierbar.
[3] Als Gliederungselement auch grammatische Funktion.

Die Wortarten werden nach zwei Kriterien gruppiert:

○ Formal sind sie flektierbar oder flexionslos. Flektierbare Wörter werden durch grammatische Morpheme modifiziert, flexionslose sind forminvariabel. Nach den Flexions-

161

kategorien unterscheidet man Nominalflexion (Deklination) und Verbalflexion (Konjugation). Deklinierbar sind die nominalen Wortarten Substantiv, Adjektiv, Artikel und Pronomen, konjugierbar ist das Verb. Flexionslos sind die Relationselemente Präposition und Konjunktion sowie Adverb, Interjektion und – meistens – Zahlwort.

○ Inhaltlich haben die Wortarten eine mehr lexikalische oder grammatische Bedeutung. Die lexikalischen Wortklassen tragen die semantische Hauptinformation des Textes, die grammatischen dienen als Funktionszeichen. Das lexikalische Inventar einer Sprache ist praktisch unbegrenzt und wird ständig verändert. Hingegen ist die Anzahl grammatischer Einheiten, ob Flexionsmorpheme oder Funktionswörter, beschränkt und über einen langen Zeitraum konstant. Die grammatischen Wortklassen Artikel, Pronomen, Präposition und Konjunktion haben ein in wenigen Paradigmen organisiertes und vollständig erlernbares Inventar.

Die grammatische Struktur einer sprachlichen Äußerung wird durch Flexionszeichen, grammatische Wörter und Reihenfolgebeziehungen (Wortstellung) ausgedrückt. Der obige Satz Celas hat vereinfacht folgendes Strukturmuster:

Al _____-o del _____-o _____-ón, un _____-ista _____-o y _____-o de _____-a _____-a, _____-mente, las _____ de _____ .

Die grammatische Strukturbedeutung ist unabhängig davon, wie die Leerstellen lexikalisch gefüllt werden: *un _____-ista _____-o y _____-o de _____-a* mit der Bedeutung „unbestimmte Person A mit Eigenschaft b und Eigenschaft c bezüglich D" könnte auch folgende lexikalische Lesarten annehmen:

un *ocul-**ista** gord-**o** alt-**o** de estatur-**a***
un *especial-**ista** famos-**o** y simpátic-**o** de vist-**a***

Die Wortgruppe *las czardas de Monti* wird wegen der grammatischen Einbettung als ‚spanisch‘ aufgefaßt, die lexikalische Füllung, das ungarische Lehnwort *czardas* und der Eigenname *Monti*, sind den meisten Spanischsprechern unbekannt.

Der Aufbau einer Grammatik kann von ‚oben nach unten‘ oder ‚unten nach oben‘ dargestellt werden. Wir gehen den zweiten Weg und behandeln zunächst (Kap. 2–6) Form und Funktion der spanischen Wortarten und dann die grammatische Struktur des spanischen Satzes (Kap. 7–8).

2. Das Substantiv

2.1. Definition

Das spanische Substantiv läßt sich formal folgendermaßen kennzeichnen:

○ Grammatisch wird das Substantiv durch die Kategorien Genus und Numerus mit den Ausprägungen Maskulin, Feminin bzw. Singular, Plural bestimmt: *perr-o* „Hund", *perr-o-s* „Hunde", *perr-a* „Hündin", *perr-a-s* „Hündinnen".

○ Syntaktisch kann das Substantiv den Kern einer Substantivgruppe bilden und mit Determinanten, insbesondere dem Artikel, kombiniert werden: *el perro blanco* „der weiße Hund", *los perros blancos, la perra blanca, las perras blancas.*

Morphologisch besteht das einfache Substantiv aus zwei Teilen, nämlich Stamm + Endung; der Stamm enthält die lexikalische Information, die Endung die grammatische. Zerlegt man die grammatische Komponente in kleinste Einheiten, ergibt sich folgender Bauplan des Substantivs:

    Lexem(e) + Genusmorphem + Numerusmorphem

Beispiel

Mask. Sg.	Fem. Sg.	Mask. Pl.	Fem. Pl.
perr-o-∅	*perr-a-∅*	*perr-o-s*	*perr-a-s*
doctor-∅-∅	*doctor-a-∅*	*doctor-∅-es*	*doctor-a-s*

Sind Genus- oder Numerusmorphem phonetisch nicht ausgedrückt, werden sie beschreibungstechnisch durch Null (∅) wiedergegeben.

Die Wortart Substantiv ist nicht am Lexemteil erkennbar, sondern am Morphemteil und der syntaktischen Funktion; denn das gleiche Lexem kann in verschiedenen Wortarten auftreten, z. B. *val* in *val-or* „Wert" (Substantiv), *val-er* „wert sein" (Verb), *vál-ido* „gültig" (Adjektiv).

Vom semantischen Standpunkt gibt es viele Möglichkeiten, die Substantive zu klassifizieren: Gegenstandswörter (Konkreta), Begriffswörter (Abstrakta), Sammelbezeichnungen (Kollektiva), Stoffbezeichnungen, Lebewesen, u. a. Nach den morphosyntaktischen Eigenschaften sind vor allem zwei semantische Klassen zu unterscheiden: Eigennamen (Propria) und Gattungsnamen (Appellativa). Eigennamen bezeichnen im Prinzip eindeutig und kontextunabhängig ein jeweils einzelnes außersprachliches Objekt (Referent): *España, Cervantes, Madrid, Ebro.* Gattungsnamen beziehen sich hingegen auf eine Objektklasse: *mesa* „Tisch", *coche* „Auto"; soll ein bestimmtes Objekt bezeichnet werden, wird der Gattungsname durch Determinanten präzisiert: *esta mesa* „dieser Tisch", *mi coche* „mein Auto".

Im folgenden werden die grammatischen Kategorien des spanischen Substantivs, Numerus und Genus, behandelt. Eine Kategorie Kasus kennt das Spanische im Unterschied zum Deutschen beim Substantiv nicht, ebensowenig die Genusausprägung Neutrum *(das Kind)*.

2.2. Numerus

Sprachtypologisch gesehen funktioniert die Numeruskategorie im Spanischen wie im Deutschen: sie hat zwei Ausprägungen, Singular und Plural, wobei der Singular gegenüber dem Plural morphologisch und semantisch nichtmarkiert ist.

2.2.1. Form[1]

Der Singular des spanischen Substantivs wird stets durch Null ausgedrückt, ist also morphologisch nicht gekennzeichnet (nichtmarkiert). Den Plural können drei morphologische Einheiten markieren, nämlich *-s, -es, -∅*. Welches dieser Pluralzeichen zu wählen ist, hängt von der phonetischen Struktur der Singularform des Substantivs ab; die Endungen *-s, -es, -∅* sind kombinatorische Varianten (Allomorphe) des Pluralmorphems, ihr Vorkommen ist voraussagbar – und damit leicht erlernbar. Die drei Grundregeln der Pluralbildung appellativischer Substantive lauten:

R1 Substantive, die im Singular auf unbetonten Vokal oder betontes *e, o* enden, bilden den Plural mit *-s*:

Sg.	niño	calle	día	cámara	pie	dominó
Pl.	niño-**s**	calle-**s**	día-**s**	cámara-**s**	pie-**s**	dominó-**s**

R2 Substantive, die im Singular auf a) Konsonant oder b) betonten Vokal enden, bilden – außer in den Fällen nach R1 und R3 – den Plural mit *-es*.

Sg.	razón	sol	raíz	verdad	país	rubí	tabú
Pl.	razon-**es**	sol-**es**	raíc-**es**	verdad-**es**	país-**es**	rubí-**es**	tabú-**es**

R3 Substantive, die im Singular auf *-s* in unbetonter Silbe enden, bilden den Plural mit *-∅*.

Sg.	el biceps	la crisis	el tórax [-ks]	la dosis	el lunes
Pl.	los biceps	las crisis	los tórax	las dosis	los lunes

Zahlenmäßig erfassen R1 und R2 die meisten Pluralbildungen. Die Zahl der Substantive mit Pluralallomorph Null (R3) ist gering, der Plural wird hier durch andere Einheiten

---

[1] Vgl. hierzu QUILIS 1968.

der Substantivgruppe, die mit dem Substantiv im Numerus kongruieren, ausgedrückt, etwa Artikel und Adjektiv: *Los lunes cuesta ir al trabajo* „Montags [= die Montage] kostet es Mühe, zur Arbeit zu gehen"; *Crisis económicas y crisis sociales suelen darse juntas* „Wirtschafts- und soziale Krisen treten gewöhnlich gemeinsam auf".

R 2a ist im Grunde phonologisch bedingt: Die Anwendung von R 1 auf konsonantisch auslautende Substantive ergäbe Konsonantenfolgen wie **-ds (*verda**ds**)*, **-ns*, **-ls*, die nach den phonologischen Regeln des Spanischen im Auslaut nicht erlaubt sind bzw. nur in Fremdwörtern vorkommen (vgl. S. 144). Das *-e-* in *-es* kann deshalb als vokalischer Einschub (Epenthese) zwischen Konsonant und *-s* aufgefaßt werden; hierbei wird der Laut [j], z. B. in *ley* —► *ley-es*, konsonantisch gewertet, bei vokalischer Wertung wäre R 2 zu modifizieren.

Nach der grammatischen Tendenz ist R 1 die Hauptregel der Pluralbildung, sie greift in bestimmten Fällen auf den Bereich von R 2 über. So gibt es zu R 2b zahlreiche Ausnahmen: *papá* —► *papá-s, esquí* —► *esquí-s, mamá* —► *mamá-s*; R 2a wird bei Lehnwörtern neueren Ursprungs häufig nicht angewendet: *chip, club, boicot*, u. a. bilden den (orthographischen) Plural meist mit *-s*, nicht mit *-es* – die Aussprache schwankt (vgl. S. 144).

2.2.2. Funktion

In der Regel ist das spanische Substantiv numerusvariabel, in einigen Fällen kommt es aber nur im Plural vor: *los alrededores* „die Umgebung", *las gafas* „die Brille", *las vacaciones* „die Ferien", *los víveres* „die Lebensmittel", u. a. Andererseits kann die Pluralbildung blockiert sein, z. B. bei Abstrakta wie *sed* „Durst", *este* „Osten", *salud* „Gesundheit"; auch von Eigennamen kann meistens kein Plural gebildet werden, weil sie definitionsgemäß nur *einen* Referenten bezeichnen.

Die semantische Leistung der Numeruskategorie wird verbreitet dahingehend beschrieben, der Singular bezeichne einen Referenten (Einzahl), der Plural mehrere Referenten (Mehrzahl). Diese Auffassung stimmt im Großen und Ganzen für den Plural, nicht aber für den Singular.

Der Singular bezeichnet bei zählbaren Objekten *einen* Referenten und steht hier semantisch im Gegensatz (Opposition) zum Plural: *la mesa* „der Tisch", *el coche* „das Auto" gegenüber *las mesas* „die Tische", *los coches* „die Autos". In folgenden Fällen trifft aber die Bedeutung ‚Einzahl' für den Singular nicht zu:

○ Der Singular wird als Gattungsbegriff verwendet: *El perro es un animal doméstico* „Der Hund ist ein Haustier" und verweist in dieser Funktion nicht auf ein Exemplar, sondern alle Exemplare einer Gattung.

○ Bei Kollektiva bezeichnet der Singular inhaltlich eine mehrzahlige Einheit: *gente* „Leute", *mayoría* „Mehrheit", *muchedumbre* „(Menschen)Menge" und kongruiert stellenweise mit der Pluralform des Verbs (vgl. S. 270).

○ Stoffbezeichnungen werden im Singular gebraucht, wenn sie allgemein den Stoff oder die Substanz bezeichnen: *El vino tiene alcohol* „(Der) Wein enthält Alkohol"; im Plural bezeichnen sie Arten und Sorten des Stoffes: *los vinos españoles* „die spanischen Weine [= Weinsorten]".

Die Bedeutung des Singulars ist hier weder ‚Einzahl' noch ‚Mehrzahl', sondern gewissermaßen beides zusammen, im folgenden ‚Gesamtheit' genannt. Der Singular hat also eine semantische Doppelfunktion: Einerseits kann er eine ‚Einzahl' bezeichnen, in Opposition zur ‚Mehrzahl', die durch den Plural ausgedrückt wird: *Me he comido una aceituna* „Ich habe eine Olive gegessen": *Me he comido dos aceitunas* „Ich habe zwei Oliven gegessen". Andererseits funktioniert der Singular in der Bedeutung ‚Gesamtheit' als oppositionsneutraler Oberbegriff: *Este año se ha recogido mucha aceituna en Jaén* „Dieses Jahr wurde[n] in Jaén viel Olive[n] geerntet". Die Glieder der Numerusopposition des spanischen Substantivs sind also nicht gleichwertig: der Plural, der in der Regel in Opposition zum Singular steht, ist in seiner Bedeutung festgelegt (markiert); der Singular, der sowohl Oppositionsglied wie auch Oberbegriff sein kann, gilt als bedeutungsmäßig ‚nichtmarkiert'.

Schema: Numerusopposition

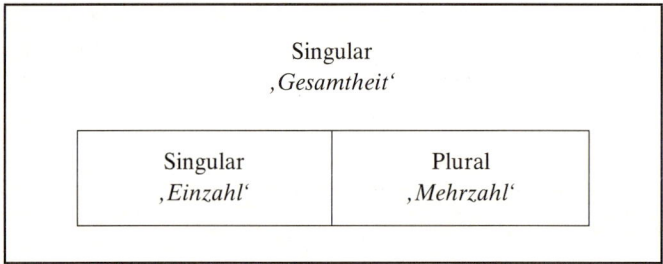

Die grammatische Funktion des Numerus wird in zwei Fällen aufgehoben (neutralisiert):

○ Bei einigen Substantiven verändert der Plural die lexikalische Bedeutung: *celo* „Eifer": *celos* „Eifersucht", *amistad* „Freundschaft": *amistades* „befreundete Personen" (*Juan tiene amistades influyentes* „Hans hat einflußreiche Freunde").

○ Mitunter variieren Singular und Plural frei, ohne erkennbaren Bedeutungsunterschied:

Voy a la(s) fiesta(s) de mi pueblo	Ich gehe auf das Fest meines Dorfes
Tengo gana(s) de comer	Ich habe Lust zu essen
Me duele(n) la(s) espalda(s)	Mir tut das Kreuz [= die Schulter(n)] weh

2.3. Genus

Das Genus des spanischen Substantivs ist maskulin oder feminin. Appellativische Substantive, die geschlechtsspezifische Wesen, insbesondere Personen, bezeichnen, weisen in der Regel eine Genusvariation auf: *hij-o* „Sohn" : *hij-a* „Tochter", *maestr-o* „Lehrer" : *maestr-a* „Lehrerin"; das maskuline bzw. feminine Genus entspricht hier dem natürlichen Geschlecht (Sexus) ‚männlich' und ‚weiblich'. Ansonsten ist das Genus eines Substantivs – im Unterschied zum Numerus – unveränderlich, es hat keine semantische, sondern eine rein syntaktische Funktion: Das Feminin in *mesa* bestimmt die Kongruenz mit anderen Elementen der Wortgruppe oder des Satzes *(l-a mes-a alt-a)*, mit dem natürlichen Geschlecht hat es nichts zu tun – weder ist *der Tisch* im Deutschen ‚männlich' noch *la mesa* im Spanischen ‚weiblich'.

2.3.1. Form

Das Genus des Substantivs wird durch vier Formen angezeigt (konsonantischer Auslaut und *-í, -ú* werden unter dem Formtyp ‚Null' zusammengefaßt):

-o	*-e*	*-a*	$\emptyset$
mur-o	*padr-e*	*mes-a*	*sal-$\emptyset$, rubí-$\emptyset$, tabú-$\emptyset$*

Die Frage, welche Form welches Genus ausdrückt, kann nicht deterministisch beantwortet werden, sondern nur statistisch. Auf der Grundlage des *Frequency Dictionary of Spanish Words* 1964 [= *FDSW*], das die 5000 häufigsten spanischen Wörter erfaßt, wurde folgender Zusammenhang zwischen Form und Genus ermittelt:

Genus	Form				Anzahl	%
	-o	*-e*	*-a*	*-$\emptyset$*		
maskulin	**99,9 %**	72,8 %	2,9 %	31,3 %	1042	48 %
feminin	0,1 %	27,2 %	**97,1 %**	68,7 %	1130	52 %
Anzahl	699	158	645	670	2172	100 %

Tab. 14: Genus und Form bei genusinvariablen Substantiven (Daten nach Eᴄʜᴀɪᴅᴇ 1969 auf der Basis des *FDSW*)

Ein eindeutiger Zusammenhang von Genus und Form besteht in zwei Fällen:

R1 Substantive auf *-o* sind maskulin.
R2 Substantive auf *-a* sind feminin.

Für R 1 gibt es nur wenige Ausnahmen wie *la mano, la dínamo,* die Buchstabennamen *la [letra]* *o, rho,* den Katalanismus *la nao* „Schiff", den Aragonismus *la seo* „Kathedrale [von Zaragoza]" und den psychoanalytischen Begriff *la libido.* Die Kurzwörter *la foto, la radio, la moto* u. ä. gehen auf feminine Komposita zurück *(la fotografía, la radiodifusión, la motocicleta).*
Bei R 2 kommen zahlreiche Ausnahmen vor, insbesondere bei griechischen Lehnwörtern und Lehnbildungen auf *-ma*: *el drama, el problema, el sistema, el telegrama,* aber: *la diadema.*

Bei Substantiven auf *-e* ist das Genus nicht voraussagbar, es muß fallweise erlernt werden. Substantive auf *-Ø* zeigen je nach Endung Maskulin- oder Feminintendenz.

Genus	Auslaut auf *Konsonant, -í, -ú*[1]							
	-l	*-n*[2]	*-r*	*-s*[3]	*-d*	*-ión*	*-sis, -itis*	**Sonstige**
maskulin	97 %	96 %	99 %	93 %	3 %	–	1 %	> 90 %
feminin	3 %	4 %	1 %	7 %	97 %	100 %	99 %	< 10 %

Tab. 15: Genustendenz der Substantive auf *-Ø* (Daten nach BULL 1965, 109)

[1] Beispiele: *el papel, el diván, el trabajador, el lunes; la ciudad, la canción, la neurosis, la gastritis; el camping, el mínimum, el rubí, el cucú.*
[2] Ohne *-ión.*
[3] Ohne *-sis, -itis.*

In gewissem Umfang ist das Genus des Substantivs aufgrund semantischer Kriterien voraussagbar:

○ Bei Personen stimmt das Genus mit dem natürlichen Geschlecht überein: *el padre* „der Vater", *la madre* „die Mutter", *el policía* „der Polizist", *la modelo* „das Fotomodell", *el deportista* „der Sportler", *la deportista* „die Sportlerin".

○ Innerhalb eines Gegenstandbereiches können Substantive das gleiche Genus aufweisen (Analogiewirkung): z. B. sind im Spanischen Fluß-, Berg-, See- und Meeresnamen entsprechend dem Grundwort *(el río, el monte, el lago, el mar)* maskulin, auch wenn sie auf *-a* enden: *el Volga* „die Wolga", *el Sena* „die Seine", *el Etna* „der Ätna", *el Titicaca* „der Titicacasee", *el Mármara* „das Marmarameer"; gleiches gilt für die Namen von Hotels *(el hotel),* Kinos *(el cine(ma)),* Restaurants *(el restaurante),* Zahlen *(el número),* Wochentage *(el día),* Monatsnamen *(el mes),* usw.

Innerhalb der Genusopposition ist das Maskulin morphologisch nicht markiert, das Feminin markiert[2]. Einheiten anderer Wortklassen werden im nichtmarkierten Genus substantiviert: *el deber, el sí, el qué dirán*; entsprechendes gilt tendenziell für die Integration genusloser oder -neutraler Fremdwörter: *el bar, el picnic, el spot, el máximum, el software,* usw.

---

[2] Vgl. PRADO 1982.

2.3.2. Funktion

Die Kategorie Genus stellt durch die Kongruenz einen grammatischen Zusammenhang zwischen Substantiv und anderen, von ihm abhängigen Einheiten her. Neben dieser syntaktischen Funktion kann das Genus auch eine semantische Funktion haben: Es bezeichnet (a) das natürliche Geschlecht und (b) gewisse sekundäre Bedeutungswerte.

a) Bezeichnung des natürlichen Geschlechts

Das natürliche Geschlecht wird im Spanischen grammatisch oder lexikalisch ausgedrückt. Grammatisch entspricht der semantischen Opposition ‚männlich' : ‚weiblich' die Genusopposition ‚maskulin' : ‚feminin'; morphologisch ist sie folgendermaßen ausgeprägt (Daten nach ECHAIDE 1969 auf der Basis des *FDSW*):

○ Am häufigsten – etwa die Hälfte (52 %) der in Frage kommenden 338 genusvariablen Substantive – ist die Morphemopposition *-o* : *-a*, gefolgt von *-∅* : *-a* (17,5 %):

Mask.	*perr-o*	*niñ-o*	*señor-∅*	*pastor-∅*
Fem.	*perr-a*	*niñ-a*	*señor-a*	*pastor-a*

○ Die übrigen morphematischen Oppositionen (8,5 %) sind auf wenige Wortpaare beschränkt, z. B.:

Mask.	*nen-e*	*cond-e*	*poet-a*	*gall-o*	*barón-∅*	*act-or*
Fem.	*nen-a*	*cond-esa*	*poet-isa*	*gall-ina*	*baron-esa*	*act-riz*

○ Die Genusopposition kann auch nur durch Determinanten ausgedrückt werden (22 %):

Mask.	*el* presidente	*el* testigo	*el* espía
Fem.	*la* presidente	*la* testigo	*la* espía

Zu Berufsbezeichnungen mit maskulintypischer oder genusneutraler Endung werden zunehmend, insbesondere in der Verwaltungssprache (vgl. *Recomendaciones* 1988), Femininformen auf *-a* gebildet, um das weibliche Geschlecht des Berufsausübenden zu kennzeichnen: *el ministr-o* : *la ministr-a*, *el doctor* : *la doctor-a*, *el decan-o* : *la decan-a*, *el president-e* : *la president-a* (vgl. HAMPARES 1976, NORD 1983, 425–431).

Lexikalisch wird die Opposition ‚männlich' : ‚weiblich' entweder durch verschiedene Wörter wiedergegeben (Heteronymie) oder durch geschlechtsspezifizierende Ausdrücke. Die Heteronymie ist kein produktives Verfahren, sie kommt nur noch im überlieferten Wortschatz vor: *hombre* „Mann" : *mujer* „Weib", *caballo* „Hengst" : *yegua* „Stute", *carnero* „Hammel" : *oveja* „Schaf", u. a. Viele Substantive für geschlechtliche Lebewesen werden genusinvariabel verwendet; das Geschlecht kann durch den Zusatz *macho* „männlich" : *hembra* „weiblich" spezifiziert werden: *la serpiente* **macho** „das Schlangenmännchen" : *la serpiente* **hembra** „das Schlangenweibchen", *el buitre* **macho** „das Geiermännchen" : *el buitre* **hembra** „das Geierweibchen".

Bei der geschlechtssemantischen Opposition ‚maskulin': ‚feminin' ist meistens das Feminin markiert, es bezeichnet den weiblichen Referenten. Das Maskulin bezeichnet einerseits den männlichen Referenten, andererseits kann es als geschlechtsunspezifizierter Gattungsbegriff dienen: *hombre* „Mann, Mensch", *caballo* „Hengst, Pferd", *niño* „Junge, Kind". Faßt man männliche und weibliche Referenten zusammen, wird in der Regel Maskulin Plural gesetzt: *Los maestros no viven mal* „Die Lehrer [= Lehrer + Lehrerinnen] leben nicht schlecht". Bei Verwandtschaftsbezeichnungen bezeichnet der Maskulin Plural einerseits mehrere männliche Referenten (*los padres* „die Väter"), andererseits ist er als Sammelbegriff männlicher und weiblicher Referenten lexikalisiert: *los padres* [= *el padre* + *la madre*] „die Eltern", *los abuelos* „die Großeltern", *los hijos* „die Kinder", *los hermanos* „die Geschwister", *los tíos* „Onkel und Tante(n)", *los reyes* „das Königspaar".

b) Sekundäre Bedeutungswerte[3]

Die Genusopposition kann innerhalb lexikalischer Mikrosysteme bestimmte semantische Unterschiede ausdrücken:

○ Größe eines Objekts: *cub-o* „Eimer" vs. *cub-a* „Faß". Das Feminin hat hier überwiegend augmentative Bedeutung, aber nicht immer: *cest-o* „großer Korb" vs. *cest-a* „Korb".

○ Beziehung ‚Obstbaum' (mask.) vs. ‚Frucht' (fem.)

cerez-o Kirschbaum	*manzan-o* Apfelbaum	*naranj-o* Orangenbaum
cerez-a Kirsche	*manzan-a* Apfel	*naranj-a* Orange

Bei einigen Substantiven variieren Maskulin und Feminin, der Genusgebrauch ist stilistisch und kontextuell bedingt: *el mar* ~ *la mar* (z. B. *en alta mar* „auf hoher See"), *el fin* ~ *la fin* [poetisch].

3. Das Adjektiv

3.1. Definition

Das spanische Adjektiv läßt sich formal durch folgende Merkmale kennzeichnen:

○ Funktional bezieht sich das Adjektiv auf ein Substantiv und kongruiert mit diesem in Genus und Numerus. Der Bezug ist attributiv (*el muro blanco* „die weiße Wand") oder prädikativ (*El muro es blanco* „Die Wand ist weiß").

---

[3] Vgl. WANDERSLEBEN 1979.

○ Grammatisch wird das Adjektiv durch die Kategorien Genus und Numerus bestimmt; zusätzlich kann es die Kategorie ‚Graduierung' ausdrücken: *un muro blanco – un muro blanquísimo* „eine ganz weiße Wand".

○ Syntaktisch kann das attributive Adjektiv im Prinzip vor oder nach dem Substantiv stehen: *una antigua casa espaciosa ~ una espaciosa casa antigua* „ein altes, geräumiges Haus".

Morphologisch hat das Adjektiv folgende Bauformel:

Lexem(e) + (Graduierungsmorphem) + Genusmorphem + Numerusmorphem

Beispiel: *dos libros buen-ísim-o-s* „zwei sehr gute Bücher".

Berücksichtigt man das fakultative Graduierungsmorphem nicht, entspricht die morphologische Struktur des spanischen Adjektivs der des Substantivs. Das erklärt, warum zahlreiche Wörter, insbesondere personbezogene, sowohl als Substantiv wie als Adjektiv vorkommen: *español* (*los españoles* „die Spanier", *los vinos españoles* „die spanischen Weine"), *negro, trabajador,* usw. Bestimmte Endungen sind allerdings auf eine Wortart festgelegt, z. B. die Suffixe *-ez, -anza, -dad* (*palid-ez, templ-anza, cruel-dad*) für Substantive, hingegen *-áceo* für Adjektive (*viol-áceo* „veilchen-artig").

Im Unterschied zum Substantiv kombiniert das Adjektiv mit der Neutralform des Artikels und bildet damit substantivierte Abstrakta: *Lo mejor es enemigo de lo bueno* „Das Bessere ist [der] Feind des Guten". Bei elliptischer Verwendung wird das Adjektiv durch den Artikel des Bezugssubstantivs substantiviert: *¿Qué corbata quiere? – (Quiero) la verde.* „Welche Krawatte möchten Sie? – (Ich möchte) die grüne."

Im folgenden werden die grammatischen Kategorien des Adjektivs, Genus, Numerus und Graduierung, sowie die Wortstellung des attributiven Adjektivs behandelt.

3.2. Genus und Numerus

Das Adjektiv teilt mit dem Substantiv die grammatischen Kategorien Genus und Numerus; beide Wortarten werden deshalb häufig unter dem Oberbegriff ‚Nomen' zusammengefaßt. Die Funktion des Genus und Numerus ist aber bei Adjektiv und Substantiv nicht gleich. Das Adjektiv ist in der Regel genus- und numerusvariabel, das Substantiv nur numerusvariabel: *la mes-a blanc-a, las mes-a-s blanc-a-s, el mur-o blanc-o, los mur-o-s blanc-o-s*; die Formen *mes-o und *mur-a sind nicht möglich. Weiter hat das Genus beim Adjektiv ausschließlich eine syntaktische Funktion, nämlich die Kongruenz mit dem Substantiv anzuzeigen; beim Substantiv kann das Genus auch eine semantische Funktion erfüllen (vgl. S. 169).

3.2.1. Form

Nach der Genus- und Numerusform kann man drei Klassen des spanischen Adjektivs unterscheiden:

Übersicht: Formklassen des spanischen Adjektivs

Numerus	Klasse	Genus	
		maskulin	**feminin**
Singular	I	*guap-o*	*guap-a*
	II	*alemán-∅*	*aleman-a*
	III	*verde-∅*, *leal-∅*, *comunista-∅*	
Plural	I	*guap-o-s*	*guap-a-s*
	II	*aleman-es*	*aleman-a-s*
	III	*verde-s*, *leal-es*, *comunista-s*	

Adjektivisch verwendete Substantive sind genus- und numerusinvariabel: *las novelas rosa* „die Kitschromane", *el sofá naranja* „das orangefarbene Sofa".

a) Numerus

Alle drei Adjektivklassen sind numerusvariabel: die Allomorphe des Plurals sind *-s*, *-es*. Für die Pluralbildung gelten die Substantivregeln entsprechend (vgl. S. 164).

b) Genus

Die drei Adjektivklassen unterscheiden sich in der Genusmarkierung: Klasse I und II sind genusvariabel mit der Ausprägung *-o* : *-a* bzw. *-∅*: *-a*, Klasse III ist genusinvariabel. Formal kann von der Maskulinform eines Adjektivs die Femininform nicht immer vorausgesagt werden: Adjektive auf *-o*, die zahlenmäßig umfangreichste Klasse, bilden das Feminin auf *-a*; genusinvariabel sind Adjektive mit Grundform[4] auf *-e* oder *-ista*, *-ita* *(cosmopolita)*.

Bei konsonantischem Auslaut kann das Adjektiv zur Klasse II oder III gehören, die Genusbildung muß fallweise erlernt werden: z. B. sind *frances-a*, *trabajador-a* genusvariabel, *cortés-∅*, *familiar-∅* genusinvariabel. Mit Hilfe formaler und semantischer Kriterien wird die Genusbildung in gewissem Umfang voraussagbar: Adjektive auf *-dor*, *-ón*, *-án*, *-ín* und Nationalitätenbezeichnungen sind genusvariabel, die Mehrzahl der konsonantisch auslautenden Adjektive aber genusinvariabel.

---

[4] Augmentativbildungen auf *-ote* sind genusvariabel: *un hombre brut-ote*: *una mujer brut-ota*.

c) Kurzform

Einige Adjektive und Determinanten nehmen in attributiver Position eine Kurzform an, die durch Auslautreduktion (Apokope) entsteht. Vor Substantiv (bzw. Nominalausdruck) im Mask. Sg. apokopieren:

bueno/malo   → *buen/mal*
primero/tercero/postrero → *primer/tercer/postrer*
uno/alguno/ninguno   → *un/algún/ningún*

Beispiele

un buen/mal amigo	ein guter/schlechter Freund
al primer/tercer/postrer día	am ersten/dritten/letzten Tag
un/algún/ningún amigo	ein/irgendein/kein Freund

Vor Substantiv im Mask. Sg. und Fem. Sg. apokopieren *grande* → *gran, cualquiera* → *cualquier*, vor Adjektiv und Adverb (außer *mejor, peor, más, menos*) *tanto/cuánto* → *tan/* (literarisch) *cuán*:

una gran dama	eine groß[artig]e Frau	*cualquier hombre*	irgendein Mann
tan inteligente	so klug	*tan de mañana*	so früh am Morgen

Vor Substantiv und *mil* apokopiert *ciento* → *cien*, vor männlichen Heiligennamen (außer *Domingo/Tomás/Toribio*) *santo* → *San*:

Cien años de soledad	Hundert Jahre Einsamkeit
cien mil mujeres	hunderttausend Frauen
San Pedro	[der] Heilige Petrus

3.2.2. Funktion

Das Adjektiv hat im Deutschen und Spanischen die gleiche Hauptfunktion, nämlich das Substantiv zu präzisieren, und drückt diese Funktion mit dem gleichen Mittel aus, der Kongruenz in Genus und Numerus. Im Unterschied zum Deutschen kongruiert im Spanischen das Adjektiv nicht nur bei attributivem, sondern auch bei prädikativem Gebrauch mit dem Substantiv:

la mes-a blanc-a	*La mes-a es **blanc-a***	Der Tisch ist **weiß**
las mes-a-s blanc-a-s	*Las mes-a-s son **blanc-a-s***	Die Tische sind **weiß**

Bezieht sich *ein* Adjektiv auf mehrere Substantive (im Singular und/oder Plural) gelten folgende Kongruenzregeln:

○ Das nachgestellte attributive Adjektiv kongruiert normalerweise im Plural, bei genusverschiedenen Substantiven im Maskulin Plural: *con respeto y simpatía profund-**os*** „mit tiefem Respekt und großer [tiefer] Sympathie", *en situaciones y momentos crític-**os*** „in kritischen Situationen und Augenblicken", *belleza y inteligencia extraordinari-**as*** „außerordentliche Schönheit und Klugheit".

○ Das vorangestellte attributive Adjektiv tendiert zur Kongruenz mit dem unmittelbar folgenden Substantiv: *con profund-o respeto y simpatía*; diese Regel gilt entsprechend für das nachgestellte Adjektiv, wenn die Bezugssubstantive als Sinneinheit aufgefaßt werden: *un calor y una humedad espantos-a* „eine fürchterliche Hitze und Feuchtigkeit".

○ Das prädikative Adjektiv kongruiert bei genusverschiedenen Bezugssubstantiven im Maskulin: *Juan y María son alt-os* „Hans und Maria sind groß [= Körpergröße]".

3.3. Graduierung

Durch die Graduierung wird der Grad der vom Adjektiv bezeichneten Eigenschaft ausgedrückt. Im Deutschen unterscheidet man drei grammatikalisierte Eigenschaftsgrade, Positiv (Grundstufe), Komparativ (Höherstufe) und Superlativ (Höchststufe): *schön – schön-er – (am) schön-st(en)*. Diese Einteilung ist für die Beschreibung des spanischen Adjektivs nur bedingt geeignet; hier treten für die steigernde Graduierung vier formalisierte Ausdrucksformen auf:

Übersicht: Steigernde Graduierung des spanischen Adjektivs

I	II	III	IV
Positiv	Komparativ	Elativ	Superlativ
dur-o	*más dur-o*	*dur-ísim-o*	**Art. + más** *dur-o*
hart	härt-**er**	**sehr** hart	härt-**est**-er

Morphologisch wird das spanische Adjektiv durch Modifikation der Endung graduiert (synthetisch) oder durch vorangestellte Partikel (analytisch). Synthetisch wird der Elativ auf *-ísim-o* gebildet, analytisch die übrigen Graduierungen; bei einigen Adjektiven besteht – teilweise neben der analytischen Form und mit Bedeutungsspezialisierung – ein lexikalischer, genusinvariabler Komparativ bzw. Superlativ: *bueno – mejor, malo – peor, grande – mayor (más grande), pequeño – menor (más pequeño)*, usw.

3.3.1. Elativ

Der Elativ bezeichnet einen hohen Eigenschaftsgrad, aber im Unterschied zum Superlativ außerhalb eines Vergleichs: *una mujer hermos-ísim-a* „eine wunderschöne Frau", *un examen facil-ísim-o* „eine kinderleichte Prüfung".
Der Elativ auf *-ísim-o* ist beim spanischen Adjektiv voll grammatikalisiert, er kann auch bei Adverbien vorkommen (*cerqu-ísim-a* „muy cerca"). Im Deutschen ist der Elativ keine eigene grammatische Kategorie; er wird entweder durch den Superlativ wiedergegeben, z. B. in Höflichkeitsformeln *(Mit herzlichsten Grüßen!)*, oder durch lexikalische Graduierungen (*äußerst schwierig, hochberühmt, furchtbar nett, sehr schön*, usw.).

3.3.2. Komparativ, Superlativ

Komparativ und Superlativ sind Vergleichsformen; sie drücken aus, daß mehreren Referenten eine Eigenschaft in verschiedenem Maße zukommt (Komparativ), oder einem Referenten der höchste Eigenschaftsgrad (Superlativ). Im Spanischen haben im Unterschied zum Deutschen Komparativ und Superlativ die gleiche Form: *más* + Adjektiv. Welche Graduierung vorliegt, entscheidet der Kontext. Der Superlativ kombiniert nur mit dem bestimmten Artikel: *la casa más antigua de la ciudad* „das älteste Haus der Stadt"; er kann aber in dieser Position auch komparativisch interpretiert werden: *Tienen dos casas; la casa más antigua es de ella* „Sie besitzen zwei Häuser, das ältere [Haus] gehört ihr".

Der steigernden Graduierung mit *más* + Adjektiv entspricht eine mindernde mit *menos* + Adjektiv: *Luis es más/menos listo que Juan* „Ludwig ist intelligenter/weniger intelligent als Hans"; *Luis es el más/menos listo* „Ludwig ist der (Un)Intelligenteste".

3.4. Adjektivstellung[5]

Das attributive Adjektiv wird im Deutschen dem Substantiv vorangestellt, im Spanischen kann es vor und nach dem Substantiv stehen. Das heißt nicht, daß die Wortstellung des spanischen Adjektivs beliebig ist: Die syntaktische Position hat hier eine semantische Funktion, und diese Funktion bestimmt im Zusammenwirken mit der Eigenbedeutung der Elemente der Attributkonstruktion, ob das Adjektiv vor oder nach dem Substantiv steht. Der stilistische Spielraum ist hierbei erheblich.

In lexikalisierten Attributkonstruktionen ist das Adjektiv positionsgebunden; bei fachsprachlichen Einheiten wird es in der Regel nachgestellt, bei festen Wendungen vorangestellt:

Fachsprachliche Einheiten: *ácido sulfúrico* – Schwefelsäure; *motor eléctrico* – Elektromotor; *máquina calculadora* – Rechenmaschine. **Feste Wendungen:** *la pura verdad* – die reine Wahrheit; *por mera casualidad* – aus bloßem Zufall; *Buenos días* – Guten Tag.

Funktion

In der grammatischen Literatur werden den beiden Positionen des attributiven Adjektivs eine Reihe semantischer Gegensatzfunktionen zugeordnet, z. B.:

Voranstellung	Nachstellung
erläuternd (explikativ)	bestimmend (spezifizierend)
bewertend	darstellend
subjektiv	objektiv
affektiv	logisch

---

[5] Zum Forschungsstand vgl. TERKER 1980, PELZING 1981, KLEIN-ANDREU 1983, PENADES MARTÍNEZ 1990, 15–75 (Literaturüberblick).

Man kann diese Funktionstafel folgendermaßen zusammenfassen:

> Innerhalb der Attributkonstruktion ist unter sonst gleichen Bedingungen die Position des vorangestellten Adjektivs ‚schwach' und die des nachgestellten Adjektivs ‚stark'.

Diese Grundregel ist in vierfacher Hinsicht ausgeprägt: semantisch, syntaktisch, phonologisch und lexikalisch.

a) semantisch

Der Informationsbeitrag des vorangestellten Adjektivs zur Attributkonstruktion ist geringer als der des nachgestellten Adjektivs.

Hierzu ein klassisches Beispiel (BELLO § 47). In der Attributkonstruktion *las **mansas** ovejas* „die zahmen Schafe" präzisiert das Adjektiv nur unerheblich die Bedeutung des Substantivs; denn die Eigenschaft ‚zahm' ist im Begriff ‚Schaf' eigentlich enthalten – wie ‚rund' in ‚Kugel' –, ihre Angabe also sachlich überflüssig (redundant). Hingegen wird in *los animales **mansos*** „die zahmen Tiere" das Substantiv zusätzlich bestimmt (nicht alle Tiere sind zahm); das Adjektiv hebt aus der Menge der Tiere eine Teilmenge hervor, der die Eigenschaft ‚zahm' zukommt. Logisch gesehen bezieht sich das Adjektiv in *las **mansas** ovejas* auf *alle* Referenten des Substantivs; in *los animales **mansos*** hingegen wird der Referenzbereich des Substantivs eingeschränkt.

 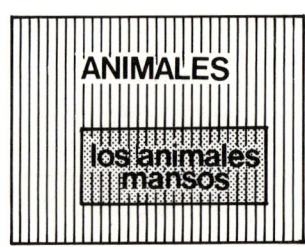

 Referenzbereich des Adjektivs

 Referenzbereich des Substantivs

Abb. 7: Referenzsemantik der Attributkonstruktion

Das vorangestellte Adjektiv beschreibt und malt aus, es tendiert zum schmückenden Beiwort (Epitheton), mit geringem Informationswert; das nachgestellte Adjektiv präzisiert den semantischen Inhalt des Substantivs, es unterscheidet und klassifiziert: So bezeichnet *un amigo **joven*** einen „jungen" Freund, im Unterschied zu anderen, älteren Freunden; in

*un **joven** amigo* fehlt diese vergleichende Stellungnahme. Im Deutschen kann dieser Bedeutungsunterschied durch die Betonung des Adjektivs wiedergegeben werden: *ein **junger** Freund* : *ein junger **Freund***.
Adjektive, die determinierende Eigenschaften bezeichnen, werden in der Regel nachgestellt, weil sie eine Unterscheidungs- und Hervorhebungsfunktion haben:

una camisa blanca	*un sacerdote católico*
una mesa redonda	*un hombre casado*
una bomba atómica	*el partido liberal*
la mano derecha	*la escuela secundaria*
un ciudadano alemán	*un problema matemático*

Die Anzahl dieser Adjektive ist nicht begrenzt; es handelt sich vornehmlich um Namen sinnlich wahrnehmbarer Eigenschaften (Farb-, Form-, Stoffbezeichnungen), Statusangaben (Nationalität, Religion, u. a.) sowie klassifikatorische Ausdrücke aus Wissenschaft, Technik und öffentlichem Leben; letzere bilden mit dem Begleitsubstantiv häufig eine terminologische Einheit.

b) syntaktisch

Das vorangestellte Adjektiv wird syntaktisch weniger modifiziert als das nachgestellte Adjektiv.
Durch syntaktische Ergänzungen (Adverbien, Graduierungen) wird der semantische Inhalt des Adjektivs hervorgehoben, es tendiert deshalb zur starken Position: *los versos más tristes, una navaja bastante buena, un asunto menos importante*, usw.

c) phonologisch

Vorangestellte Adjektive sind im Durchschnitt kürzer als nachgestellte. Diese Regel beruht auf dem Zusammenhang von Wortlänge (in Silben) und Informationsgehalt: Je länger ein Wort, desto eindeutiger und unterscheidungskräftiger ist tendenziell sein semantischer Inhalt.
Den Zusammenhang von Silbenzahl und Stellungspräferenz des spanischen Adjektivs zeigt VAN DEN BOGAERT 1979 anhand eines Korpus von Zeitungsaufsätzen Unamunos. Von den 495 Adjektiven, die mindestens dreimal im Korpus vorkommen und insgesamt 7700 Belege ergeben, werden:

(a) 9 % nur vorangestellt	mittlere Silbenzahl	2,9
(b) 23 % überwiegend vorangestellt	mittlere Silbenzahl	3,0
(c) 22 % überwiegend nachgestellt	mittlere Silbenzahl	3,3
(d) 47 % nur nachgestellt	mittlere Silbenzahl	3,5

d) lexikalisch

In einigen Fällen[6] hat sich die semantische Funktion der Vor- und Nachstellung des Adjektivs zu einem lexikalischen Bedeutungsunterschied verfestigt: *un **pobre** hombre* „ein armer [= bedauernswerter] Kerl" : *un hombre **pobre*** „ein Armer", *un **gran** hombre* „ein großer [= bedeutender] Mann" : *un hombre **grande*** „ein groß[gewachsen]er Mann", *las **únicas** vacaciones* „die einzigen Ferien" : *las vacaciones **únicas*** „die einzigartigen Ferien", ***varios** artículos* „einige Artikel [= Zahlangabe]" : *artículos **varios*** „verschiedene Artikel [= Artangabe], usw.

Statistisch gesehen dominiert, insbesondere im gesprochenen Spanisch, die Nachstellung des attributiven Adjektivs. Allerdings ist die Voranstellung keine Ausnahme.

In Cela, *Viaje a la Alcarria* (Ausgabe Barcelona 1965), kommen 1031 Attributkonstruktionen mit insgesamt 1258 Adjektivbelegen vor. 25 % der Attribute sind vorangestellt, 72 % nachgestellt und 3 % voran- und nachgestellt *(grandes, profundos ojos negros)*. Das vorangestellte Attribut enthält maximal zwei Adjektive, das nachgestellte sechs – die Spannweite der prädeterminierenden Konstruktion ist also weitaus geringer als die der postdeterminierenden:

grises menudos pájaros de la ciudad	graue, winzige Stadtvögel
chicas trabajadoras, honestas, sanas de cuerpo y de alma, complacientes, risueñas, muy guapas.	arbeitsame, ehrbare Mädchen, gesund an Geist und Körper, zuvorkommend, lächelnd [und] sehr hübsch.

4. Artikel, Zahlwort, Pronomen

4.1. Überblick

Die Wortklassen Artikel, Zahlwort und Pronomen, in der Literatur häufig als ‚Determinanten' bezeichnet, werden hier funktional zusammengefaßt. Es handelt sich um eine Paradigmengruppe mit adjektivischen, substantivischen und spezifischen Merkmalen, die man grosso modo folgendermaßen abgrenzen kann:

○ Artikel und Pronomen bilden ein begrenztes Inventar grammatischer Funktionswörter mit hoher Vorkommenshäufigkeit. Im Unterschied zu den Funktionswörtern Präposition und Konjunktion sind sie flektierbar, und zwar durch die nominalen Kategorien Genus

---

[6] PELZING 1981, 99–122 listet insgesamt 18 bipositionale, bisemantische Adjektive im strengen Sinn auf.

und Numerus; das Personalpronomen weist auch eine Kasusflexion auf. Das Zahlwort gehört einer offenen, lexikalischen Wortklasse an, die semantisch allerdings begrifflich exakt strukturiert ist.

○ Gegenüber den Wortklassen Substantiv, Adjektiv, Verb und Adverb haben die Determinanten eine merkmalärmere Bedeutung, die ‚deiktisch' und/oder ‚kennzeichnend' ist. Im ersten Fall wird eine Zeigehandlung ausgedrückt: *Esto es increíble* „Das ist [ja] unglaublich", *La casa en que vivo* „Das Haus, in dem ich wohne", *Yo, el Rey* „Ich, der König". Im zweiten Fall wird der Referent kategorial nach Quantität, Negation, Person, Sache, usw. gekennzeichnet: *¿Cuántos han venido? – Todos/nadie/muchos/cinco* „Wie viele sind da? – Alle/keiner/viele/fünf", *¿Quién es?* „Wer ist da?", *¿Qué pasa?* „Was ist los?".

Beim Pronomen als Stellvertreter- oder Proform ist die Bedeutungsreduktion grammatikalisiert, es übernimmt die kategorialen Merkmale des Referenten.

In *Una chica y un chico pasean por el jardín. Ella canta* bezieht sich *ella* auf die kategorialen Kennzeichnungen ‚Person', ‚Einzahl', ‚weiblich' von *chica* „Mädchen". Weitere Eigenschaften des Referenten, z. B. ‚Alter', werden nicht berücksichtigt; *ella* könnte auch andere weibliche Personen vertreten: *mujer, esposa, la estudiante,* usw.

○ Morphosyntaktisch funktionieren Artikel, Zahlwort und Pronomen als Proform und/ oder Determinant einer Substantivgruppe.
Als Proform haben sie eine substantivische Funktion: *¿Quién es? – Yo.* Als Determinanten präzisieren sie den Referenzbereich eines Substantivs:

la	das			*todas las*	alle		
una	ein			*dos*	zwei		
mi	mein	}	*casa* Haus	*muchas*	viele	}	*casas* Häuser
cada	jedes			*las*	die		
esta	dieses			*algunas*	einige		

Syntaktisch sind die Determinanten nur beschränkt miteinander kombinierbar[7], im Unterschied zum Adjektiv, das in Nachstellung kumuliert auftreten kann: *Las dos casas, el otro hombre,* aber: **la mi casa, *la esta casa,* u. ä.

4.2. Artikel[8]

Man unterscheidet zwei Form- und Funktionsklassen des Artikels: den bestimmten Artikel und den unbestimmten Artikel; beide werden hier, entsprechend der grammatischen Tradition, zusammen behandelt.

---

[7] Zu den Kombinationsregeln vgl. COHEN 1967, STIEHM 1978.
[8] Zum Forschungsstand vgl. LÁZARO CARRETER 1975, ALVAREZ MARTÍNEZ 1986.

4.2.1. Form

Der spanische Artikel wird durch die grammatischen Kategorien Genus und Numerus modifiziert.

Artikel

	Bestimmter Artikel		Unbestimmter Artikel	
	Singular	**Plural**	**Singular**	**Plural**
Maskulin	el^1	l-o-s	un	un-o-s
Feminin	l-a^2	l-a-s	un-a^2	un-a-s
Neutralform	lo		–	

[1] Kontrahierte Formen: *de* + *el* → *del*, *a* + *el* → *al*
[2] Kombinatorische Varianten: *la* → *el* bzw. *una* → *un*, wenn der Artikel unmittelbar vor einem appellativischen Substantiv steht, das mit betontem *a*- anlautet: *el agua, el hambre, un alma* (aber *la dulce agua*); die Kongruenz mit dem Substantiv bleibt feminin: *el agua está suci-a.*

Die Form *lo* ist genus- und numerusneutral, sie kombiniert im Unterschied zu den anderen Artikelformen nicht mit dem Substantiv. Der unbestimmte Artikel – der im Deutschen nur im Singular vorkommt – wird im Spanischen auch im Plural gebraucht: *Son unas cosas que no me gustan* „Das sind so Sachen, die mir nicht gefallen".

4.2.2. Funktion

Der Artikel ist der wichtigste und häufigste Determinant des Substantivs und kongruiert mit diesem in Genus und Numerus. Seine Grundfunktion ist im Deutschen und Spanischen gleich: Der unbestimmte Artikel verweist auf einen für die Sprechsituation neuen, unbekannten Referenten; mit dem bestimmten Artikel wird ausgedrückt, daß der Referent bekannt ist oder vorausgesetzt werden kann:

Beispiel (Aurelio M. Espinosa: *Cuentos populares españoles*, Madrid 1946, Nr. 135)

Un hombre y **una mujer** tenían **un rebaño** de vacas. Y **la mujer** salía a cuidarlas y **el marido** le dijo que no se le perdiera ninguna, porque si se le perdía alguna que la mataba.

Ein Mann und **eine Frau** besaßen **eine Herde** Kühe. Und **die Frau** ging weg, um sie zu hüten, und **der Mann** sagte ihr, sie solle kein Tier verlieren, denn wenn sie eines verlöre, würde er sie töten.

Neben der textsemantischen Einführungs- und Identifizierungsfunktion hat der Artikel eine rein grammatische Aufgabe, nämlich nichtsubstantivische Einheiten zu substantivieren: *El verde y el rojo son colores de moda* „(Das) Grün und (das) Rot sind Modefarben", *Déme un tinto* [= *vino tinto*] „Geben Sie mir einen Roten [= Rotwein]".

Der unbestimmte Artikel Sg. kann in substantivischer Funktion eine vage Personreferenz ausdrücken: *Uno/Una tiene su orgullo* „Man hat seinen Stolz"; im Pl. bezeichnet er eine unbestimmte Menge: *unas diez mil pesetas* „etwa zehntausend Peseten", *unas manzanas* „einige Äpfel"; *Unos cantan, otros bailan* „Einige singen, andere tanzen".

Die Neutralform *lo* hat zwei Funktionen:

○ Adjektivische Ausdrücke werden durch *lo* zu Abstrakta substantiviert: *lo bueno* „das Gute", *lo primero* „das Erste", *lo poco* „das Wenige". Das Adjektiv kongruiert mit *lo* in der nichtmarkierten Genus- und Numerusform, nämlich Mask. Sg., bei der Konstruktion *lo* + Adj. + *que* hingegen mit dem Bezugssubstantiv: *¡Lo buena que era mi madre!* „Wie gut [doch] meine Mutter war!".

○ In der Konstruktion *lo de* + Substantivgruppe und *lo que* + Verbalgruppe substantiviert *lo* eine Wortgruppe: *lo de tu hermano* „das [= die Sache] mit deinem Bruder", *lo que yo no comprendo es . . .* „(das) was ich nicht verstehe, ist . . .".

Sprachsystematisch hat der Artikel im Deutschen und Spanischen die gleiche Funktion. In den Gebrauchstendenzen zeigen sich aber gewisse Unterschiede, z. B. ist der artikellose Substantivgebrauch bei Allgemeinbezeichnungen (Gattungs-, Stoffbegriffe, Abstrakta) im Spanischen eingeschränkter als im Deutschen[9]:

Hunde sind Haustiere	*Los perros son animales domésticos*
Milch ist ein Grundnahrungsmittel	*La leche es un alimento básico*
Zeit ist Geld	*El tiempo es oro [dinero]*

4.3. Zahlwort

Im Unterschied zu den anderen Determinanten ist die Anzahl der Einheiten beim Zahlwort nicht begrenzt. Das Paradigma des Zahlwortes besteht aus wenigen Grundeinheiten (Einer, Zehner, Hunderter, Tausend, Million, usw.), die durch Reihung eine unbegrenzte Anzahl neuer Einheiten ergeben.

Man unterscheidet zwei Hauptklassen des Zahlwortes: Die Kardinalzahlen bezeichnen eine Menge, die einer bestimmten Einheit der Zahlenreihe entspricht *(una, dos, tres . . . semana-s)*, die Ordinalzahlen einen bestimmten Platz innerhalb einer geordneten, abzählbaren Reihe *(la primera, segunda, tercera . . . semana)*.

---

[9] Zur Opposition bestimmter Artikel: Null *(los niños juegan : juegan niños)* vgl. ALARCOS LLORACH 1967.

a) Kardinalzahlen

Die Kardinalzahlen stehen bei adjektivischem Gebrauch vor dem Substantiv. Die Einheiten *millón* und *billón* werden wie Substantive verwendet, die Zähleinheit ‚Milliarde' wird im Spanischen durch *mil millones* wiedergegeben. Die Grundeinheiten des Zahlwortes kombinieren in absteigender Folge:

Million	+	Tausender	+	Hunderter	+	Zehner	+	Einer
dos millones		*tres mil*		*doscientos*		*treinta*	*y*	*cinco*

Im Deutschen stehen Einer vor Zehnern: ***fünfunddreißig.***

Kardinalzahlen

Einer	Zehn + Einer	Zehner + Einer
	10 *diez*	20 *veinte*
1 *un-o*	11 *once*	21 *veintiun-o*
2 *dos*	12 *doce*	22 *veintidós*
3 *tres*	13 *trece*	31 *treinta y un-o*
4 *cuatro*	14 *catorce*	42 *cuarenta y dos*
5 *cinco*	15 *quince*	53 *cincuenta y tres*
6 *seis*	16 *dieciséis*	64 *sesenta y cuatro*
7 *siete*	17 *diecisiete*	75 *setenta y cinco*
8 *ocho*	18 *dieciocho*	86 *ochenta y seis*
9 *nueve*	19 *diecinueve*	99 *noventa y nueve*

Hunderter + Zehner + Einer	Tausender + Hunderter + Zehner + Einer
100 *cien, ciento*	1 000 *mil*
101 *ciento un-o*	1 001 *mil un-o*
200 *doscient-os*	2 000 *dos mil*
202 *doscient-os dos*	2 002 *dos mil dos*
303 *trescient-os tres*	10 010 *diez mil diez*
410 *cuatrocient-os diez*	21 100 *vientiun mil cien*
520 *quinient-os veinte*	100 200 *cien mil doscient-os*
621 *seiscient-os veintiun-o*	200 321 *doscientos mil trescient-os veintiun-o*
732 *setecient-os treinta y dos*	332 000 *trescientos treinta y dos mil*
843 *ochocient-os cuarenta y tres*	999 999 *novecientos noventa y nueve mil novecient-os noventa y nueve*
999 *novecient-os noventa y nueve*	

Flexionselemente sind durch Trennstrich gekennzeichnet.

Außer *un-o* und *-cient-os* sind die Kardinalzahlen unflektierbar: *un-a hora, doscient-as dos pesetas, trescient-os habitantes*. Die Apokopierungsregeln (vgl. S. 173 und 180) gelten entsprechend: *veintiun minutos, cuarenta y un mil habitantes*; *doscient-as y un almas*, aber *doscient-as y un-a personas*; *cien pesetas*, aber *ciento una pesetas*.

b) Ordinalzahlen

Die Ordinalzahlen werden wie Adjektive verwendet; sie sind genus- und (selten) numerusvariabel: *la segunda semana* „die zweite Woche", *en los primeros días* „in den ersten Tagen".

Ordinalzahlen

I	*primer-o*[1]	VI	*sext-o*
II	*segund-o*	VII	*séptim-o*
III	*tercer-o*[1]	VIII	*octav-o*
IV	*cuart-o*	IX	*noven-o*
V	*quint-o*	X	*décim-o*

[1] Vor Subst. (bzw. Nominalausdruck) Mask. Sg. *primer-o, tercer-o* ⟶ *primer, tercer*: *el **primer** buen ejemplo*.

Im Vergleich zum Deutschen ist im Spanischen das Paradigma der Ordinalzahlen nur schwach verankert. Im Sprachgebrauch kommen fast nur die Ordinalzahlen I.–X. vor, ab XI. werden in der Regel die entsprechenden Kardinalzahlen verwendet: *Pío **décimo** ~ Pío **diez*** „Pius X.", *el capítulo once* „das 11. Kapitel", *en el piso doce* „im 12. Stock". Bei Datumsangaben werden außer für den Monatsersten Kardinalzahlen verwendet: *el primero de mayo* „der 1. Mai", *el cinco de octubre* „der 5. Oktober".

Die Ordinalziffern werden im Spanischen römisch geschrieben (Titel, u. ä.) oder arabisch mit hochgestelltem Flexionszeichen: *el 1° de mayo, la 2ª semana*.

4.4. Possessivpronomen

4.4.1. Form

Das spanische Possessivpronomen wird durch drei grammatische Kategorien modifiziert: Genus, Numerus und Person. Morphologisch bildet es ein Doppelparadigma mit je einer ‚schwachen' und ‚starken' Formenreihe. Die schwachen Formen stehen vor dem Bezugssubstantiv, die starken Formen danach: *mi coche, el coche **mío*** „mein Auto"; *tu casa, la casa **tuya*** „dein Haus", usw.

Possessivpronomen

‚Besitzer'		Singular		Plural	
		Maskulin	**Feminin**	**Maskulin**	**Feminin**
		schwache Formen[1]			
einer	1. Person		*mi*		*mi-s*
	2. Person		*tu*		*tu-s*
	3. Person		*su*		*su-s*
mehrere	1. Person	*nuestr-o*	*nuestr-a*	*nuestr-o-s*	*nuestr-a-s*
	2. Person[2]	*vuestr-o*	*vuestr-a*	*vuestr-o-s*	*vuestr-a-s*
	3. Person		*su*		*su-s*
		starke Formen[1]			
einer	1. Person	*mí-o*	*mí-a*	*mí-o-s*	*mí-a-s*
	2. Person	*tuy-o*	*tuy-a*	*tuy-o-s*	*tuy-a-s*
	3. Person	*suy-o*	*suy-a*	*suy-o-s*	*suy-a-s*
mehrere	1. Person	*nuestr-o*	*nuestr-a*	*nuestr-o-s*	*nuestr-a-s*
	2. Person[2]	*vuestr-o*	*vuestr-a*	*vuestr-o-s*	*vuestr-a-s*
	3. Person	*suy-o*	*suy-a*	*suy-o-s*	*suy-a-s*

[1] Terminologisch üblicher sind die Bezeichnungen ‚unbetonte' bzw. ‚betonte' Formen.

[2] Im A-sp. ist *vuestr-o* ungebräuchlich und wird durch *su* bzw. *suy-o* ersetzt; statt *nuestr-o* wird verbreitet *de nosotr-os* verwendet.

Das Possessivpronomen steht in zwei Kongruenzbeziehungen:

○ Die Kategorie ‚Person' bezeichnet den ‚Besitzer': *mi coche* „mein Auto", *tu coche* „dein Auto", usw.

○ Genus und Numerus kongruieren mit dem Besitzobjekt: *mi-s coche-s, l-o-s coch-e-s mí-o-s* „meine Autos". Im Unterschied zum Deutschen bezieht sich das Possessivpronomen der 3. Pers. im Spanischen nicht auf das Genus des Besitzers: *su coche* „**sein** Auto" [= *el coche de él*], „**ihr** Auto" [= *el coche de ella*].

Bei sechs Ausprägungen der Personkategorie und je zwei der Genus- und Numeruskategorie beträgt die Zahl der theoretisch möglichen Einheiten pro Paradigma des Possessivpronomens $2 \times 2 \times 6 = 24$. Tatsächlich kommen im schwachen und starken Paradigma nur 14 bzw. 20 verschiedene Einheiten vor; manche Formen übernehmen also mehrere Funktionen, durchgängig ausgeprägt ist nur der Numerus. Gegenüber dem Personalpronomen ist die Referenzinformation der 3. Person des Possessivpronomens gering: Sie nimmt weder Bezug auf Genus und Numerus des Referenten (*el, ella : ellos, ellas*) noch unterscheidet sie Berede- und Anredefunktion (*el, ella : usted*; *ellos, ellas : ustedes*) – macht also sechs Distinktionen des Personalpronomens nicht mit.

Übersicht: Pronominale Referenz der 3. Person des Possessivpronomens

	1. *el coche de él*	sein Auto
su coche, el coche suyo	2. *el coche de ella* 3. *el coche de ellos* 4. *el coche de ellas*	ihr Auto
	5. *el coche de usted* 6. *el coche de ustedes*	Ihr Auto

Die Umschreibungsformen *de él, de ella,* usw. werden verwendet, um die Referenzinformation zu präsentieren; sie kommen im A-sp. – wo *su* auch die Funktion der 2. Pers. Pl. hat: *su coche* „euer Auto" [= *el coche de vosotr-os, -as*] – häufiger vor als im E-sp.: *Está en la casa de usted* statt e-sp. *Está en su casa* „Fühlen Sie sich wie zuhause".

4.4.2. Funktion

Durch das Possessivpronomen wird ein Bezugsobjekt grammatisch einem ‚Besitzer' zugeordnet. Semantisch kann diese Zuordnung ein Eigentumsverhältnis ausdrücken (*mi coche* „mein Auto", *el coche es mío* „das Auto gehört mir"), aber auch allgemeiner ‚Zugehörigkeit' und ‚Verbundenheit': *mis padres* „meine Eltern", *tu opinión* „deine Meinung".

Syntaktisch wird das Possessivpronomen attributiv, prädikativ und substantiviert verwendet.

○ Bei attributivem Gebrauch kommen die starken und schwachen Formen vor. Semantisch bezeichnet die starke Form den ‚Besitzer' nachdrücklicher als die schwache Form, im Deutschen wird dieser Unterschied durch die Betonung ausgedrückt: *mi casa* „mein Haus" – *la casa mía* „**mein** Haus".
Außer in festen Wendungen (*¡Dios mío!* „Mein Gott!") und bestimmten Konstruktionen (*Es cosa mía* „[Das] ist meine Angelegenheit") wird das Bezugssubstantiv der starken Form durch Determinanten eingeleitet, insbesondere den Artikel: *la casa mía, en este país nuestro* „in diesem unserem Land". Bei unbestimmtem Artikel entspricht die spanische Konstruktion dt. umgangssprachlich *von mir, von dir,* usw. oder einem Genitiv: *una hermana mía* „eine Schwester von mir", „eine meiner Schwestern".
Quantitativ dominiert die schwache Form des attributiven Possessivpronomens: In der Literatursprache kommen die Typen *mi casa – (la) casa mía* im Verhältnis 20,5 : 1 vor (COSTA OLID 1981, 101 f.).

○ Prädikativ und substantiviert hat das Possessivpronomen stets die starke Form: *La casa es mía* „Das Haus gehört mir", *Dame un bolígrafo, el mío no funciona* „Gib mir einen Kugelschreiber, meiner geht nicht", *A cada uno lo suyo* „Jedem das Seine".

4.5. Demonstrativpronomen

4.5.1. Form

Das Paradigma des spanischen Demonstrativpronomens ist im Unterschied zum zweigliedrigen System des Deutschen *(dieser – jener)* dreigliedrig: *este – ese – aquel.* Grammmatisch wird das Demonstrativpronomen durch die Kategorien Genus und Numerus modifiziert, wobei das Genus wie beim bestimmten Artikel auch eine Neutralform aufweist.

Demonstrativpronomen (und deiktisch entsprechende Adverbien)

Deixis:	‚Nähe‘		‚Nicht-Nähe‘		‚Ferne‘	
	Singular	Plural	Singular	Plural	Singular	Plural
Maskulin[1]	*est-e*	*est-o-s*	*es-e*	*es-o-s*	*aquel*	*aquell-o-s*
Feminin[1]	*est-a*	*est-a-s*	*es-a*	*es-a-s*	*aquell-a*	*aquell-a-s*
Neutralform		*esto*		*eso*		*aquello*
Lokaladverb	*aquí*		*ahí*		*allí*	
	↓		↓		↓	
Richtungsadverb	*acá*		–		*allá*	

[1] Bei substantivischem Gebrauch fakultativer – im Falle von Zweideutigkeit: obligatorischer – graphischer Akzent auf der Tonsilbe der Maskulin- und Femininformen: *éste, ése, aquél,* usw. (vgl. RAE 1981, 217).

Die dreigliedrige Deixis des Demonstrativpronomens gilt entsprechend für die Adverbialreihen *aquí* „hier" – *ahí* „da" – *allí* „dort" und *acá* „hierher" – ∅ – *allá* „dorthin"[10]. Die Lokaladverbien lassen sich in Konstruktionen mit dem Demonstrativpronomen umformen:

$$\left. \begin{array}{l} aquí = \\ ahí \ = \text{en} \\ allí \ = \end{array} \right\} \left\{ \begin{array}{l} \text{este} \\ \text{ese} \\ \text{aquel} \end{array} \right\} \text{lugar (o tiempo)}$$

Die Serien *este, ese, aquel* haben eine semantische Affinität zum entsprechenden Lokaladverb: ***Este*** *libro está* ***aquí*** „Dieses Buch ist hier"; ***Ese*** *libro está* ***ahí***, ***Aquel*** *libro está* ***allí*** „Jenes Buch ist dort".

Bei den Richtungsadverbien fehlt das mittlere, *ese* entsprechende Glied; diese paradigmatische Lücke wird durch *ahí* ausgefüllt: *¡Por ahí!* „Dahin!", *de ahí nuestro interés* „daher unser Interesse". Auch sonst werden die Lokaladverbien häufig zum Richtungsausdruck verwendet: *¡Ven aquí!* ~ *¡Ven acá!* „Komm (hier)her!"

[10] Zur deiktischen Funktion vgl. CARBONERO-CANO 1979, 84–96 und SCHMIDELY 1975.

Nach GERRARD 1963, 45 kommen *aquí* und *acá* in der heutigen Schriftsprache e-sp. im Verhältnis 20 : 1 und a-sp. 9 : 1 vor – gegenüber 2 : 1 im 16. Jh.
Die Opposition *aquí* : *acá* schwindet im E-sp. zugunsten von *aquí*. In Testsätzen wie

> *Oye, Pablo, ven ...*
> *¿A dónde? – Para ...*

dominiert bei e-sp. Informanten *aquí*; a-sp. Informanten, insbesondere aus dem Süden, verwenden fast nur *acá*.
Nach *más* steht im allgemeinen nur *acá*: *un poquito más acá* „ein bißchen weiter (hier)her".

4.5.2. Funktion

Semantisch drückt das Demonstrativpronomen eine Zeigehandlung (Deixis) aus: Es gibt die räumliche, zeitliche oder begriffliche Entfernung zwischen Sprecher und Referenten an. Die drei Serien *este, ese, aquel* unterscheiden sich in der Distanzabstufung von Sprecher und Referenten: ‚Nähe', ‚Nicht-Nähe', ‚Ferne'; der Entfernungsgrad ist allerdings nicht als physikalische Maßgröße zu verstehen, sondern als sprecherbezogene Bewertungsgröße.

○ Das Zeigefeld von *este* liegt im Ich – Hier – Jetzt der Sprechsituation; *este* bezeichnet einen sprecher-, raum- und/oder gegenwartsnahen Referenten: *esta noche* „heute Abend", *Este papel que tengo en la mano* „Dieses [Blatt] Papier, das ich in der Hand halte", *Este sol que nos calienta* „Diese [unsere] Sonne, die (uns) Wärme spendet".

○ *Aquel* steht im Gegensatz zu *este*; sein Zeigefeld liegt im Nicht-Ich – Dort – Damals/ Dann. *Aquel* verweist auf einen räumlich entfernten, zeitlich vergangenen bzw. zukünftigen, der 3. Person entsprechenden Referenten: *durante aquellos años de la segunda guerra mundial ...* „[damals] in jenen Jahren des 2. Weltkrieges ...", *Aquel alumno del fondo debe guardar silencio* „Der Schüler dort ganz hinten soll ruhig sein".

Die Übersetzungsgleichung *aquel* = *jener* stimmt idiomatisch in vielen Fällen nicht. *Jener* ist schriftsprachlich und kommt überwiegend in einem gehobenen, feierlichen Kontext *(in jener Zeit)* vor; quantitativ ist das Verhältnis *dieser* : *jener* im geschriebenen Deutsch (Pressesprache) 16 : 1[11]. *Aquel* ist hingegen eine varietätenneutrale, normalsprachliche Form; *este* : *aquel* stehen nach dem *FDSW* im Verhältnis 3,5 : 1, bei der Gattung Roman 1 : 1.

○ *Ese* nimmt ein unscharf abgegrenztes Zeigefeld zwischen *este* und *aquel* ein: Nicht-Ich – Nicht-Hier – Nicht-Jetzt, mit starkem Hörerbezug: *¿Has visto ese tipo/el tipo ese?* [= Mißfallen] „Hast Du *den* Kerl gesehen?", *Esa actitud tuya no es razonable* „Diese Haltung von Dir ist unvernünftig", *Hay alguien detrás de todo eso* „Hinter dem Ganzen steckt jemand".

---

[11] Zählung nach ROSENGREN II, 1977, 1243 u. 1461.

In der Konzessivkonstruktion *y eso que* und in bezug auf Personen hat *eso* eine abwertende Bedeutung: *Tengo que hacerlo y eso que no me gusta* „Ich muß das tun und dabei habe ich keine Lust", *¡Mira eso!* [= Person oder Sache] „Schau [dir bloß] das an!".

Die Referenz des Demonstrativpronomens kann außen- oder innendeiktisch sein; im zweiten Fall hat das Pronomen eine textinterne Verweisfunktion: *Tengo un bolígrafo y una pluma; **ésta** no escribe, **aquél** no funciona bien* „Ich habe einen Kugelschreiber und einen Füller; **dieser** [letzterer] schreibt nicht, **jener** [ersterer] geht nicht richtig".

Syntaktisch wird das Demonstrativpronomen adjektivisch oder substantivisch verwendet: *esta amiga* „diese Freundin" – *ésta es mi amiga* „das [diese] ist meine Freundin". Die Neutralform kommt nur substantivisch vor, sie bezeichnet einen Sachverhalt in unbestimmter Weise: *Quieren burlarse de mí y eso no lo permito* „Man will sich über mich lustig machen, aber *das* lasse ich nicht zu", *eso de mi hermana* „die Sache mit meiner Schwester", *Esto de estudiar no me gusta* „Die Studiererei [= dieses Studieren] paßt mir nicht".

Eine demonstrative Deixis, insbesondere textinterner Art, können auch *tal, dich-o, tant-o, el cual* ausdrücken: *Tengo un problema; dicho problema ...* „Ich habe ein Problem; dieses/besagtes Problem ...", *Tengo mucha prisa. – ¿Tanta prisa tiene Vd.?* „Ich habe es sehr eilig. – So eilig haben Sie es?", *Por eso/por dicha razón/por tal motivo no digo nada* „Deshalb/aus diesem Grund/deswegen sage ich nichts", *Hay muchos factores – algunos de los cuales son importantes* „Es gibt viele Faktoren – einige davon [derselben] sind wichtig".

4.6. Indefinitpronomen[12]

Das Indefinitpronomen bildet eine Art Restklasse, deren Einheiten im Zwischenbereich von Lexikon und Grammatik liegen. Semantisch drücken die Indefinita einen Mengenbezug aus – häufig mit Tendenz zur Unschärfe –; nach der Art des Mengenbezuges kann man die Indefinita in vier Bedeutungsgruppen einteilen.

Indefinitpronomen

‚Schätzung'			
demasiad-o	zuviel	*demás*	übrig
much-o, tant-o	viel, so viel	*poc-o*	wenig
bastante, -s	ziemlich	*vari-os*	einige
más	mehr	*menos*	weniger

---

[12] Zur Klassifikation vgl. ALVAREZ MARTÍNEZ 1986, 161–199.

,Zuordnung'			
amb-os[1]	beide	*send-os*[2]	je ein
cada, adj.	jeder (einzelne)	*cada un-o*, subst.	jeder (einzelne)

,Auswahl'			
ciert-o	(ein) gewisser	*otr-o*	(ein) anderer
tal, -es	solch	*semejante, -s*	solch
algun-o	irgendeiner	*ningun-o*	keiner
alguien, subst.	jemand	*nadie*, subst.	niemand
algo, subst.	etwas	*nada*, subst.	nichts
quienquiera[2] *quienesquiera*[2], subst.	wer auch immer	*cualquiera* *cualesquiera*[2]	irgendein beliebiger

,Gesamtheit'			
tod-o + Subst. Sg.	jeder	*todo hombre*	jeder Mensch
	all	*todas las mujeres*	alle Frauen
tod-o + Det.[3] + Subst.		*todo su dinero*	ihr ganzes Geld
	ganz	*toda esa familia*	diese ganze Familie

[1] Umgangssprachlich ersetzt durch *los dos, las dos* „die zwei".
[2] Literarisch.
[3] Artikel, Possessiv- oder Demonstrativpronomen; formelhaft ohne Determinant: *de todas formas, por todos lados* u. ä.

Die grammatischen Kategorien Genus und Numerus sind beim Indefinitpronomen nicht einheitlich ausgeprägt; es kommen vier kategoriale Klassen vor:

○ Unflektierbar: *las demás personas* „die übrigen Leute"; *Quiero más carne y menos patatas* „Ich möchte mehr Fleisch und weniger Kartoffeln"; *cada semana* „jede Woche"; *Alguien/nadie ha venido* „Jemand/niemand ist gekommen"; *Algo/nada ha cambiado* „Etwas/nichts hat sich verändert".

○ Genusvariabel: *varias/ambas mujeres* „einige/beide Frauen"; *Les regaló sendas corbatas* [= *Les regaló una corbata a cada uno*] „Sie schenkte ihnen je eine Krawatte"; *Cada uno/cada una que pague lo suyo* „Jeder/jede soll selbst bezahlen".

○ Numerusvariabel: *Nunca me dijo tales/semejantes cosas* „So etwas [solche Dinge] hat er mir nie gesagt"; *Tengo bastantes razones* „Ich habe genügend Gründe"; *Cualesquiera que sean tus razones ...* „Was auch immer deine Gründe sein mögen ...".

○ Genus- + numerusvariabel: *mucho dinero, muchos coches, tanta gente, tantas mujeres; ningún(os) ejemplo(s), ninguna(s) dificultad(es).*

Funktional kommen die Indefinita adjektivisch, substantivisch oder adjektivisch + substantivisch vor; letztere Klasse ist am umfangreichsten: *Hace mucho/poco/demasiado/ bastante calor* „Es ist sehr/wenig/zu/ziemlich heiß"; *Vinieron muchos/pocos/ demasiados/bastantes* „Viele/wenige/zu viele/ziemlich viele kamen".

4.7. Personalpronomen

4.7.1. Form

Das spanische Personalpronomen wird durch die grammatischen Kategorien Person, Numerus, Genus und Kasus modifiziert; durchgängig ausgeprägt ist der Kasus sowie der Person- und Numerusbezug.

Personalpronomen

		Singular		Plural		Neutral-form
		Maskulin	**Feminin**	**Maskulin**	**Feminin**	
		Subjekt- und Präpositionalkasus[1]				
betonte Formen	1. Person	*yo (mí)*[2]		*nosotros*	*nosotras*	–
	2. Person	*tú (ti)*[2,3]		*vosotros*	*vosotras*	–
	3. Person	*él*	*ella*	*ellos*	*ellas*	*ello*[6]
	Anrede	*usted*[4]		*ustedes*[4]		–
	reflexiv	*(sí)*[2]				
		Objektkasus				
unbetonte Formen	1. Person	*me*		*nos*		–
	2. Person	*te*		*os*		–
	3. Person indirekt[5]	*le*		*les*		
	direkt[5]	*lo*	*la*	*los*	*las*	*lo*
	reflexiv	*se*				

[1] Präpositionalvarianten in ( ).
[2] *con + mí, ti, sí* —► *conmigo, contigo, consigo.*
[3] Bei Voseo *vos.*
[4] Abkürzung *Ud., Vd.* bzw. *Uds., Vds.*
[5] In der Kasusterminologie ‚Dativ' bzw. ‚Akkusativ'.
[6] Schriftsprachlich.

a) Formenreihen

Das Paradigma des Personalpronomens besteht aus zwei Formenreihen:

○ Das Subjektpronomen kommt in Subjektfunktion und nach Präposition vor (*yo, tú* mit der Präpositionalvariante *mí, ti*): *¿Quién ha venido? – Yo/él/ella* „Wer ist da? – Ich/er/ sie", *Para mí/ti/él/ella/nosotros/vosotros/ustedes todo está bien* „Für mich/dich/ihn/sie/ uns/euch/Sie ist alles in Ordnung [gut]".

○ Das Objektpronomen steht in Objektfunktion und kommt nur in enger morpho-syntaktischer Verbindung mit dem Bezugsverb vor: *Me/te/se lo han dicho* „Sie haben es mir/dir/ihm/ihr/ihnen gesagt", *¡No lo compres!* „Kauf es nicht!"

Phonetisch gesehen ist das Subjektpronomen starktonig, das Objektpronomen schwach-tonig, man spricht deshalb auch von ‚betonten‘ und ‚unbetonten‘ Formen.
Im A-sp. ist die 2. Pers. Pl. Personalpronomen *(vosotr-os, os)* ausgefallen und wird durch die 3. Pers. Pl. Anredeform *(ustedes – les, los, las)* ersetzt; entsprechendes gilt für die Personalform des Verbs.

Beispiel

Die Bibelübersetzung von Mateos/Schökel verwendet in ihrer *Edición Latinoamericana* (Barce-lona 1976) statt der e-sp. 2. Pers. Pl. durchgängig die 3. Pers. Pl. und trägt damit dem völligen Schwund der 2. Pers. Pl. im A-sp. Rechnung.

Miren (mirad) que yo **los (os)** mando como ovejas entre lobos; por tanto, **sean (sed)** astutos como serpientes e ingenuos como palomas.
(Matthäus 10,16–17; in Klammern die e-sp. Version)

b) Wortstellung

Die Stellung des Objektpronomens ist relativ zum Bezugsverb und zu anderen Objekt-pronomen geregelt.

○ Das Objektpronomen steht entweder unmittelbar vor (proklitisch) oder nach (enkli-tisch) dem Bezugsverb. Bei finitem Bezugsverb wird das Objektpronomen in der Regel vorangestellt: *Te quiero, Lo pensaré*; Nachstellung (mit orthographischer Verbindung zur Verbform) gilt bei Infinitiv, Gerundium und bejahendem Imperativ: *Conocerte es quererte, pensándolo bien, ¡Cómpraselo!* (aber: *¡No se lo compres!*). In komplexen Verbalausdrücken der Struktur

finites Modal-/periphrastisches Verb + Infinitiv/Gerundium

kann das Objektpronomen vor dem finiten oder nach dem infiniten Element stehen:

191

La quiero ver pronto ~ Quiero ver*la* pronto
Se lo voy a decir ~ Voy a decir*selo*
Te estoy esperando ~ Estoy esperándo*te*

○ Bei mehreren Objektpronomen gilt im Prinzip folgende Reihung:

$$ se + \frac{\text{personales Objekt}}{\text{2. Pers.} + \text{1. Pers.} + \text{3. Pers.}} + \text{Sachobjekt} $$

Beispiele

Me lo dijo María	Maria sagte es mir
No te me vas a escapar	Du wirst mir nicht entwischen
Se te cae el paquete	Das Paket fällt dir herunter
Se los [= *los libros*] *doy* [*a él*]	Ich gebe sie [= die Bücher] ihm

Eine Abfolge von drei Objektpronomen ist in einigen Fällen möglich, aber idiomatisch unüblich: *Tú (te) me lo llevas* „Du bringst es mir weg".

Die Kombination *le(s)* + Objekt ist unzulässig; die korrekte Formulierung läßt sich durch folgende Umformungsregel beschreiben: *le(s)* + *lo(s)/la(s)* ⟶ *se* + *lo(s)/la(s)*.

Funktional ist dieses objektpronominale *se* zu unterscheiden vom reflexiven, passivischen und unpersönlichen *se*. Wegen der Vieldeutigkeit des Personbezugs beim objektpronominalen *se* wird dieser häufig durch präpositionalen Objektanschluß verdeutlicht:

Se lo digo (a él/ella/ellos/ellas/usted/ustedes)
Ich sage es ihm/ihr/ ihnen / Ihnen

4.7.1.1. Anredepronomen[13]

Die zweistufige pronominale Anrede (dt. Sg. *du – Sie,* Pl. *ihr – Sie*) ist im Spanischen morphologisch verschieden ausgeprägt:

E-sp. Sg. *tú* – *usted* Pl. *vosotr-os – ustedes*
A-sp. Sg. *tú/vos* – *usted* Pl. *ustedes*

Das amerikanische Spanisch kennt in der Pluralanrede keine Höflichkeitsabstufung, die Einheitsform lautet *ustedes* – man sagt also z. B. zu Hunden *¡Quítense!* „Weg (mit euch)!", nicht *¡Quitaos!* In der Singularanrede wird auf der weniger formellen Höflichkeitsstufe *tú* verwendet *(tuteo)* oder *vos (voseo)*: *Si tu/vos supieras . . .* „Wenn Du wüßtest . . .". Das Objektpronomen lautet aber im Voseo – wie im Tuteo – *te*: *Te lo digo a*

---

[13] Zur sp. Anrede vgl. LEBSANFT 1990 (Forschungsbericht); zur Geschichte der Anredeformen grundlegend LAPESA 1970.

vos „Ich sage es Dir"; auch die Possessivpronomen *tu, tuyo* bleiben im Voseo erhalten: *Vos te tomás tu dinero* „Du nimmst (Dir) Dein Geld". Morphologisch gesehen ist also der Voseo ein Mischparadigma der Formtypen *tú* und *vos.*

Die Form *vos* ist etymologisch 2. Pers. Pl.; sie diente im zweistufigen Anredesystem des Altspanischen als Respektform: Sg. *tú* „du" – *vos* „Ihr", Pl. *vos* „ihr". Im Siglo de oro bildete sich eine dreistufige Anrede aus: Sg. *tú* – *vos* – *vuestra merced* „Euer Gnaden", Pl. *vos(otros)* – *vuestras mercedes,* wobei *vos* als vertrauliche Anrede zur Variante von *tú* wurde. Das heutige zweistufige Anredesystem entstand einerseits durch Grammatikalisierung von *vuestra merced* zur phonetischen Reduktionsform *usted* (Erstbeleg 1620), andererseits durch Variantenbereinigung: im europäischen Spanisch schwand *vos,* in weiten Bereichen des amerikanischen Spanisch *tú* – letztere Entwicklung kam z. B. in Buenos Aires erst im 19. Jh. zum Abschluß (vgl. FONTANELLA DE WEINBERG 1989).

Historisch gesehen kongruiert *vos* mit der 2. Pers. Pl. des Verbs. Diese Pluralkongruenz wird im Voseo bei einigen Tempora beibehalten, teilweise in deren alter, in Spanien bis zum 17. Jh. lebendigen Form (vgl. S. 115): *vos sabés* [= *sabéis*], *vos tomastes* [= *tomasteis*], *vos sos* [= *sois*]; ansonsten kongruiert *vos* mit der 2. Pers. Sg. *(vos sabías).*

Beispiel (Ernesto Sábato, *El túnel,* [22]1980, XVI)

No hablemos de mí, hablemos de **vos,** de **tus** trabajos, de **tus** preocupaciones. Pensé constantemente en **tu** pintura, en lo que me *dijiste* . . . Quiero saber qué **hacés** ahora, qué *pensás,* si **has** pintado o no.

Die Verbreitung und morphologische Ausprägung des Voseo[14] gelten als wichtiges sprachgeographisches Einteilungskriterium für das amerikanische Spanisch. Ganz grob kann man drei Verbreitungszonen unterscheiden: In der La Plata-Region (Argentinien, Uruguay, Paraguay) und Zentralamerika (außer Panama) herrscht der Voseo, in Peru, Mexiko und der Karibik der Tuteo; im übrigen spanischsprachigen Amerika kommen Voseo und Tuteo vor, teils räumlich getrennt, teils als Registervarianten. Die Verbreitung des Voseo wird im allgemeinen kulturhistorisch erklärt: Der Voseo trete an der Peripherie des ehemaligen spanischen Kolonialreiches auf, der Kernbereich, der in engem Kontakt mit dem Mutterland stand, machte die Entwicklung des europäischen Spanisch mit.

In der Erzählliteratur der La Plata-Region ist der Voseo – der bis 1930 kaum verwendet wurde – heute literaturfähig. Ernesto Sábatos Erzählung *El túnel* (1948) ist in der Erstauflage „tuteante"; die Neuauflage Anfang der 60er Jahre hat er bewußt auf Voseo umgeschrieben (FOSTER 1971).

Die besprochenen Anredesysteme gelten unter Standardbedingungen, sie berücksichtigen keine Sondernormen. Zum Beispiel lebt *vos* im europäischen Spanisch als formelle Anrede *einer* Person weiter, sie wird noch bei feierlichen Anlässen verwendet: Vereidi-

---

[14] Vgl. hierzu KANY 1967, 55–91 (reiches Beispielmaterial), RONA 1967, PÁEZ URDANETA 1981.

gung von Ministern *(Juráis o prometéis por vuestra conciencia y honor cumplir fielmente las obligaciones* . . . „Schwört oder versprecht Ihr auf (Euere) Ehre und Gewissen, die Verpflichtungen . . . treu zu erfüllen"), Aufnahme in die Akademie, usw. Im amerikanischen Spanisch kommt in Gebieten mit Voseo die Anrede *tú* in bestimmten Bereichen weiter vor, etwa in der Dichtung, aber auch in der Schule, wo *tú* als sprachkorrektere und „internationalere" Form angesehen und gelehrt wird – weshalb Voseo-Sprecher im Umgang mit Tuteo-Sprechern oft zum *tú* übergehen.

4.7.1.2. Leismus, Laismus, Loismus[15]

Als 3. Pers. Objektpronomen empfiehlt die RAE «para el uso culto y literario» (1981, 424) folgende Formen:

indirektes Objekt	*le – les*		
direktes Objekt	Mask. *lo – los*	Fem. *la – las*	N. *lo*

Abweichungen von dieser Norm zugunsten einer der drei Grundformen *le, la, lo* bezeichnet man als Leismus *(leísmo)*, Laismus *(laísmo)* und Loismus *(loísmo)*; sie kommen vor allem im Zentrum und Norden des europäischen Spanisch vor – es handelt sich im wesentlichen um eine kastilische Neuerung –, das übrige europäische Spanisch und fast das gesamte amerikanische Spanisch folgen der allgemeinen, akademischen Norm.

Beim Leismus werden die Formen des direkten Objekts Mask. und (selten) Fem. durch die des indirekten Objekts ersetzt: *lo(s)* → *le(s)*. Nach der Objektreferenz unterscheidet man zwei Arten des Leismus:

○ Bei Personen *(leísmo de persona)*: *Le* vi *(a Juan)* „Ich sah ihn [= Hans]" statt *Lo vi.*

○ Bei Sachen *(leísmo de cosa)*: *Compré un periódico y le leí* „Ich kaufte eine Zeitung und las sie" statt *Compré* . . . *y lo leí.*

Der Leismus bei Personen (im Mask.) – sozusagen ein gemäßigter Leismus, den zahlreiche kastilische Schriftsteller pflegen – wird von der RAE zugelassen, aber nicht (mehr) empfohlen; der Leismus bei Sachen ist inkorrekt.

Nach unpersönlichem *se* lautet die 3. Pers. direktes Objektpronomen Mask. Sg. bei Personen *le*, nicht *lo* – der Leismus ist hier allgemein:

Se recibe al embajador → *Se le recibe*
Se recibe a los embajadores → *Se los recibe, Se les recibe*

---

[15] Zum Forschungsstand QUILIS et al. 1985, 23–39; vgl. auch MARCOS MARÍN 1978 (Problemüberblick) und GARCÍA/OTHEGUY 1977 (semantische Faktorenanalyse des Leismus).

Beim Laismus und Loismus wird das genusneutrale indirekte Objekt durch die entsprechenden genusdifferenzierenden Formen des direkten Objekts ersetzt: *le(s)* → *la(s)* bei femininem Referenzwort (Laismus), *le(s)* → *lo(s)* bei maskulinem Referenzwort (Loismus): *La dije (a ella)* „Ich sagte ihr", *Las telefoneé (a ellas)* „Ich rief sie an" statt *Le dije* bzw. *Les telefoneé*; *Juan los dijo (a ellos) que no vendría* „Hans sagte ihnen, daß er nicht käme", *Lo di una bofetada (a él)* „Ich gab ihm eine Ohrfeige" statt *les dijo* bzw. *le di*. Der Laismus gilt als inkorrekt, der – seltenere – Loismus als inkorrekt und vulgär.

Der Leismus kommt bereits in den ältesten Texten vor (z. B. im *Cid*), Laismus und Loismus sind seit dem späten Mittelalter belegt. Die Bewertung dieser Erscheinungen durch die RAE schwankte: z. B. wurde der Laismus, der in der Literatur des Siglo de oro sehr verbreitet war, zunächst zur Norm erhoben, später (1796) aber verurteilt.

Die Ursache des Laismus und Loismus liegt in der fehlenden Genusunterscheidung des indirekten Objektpronomens: *Le dije* bedeutet „Ich sagte ihm" [= *Le dije a él*] oder „Ich sagte ihr" [= *Le dije a ella*]; die inkorrekten Konstruktionen *Lo dije* (Loismus) bzw. *La dije* (Laismus) drücken die Genusreferenz eindeutig aus.

Beim Leismus wird einerseits die Homonymie mit der Neutralform *lo* vermieden (*Lo quiero* „Ich mag ihn/es"), andererseits – beim *leísmo de persona* – personales und Sachobjekt unterschieden. Als Ursache des Leismus kommt wohl in erster Linie eine Analogiewirkung der genus- und kasusneutralen Objektpronomen der 1. und 2. Pers. in Frage: *me* „mir, mich", *te* „dir, dich" => *le(s)* „ihm, ihn, (ihnen, sie)".

Leismus und Laismus können kombiniert auftreten. In der heutigen habla popular Kastiliens ist ein aus Mask.-Leismus (bei Personen + Sachen) und Laismus gemischtes Paradigma des Objektpronomens der 3. Pers. verbreitet, dessen Funktionsweise gegenüber der gesamtspanischen Norm und der kastilischen habla culta stark vereinfacht ist.

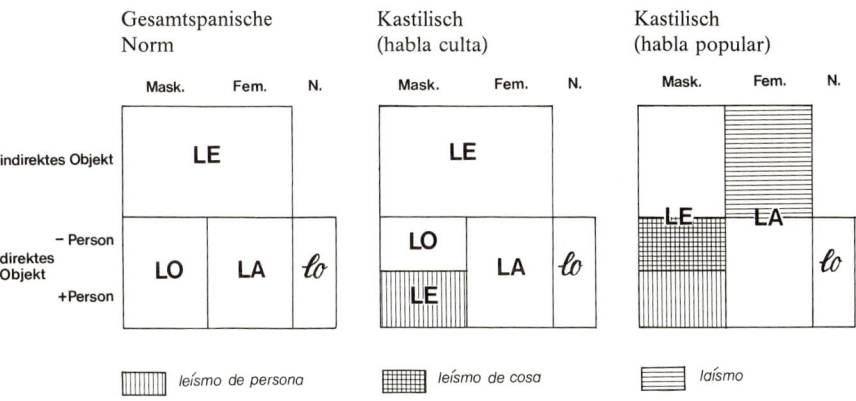

Abb. 8: Paradigmatische Variation der 3. Pers. Objektpronomen im Spanischen

Die beiden Paradigmen der kastilischen Regionalnorm sind als Idealisierungen von Normtendenzen anzusehen; eine feste Norm für den Gebrauch des Objektpronomens besteht im E-sp. nicht[16].

Die Normschwankung sei an zwei Beispielen gezeigt. Im Roman Juan Goytisolo, *La resaca* (1958), wird als direktes Objektpronomen für Personen in 81 % der möglichen Fälle *le(s)* verwendet, in 19 % – entsprechend der akademischen Norm – *lo(s)*; bei Sachen dominiert *lo(s)* zu 98 % (Daten nach SCHMIDELY 1972). Für die Madrider habla culta ermittelten QUILIS et al. 1985 tendenziell einen leísmo de persona (59 % der möglichen Fälle) und einen gewissen laísmo (17 %); loísmo und leísmo de cosa kommen nur sporadisch vor. Vgl. auch ALARCOS LLORACH 1994, § 262.

4.7.2. Funktion

Die grammatische Kategorie ‚Person‘ verweist auf drei wesentliche Bestandteile der Kommunikation

    Sprecher – Hörer – Besprochenes

Die 1. Pers. bezeichnet den ‚Sprecher‘, die 2. Pers. den ‚Hörer‘; in beiden Fällen richtet sich die Deixis nach außen, auf natürliche Personen, die am Sprechakt teilnehmen. Die 3. Pers. bezieht sich auf den sprecher- und hörerexternen Bereich (‚Sachverhalte‘, ‚dritte Personen‘ usw.); sie kann aber auch – Formulierungen wie *El que suscribe* „Der Unterzeichnete" [= Ich] – den Sprecher bezeichnen und in den verschiedenen Formen der Höflichkeitsanrede den Hörer. Im Unterschied zur 1. und 2. Pers. funktioniert die 3. Pers. außen- und innendeiktisch.

Semantisch hat das Personalpronomen im Deutschen und Spanischen die gleiche Grundfunktion, die Unterschiede zwischen beiden Sprachen liegen in der Pronominalsyntax (Subjekt-, Objektpronomen) und beim pronominalen Anredegebrauch.

4.7.2.1. Subjektpronomen

Im deutschen Satz wird bei personaldeiktischem Subjekt in der Regel das Subjektpronomen gesetzt: *Ich komme, Kommen Sie?*; nur in wenigen Fällen, z. B. bei Telegrammstil *(Komme sofort)* oder Reihung subjektgleicher Verben *(Er kommt und geht)*, kann das Subjektpronomen fehlen. Im spanischen Satz ist hingegen die Setzung des Subjektpronomens nicht notwendig, das personaldeiktische Subjekt kann allein durch die Personalform des Verbs ausgedrückt werden: *cant-o* „ich sing-e".

Nach ROSENGREN 1974 (Datenbasis 23 890 e-sp. Sätze mit personaldeiktischem Subjekt) wird bei Höflichkeitsanrede in 55 % der möglichen Fälle das Subjektpronomen *(usted,*

---

[16] Vgl. FERNÁNDEZ RAMÍREZ §§ 105–108 (mit statistischen Angaben zum Autorengebrauch).

ustedes) gesetzt, ansonsten *(yo . . . ellas)* aber nur in 16 %; ENRÍQUEZ 1984 ermittelte ähnliche Werte. Es überwiegt also die Nichtsetzung des Subjektpronomens. Steht das Subjektpronomen, erfüllt es – außer bei rein stilistischem Gebrauch (z. B. im Vers) – eine oder mehrere der folgenden drei semantischen Funktionen:

○ **Vereindeutigung** (Disambiguierung)

Die Personalform des Verbs drückt die Kategorie ‚Person‘ häufig weniger eindeutig aus als die entsprechende Pronominalform: In einem Satz wie *Lo pensaba y lo decía* könnte das Subjekt jeweils als *yo, él, ella, usted* gedeutet werden, was insgesamt 4 × 4 = 16 Subjektzuordnungen ergibt. Durch Setzung des Subjektpronomens, z. B. ***Usted** lo pensaba y* ***yo** lo decía* „Sie dachten es und ich sagte es", wird der Subjektbezug vereindeutigt.

○ **Gegenüberstellung**

Die Gegenüberstellung wirkt kontrastierend oder parallelisierend. Bei der ‚Kontrastierung‘ wird eine Person oder Personengruppe explizit oder implizit von einer anderen abgehoben: ***Yo** trabajo tanto o más que **tú*** „Ich arbeite ebensoviel oder mehr als Du"; das Subjektpronomen wird häufig durch Partikel verstärkt: *Sólo (en cambio, ni siquiera, al menos,* u. ä.) *tú puedes ayudarme* „Nur (hingegen, nicht einmal, zumindest) du kannst mir helfen". Bei der ‚Parallelisierung‘ wird nicht das Gegeneinander von Personen betont, sondern – in einer Art sprachlicher Gleichschaltung – das Nebeneinander: ***Yo** pienso como **ella*** „Ich denke wie sie"; Verstärkungspartikel sind *también* und *tampoco:* *Yo también/tampoco lo creo* „Ich glaube es auch/auch nicht".

○ **Hervorhebung**

Diese Funktion deckt etwa zwei Drittel der Setzung des Subjektpronomens *yo . . . ellas* ab. Hierbei ist zwischen wort- und textsemantischer Hervorhebung zu unterscheiden. Bei wortsemantischer Hervorhebung wird die Subjektperson betont: ***Yo** no tengo la culpa* „Ich habe keine Schuld", *No creo que **tú** hayas intervenido en esto* „Ich glaube nicht, daß du etwas damit zu tun hast". Ein Gegensatz zu anderen Personen wird hierbei nicht notwendig ausgedrückt.

Die textsemantische Hervorhebung lenkt die Aufmerksamkeit des Hörers auf die personale Deixis, das Subjektpronomen funktioniert gewissermaßen als kommunikatives Vorzeichen im Sinne von *yo* „was mich betrifft, so gilt . . .", *tú* „was dich betrifft, so gilt: . . .", usw. Hervorgehoben wird hier nicht die Subjektperson an sich, sondern in ihrer Eigenschaft als kommunikativer Bezugspunkt zur Steuerung der Aufmerksamkeit des Hörers: ***Tú** no sales* „[was dich betrifft, so gilt:] Du bleibst hier"; *Yo te juro que . . .* „Ich schwöre dir [hiermit], daß . . .", nicht „Ich schwöre dir, daß . . .".

Die kommunikative Orientierungsfunktion des Subjektpronomens bei ‚Hervorhebung' erklärt auch mit, warum *usted, ustedes* viel häufiger steht als *yo . . . ellas.* In höflicher Rede wird der Gesprächspartner wiederholt direkt angesprochen, um den kommunikativen Kontakt zwischen Sprecher und Hörer sozusagen zu bestätigen. Hinzu kommt bei der 3. Pers. die Referenzmehrdeutigkeit (Anrede + Beredefunktion) der Personalform des Verbs.

4.7.2.2. Objektpronomen

Das Spanische kennt einen Gebrauch des Objektpronomens, der – die Terminologie ist nicht einheitlich – als ‚pleonastisch', ‚redundant' oder ‚doppelt' bezeichnet wird. Er besteht darin, daß das direkte oder indirekte Objekt zusätzlich durch ein entsprechendes Objektpronomen angezeigt wird: *A mí **me** parece, **me** parece a mí* „mir scheint", *Estos libros **los** compré yo* „Diese Bücher kaufte ich", *No se lo digas a nadie* „Sag es niemand(em)".

Morphosyntaktisch ist in dieser Konstruktion die Beziehung von Objekt und Objektpronomen vergleichbar mit der von Subjekt und Personalform des Verbs:

*Estos libros **los** compr-é yo*

Personalform und Objektpronomen sind gebundene Morpheme, die mit dem Verb – die Orthographie ist hier nicht maßgebend – phonetisch verknüpft sind; das Personalmorphem kongruiert mit dem Subjekt (Subjektkongruenz), das Objektmorphem mit dem Objekt (Objektkongruenz). Die Subjektkongruenz gehört im Spanischen – wie im Deutschen – zum grammatischen Kern der Sprache. Trifft dies auch für die Objektkongruenz zu – die in anderen Sprachen, z. B. im Ungarischen, vollständig zu einer ‚Objektkonjugation' grammatikalisiert ist[17]?

Zahlenmäßig tritt die Objektkongruenz im Spanischen nur bei knapp 7 % aller Objektkonstruktionen auf (BARRENECHEA/ORECCHIA 1970/71); beim häufigsten Typ, der Satzgliedfolge Verb + direktes substantivisches Objekt, ist sie nur sehr selten belegt und gilt als inkorrekt: **Yo **los** compré estos libros*[18], **La vi a Elena* „Ich sah Helene".

Bei einigen Konstruktionen steht das Objektpronomen obligatorisch (Daten nach POSTON 1953):

O Freies Personalpronomen *yo . . . ellas* nach personalem *a* (vgl. S. 263) 100 %: *A ella no la vi, No la vi a ella* „Ich sah sie nicht"; ungrammatisch sind **A ella vi* oder **Vi a ella,*

---

[17] Zur Objektkonjugation in den romanischen Sprachen vgl. ROTHE 1966; zusammenfassende, neuere Problemdarstellung bei LLORENTE/MONDÉJAR [CUMPIÁN] 1974.

[18] Gliederungsphänomene gesprochener Sprache – *Yo los compré . . . estos libros* – werden hier nicht berücksichtigt.

korrekt hingegen *La vi*. Bei *usted, ustedes* (80–90 %) kann das Objektpronomen fehlen: *Vi a usted ~ La vi a usted*. Semantisch wird im Typ *A mí no me vió* das Objekt hervorgehoben oder kontrastiert, *me vió* ist hervorhebungs- und kontrastneutral.

○ *Todo* in Objektfunktion (95–100 %): *Todo lo puede hacer, Lo puede hacer todo* „Er kann alles".

Bei substantivischem Objekt ist die Objektkongruenz in zwei Fällen dominant (> 90 %):
a) Vorangestelltes indirektes Objekt: *A Elena no le ha pasado nada* „Helene ist nichts passiert".
b) Vorangestelltes direktes Objekt mit morphosyntaktischer Determination (durch bestimmten Artikel, Possessiv-, Demonstrativpronomen, *todo* + Det., personales *a*): *A Elena no la vi, Estos libros los compré yo*.

Das nachgestellte indirekte Objekt kommt etwa gleich häufig mit oder ohne Objektkongruenz vor: *No le ha pasado nada a Elena ~ No ha pasado nada a Elena*.

Insgesamt gesehen gehört das Spanische nicht zu den Sprachen mit Objektkonjugation, es weist allerdings in einigen Bereichen seiner Pronominalsyntax objektkonjugationstypische Eigenschaften auf.

4.7.2.3. Pronominaler Anredegebrauch

Die Frage „Wer spricht wen mit welchem Anredepronomen an?" läßt sich nicht mit grammatischen Regeln beantworten. Die Anrede wird durch soziale Regeln gesteuert – grammatisch gesehen sind *tú* oder *usted* gleichermaßen korrekt –, sie ist eine soziale Deixis, welche die Position von Sprecher und Hörer im sozialen Raum anzeigt. Die Wahl der Anredeform wird im wesentlichen bestimmt durch Alter, Geschlecht, Verwandtschaft und Status der Kommunikationspartner, ihre Interaktionsrollen (Vorgesetzter – Untergebener, Kunde – Verkäufer, usw.) und die Sprechsituation.
Der Anredegebrauch – wir gehen im folgenden vom zweigliedrigen System *tú/vos – usted* aus (vgl. S. 192) – ist in der spanischsprachigen Welt nicht einheitlich. Mit einer gewissen Vereinfachung lassen sich aber einige Strukturtendenzen feststellen, die vom deutschen Anredesystem *du – Sie* abweichen.

○ Im Deutschen duzen Verwandte einander praktisch ausnahmslos, im Spanischen nur eingeschränkt. Die Anrede zwischen Eltern – Kind, Großeltern – Enkel, Schwiegereltern – Schwiegerkinder, Taufpate *(compadre)* – Kind, u. ä. ist nicht reziprok, sondern in regional unterschiedlicher Ausprägung asymmetrisch: Die ‚Respektperson' wird mit *usted* angeredet, ihr Gegenüber mit *tú*. In Spanien ist die Respektanrede stark zurückgegangen. Die heutige Kindergeneration duzt die Eltern, die Großeltern werden relativ häufig noch mit *usted* angeredet, ebenso die Schwiegereltern.

Eine Umfrage unter 196 Madrider Jugendlichen ergab, daß 100 % ihre Eltern duzten, aber nur 65 % die Großeltern (ALBA DE DIEGO/SÁNCHEZ LOBATO 1980). Bei einer ähnlichen Erhebung 1966 gaben 95 % der Kinder an, die Eltern zu duzen, nur 50 % der Eltern duzten aber ihre Eltern (FOX 1969).

In Spanischamerika wird die Respektanrede noch weithin verwendet, am stärksten in der Unterschicht, am schwächsten in der Oberschicht.

In Caracas duzen Kinder der Oberschicht (O) ihre Eltern ausnahmslos (100 %), in der Mittelschicht (M) überwiegt *tú* (60 % gegenüber dem Vater, 70 % gegenüber der Mutter), in der Unterschicht (U) *usted* (53 %). Gegenüber Großeltern ist die Anrede bei O = 14 %, M = 49 %, U = 47 % asymmetrisch. Die Tendenz geht allerdings bei den jüngeren Altersstufen der Befragten zur reziproken Anrede[19].

O Das Bekanntschafts-*Du* unter Angehörigen einer durch bestimmte Merkmale (Alter, Geschlecht, Beruf, Bildungsstand, Nationalität, Mitgliedschaft in Vereinigungen, usw.) definierten Gruppe ist im E-sp. verbreiteter als im Deutschen (SCOTTI-ROSIN 1981).

O Das A-sp. kennt die ‚Anredevariation‘, das heißt, die Anrede zwischen Sprecher und Hörer ist nicht konstant, sondern kann wechseln: Personen, die einander duzen, gehen zu *usted* über, wenn die Sprechsituation formell wird; Eltern sprechen ihre Kinder bei Befehlen, Zurechtweisungen, kurz: Autoritätsbezeigungen, mit *usted* an.
Bei der Anredevariation handelt es sich nicht um eine ‚Anredeabweichung‘ im Sinne der Verletzung sozialer Normen (etwa beleidigendes Duzen), sondern einen relativ häufigen Wechsel der Anredeformen, der im Rahmen der Anredenormen verbleibt. Im heutigen E-sp. kommt die Anredevariation kaum mehr vor – das Sprichwort erinnert noch an das zurechtweisende *usted* gegenüber Kindern: *Cuando en mi casa me hablan de usted, cerca anda el palo* „Wenn man mich zuhause mit Sie anredet, ist der Stock nicht weit". Im klassischen Spanisch war die Anredevariation geläufig[20].

O Das E-sp. kennt – wie das Deutsche – ein ‚unpersönliches Du‘ *(tuteo impersonal)*: *Aquí ganas [= uno/una gana] mucho* „Hier verdienst du [= verdient man] viel". Im A-sp. ist diese Konstruktion unüblich und wird als Duzen aufgefaßt.

---

[19] Daten nach PAEZ URDANETA 1980; O = 50, M = 100, U = 100 Informanten, aufgeteilt in fünf Altersgruppen: 15–20, 21–29, 30–39, 40–49, 50 und mehr Jahre.
[20] Zur Anredevariation bei Calderón vgl. ENGELBERT 1973.

4.8. Relativpronomen

4.8.1. Form

Das Paradigma des spanischen Relativpronomens besteht aus mehreren, teils funktional gleichwertigen Formtypen; sie werden – allerdings nicht durchgängig – durch die Kategorien Genus und Numerus modifiziert.

Relativpronomen

Antezedent[1]	Singular		Plural		Neutralform
	Maskulin	**Feminin**	**Maskulin**	**Feminin**	
‚Person'	*que*				–
und	*el que*	*la que*	*los que*	*las que*	*lo que*[2]
‚Sache'	*el cual*	*la cual*	*los cuales*	*las cuales*	*lo cual*[2]
‚Person'	*quien*		*quienes*		–
‚Besitzbezug'	*cuyo*[3]	*cuya*	*cuyos*	*cuyas*	–
todo, tant-o	*cuanto*	*cuanta*	*cuantos*	*cuantas*	*cuanto*

[1] Vorausgehendes Bezugselement.
[2] Satz als Antezedent.
[3] Schriftsprachlich.

Die flektierbaren Relativpronomen außer *cuy-o* kongruieren in Genus und Numerus mit dem Antezedenten: *Los periódicos en que/en los que/en los cuales leí la noticia no son fidedignos* „Die Zeitungen, in denen ich die Meldung las, sind nicht glaubwürdig", *La casa en que/en la que/en la cual vivo es mía* „Das Haus, in dem ich wohne, gehört mir", *los colegas con quienes hablé* „die Kollegen, mit denen ich sprach".
Bei *cuy-o* richtet sich (wie beim Possessivpronomen) die Kongruenz abweichend vom Deutschen nicht nach Genus und Numerus des ‚Besitzers', sondern des ‚Besitzobjekts': *El alumno/la alumna cuyo expediente sea el mejor obtendrá un libro* „Der Schüler/die Schülerin, dessen/deren Zeugnis am besten ist, bekommt ein Buch".
Die Formtypen *el que* und *el cual* sind entstanden durch Kombination des bestimmten Artikels mit dem flexionslosen Pronomen *que* bzw. numerusvariablen *cual*. Es handelt sich um ‚zusammengesetzte Relativpronomen', die heute als neue Einheiten grammatikalisiert sind. In Sätzen ohne Antezedenten kann allerdings *el que* zweiteilig interpretiert

werden im Sinne von „der(jenige), welcher", „das, was", usw.: *Lo que tú dices no es verdad* „(Das) was Du sagst, stimmt nicht", *Los que estudien aprobarán (el examen)* „Diejenigen, welche lernen, werden (die Prüfung) bestehen".

Das Pronomen *cuant-o* kann mit den Antezedenten *todo* und *tant-o* (nur gehobener Stil) als relativisch gewertet werden; wegen des eingeschränkten Antezedentenbezugs wird es auch ‚Korrelativpronomen' genannt: *Dijo todo cuanto quiso* „Er sagte alles, was er wollte", *Dijo tantas cosas cuantas quiso* „Er sagte so viel(e Dinge), wie er wollte".

4.8.2. Funktion

Das Relativpronomen verweist semantisch auf einen Antezedenten. Syntaktisch leitet es bei explizitem Antezedent einen Attributsatz ein, bei implizitem Antezedent einen Gliedsatz:

*La casa **en que vivo** es mía*   (Attributsatz)
***Los que estudien** aprobarán*   (Subjektsatz)

Bei den Neutralformen ist der Antezedent in der Regel ein Satz: *Tus argumentos son razonables, lo cual/lo que no implica que tengas razón* „Deine Argumente sind vernünftig, was [aber] nicht heißt, daß du recht hast".

Bei einigen Verben, z. B. *haber, tener, buscar,* dient *quien* als direktes Objekt mit unbestimmtem, implizitem Antezedent: *Buscaré quien* [= *a alguien que*] *lo sepa* „Ich werde jemanden suchen, der es weiß", *No hay quien* [= *nadie que*] *pueda con ella* „Es gibt niemanden, der es mit ihr aufnehmen kann".

Der Gebrauch der Relativpronomen *que, quien, el que* und *el cual* wird in der schriftsprachlichen Norm im wesentlichen durch folgende Faktoren bestimmt[21]:

○ Expliziter vs. impliziter Antezedent
Que und *el cual* kommen nur bei explizitem Antezedent vor, *el que* und *quien* auch bei implizitem.

○ Sächlicher vs. persönlicher Antezedent
Quien bezieht sich nur auf Personen oder Personifikationen, *que, el que* und *el cual* auf Personen und Sachen.

○ Präpositionaler vs. direkter Anschluß
Im Unterschied zu *quien, el que* und *el cual* wird *que* präpositional nur eingeschränkt angeschlossen: Es steht nach den einsilbigen Präpositionen *a, con, de, en,* nicht aber nach mehrsilbigen Präpositionen sowie *por, sin, tras.* Bei persönlichem Antezedent wird *que* nach Präposition nicht verwendet.

---

[21] Vorzügliche Diskussion des Forschungsstandes bei POWERS 1981, 4–49; zur Gebrauchsabgrenzung OZETE 1981, zu umgangssprachlichen Normabweichungen CORTÉS RODRÍGUEZ 1990.

Beispiel

(1) a. *La casa* en que/en la que/en la cual *vivo*
     b. *La casa* cerca de la cual/cerca de la que *vivo*

(2) *Tiene una amiga* sin la cual *no hace nada* Er hat eine Freundin, ohne die er nichts macht

(3) *un amigo* en quien *confío* ein Freund, dem ich vertraue

Kommentar

Außer in (1a) gilt hier *que* im normativen Sprachgebrauch als inkorrekt: Bei (1b) ist die Präposition mehrsilbig, bei (2) zwar einsilbig, aber – wegen der Verwechslungsmöglichkeit mit der Konjunktion *sin que* – nicht zulässig; in (3) bezieht sich das Relativpronomen auf einen persönlichen Antezedenten.

Insgesamt überwiegen nach Präposition die Formen *el que* und *el cual.* Allerdings ist in der Umgangssprache eine Funktionsausdehnung von *que* über den normativen Bereich hinaus zu beobachten: (*) *Un amigo en que confío.*

○ Kontakt- vs. Distanzstellung

Folgen Antezedent und Relativpronomen nicht unmittelbar aufeinander (Distanzstellung), werden in der Schriftsprache die flektierbaren, eindeutigeren Formen *el que* bzw. *el cual* gegenüber dem flexionslosen *que* bevorzugt.

Beispiel

Der Referenzbezug des Relativpronomens in

*María me prestó **el libro** de la clase de economía,* Maria lieh mir das Buch aus der Vorlesung
***el cual** es muy difícil* über Wirtschaft, das sehr schwierig ist

ist bei *el cual* eindeutig *(el libro)*; *que* könnte sich auch auf *la clase* beziehen: „. . . das Buch aus der Vorlesung über Wirtschaft, die sehr schwierig ist".

○ Restriktiver vs. explikativer Relativsatz

Im restriktiven Relativsatz dominiert – vor allem bei sächlichem Antezedent und direktem Anschluß – *que*, im explikativen Relativsatz steht es in Konkurrenz mit *el que, el cual* und (bei Personenbezug) *quien.*

Quien ist als Subjekt eines restriktiven Relativsatzes ungrammatisch: *La amiga que me llamó ayer* „Die Freundin, die mich gestern anrief", nicht **La amiga quien me llamó ayer.*

4.9. Frage- und Ausrufepronomen

Diese Pronomen dienen als Einleitewörter von Frage- und Ausrufesätzen (vgl. S. 274). Das Paradigma deckt sich im wesentlichen mit dem des Relativpronomens.

4.9.1. Fragepronomen

Im folgenden werden mit den Fragepronomen auch die Frageadverbien behandelt, weil sie dieselbe kommunikative Funktion haben.

Fragepronomen

Grundformen[1]

Fragebezug		Syntaktische Funktion	Fragewort[2]	
‚Zeit'			*¿cuándo?*	wann?
‚Menge'			*¿cuánto?*	wieviel?
‚Art und Weise'		adverbial	*¿cómo?*	wie?
‚Beschaffenheit'			*¿qué tal?*	wie (beschaffen)?
‚Ort', ‚Raum'			*¿dónde?*	wo?
‚Person' und ‚Sache'	‚Auswahl' ‚Menge'	adjektivisch und substantivisch	*¿qué?*[3] *¿cuál, -es?* *¿cuánt-o?*	was (für ein)? welch-er? wieviel-e?
‚Person'		substantivisch	*¿quién, -es?*	wer?

[1] Aus den Grundformen können durch präpositionale Zusätze komplexere Frageeinheiten gebildet werden: *¿desde cuándo?* „seit wann?", *¿adónde?* „wohin?", *¿de dónde?* „woher?", *¿por qué?* „warum?", *¿para qué?* „wozu?", *¿con qué?* „womit?", *¿a quién?* „wem?", usw.

[2] In Frage- und Ausrufefunktion haben die Einheiten einen orthographischen Akzent.

[3] In substantivischer Funktion nur auf Sachen bezogen.

Häufigstes Fragepronomen ist *qué*: *¿Qué quieres?* „Was möchtest Du?", *¿Qué libro quieres?* „Welches Buch möchtest Du?"; in substantivischer Funktion steht bei Personbezug *quién*: *¿Quién ha venido?* „Wer ist gekommen?". Die Form *cuál* kommt nur selten vor: *¿Qué/Cuál libro quieres?*, *¿Quién/Cuál de las dos [chicas] te gusta más?* „Welche der beiden [Mädchen] gefällt Dir besser?" Im Unterschied zu *qué* und *quién* setzt *cuál* eine Auswahlhandlung innerhalb eines Antwortfeldes voraus: *¿**Qué** es la lengua?* „Was ist (die) Sprache?" (Definitions- oder Erklärungsfrage), aber: *¿**Cuál** es la lengua oficial del Estado Español,* „Was [= welche unter den Sprachen] ist die Amtssprache Spaniens?" (Auswahlfrage).

Abweichend vom Deutschen kennt das Spanische nicht die Fragekonstruktion ‚Wie + Adjektiv?': dt. *Wie breit ist der Fluß?* entspricht sp. *¿Cómo de ancho es el río?*, *¿Qué anchura tiene el río?* oder *¿Cuánto tiene el río de ancho?*

4.9.2. Ausrufepronomen

Das Inventar der Ausrufepronomen deckt sich mit dem der Fragepronomen, beide bilden ein Paradigma, wobei die Abgrenzung zwischen Frage- und Ausrufefunktion der Einheiten fließend ist.

Übersicht: Spanische Ausrufekonstruktionen mit pronominalem Einleitewort

Nr.	Strukturformel		Beispiel	
1		VG	*Tú, ¡qué sabes!*	Was weißt [denn] Du!
2	*Qué* +	SubstG	*¡Qué suerte!*	Was für ein Glück!
3		Adj/Adv	*¡Qué bonito!*	Wie hübsch!
4	*Cómo* +	VG	*¡Cómo la quiero!*	[Und] wie ich sie liebe!
5		VG + *de* + Adj	*¡Cómo es de alto!*[1]	Wie groß er ist!
6	*Cuánto* +	SubstG	*¡Cuánta suerte tienes!*	Wie (sehr) Du Glück hast!
7		VG	*¡Cuánto la quiero!*	Wie (sehr) ich sie liebe!
8	*Cuán*[2] +	Adj	*¡Cuán bella es!*	Wie schön sie ist!
9	*Quién* +	V (*-ra*)	*¡Quién lo supiera!*	Wer es [= wenn man es] nur wüßte!

[1] Häufiger *¡Qué alto es!*
[2] Nur literarisch.

Die Konstruktionen 3, 5, 8, 9 kommen exklusiv in Ausrufesätzen vor, die anderen bilden auch Fragesätze, wobei der Unterschied zwischen Frage und Ausruf durch die Intonation angezeigt wird: *¿Qué libro?* „Welches Buch?", *¡Qué libro!* „Welch ein Buch!"

5. Das Verb

Das Verb ist im Spanischen und Deutschen die Wortklasse mit der komplexesten Flexion. Das Flexionssystem des spanischen Verbs kennt insgesamt sieben grammatische Kategorien[22]: Person, Numerus, Tempus, Aspekt, Modus, Stadium, Diathese.

Syntaktisch bildet das Verb den Kern des Prädikats im Satz; darüberhinaus bestimmt es als Valenzträger weitgehend die Satzgliedstruktur (vgl. Kap. 7).

---

[22] Zu einer Gesamtdarstellung der Verbalkategorien in den romanischen Sprachen vgl. COSERIU 1976; für das Spanische LAMÍQUIZ 1982, HERNÁNDEZ ALONSO 1992, 255–393, DE BRUYNE 1993a, §§ 882–1287.

5.1. Morphologie

5.1.1. Konjugationsklassen

Die spanischen Verben werden nach dem Endungsvokal des Infinitivs in drei Konjugationsklassen eingeteilt:

I.   Verben auf *-ar*   *cant-ar*
II. Verben auf *-er*   *beb-er*
III. Verben auf *-ir*   *viv-ir*

Die meisten Verben gehören der Klasse I an – die als einzige produktiv ist: *alunizar* „auf dem Mond landen", *güisquear* „Whisky trinken". Die Konjugationsformen werden nach funktionalen und morphologischen Gesichtspunkten klassifiziert. Funktional unterscheidet man eine ‚finite' und ‚infinite' Formklasse: Beim finiten Verb ist die Personkategorie ausgeprägt, beim infiniten Verb, nämlich Infinitiv, Gerundium und Partizip, fehlt dieses Merkmal. Das finite Verb wird weiter unterteilt nach den Kategorien Modus und Tempus.

Morphologisch gesehen sind die Verbformen ‚einfach' oder ‚zusammengesetzt'; typologisch spricht man von ‚synthetischen' bzw. ‚analytischen' (oder ‚periphrastischen') Formen.

5.1.2. Einfache Formen

In erster Analyse bestehen die einfachen Formen des Verbs aus zwei Teilen: Stamm + Endung. Der Stamm enthält die konstante lexikalische Information, die durch die variable Endung grammatisch modifiziert wird: *cant-o* „ich sing-e", *cant-as* „du sing-st", *cant-a* „er sing-t", usw. Die Endung ist in der Regel keine minimale morphologische Einheit, sondern weiter zerlegbar:

```
  1     2      3
cant – a   – mos    wir singen
cant – ába – mos    wir sangen
cant – are – mos    wir werden singen
cant – ára – mos    wir sängen
```

Man erkennt, daß in der Endung die grammatischen Kategorien Tempus-Modus und Person-Numerus morphematisch getrennt ausgedrückt werden. Die Strukturformel der einfachen finiten Verbform lautet somit:

```
       1                    2                         3
  Lexem(e)  +  Tempus-Modus-Morphem  +  Person-Numerus-Morphem
```

Die Formen des infiniten Verbs zeigen eine analoge Dreiergliederung:

	1	2	3
Infinitiv	*cant* –	*a* –	*r*
Partizip	*cant* –	*a* –	*do*
Gerundium	*cant* –	*a* –	*ndo*

Hier wird die zweite Position durch den Endungsvokal besetzt, die dritte durch das Morphem ‚Stadium' mit den Ausprägungen ‚neutral' (Infinitiv), ‚abgeschlossen' (Partizip), ‚im Verlauf' (Gerundium).
Die Konjugation des spanischen Verbs ist regelmäßig – und damit einfach zu lernen.

Konjugation
Einfache Formen des regelmäßigen Verbs

Finites Verb							
	Indikativ			**Konjunktiv**			
	cant-	*beb-*	*viv-*	*cant-*	*beb-*	*viv-*
	Präsens			Konjunktiv I[1]			
Sg. 1	*o*	*o*		*e*	*a*	
2	*a-s*	*e-s*		*e-s*	*a-s*	
3	*a*	*e*		*e*	*a*	
Pl. 1	*a-mos*	*e-mos*	*i-mos*	*e-mos*	*a-mos*	
2	*á-is*	*é-is*	*ís*	*é-is*	*á-is*	
3	*a-n*	*e-n*		*e-n*	*a-n*	
	Imperfekt			Konjunktiv II (*-ra*)[1]			
Sg. 1	*aba*	*ía*		*ara*	*iera*	
2	*aba-s*	*ía-s*		*ara-s*	*iera-s*	
3	*aba*	*ía*		*ara*	*iera*	
Pl. 1	*ába-mos*	*ía-mos*		*ára-mos*	*iéra-mos*	
2	*aba-is*	*ía-is*		*ara-is*	*iera-is*	
3	*aba-n*	*ía-n*		*ara-n*	*iera-n*	
	Präteritum			Konjunktiv II (*-se*)[1]			
Sg. 1	*é*	*í*		*ase*	*iese*	
2	*aste*	*iste*		*ase-s*	*iese-s*	
3	*ó*	*ió*		*ase*	*iese*	
Pl. 1	*a-mos*	*i-mos*		*áse-mos*	*iése-mos*	
2	*aste-is*	*iste-is*		*ase-is*	*iese-is*	
3	*aro-n*	*iero-n*		*ase-n*	*iese-n*	

[1] Die Terminologie Konjunktiv Präsens bzw. Imperfekt wird vermieden, weil die temporale Funktion beider Formgruppen gering ist (vgl. S. 247).

207

Finites Verb					
Indikativ			**Konjunktiv**		
cant-	*beb-*	*viv-*	*cant-*	*beb-*	*viv-*

		Futur			Futur	
	cant-ar	*beb-er*	*viv-ir*			
Sg. 1		*é*			*are*	*iere*
2		*á-s*			*are-s*	*iere-s*
3		*á*			*are*	*iere*
Pl. 1		*e-mos*			*áre-mos*	*iére-mos*
2		*é-is*			*are-is*	*iere-is*
3		*á-n*			*are-n*	*iere-n*

		Konditional		**Infinites Verb**		
	cant-ar	*beb-er*	*viv-ir*	Infinitiv	Partizip	Gerundium
Sg. 1		*ía*		*cant-a-r*	*cant-a-do*	*cant-a-ndo*
2		*ía-s*		*beb-e-r*	*beb-*$_{i\text{-}do}$	*beb-*$_{ie\text{-}ndo}$
3		*ía*		*viv-i-r*	*viv-*	*viv-*
Pl. 1		*ía-mos*				
2		*ía-is*				
3		*ía-n*				

		Imperativ				
Sg.	*cant-a*	*beb-e*	*viv-e*			
Pl.	*cant-a-d*	*beb-e-d*	*viv-i-d*			

Die Endungen *-mos, -d* werden vor Reflexivpronomen zu *-mo* bzw. $\emptyset$: *lavemos + nos* ⟶ *lavémonos, vamos + nos* ⟶ *vámonos, lavad + os* ⟶ *lavaos*.

a) Person-Numerus

Der Kategorie Person-Numerus entsprechen im Prinzip in allen Konjugationsklassen die gleichen Formen.

Übersicht: Die Personalformen des spanischen Verbs

	Singular	Plural
1. Pers.	*-$\emptyset$*[1]	*-mos*
2. Pers.	*-s*	*-is*
3. Pers.	*-$\emptyset$*	*-n*

[1] Ausnahmen: 1. Pers. Sg. Präsens, Präteritum, Futur Ind. *(cant-o, cant-é, cantar-é)*; hier sind die Morpheme Person-Numerus und Tempus-Modus zu einer Form amalgamiert.

In der 1. und 3. Pers. Sg. wird die Personalform durch das Morphem Null ausgedrückt, beide Personen sind nicht unterschieden: *cant-aba-∅* „ich sang", „er sang"; ansonsten ist die Kategorie Person in der spanischen Konjugation eindeutig.

In Aussprachevarietäten, wo *-s* ausfällt (vgl. S. 140), geht im Singular die Personenunterscheidung verloren. Durch Setzung des Subjektpronomens – die hier vermutlich häufiger vorkommt, genaue Daten fehlen aber (GUITART 1982, 170f.) – wird der Personbezug eindeutig: *Yo cantaba, tú cantaba(s), él cantaba.*

Beim Imperativ schwindet im gesprochenen Spanisch die Pluralform, sie wird durch den Infinitiv ersetzt: *¡Cantad!* → *¡Cantar!* „Singt", *¡Sentaos!* → *¡Sentaros!* „Setzt euch!".

b) Tempus-Modus

Die Kategorie Tempus-Modus ist innerhalb der Konjugationsklassen I bzw. II, III im allgemeinen konstant ausgeprägt: *-aba-* bzw. *-ía-* im Imperfekt, *-e-* bzw. *-a-* im Konjunktiv I, usw. Eine stärkere morphologische Variation zeigen die Formen des Präteritum und Futur Indikativ.

Das heutige Futur ist entstanden durch Grammatikalisierung der Konstruktion Infinitiv + *haber* (Präsensformen): *cantar he > cantar-é, cantar has > cantar-ás,* usw.; die Endungen entsprechen also denen des (unregelmäßigen) Präsens von *haber.* Die Konditionalform ist analog zum Futur entstanden: *cantar había > cantar-ía,* usw.

Bis auf wenige Ausnahmen (*cant-a-mos* 1. Pers. Pl. Präsens oder Präteritum) ist die Unterscheidung des Tempus-Modus beim spanischen Verb morphologisch eindeutig.

5.1.3. Zusammengesetzte Formen

Die zusammengesetzten Formen bestehen aus einer grammatikalisierten Verbindung von finitem Hilfsverb und infinitem Hauptverb: *he cantado* „ich habe gesungen". Der finite Bestandteil ist Träger der Kategorien Tempus-Modus und Person-Numerus, der infinite enthält die lexikalische Information; die den einfachen Formen entsprechenden grammatischen Morpheme stehen hier vor dem Lexemteil:

1	2	3		2	3		1
cant – *a* – *mos*				*h* – *e* – *mos*		*cant* – *a* – *do*	

Das Spanische kennt fünf paradigmatisierte periphrastische Formreihen des Verbs:

○ Die Konstruktion *haber* + Partizip: *he cantado, había cantado,* usw.

○ Die ‚Verlaufsform' *estar* + Gerundium: *estoy cantando* „ich singe [gerade]", *estaba cantando,* usw.

○ Das Vorgangspassiv *ser* + Partizip: *soy amado* „ich werde geliebt", *era amado, usw.*

○ Das Zustandspassiv *estar* + Partizip: *La puerta está cerrada* „Die Tür ist geschlossen", *La puerta estaba cerrada, usw.*

Die Abgrenzung zwischen Partizip und Adjektiv ist unscharf. Im Prinzip kann das Partizip nicht graduiert werden: **la puerta muy cerrada del coche.* Zahlreiche Partizipien sind aber als Adjektive lexikalisiert, z. B. *cerrado* in der übertragenen Bedeutung „verschlossen": *una persona muy cerrada.*

○ Die – nur in einigen Tempora paradigmatisierte – Konstruktion *ir + a* + Infinitiv: *voy a cantar* „ich werde gleich singen", *iba a cantar, iré a cantar.*

Die Konjugation der bei den zusammengesetzten Formen verwendeten Hilfsverben *haber, estar, ser* und *ir* ist sehr unregelmäßig:

Konjugation
Einfache Formen der Hilfsverben[1]

	Indikativ			Konjunktiv		
	haber					
Präsens	*he*	*has*	*ha*	I. *hay-a*	*hay-a-s*	. . .
	hemos	*habéis*	*han*			
Imperfekt	*hab-í-a*	*hab-ía-s*	. . .	II. *hub-iera*	*hub-iera-s*	. . .
Präteritum	*hube*	*hubiste*	*hubo*	II. *hub-iese*	*hub-iese-s*	. . .
	hubimos	*hubisteis*	*hubieron*			
Futur	*habr-é*	*habr-á-s*	. . .	*hub-iere*	*hub-iere-s*	. . .
Konditional	*habr-ía*	*habr-ía-s*	. . .	Infinitiv	Partizip	Gerundium
Imperativ	*he – habed*			*haber*	*habido*	*habiendo*
	ser					
Präsens	*soy*	*eres*	*es*	I. *se-a*	*se-a-s*	. . .
	somos	*sois*	*son*			
Imperfekt	*era*	*eras*	*era*	II. *fuera*	*fueras*	*fuera*
	éramos	*erais*	*eran*	*fuéramos*	*fuerais*	*fueran*
Präteritum	*fui*	*fuiste*	*fue*	II. *fuese*	*fueses*	*fuese*
	fuimos	*fuisteis*	*fueron*	*fuésemos*	*fueseis*	*fuesen*
Futur	*ser-é*	*ser-á-s*	. . .	*fu-ere*	*fu-ere-s*	. . .
Konditional	*ser-ía*	*ser-ía-s*	. . .	Infinitiv	Partizip	Gerundium
Imperativ	*sé – sed*			*ser*	*sido*	*siendo*

[1] Bei regelmäßiger Konjugation vgl. die entsprechenden Endungen bei Übersicht S. 207 f.

	Indikativ			**Konjunktiv**		
			estar			
Präsens	*estoy*	*estás*	*está*	I. *esté*	*estés*	*esté*
	estamos	*estáis*	*están*	*estemos*	*estéis*	*estén*
Imperfekt	*est-aba*	*est-aba-s*	. . .	II. *estuv-iera*	*estuv-iera-s*	. . .
Präteritum	*estuve*	*estuviste*	*estuvo*	II. *estuv-iese*	*estuv-iese-s*	. . .
	estuvimos	*estuvisteis*	*estuvieron*			
Futur	*estar-é*	*estar-á-s*	. . .	*estuv-iere*	*estuv-iere-s*	. . .
Konditional	*estar-ía*	*estar-ía-s*	. . .	**Infinitiv**	**Partizip**	**Gerundium**
Imperativ	*está(te) – estad*			*estar*	*estado*	*estando*
			ir			
Präsens	*voy*	*vas*	*va*	I. *vay-a*	*vay-a-s*	. . .
	vamos	*vais*	*van*			
Imperfekt	*i-ba*	*i-ba-s*	. . .	II. *fuera*	*fueras*	*fuera*
				fuéramos	*fuerais*	*fueran*
Präteritum	*fui*	*fuiste*	*fue*	II. *fuese*	*fueses*	*fuese*
	fuimos	*fuisteis*	*fueron*	*fuésemos*	*fueseis*	*fuesen*
Futur	*ir-é*	*ir-á-s*	. . .	*fu-ere*	*fu-ere-s*	. . .
Konditional	*ir-ía*	*ir-ía-s*	. . .	**Infinitiv**	**Partizip**	**Gerundium**
Imperativ	*ve – id*			*ir*	*ido*	*yendo*

Als zusammengesetzte Formen im engeren Sinne gelten nur die Periphrasen mit *haber* + Part.; sie sind vollständig grammatikalisiert und bilden zusammen mit den einfachen Formen die kanonische Konjugation des spanischen Verbs nach den Kategorien Person-Numerus und Tempus-Modus.

Zusammengesetzte Formen

Finites Verb	**Indikativ**			**Konjunktiv**		
Perfekt	*he*	*has*	. . . ⎫	*haya*	*hayas*	. . . ⎫
Plusquamperfekt	*había*	*habías*	. . .	*hubiera*	*hubieras*	. . .
				hubiese	*hubieses*	. . . ⎬ *cantado*
Vorpräteritum	*hube*	*hubiste*	. . . ⎬ *cantado*			
Futur Perfekt	*habré*	*habrás*	. . .	*hubiere*	*hubieres*	. . . ⎭
Konditional Perfekt	*habría*	*habrías*	. . . ⎭			
Infinites Verb	Infinitiv Perfekt			Gerundium Perfekt		
	haber cantado			*habiendo cantado*		

5.1.4. Verbalperiphrasen[23]

Die Verbalperiphrasen bilden einen Übergangsbereich zwischen den zusammengesetzten Formen des Verbs und rein lexikalischen Verbalverbindungen wie *Comienza a llover* „Es fängt an zu regnen", *Deja de llover* „Es hört auf zu regnen"; sie sind einerseits nicht vollständig grammatikalisiert, andererseits aber morphosemantische Einheiten, deren Eigenschaften nur teilweise aus denen ihrer Komponenten ableitbar sind: *No lo vuelvas a decir* „Sag das nicht noch einmal", *Me sigue molestando* „Er belästigt mich weiter", *El reloj va adelantado unos minutos* „Die Uhr geht ein paar Minuten vor".

Morphologisch besteht die Verbalperiphrase aus einem finiten Hilfsverb und einem – häufig präpositional verbundenen – Hauptverb im Infinitiv, Gerundium oder Partizip; entsprechend unterscheidet man Infinitiv-, Gerundial- und Partizipialperiphrase. Die finite Komponente wird durch Bewegungsverben gebildet (*andar, ir, llevar, venir*, usw.) oder Verben mit verlaufsbezogener Bedeutung wie „folgen", „wiederholen", „beginnen", „enden". Semantisch präzisieren die Verbalperiphrasen in erster Linie stadiale Eigenschaften des Verbalereignisses (vgl. S. 232). Im Deutschen – das über kein so reiches Inventar an Verbalperiphrasen wie das Spanische verfügt – werden diese Bedeutungsnuancen meist lexikalisch ausgedrückt: *Rompí a llorar, Me eché a llorar* „Ich brach in Tränen aus", *Lleva estudiando tres horas* „Er studiert schon drei Stunden".

5.1.5. Unregelmäßige Verben[24]

Als ‚unregelmäßig' bezeichnet man Verben, deren Konjugation dem kanonischen Muster (vgl. S. 207 f.) teilweise nicht entspricht.

Orthographische Varianten des Verbs gelten nicht als ‚unregelmäßig', sofern sie von den Graphisierungsregeln des Spanischen (vgl. S. 151 f.) her voraussagbar sind:

averiguar	*entregar*	*recoger*	*vencer*	*tocar*
averigüé	*entregué*	*recojo*	*venzo*	*toqué*

Im Prinzip kann jeder der drei Strukturteile des Verbs unregelmäßig sein, also beim finiten Verb der Stamm und die beiden grammatischen Morpheme. Das Person-Numerus-Morphem wird bei allen Verben regelmäßig gebildet, das Tempus-Modus-Morphem bei fast allen; auch die amalgamierten Morpheme weichen nur selten von der kanonischen Form ab – z. B. hat die 1. Pers. Sg. Ind. auf *-o* nur sechs Ausnahmen: *doy, estoy, soy, voy,*

---

[23] Zum Begriff vgl. DIETRICH 1973, 21–62 (Literaturübersicht zu den spanischen Verbalperiphrasen S. 81–97); didaktische Darstellung bei GÓMEZ TORREGO 1988; zu den Passivperiphrasen HOHN-BERGHORN 1983, 361–435.

[24] Vollständige Liste mit Konjugationstabellen bei BESCHERELLE 1984; Regelapparat bei ZIMMER 1992, 37–61 und HOLL 1988, 247–267 (mathematisch basiert).

he, sé. Im Normalfall unterscheiden sich die unregelmäßigen von den regelmäßigen Verbformen dadurch, daß der Stamm bzw. Lexemteil nicht konstant ist, sondern mehrere Formen aufweist. Die Stammalternanten treten unter bestimmten morphologischen Bedingungen auf oder sind lexikalisiert.

Beispiel

Der Stammvokal *e, o* von *sentir, dormir,* u. ä. diphthongiert in den stammbetonten Formen zu *ie, ue : siento, duermo.* Bei endungsbetonten Formen wird er zu *i, u* abgeschwächt, falls kein betontes *i* folgt: *sintió, durmió,* aber: *sentí, dormí.*

Die Anzahl der unregelmäßigen Basisverben ist im Spanischen – wie im Deutschen – begrenzt und nicht erweiterungsfähig. Neubildungen von Verben gehören der kanonischen Konjugation der Klasse I *(-ar)* an.

5.1.6. Formenstatistik

Die kanonische Konjugation des spanischen Verbs weist insgesamt 98 finite und 5 infinite Formen auf (die Konjunktivvarianten *-ra* und *-se* sind hier als einzige Form gewertet). Die folgenden Häufigkeitsangaben sind Durchschnittswerte, die auf der Basis repräsentativer Stichproben gewonnen wurden.

a) Person-Numerus

Für die 6 Personalformen ermittelte ROLFE 1967 auf der Basis des *FDSW* folgende Verteilung:

	Singular	Plural
1. Person	17,0	6,0
2. Person	4,5	0,5
3. Person	55,0	17,0
Belegzahl	42 758	

Tab. 16: Häufigkeit der Personalformen des Verbs im geschriebenen europäischen Spanisch (in %)

Unter den Personalformen dominiert die 3. Pers.; das entspricht deren breitem Bezugsfeld (Personen und Sachen). Von den sprecher- und hörerbezogenen Formen (1. und 2. Pers.) kommt die 2. Pers. Pl. nur selten vor; im amerikanischen Spanisch wird sie weithin durch die 3. Pers. *(ustedes)* ersetzt.

213

b) Tempus-Modus

Zur Tempus- und Modusverteilung des Verbs im amerikanischen Spanisch liegen zwei einigermaßen vergleichbare Auszählungen für die geschriebene und gesprochene Sprache vor.

Rang	Schrift- sprache[1]	Tempus-Modus	Sprech- sprache[2]	Rang
1	**54,6**	Präsens	**60,1**	1
2	**16,5**	Präteritum	**13,5**	2
3	**10,1**	Imperfekt	**12,8**	3
4	4,9	Perfekt Indikativ	2,9	5
5	4,2	Konjunktiv I	5,8	4
6	3,5	Futur Indikativ	1,0	8
7	2,3	Konjunktiv II	1,5	6
8	2,1	Konditional	1,0	7
9	1,0	Plusquamperfekt Indikativ	0,8	9
10	0,4	Plusquamperfekt Konjunktiv	0,4	10
11	0,2	Perfekt Konjunktiv	0,2	11
12	0,1	Futur Perfekt Indikativ	0,04	13
13	0,04	Futur Konjunktiv	0,007	14
14	0,01	Konditional Perfekt	0,01	12
15	0,01	Vorpräteritum	–	–
Belege	6899		13 897	

Tab. 17: Häufigkeit der Tempus- und Modusformen im amerikanischen Spanisch (in %)

[1] Daten nach BULL 1947, 456; das Korpus besteht aus nach 1920 erschienenen, hauptsächlich a-sp. Texten verschiedener Gattungen.

[2] Daten nach MORENO DE ALBA 1978; das Korpus besteht aus Aufnahmen der mexikanisch-spanischen Umgangssprache gebildeter Sprecher.

Häufigstes Tempus ist in beiden Zählungen das Präsens, gefolgt von den Vergangenheitstempora Präteritum und Imperfekt. Hierbei handelt es sich um Durchschnittswerte. In der Regel dominiert je nach Textgattung entweder das Präsens (Drama, wissenschaftliche Literatur, u. ä.) oder Präteritum + Imperfekt (Erzählung, Roman). Mit dem Leittempus Präsens kombinieren bevorzugt die indikativischen Nebentempora Futur und Perfekt, mit den Leittempora der Vergangenheit das Nebentempus Plusquamperfekt. Die Verteilung des Konditional und des Konjunktiv I und II ist relativ gattungsinvariant, weil hier die modale Funktion überwiegt; die übrigen Tempora kommen zu selten vor, um präzise Verteilungstendenzen erkennen zu lassen.

Die Verteilungsstruktur der Tempora ist im geschriebenen und gesprochenen Spanisch sehr ähnlich: eine erhebliche Abweichung zeigt sich nur beim Futur Ind. (3,5 % : 1,0 %),

weil in der Sprechsprache die periphrastische Form *voy + a + Inf.* – die statistisch als Präsens gezählt wurde – die einfache Form *(cantaré)* teilweise ersetzt[25]. Vier Tempora kommen nur minimal vor: Futur Perfekt Ind. *(habré cantado)*, Futur Konj. *(cantare)*, Konditional Perfekt *(habría cantado)* und Vorpräteritum *(hube cantado)*; das Futur Perfekt Konj. *(hubiere cantado)* ist in beiden Korpora nicht belegt.
Die Häufigkeitsverteilung der Tempora im E-sp. entspricht der des A-sp. mit Ausnahme des Präteritum und Perfekt Ind. (vgl. S. 226).

c) Infinite Formen[26]

Beim infiniten Verb dominiert der Infinitiv (etwa 75 %), gefolgt vom Gerundium (20 %). Die übrigen Formen, (absolutes) Partizip, Gerundium Perfekt und Infinitiv Perfekt kommen nur selten vor und meist in elaborierter Syntax: *(Habiendo) dicho esto se fue* „Dies gesagt (habend), ging er" [= Sprachs und ging]; *Después de haberlo dicho se fue* „Nachdem er das gesagt hatte, ging er".

5.2. Die Tempora (Indikativ)

Das Tempus ist die differenzierteste Kategorie des spanischen Verbs: Man unterscheidet im Indikativ zehn Tempora, im Konjunktiv sechs. Die semantische Funktion der einzelnen Tempora kann nur wechselseitig bestimmt und abgegrenzt werden; wir behandeln deshalb zunächst das Tempussystem als Ganzes, und dann die einzelnen Tempora oder Tempusgruppen.

5.2.1. Tempussystem[27]

Die Tempussemantik des spanischen Verbs wird im folgenden durch ein zeitlogisches Beschreibungsmodell dargestellt. Damit werden ‚Tempus' und ‚Zeit' nicht gleichgesetzt –

---

[25] Eine aufgeschlüsseltere Tempusstatistik zum gesprochenen puertoricanischen Spanisch (POUSADA/POPLACK 1982, 220) auf der Basis von 6532 Verbformen ermittelt für das einfache Futur *(cantaré)* 0,2 % Häufigkeit und das periphrastische Futur *(voy a cantar)* 2,4 %; ansonsten decken sich die Häufigkeitswerte mit denen MORENO DE ALBAs 1978.

[26] Formen- und Funktionsstatistik für das mexikanische Spanisch bei LUNA THRAILL 1980.

[27] Grundlegende Darstellung BULL 1959, neuester Forschungsstand EBERENZ 1981. Strukturskizzen des Tempussystems geben ROJO 1974 und CARTAGENA 1978, eine empirisch fundierte Darstellung MORENO DE ALBA 1978 (mexikanisches Spanisch).

Tempus ist eine grammatische Kategorie, Zeit eine physikalische –, sondern nur in Beziehung gesetzt: Tempus drückt eine grammatikalisierte Zeitreferenz aus. Die Tempussetzung ist keine sprachliche Zeitmessung, sie zeigt nicht an, w a n n ein Ereignis geschieht: Zeitlich verschiedene Vorgänge – etwa *Vendré mañana* „Ich komme morgen" und *Vendré dentro de un año* „Ich komme in einem Jahr" – können durch dasselbe Tempus bezeichnet werden. Mit der Tempussetzung situiert der Sprecher ein Ereignis zeitrelational zu einem Referenzpunkt: z. B. ist das ‚Kommen' in *Vendré mañana* oder *Vendré dentro de un año* nachzeitig zur Sprechsituation. Die temporaldeiktische Bestimmung eines Ereignisses besteht somit aus zwei Angaben: Zeitrelation und Referenzpunkt.

a) Zeitrelation

Man unterscheidet drei einfache Zeitrelationen oder Zeitstufen: ‚Vorzeitigkeit', ‚Nachzeitigkeit' und ‚Gleichzeitigkeit'; letztere besagt nicht notwendig, daß zwei Ereignisse zeitgleich sind, es genügt, daß sie mindestens ein gemeinsames Zeitintervall haben – zeitliche Überschneidung und Inklusion werden in diesem Sinn als Gleichzeitigkeit gewertet.

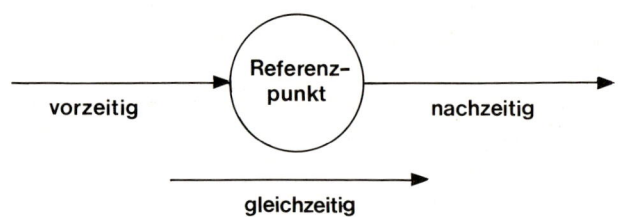

Abb. 9: Einfache Zeitrelationen

Zeitrelationen zwischen zeitstufengleichen Ereignissen sind ‚komplex': z. B. kann ein nachzeitiges Ereignis vor-, gleich- oder nachzeitig zu einem anderen, ebenfalls nachzeitigen Ereignis sein, was die Zeitrelation ‚Vornachzeitigkeit', ‚Gleichnachzeitigkeit' und ‚Nachnachzeitigkeit' ergibt. Höhere Komplexität als 1. Ordnung – ‚Vorvornachzeitigkeit', usw. – wird temporaldeiktisch im Spanischen nicht ausgedrückt.
Zeitrelationen in Verbindung mit einer abstrakten Zeitdistanzangabe, etwa: ‚nah', ‚fern', ‚unmittelbar', heißen ‚skaliert'; z. B. besagt ‚unmittelbar vor', daß zwischen Ereignis und Referenzpunkt kein Zeitintervall liegt.

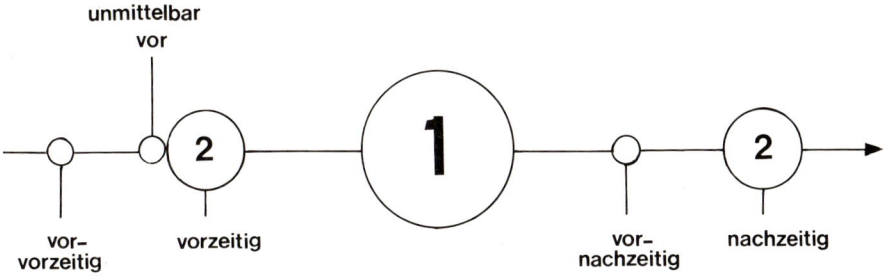

Abb. 10: Komplexe und skalierte Zeitrelationen
1 = Referenzpunkt 1. Ordnung   **2** = Referenzpunkt 2. Ordnung

b) Referenzpunkt

Die zeitrelationale Bestimmung eines Ereignisses hängt vom Referenzpunkt ab: Ein Ereignis im Jahr 1980 ist vorzeitig zum Referenzjahr 2000, aber nachzeitig zu 1950. Das Tempussystem legt nun nicht wie die kalendarische Zeitrechnung ein datierbares Ereignis (z. B. Christi Geburt) als Referenzpunkt zugrunde, sondern – ähnlich wie bei der pronominalen Referenz – eine variable deiktische Basis. Im Spanischen bildet diese Basis entweder das Hier-Jetzt der aktuellen Sprechsituation oder das Dort-Damals einer inaktuellen Vergangenheitssituation. Das temporaldeiktische System des Spanischen ist zweidimensional, es besteht aus einer Gegenwarts- und Vergangenheitsachse mit je eigenem Referenzpunkt für die Zeitrelationen.

c) Temporaldeiktisches System des spanischen Verbs (Abb. 11)

Ausgehend von zwei Referenzpunkten, den drei einfachen Zeitrelationen sowie je einer komplexen und skalierten Zeitrelation kann man die spanischen Indikativtempora zeitlogisch voneinander abgrenzen (mit Ausnahme von Präteritum und Imperfekt).
Im A-sp. werden Präteritum und Perfekt funktional anders abgegrenzt als im E-sp. (vgl. S. 226); ansonsten entsprechen sich die Funktionen der Tempora in beiden Varietäten. Bei den Konjunktivformen ist die Temporaldeixis nur schwach ausgeprägt, sie wird im Zusammenhang mit der Moduskategorie behandelt.

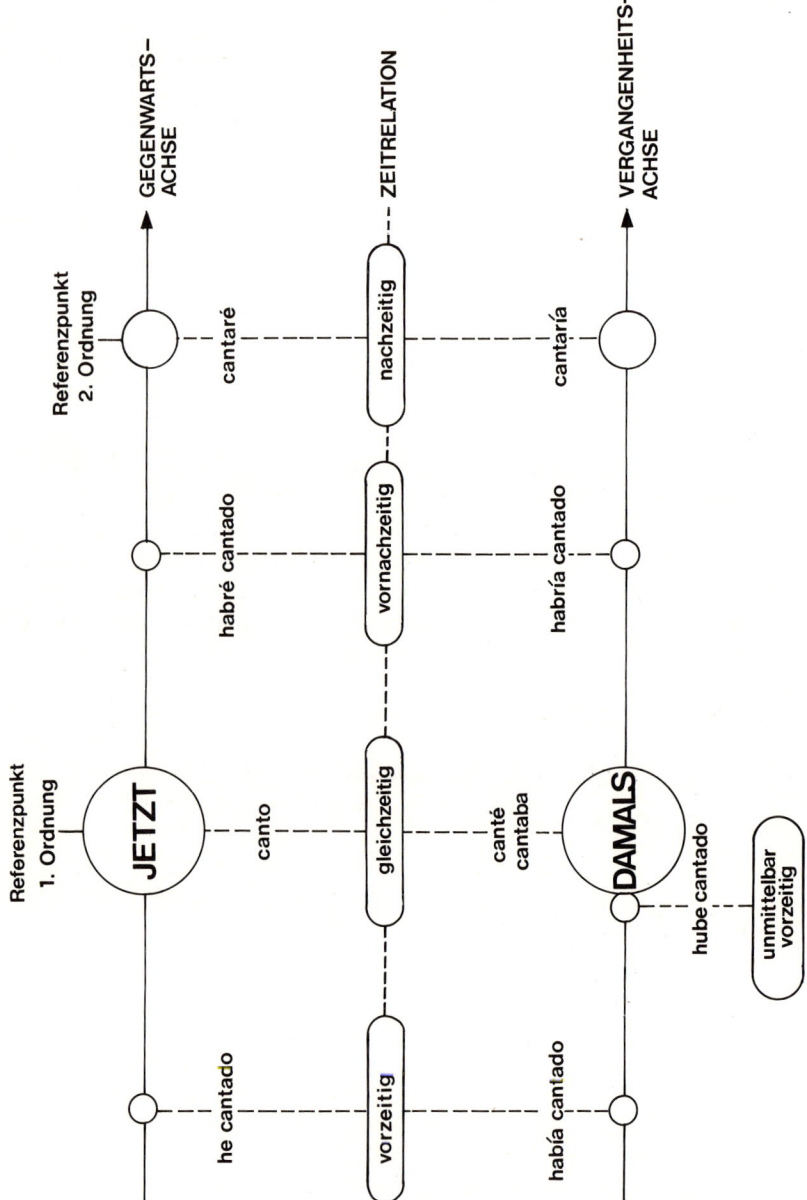

Abb. 11: Temporaldeiktisches System des europäischen Spanisch (Indikativ)

5.2.2. Präsens

Das Präsens ist im Deutschen und Spanischen das häufigste Tempus; es dominiert in Argumentations- und Informationstexten (wissenschaftliche Prosa, Gebrauchsanleitung, Leitartikel, usw.). In seiner semantischen Hauptfunktion bezeichnet das Präsens in beiden Sprachen einen von der Sprechsituation ausgehenden Gegenwartszeitraum von punktueller, durativer oder genereller Erstreckung; es bildet damit im Spanischen die Nullstufe der Gegenwartsachse.

○ Beim ‚punktuellen' Präsens fallen Sprechzeit und Ereigniszeit zusammen: *Mira, allí viene María* „Schau, da kommt Maria", *Te lo prometo* „Ich verspreche es Dir [hiermit]".

○ Das ‚durative' Präsens verweist auf einen variablen Zeitraum, der sich über die Sprechzeit hinaus in die Vergangenheit oder Zukunft ausdehnt: *Me levanto a las siete* „Ich stehe [gewöhnlich] um sieben Uhr auf", *Este es mi hermano* „Das ist mein Bruder", *María vive en Madrid* „Maria wohnt in Madrid".

○ Das ‚generelle' Präsens ist ein zeitlich entgrenztes duratives Präsens; es wird zum Ausdruck allgemeiner Gültigkeit in Bewertungen, Urteilen und Sprichwörtern verwendet – z. B. steht bei vier Fünftel aller spanischen Sprichwörter das finite Hauptverb im Präsens[28] –: *El hombre es malo* „Der Mensch ist schlecht", *El sol sale por el oriente* „Die Sonne geht im Osten auf", *Dos por dos son cuatro* „Zwei mal zwei ist vier", *A quien madruga Dios le ayuda* „Wer früh aufsteht, dem hilft Gott" [= Morgenstund hat Gold im Mund].

In zwei Gebrauchsweisen weicht das Präsens von seiner temporaldeiktischen Hauptfunktion als Nullstufe der Gegenwartsachse ab:

○ Das ‚historische' Präsens ist ein stilistisches Mittel zur Vergegenwärtigung der Vergangenheit: *Colón descubre América en 1492* „1492 entdeckt Kolumbus Amerika".

○ Das ‚futurische' Präsens dient gewissermaßen als Sparform, mit der in bestimmten Kontexten die Sprechzeitnachzeitigkeit nicht eigens temporal markiert wird: *El año que viene acabo la carrera* „Nächstes Jahr bin ich mit dem Studium fertig", *¡Tú te quedas!* (Befehl) „Du bleibst [jetzt] hier!", *¿Adónde pongo las maletas?* (Zustimmungsfrage) „Wo soll ich die Koffer hinstellen?" In der Wenn-Komponente eines zukunftbezogenen realen Bedingungssatzes muß das futurische Präsens stehen: *Si vienes, te esperaré* „Wenn Du kommst, werde ich Dich erwarten"; das Futur wäre hier ungrammatisch: **Si vendrás, te esperaré.*

Nach MORENO DE ALBA 1978, 146–148 verteilen sich die Tempusfunktionen des Präsens im gesprochenen mexikanischen Spanisch folgendermaßen: punktuell 8 %, durativ 69 %, generell 13 %, historisch 3 %, futurisch (einschließlich *voy + a* + Inf.) 7 %.

---

[28] Vgl. FELIXBERGER 1974, 54.

5.2.3. Futur

Das Futur kommt im Spanischen wesentlich häufiger vor als im Deutschen; sein Anteil in schriftsprachlichen Texten beträgt 3,5 % der Tempusformen, der des Futur Perfekt 0,1 %, gegenüber 1,5 % bzw. 0,03 % im Deutschen (Daten nach GELHAUS 1975, 47). In beiden Sprachen hat das Futur eine temporale und modale Komponente; erstere ist im Deutschen nur schwach vorhanden: Dem spanischen temporalen Futur entspricht meistens ein deutsches (futurisches) Präsens.

5.2.3.1. Temporaler Gebrauch

Das Futur bezeichnet zeitreferenziell ein zur Sprechsituation abgegrenztes, nachzeitiges und relativ sicheres Ereignis: *La exposición se inaugurará el día 11 de julio* „Die Ausstellung wird am 11. Juli eröffnet (werden)". Im Unterschied zum Deutschen, wo das temporale Futur ‚förmlich' und ‚feierlich' wirkt und bei wiederholtem Gebrauch schwerfällig, ist das spanische Futur stilistisch nichtmarkiert, und eine Abfolge von Futurformen durchaus sprachüblich.

Beispiel (briefliche Mitteilung)

Mis planes para los próximos meses son los siguientes: **estaré** en Madrid aproximadamente hasta primeros de julio; tras una breve estancia en Granada **iré** a Málaga el día 12 del mismo mes y allí **estaré** hasta el 12 de agosto, en que de nuevo **pasaré** por Granada para regresar a Madrid.

Die Nachzeitigkeitsstufen – im Beispieltext bezeichnen die Futurformen vier aufeinanderfolgende Ereignisse – werden im allgemeinen temporal nicht unterschieden. Zum Ausdruck der Vornachzeitigkeit wird das Futur Perfekt verwendet, wenn zwischen vornachzeitigem und nachzeitigem Ereignis ein markierter handlungslogischer Zusammenhang besteht: *Cuando vengas, ya habré terminado* „Wenn Du kommst [= kommen wirst], bin ich schon fertig [= werde ich fertig geworden sein]".

5.2.3.2. Modaler Gebrauch

In dieser Funktion wird die Satzaussage nicht neutral als faktisch mehr oder minder sicher betrachtet, sondern modal relativiert im Sinne von „Es ist wahrscheinlich, daß . . ." und „Es ist notwendig, daß . . .".

a) Futur der Wahrscheinlichkeit

Der wahrscheinlichkeitsmodale Gebrauch tritt kommunikativ als ‚ungefähre Angabe' oder ‚Unterstellung' auf: *¿Cuantos años tendrá?* „Wie alt wird er wohl sein", *Usted comprenderá que . . .* „Sie werden [doch] verstehen, daß . . ." [unterstellte Antwort: Ja].

Bei vergangenem Referenzereignis mit Gegenwartsbezug wird die Wahrscheinlichkeitsmodalität durch das Futur Perfekt ausgedrückt: *Se habrá ido ya* „Er wird [vermutlich] schon gegangen sein", *¿Habrá dicho jamás algo realmente razonable?* „Hat er [denn] jemals etwas wirklich Vernünftiges gesagt?" [unterstellte Antwort: Nein]. Die wahrscheinlichkeitsmodale Funktion dominiert beim Futur Perfekt (68 %), beim Futur macht sie nur 10 % des Vorkommens aus (Daten nach Cartagena 1981).

b) Futur der Notwendigkeit

Die Futuraussage ergibt sich gewissermaßen gesetzmäßig aus einer (auch impliziten) Voraussetzungsstruktur:

○ ‚Handlungswille': *Yo les dejaré ahora solos* „Ich werde Sie jetzt allein lassen", *Lo haré* „Ich werde es [sicher] tun".

○ ‚Handlungsgebot': *No matarás* „Du sollst nicht töten" – die Zehn Gebote stehen auf Spanisch im Futur –; *¿Es un asunto urgente?* „Ist die Angelegenheit dringend?" – *Muy urgente* „Sehr (dringend)" – *Bueno, usted me dirá* „Gut, [also] legen Sie los".

In der spanischen Rechtssprache kommt das Gebotsfutur häufig vor, im Deutschen ist die entsprechende Formulierung in der Regel präsentisch.

Beispiel (Staatsangehörigkeitsentzug)

Ningún español de origen **podrá** ser privado de su nacionalidad (*Constitución española* 1978, Art. 11 Abs. 2)

Die deutsche Staatsangehörigkeit **darf** nicht entzogen werden (*Grundgesetz* Art. 16 Abs. 1)

Das Gebotsfutur[29] wird nur eingeschränkt zum Ausdruck eines Befehls verwendet: Zu einem Kind sagt man nicht *No **harás** tal cosa*, sondern *No **hagas** tal cosa*.

○ ‚Handlungskonsequenz': Die Implikation ‚Wenn ... dann' ist syntaktisch implizit – *Ya verás* „Du wirst [schon] sehen" (Prophezeiung) – oder explizit: *Si vienes, te esperaré*; *Dado este fenómeno, se comprenderá ...* „Berücksichtigt man diesen Sachverhalt, [dann] wird begreiflich ...".

5.2.3.3. Synthetisches und analytisches Futur (*cantaré* vs. *voy a cantar*)[30]

Die Futurform *cantaré* steht im modernen Spanisch teilweise in Konkurrenz zur Periphrase *voy a cantar*. Die periphrastische Konstruktion ist zwar mitunter noch wörtlich zu

---

[29] Vgl. hierzu Lorenzo 1966.
[30] Zur Abgrenzung aus gesamtromanischer Sicht vgl. Fleischman 1982, 78–102.

interpretieren im Sinne von „gehen, um etwas zu tun" *(Voy a dormir* „Ich gehe [jetzt] schlafen"), in der Regel tritt sie aber grammatikalisiert auf und bezeichnet die Sprechzeitnachzeitigkeit: *¡Que te vas a caer!* „Du fällst gleich hin!" [zu einem herumtollenden Kind], *El libro va a salir dentro de dos o tres meses* „Das Buch kommt in [den nächsten] zwei bis drei Monaten heraus". Daß die Periphrase *ir + a* + Inf. nicht zum spanischen Tempusparadigma gerechnet wird, liegt einmal an der grammatischen Tradition des kanonischen Paradigmas, zum anderen daran, daß *ir + a* + Inf. im Gegensatz zur Periphrase *haber +* Partizip nicht durchgängig grammatikalisiert ist, sondern nur in drei Tempora: *voy (vaya) a cantar, iba a cantar, iré a cantar.*

Das analytische Futur hat wie das synthetische Futur eine temporale und modale Bedeutungskomponente (die folgende Darstellung bezieht sich nur auf das europäische Spanisch).[31]

○ In temporaler Funktion sind bei *cantaré* Sprechsituation und nachzeitiges Referenzereignis klar abgegrenzt; bei *voy a cantar* bilden sie zusammen einen gegenwartsbezogenen Ereignisraum: *Lo comprenderás (algún día)* „(Eines Tages) wirst du es verstehen" vs. *Lo vas a comprender (en seguida)* „Du wirst es (gleich) verstehen"; *Tendrá un hijo* „Sie wird ein Kind bekommen" (Prophezeiung) bzw. modal „Sie hat wohl ein Kind" (Vermutung) vs. *Va a tener un hijo* „Sie bekommt ein Kind" [= sie ist schwanger].

Schema

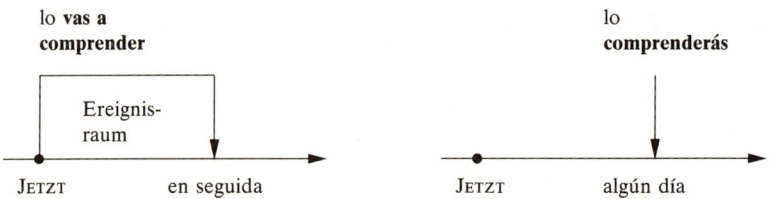

Innerhalb der spanischen Temporaldeixis nimmt das analytische Futur bevorzugt die Systemstelle ‚unmittelbare Nachzeitigkeit' ein: *Ahora mismo voy a llamar a tu madre y le voy a decir que . . .* „Ich rufe jetzt gleich deine Mutter an und sage ihr, daß . . .". Darüber hinaus bezeichnet es allgemein ‚Nachzeitigkeit' und kann hier mit dem synthetischen Futur konkurrieren: *¿Qué va a ser/será de nosotros?* „Was soll aus uns werden?", *¿Vas a venir/Vendrás esta tarde?.*

○ Modal bezeichnet das analytische Futur die ‚Handlungsabsicht': *¿Qué van a tomar ustedes? – Dos cervezas* „Was möchten Sie trinken? – Zwei Bier"; *Vamos a ver si te lo*

---

[31] Zur Gebrauchsabgrenzung vgl. BERSCHIN 1987; deskriptiv grundlegend BAUHR 1989 (Datenbasis bilden 50 moderne e-sp. Theaterstücke mit 6576 Futurbelegen, davon 69 % *cantaré*, 31 % *voy a cantar*).

explico „[Also] schauen wir [einmal], ob ich es dir erkläre[n kann]". Umgangssprachlich ist es typisch für rhetorische Fragen: *Hombre, ¿qué te pasa? – Nada. ¿Qué me va a pasar?* „Nichts. Was soll ich denn haben?"; *¿Te acuerdas de mis padres? – ¿Cómo no me voy a acordar?* „Und ob ich mich erinnere".

Wahrscheinlichkeitsmodal und zum expliziten Ausdruck der Handlungskonsequenz kommt nur *cantaré* vor; bei intentionaler Modalfunktion konkurrieren beide Futurformen: *Le diré/voy a decir la verdad.*

5.2.4. Imperfekt und Präteritum

Im Spanischen sind Imperfekt *(cantaba)* und Präteritum *(canté)* die Leittempora der Erzählung. Diese Funktion nimmt in der deutschen Schriftsprache nur ein Tempus wahr, das Präterit *(sang)*. Die richtige Verwendung der beiden spanischen Vergangenheitstempora stellt ein schwieriges Lernproblem für den Deutschsprecher dar.

Temporaldeiktisch bilden Imperfekt und Präteritum gemeinsam die Nullstufe der Vergangenheitsebene: *Ayer cuando llegaste, llovía* „Als Du gestern ankamst, regnete es". Der Unterschied zwischen *llegaste* und *llovía* liegt nicht in der Zeitreferenz – beide bezeichnen ein mit einem vergangenen Referenzpunkt *(ayer)* gleichzeitiges Ereignis –, sondern in einer grammatischen Kategorie, die das Deutsche nicht kennt: dem ,Aspekt'.

5.2.4.1. Aspekt[32]

Im Unterschied zum temporal-aspektuellen Verbalsystem der slawischen Sprachen kommt im Spanischen der Aspekt nur isoliert vor, nämlich in der Opposition Imperfekt: Präteritum (morphologisch gesehen sind Tempus- und Aspektmorphem hier amalgamiert). Das Präteritum als markiertes Oppositionsglied bezeichnet ein Ereignis als in der Vergangenheit beendet (perfektiver Aspekt), dem Imperfekt fehlt diese Bestimmung (imperfektiver Aspekt) – das Ereignisende kann hier offen bleiben.

Schema: Aspektopposition in *Ayer cuando llegaste, llovía*

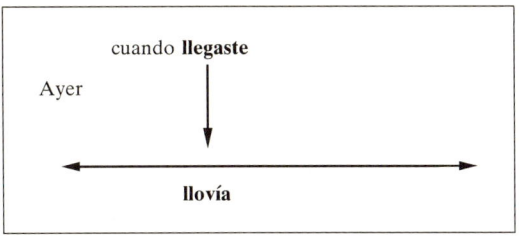

----

[32] Zum Aspektbegriff vgl. POLLAK 1960, 30–47; HORST G. KLEIN 1974, 76–89.

Kommentar

Relativ zum Ereignisende der ‚Ankunft' *(llegaste)* ist das Ereignis ‚Regen' *(llovía)* nicht beendet; es überschneidet das perfektive Ereignis, wobei die Anfangsphase zeitrelational vor diesem liegt, die Endphase danach. In analoger Weise überschneidet das durative Präsens die Sprechsituation und erstreckt sich unbestimmt in sprechzeitvorzeitiger und -nachzeitiger Richtung; man bezeichnet deshalb das Imperfekt häufig als ‚Vergangenheitspräsens'.

Betrachten wir die Funktion der Aspektopposition an einem längeren Textstück.

Textbeispiel (Tonbandaufnahme)

In einem Militärkrankenhaus berichtet ein Soldat (S.), der von einem Motorrad angefahren wurde, seinem Vorgesetzten (V.) über den Unfall.

S. Eso **fue** que al salir yo de una bocacalle, **venía subiendo** la calle Antonio Maura, por la parte de Ciudad Jardín, y a la desembocadura de esa calle, al pasar a la otra, pues me **cogió** la moto y me **hizo** polvo la pierna.

V. ¿Y de quién **fue** la culpa? ¿Es que tú no te **diste** cuenta o es que el tío **venía** muy rápido?

S. Yo cuenta no me **di**. Esto **era** ya de noche.

V. ¿**Era** ya de noche?

S. Yo cuando … El accidente tampoco lo recuerdo porque hasta el día siguiente yo no me **di** cuenta de nada. **Fue** cuando me **di** cuenta de que **tenía** los pies … los pies rotos.

…

V. ¿**Hubo** testigos allí que **presenciaron** eso?

S. No. Porque **era** la una de la noche o por ahí; que allí el único que **estaba era** el sereno … un sereno que hay al lado de un kiosko … y a éste le **cogía** lejos; cuando **oyó** el topetazo pues se **acercó** y ya … ya nos habían recogido a nosotros para llevarnos a la Casa de Socorro. Después ya **tuve** que pasar al hospital provincial y del hospital provincial me **trajeron** acá.

Der Text enthält 27 finite Verbformen, davon 15 im Präteritum und 9 im Imperfekt. Die Präteritum- und Imperfektformen sind nicht austauschbar. Worin liegt der semantische Unterschied?

Die Abfolge beider Tempora bestimmt das ‚Erzählrelief' (WEINRICH 1985); dies wird deutlich, wenn man probeweise die Präterium- und Imperfektstellen getrennt liest:

Präteritum	Imperfekt
– Eso **fue** que al salir yo de una bocacalle,	**venía** subiendo la calle Antonio Maura, por la parte de Ciudad Jardín,
y a la desembocadura de esa calle, al pasar a la otra, pues me **cogió** la moto y me **hizo** polvo la pierna.	
– ¿Y de quién **fue** la culpa? ¿Es que tú no te **diste** cuenta	o es que el tío **venía** muy rápido?
– Yo cuenta no me **di**.	Esto **era** ya de noche.
–	¿**Era** ya de noche?

Man erkennt, daß der Präteritumteil unabhängig vom Imperfektteil verstehbar ist: *Eso fue – me cogió – me hizo polvo la pierna – no te diste cuenta – Yo cuenta no me di* bezeichnet eine Abfolge abgegrenzter Ereignisse, die den Erzählkern bilden. Im Imperfekt stehen die Begleitumstände, die gleichzeitig zur Haupthandlung ablaufen *(venía subiendo – venía muy rápido – era ya de noche)* und vergangenheitsseitig nicht notwendig beendet sind: In *tenía los pies rotos* bezieht sich der Sprecher – der mit gebrochenen Beinen im Krankenhaus liegt – auf einen Vorgang, der in der Vergangenheit begann, aber in der Gegenwart noch andauert.

Die Aspektopposition in *venía subiendo : me cogió una moto* ist terminativ, d. h. das perfektive Ereignis beendet das imperfektive. Hingegen erstreckt sich z. B. in *Yo cuenta no me di : Esto era ya de noche* das imperfektive Ereignis über das perfektive hinaus.

Schema

Zusammenfassend ist der ‚Aspekt‘ folgendermaßen zu bestimmen: Im perfektiven Aspekt wird ein Ereignis als eine durch Anfang und Ende eingegrenzte Vergangenheitseinheit aufgefaßt, im imperfektiven Aspekt als ablaufender Vorgang, der in der Vergangenheit beginnt. Erzähltechnisch entspricht dem perfektiven und imperfektiven Aspekt der Handlungs- bzw. Beschreibungsteil des Textes: Im Präteritum steht der narrative Vordergrund, im Imperfekt der deskriptive Hintergrund.

5.2.4.2. Sonstige Funktionen des Imperfekts

Außerhalb der Aspektopposition kommt das Imperfekt in folgenden Funktionen vor: Temporal bezeichnet es

○ ein vergangenes Ereignis, das gewohnheitsmäßig (habituell) oder wiederholt (iterativ) vorkommt: *Los domingos María se levantaba* [= *solía levantarse*] *tarde* „Sonntags stand Maria [gewöhnlich] spät auf", *Siempre que venía a Granada, visitaba la Alhambra* „Immer wenn er nach Granada kam, besuchte er die Alhambra";

○ ein in bezug auf die Vergangenheitsform eines Verbs des ‚Sagens‘ oder ‚Meinens‘ nachzeitiges Ereignis: *María dijo que me esperaba/esperaría* „Maria sagte, sie werde mich erwarten", *Pensé que ibas a venir/vendrías* „Ich dachte, du würdest kommen". Das Imperfekt steht hier in Konkurrenz zum Konditional (vgl. S. 230).

Modal wird das Imperfekt verwendet

○ in der Dann-Komponente des irrealen Bedingungssatzes: *Si tuviera dinero, me comprabalcompraría un coche* „Wenn ich Geld hätte, würde ich mir ein Auto kaufen";

○ bei Modalausdrücken, insbesondere *querer*, zur Abschwächung der Aussage *(imperfecto de cortesía)*: *Queríalquerríalquisiera preguntarle una cosa* „Ich wollte Sie etwas fragen", *¿Qué deseabaldesearía?* „Was möchten Sie [bitte]?"

Die modalen Funktionen des Imperfekts werden auch vom Konditional erfüllt.

5.2.5. Präteritum und Perfekt[33]

Der Gebrauch von Präteritum und Perfekt ist im spanischen Sprachgebiet nicht einheitlich: Statistisch gesehen zeigt das A-sp. gegenüber dem E-sp. eine Präteritumpräferenz.

Tempus	Europäisches Spanisch[1]	Amerikanisches Spanisch[2]
Imperfekt	11,2	10,1
Präteritum	**10,4**	**16,5**
Perfekt	**8,7**	**5,1**
Plusquamperfekt	1,6	1,4
Teilsumme	31,9	33,1
Belege (= 100 %)	42 758	6899

Tab. 18: Häufigkeit der sprechzeitvorzeitigen Tempora im europäischen und amerikanischen Spanisch (in % aller Tempora)

[1] Daten nach ROLFE 1967.
[2] Daten nach BULL 1947.

In den beiden vergleichbaren schriftsprachlichen Korpora beträgt das Verhältnis Präteritum : Perfekt einerseits 1,2 : 1 (E-sp.), andererseits 3,2 : 1 (A-sp.).

5.2.5.1. Amerikanisches Spanisch

Im A-sp. bezeichnet das Perfekt ein Ereignis, das sprechzeitvorzeitig beginnt und bis zur Sprechzeit andauert (Sprechzeitrichtung)· *Bogotá ha crecido mucho en los últimos años*

---

[33] Zum Abgrenzungsproblem beider Tempora im europäischen und amerikanischen Spanisch vgl. BERSCHIN 1976; für Buenos Aires: KUBARTH 1992.

„Bogotá ist in den letzten Jahren sehr gewachsen", *María todavía no ha venido* „Maria ist noch nicht gekommen", *Te he dicho muchas veces que* ... „Ich habe Dir [schon] oft gesagt, daß ...". Semantisch kann man bei sprechzeitgerichteten Äußerungen ein *bis jetzt* einfügen.

Das Präteritum zeigt im A-sp. die Sprechzeitvorzeitigkeit an, gleichgültig ob das Bezugsereignis kurz oder lang zurückliegt: *¿Le gustó?* (Kellner zu einem Gast) „Hat es Ihnen geschmeckt?", *¿María no está? – No, salió ahora mismo* „Ist Maria nicht da? – Nein, sie ist gerade weggegangen", *María salió hace un mes para Francia* „Maria reiste vor einem Monat nach Frankreich".

Der zeitlogische Unterschied zwischen sprechzeitvorzeitigem Präteritum und sprechzeitgerichtetem Perfekt läßt sich folgendermaßen veranschaulichen:

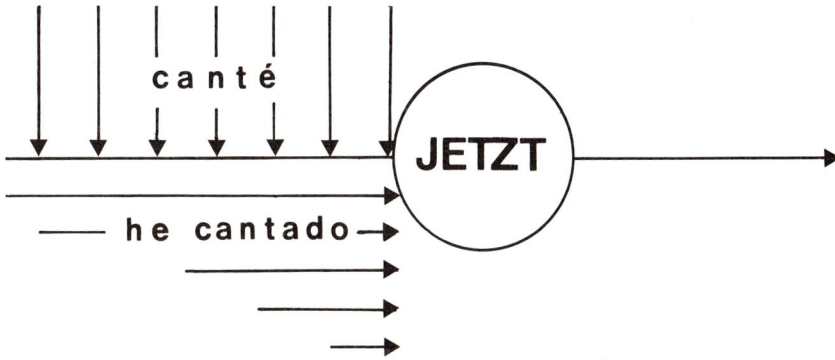

Abb. 12: Präteritum und Perfekt im amerikanischen Spanisch

Kommentar

Das Präteritum bezieht sich auf ein Ereignis, das vor der Sprechzeit endigt; zwischen Ereignisende und Sprechsituation liegt zeitlich eine Lücke. Beim Perfekt ist der Beginn des Bezugsereignisses vor der Sprechzeit, nicht aber das Ende; der Ereignisraum reicht bis zur Sprechsituation – und möglicherweise darüber hinaus.

5.2.5.2. Europäisches Spanisch

Im E-sp. ist der temporale Bereich des Perfekts breiter als im A-sp.; das Perfekt bezeichnet einerseits – wie im A-sp. – die Sprechzeitrichtung, andererseits aber auch die Sprechzeitvorzeitigkeit, wenn das Bezugsereignis im Zusammenhang mit der Sprechsituation steht. Das Präteritum verweist auf ein sprechzeitvorzeitiges Ereignis, das *nicht* im Zusammenhang mit der Sprechsituation steht.

Beispiel

Bei einem Ergänzungstest wurde drei Gruppen Madrider Studenten mit jeweils 80–100 Vpn ein bis auf eine Stelle gleicher Text vorgelegt:

A: *¿Esos zapatos son nuevos?*
B: a) *Sí, los acabo de comprar.*
   b) *Sí.*
   c) *No, los tengo ya dos años.*
A: *¿Cuánto te ....?*
B: *3.500 pesetas.*

Die Textvarianten a), b), c) drücken einen geringer werdenden Zusammenhang zwischen Sprechsituation und Bezugsereignis aus. Das Testergebnis zeigt, daß die Präteritum- und Perfektsetzung deutlich mit dem Faktor ‚Zusammenhang' korreliert: Bei positivem Zusammenhang dominiert Perfekt *(han costado)*, bei negativem das Präteritum *(costaron)*.

| | Zusammenhang mit der Sprechsituation | | |
| | **positiv** | **neutral** | **negativ** |
	(a) *Sí, los acabo de comprar*	(b) *Sí*	(c) *No, los tengo ya dos años*
Präteritum	21 %	55 %	**81 %**
Perfekt	**79 %**	44 %	19 %
Sonstige	–	1 %	–

Bei kolumbianischen Vpn ergab die Textvariation keinen Unterschied in der Tempussetzung: es dominierte jeweils das Präteritum (95–100 %).

Die Abgrenzung von Präteritum und Perfekt ist im E-sp. komplizierter als im A-sp.; das E-sp. drückt zusätzlich zur Sprechzeitvorzeitigkeit einen – im A-sp. irrelevanten – semantischen Faktor aus, den ‚Zusammenhang' mit der Sprechsituation. Dieser Zusammenhang oder Aktualitätsbezug kann räumlich, zeitlich, handlungslogisch, usw. als ‚positiv' oder ‚negativ' interpretiert werden, wobei der Sprecher einen erheblichen Bewertungsspielraum hat.

In der grammatischen Literatur wird als Kriterium des ‚Zusammenhangs' vor allem die Kompatibilität mit Zeitadverbien genannt: Das Perfekt kombiniere mit sprechzeitinklusiven Adverbien *(hoy, esta semana, este año)*, das Präteritum mit sprechzeitvorzeitigen *(ayer, la semana pasada, el año pasado)*. Diese Regel stimmt nur zur Hälfte: Zwar ist das Perfekt im allgemeinen inkompatibel mit sprechzeitvorzeitigen Adverbien *(*He venido ayer)*, bei Sprechzeitinklusion sind aber, je nach Bewertung des Zusammenhangfaktors, Präteritum und Perfekt möglich *(Vine hoy, He venido hoy)*.

Beispiel

In einem Ergänzungstest wurde je einer Gruppe Madrider und Bogotaner Studenten mit jeweils 70 bzw. 50 Vpn folgender bis auf *hoy/ayer* gleicher Text vorgelegt:

A: *Oye, ¿.......... **hoy/ayer** al profesor López?*
B: *Sí, pero no estaba en casa.*

In Madrid setzten 97 % der Vpn bei *ayer* ein Verb im Präteritum (*fuiste a ver, llamaste*, u. ä.), bei *hoy* 44 % Präteritum und 56 % Perfekt. In Bogotá wurde in beiden Texten unterschiedslos Präteritum verwendet (95–100 %).

5.2.5.3. Perfekt im Deutschen und Spanischen

Das spanische Perfekt *(he cantado)* unterscheidet sich – unabhängig vom verschiedenen Gebrauch im A-sp. und E-sp. – in zweierlei Hinsicht vom morphologisch entsprechenden deutschen Tempus *(ich habe gesungen)*.

○ Im Spanischen ist das Perfekt kein Erzähltempus. Hingegen kann man im Deutschen eine Geschichte auch im Perfekt erzählen. Dieser Perfektgebrauch ist regional unterschiedlich ausgeprägt – am stärksten im Süden des deutschen Sprachgebietes (oberdeutscher Präteritumschwund) –, überwiegt aber heute in der gesprochenen Standardsprache; hier wird, vor allem im Dialog, in erzählender Rede das Präterit – außer bei Modal- und Hilfsverben – wenig verwendet.

Daß im gesprochenen Deutsch das Präterit nicht dem spanischen Präteritum und Imperfekt entspricht, zeigt eine Übersetzung des Textbeispiels S. 224; eine durchgängige Verwendung des Präterit würde hier künstlich und schriftsprachlich wirken.

○ Die Bedeutung des Perfekts ist im Spanischen in erster Linie temporal, im Deutschen temporal und stadial: So kann in *Maria hat ihr Geld in Aktien angelegt* das Perfekt ein sprechzeitvorzeitiges oder -gerichtetes Ereignis bezeichnen („Maria legte ihr Geld an", „Maria hat bis jetzt ihr Geld angelegt") oder einen abgeschlossenen, gegenwärtigen Zustand: „Das Geld ist [jetzt] angelegt". Im Spanischen wird die temporale Bedeutung durch Präteritum bzw. Perfekt wiedergegeben *(María invirtió, María ha invertido)*, die stadiale durch die Periphrase *tener* + Partizip: *María tiene invertido su dinero en acciones* (vgl. S. 236).

5.2.6. Plusquamperfekt, Vorpräteritum, Konditional

Temporaldeiktisch bezeichnet das Plusquamperfekt die Vorzeitigkeit zur Nullstufe der Vergangenheitsachse, das Vorpräteritum die unmittelbare Vorzeitigkeit und das Konditional die Nachzeitigkeit (vgl. Abb. 11, S. 218):

Cuando llegué,	Als ich (an)kam,
ella ya se había ido	war sie schon (weg)gegangen
Apenas lo hube dicho,	Kaum hatte ich es gesagt,
me arrepentí	tat es mir [schon] leid
Me dijo	Er sagte mir,
que me informaría	daß er mich unterrichten würde

Die Nullstufe der Vergangenheitsachse wird hier in der Regel durch einen Präteritum-
oder Imperfektkontext ausgedrückt.

a) Plusquamperfekt, Vorpräteritum

Das spanische Plusquamperfekt wird temporal wie die entsprechende deutsche Form *(ich hatte gesungen)* verwendet. Das Vorpräteritum kommt nur nach einigen die unmittelbare Vorzeitigkeit anzeigenden Konjunktionen und Adverbien vor *(después que, luego que, apenas,* usw.*)*, und zwar ausschließlich im gehobenen Sprachgebrauch.

b) Konditional

In seiner temporalen Funktion ist der Konditional ein ‚relatives Futur'. Das nachzeitige Bezugsereignis kann vor oder nach der Sprechsituation liegen: *Me dijo que me informaría y, efectivamente, ayer me informó; Me dijo que me informaría mañana.* Das – sehr seltene – Konditional Perfekt bezeichnet auf der Vergangenheitsebene die Vornachzeitigkeit: *Me dijo que cuando tú vinieras ya habría terminado* „Er sagte mir, wenn du kommst, wäre er schon fertig".

Die Hauptfunktion des Konditionals ist nicht temporal, sondern modal: Der Konditional drückt aus, daß ein Sachverhalt wahrscheinlich, möglich, vermutlich, zweifelhaft ist: *Yo diría que ...* „Ich würde sagen, daß ...", *Yo podría venir mañana* „Ich könnte morgen kommen", *¿Qué desearía?* „Was hätten Sie gerne?" (Konditional der Höflichkeit), *Cuando llegó María serían las diez* „Als Maria kam, war es etwa 10 Uhr", a-sp. *Habrían resuelto el problema* [= *Probablemente el problema está (va a estar) resuelto*] „Das Problem soll gelöst (worden) sein".

Im irrealen Bedingungssatz steht in der Dann-Komponente der Konditional, bei Vergangenheitsbezug der Konditional Perfekt (in Variation mit dem Konjunktiv Plusquamperfekt): *Si tuviera mucho dinero, me compraría un coche, Si hubiera tenido mucho dinero, me habría/hubiera* (selten: *hubiese) comprado un coche* „Wenn ich viel Geld gehabt hätte, hätte ich mir ein Auto gekauft".

5.2.7. Tempusfolge[34]

Die Tempussetzung hängt nicht nur von der temporaldeiktischen Wertung des jeweiligen Bezugsereignisses ab, sondern auch vom Tempuskontext: So kombinieren die Tempora der Gegenwartsachse bevorzugt untereinander, ebenso die der Vergangenheitsachse.

Beispiel

In einem Ergänzungstest mit dem Text

X: *¿Cuándo viene Juan?*

Y: *Dice que* .... *sobre las ocho.*

setzten 94 % der Vpn (64 Madrider Studenten) Futur *(vendrá, llegará),* 5 % Präsens. Im Kontrolltext

X: *¿Cuando viene Juan?*

Y: *Dijo que* .... *sobre las ocho.*

wurde von einer anderen Gruppe (73 Vpn) fast ausschließlich (96 %) Konditional verwendet *(vendría, llegaría).*

Man erkennt, daß das gleiche sprechzeitnachzeitige Ereignis (Ankunft um 8 Uhr) je nach dem Tempus des Hauptsatzes im Nebensatz durch Futur oder Konditional ausgedrückt wird.

Die Abfolgebeziehungen der Tempora im Text lassen sich als Wahrscheinlichkeitsaussagen formulieren. Eine Tempusfolge im Sinne einer grammatischen Regel (consecutio temporum) liegt erst dann vor, wenn bestimmte Tempusübergänge nicht nur unwahrscheinlich sind, sondern grammatisch unkorrekt. Das Untersuchungsfeld für die consecutio temporum wird im allgemeinen auf die Tempusbeziehungen zwischen Haupt- und Nebensatz eingeschränkt.

a) Haupt- und Nebensatz im Indikativ

Der Nebensatz kann temporaldeiktisch (1) auf den Hauptsatz bezogen werden oder (2) direkt auf die Sprechzeit. Bei (1) wird die Gleich- und Nachzeitigkeit des Nebensatzes zu einem vergangenen Hauptsatzereignis durch Imperfekt bzw. Konditional ausgedrückt, bei (2) – sofern das Nebensatzereignis nicht sprechzeitvorzeitig endigt – durch Präsens bzw. Futur:

(1) El observatorio **anunció** que se **acercaba** a nuestras costas un huracán. El parte meteorológico **añadía** que las primeras ráfagas **alcanzarían** a nuestras costas esta madrugada.

(2) El observatorio **anunció** que se **acerca** a nuestras costas un huracán. El parte meteorológico **añadía** que las primeras ráfagas **alcanzarán** a nuestras costas esta madrugada.

Das Spanische tendiert zur Formulierung (1) – mit Tempusübergängen innerhalb der Vergangenheitsebene –, schließt aber (2) nicht aus.

---

[34] Vgl. Rojo 1976; Eberenz 1981, 83–116; Castronovo 1984, 360–444.

Grammatisch gesehen unterliegt die Tempusfolge im indikativischen Haupt- und Nebensatz keinen Beschränkungen: Mit Ausnahme des Vorpräteritum kann jedes Tempus im Nebensatz mit jedem Tempus im Hauptsatz kombinieren.

Der semantisch-syntaktische Kontext kann allerdings die grammatische Kombinierbarkeit einschränken: Ist z. B. das Nebensatzereignis hauptsatznachzeitig aber sprechzeitvorzeitig, wird die Nachzeitigkeit durch Konditional (oder Imperfekt des analytischen Futurs) ausgedrückt, und nicht durch Futur: *Me dijo que me informaría/iba a informar y, efectivamente, lo hizo*; **informará* wäre in diesem Kontext unkorrekt, weil das Bezugsereignis sprechzeitvorzeitig endigt.

b) Hauptsatz im Indikativ, Nebensatz im Konjunktiv

Für die Tempusfolge zwischen indikativischem Hauptsatz und konjunktivischem Nebensatz gelten im Spanischen zwei grammatische Regeln:

R 1 Ein Gegenwartstempus im Hauptsatz kombiniert mit jedem Tempus im Nebensatz.

No creo/creeré . . . que sea/fuera/haya sido . . . verdad

R 2 Ein Vergangenheitstempus im Hauptsatz kombiniert bei sprechzeitvorzeitigem Nebensatzereignis nur mit einem Vergangenheitstempus im Nebensatz.

No creí/creía . . . que fuera/hubiera sido . . . verdad

Bei R 2 handelt es sich um consecutio temporum: das Hauptsatztempus beschränkt die Wahl des Nebensatztempus, außer das Nebensatzereignis endigt nicht sprechzeitvorzeitig: *Le dije que viniera / venga mañana* „Ich sagte ihm, er soll(e) morgen kommen".

Beispiel

Ein Ergänzungstest mit dem Satz ***Era muy raro que*** ..... ergab bei 91 Vpn (Madrider Studenten) folgende, der consecutio temporum entsprechende Tempusverteilung:

Konjunktiv I	*venga*	0 %
Konjunktiv II	**viniera, viniese**	**87 %**
Plusquamperfekt	*hubiera, hubiese, venido*	11 %
Sonstige		2 %

Im Deutschen ist die Tempusfolge grammatisch frei, eine consecutio temporum besteht nicht: *Ich glaubte, es sei wahr/es wäre wahr/es sei wahr gewesen*, usw.

5.3. Stadium

Beim Ablauf des Verbalereignisses kann man fünf Stadien unterscheiden:

Vorstadium – Anfang – Verlauf – Ende – Nachstadium

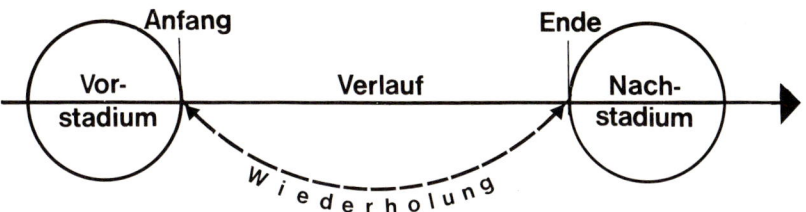

Abb. 13: Die Stadien des Verbalereignisses

Anfangs- und Endstadium sind definitionsgemäß Zeitpunkte. Das Verlaufsstadium dauert je nach Art des Verbalereignisses (Aktionsart) einen Augenblick oder eine längere Zeitspanne; entsprechend unterscheidet man ,punktuelle' und ,durative' Verben. Bei punktuellen Verben fallen Anfangs- und Endstadium praktisch zusammen: *llegar, coger, levantarse*, bei durativen Verben sind sie getrennt: *llover, llorar, estar*. Die Stadien werden im Spanischen lexikalisch ausgedrückt (*comenzar a* + Inf., *acabar de* + Inf., usw.), verbalderivativ (vgl. S. 307) oder durch Verbalperiphrasen. Bei den Periphrasen sind Form und Funktion folgendermaßen zugeordnet:

Infinitivperiphrase   – „Anfangsstadium"
Gerundialperiphrase – „Verlaufsstadium"
Partizipialperiphrase – „Nachstadium"

5.3.1. Vorstadium, Anfangs- und Endstadium, Wiederholung

Die Periphrasen *ponerse a, echar(se) a, romper a* + Inf. bezeichnen das Anfangsstadium (letztere nur mit wenigen Verben), *volver a* + Inf. die einmalige Wiederholung: *Se puso a cantar* „Er begann zu singen", *Volvamos a comenzar* „Fangen wir noch einmal an".

Anfangs- und Endstadium mit resultativer bzw. approximativer Nebenbedeutung werden in einigen Wendungen durch *llegar a, venir a* + Inf. ausgedrückt: *Llegó a ser alcalde* „Er brachte es zum Bürgermeister", *Esto viene a ser lo mismo que aquello* „Das eine kommt [etwa] auf dasselbe heraus wie das andere". Vor- und anfangsstadiale Bedeutungswerte ergeben sich auch im Zusammenspiel von Aspekt, Aktionsart und Kontext: Der imperfektive Aspekt einiger punktueller Verben kann ausdrücken, daß das Ereignis nur bis zum Vorstadium gelangte (,Imperfekt des Versuchs'): *Ayer se moría, hoy ya está mejor* „Gestern starb er [fast], heute geht es ihm schon besser". Einige durative Verben nehmen im perfektiven Aspekt – allerdings nicht immer – eine anfangsstadiale Bedeutung an: *Entonces supe la verdad* „Dann **erfuhr** ich die Wahrheit"; aber: *Durante aquel año solamente yo supe la verdad* „Nur ich **wußte** in diesem Jahr die Wahrheit".

5.3.2. Verlaufsstadium

Abweichend vom Deutschen wird das Verlaufsstadium im Spanischen durch eine eigene grammatische Kategorie ausgedrückt: das Gerundium. Das Gerundialmorphem *-ndo* kommt im Rahmen einer finiten Verbalkonstruktion vor oder infinit: *¿Qué estás haciendo?* – *Trabajando* „Was machst Du [gerade]? – Arbeiten". Das Gerundium ist tempusneutral, aber zeitstufenbezogen: es bezeichnet nur Ereignisse, die gleichzeitig zu einem zeitlichen Referenzpunkt ablaufen.

5.3.2.1. Infinite Gerundialkonstruktion[35]

Bei infinitem Gebrauch wird das Gerundium absolut verwendet oder als Satzglied; im letzten Fall hat es grammatisch die Funktion eines Attributsatzes (*Vi la fruta cayendo* [= que caía] *del árbol*) oder eines Adverbs bzw. Adverbialsatzes: *María contestó sonriendo* „Maria antwortete lächelnd", *Suponiendo que fuera así . . .* „Angenommen, es wäre so . . .", *Lo hice pensando en mi porvenir* [= *porque pensaba*] „Ich tat es, weil ich an meine Zukunft dachte".

5.3.2.2. Finite Gerundialkonstruktion

Die finiten Gerundialkonstruktionen werden gebildet durch die voll grammatikalisierte Verlaufsform *estar* + Ger. sowie verschiedene Gerundialphrasen.

a) Verlaufsform

Die Verlaufsform hebt – gewissermaßen in Vergrößerung – einen Ausschnitt des Verbalereignisses hervor, der gleichzeitig zu einem zeitlichen Referenzpunkt abläuft: *¿Por qué estás llorando?* „Warum weinst Du [denn]?", *Estuve bailando toda la tarde* „Ich habe den ganzen Abend [lang] getanzt", *¿Qué estará haciendo ella?* „Was wird sie [jetzt] wohl machen?".

Die Funktionsbreite der spanischen Verlaufsform ist erheblich geringer als die der grammatisch vergleichbaren englischen progressive form; sie bezeichnet z. B. zum Referenzpunkt ungleichzeitige Ereignisse nicht: *He is arriving this afternoon* „Llega(rá) esta tarde". Vgl. SOLÉ/SOLÉ 1977, 42–53; BUTT/BENJAMIN 1994, 230–236.

Funktional steht das spanische Gerundium nicht in Opposition zu den einfachen Formen, wohl aber die progressive form. Die Frage „Was wird gerade getan?" oder „Was geht

---

[35] Vgl. REESE 1991 (Literaturbericht 7–92).

gerade vor?" kann im Englischen verbal nur mit der progressive form beantwortet werden: *It is raining, I am reading*; im Spanischen hingegen ist auch die einfache Form möglich: *Llueve, leo.*

Die Verlaufsform ist zwar vielfach mit der entsprechenden nichtgerundialen finiten Form austauschbar – *Estuve bailando tada la tarde* ~ *Bailé toda la tarde* –, wird aber in bestimmten Kontexten bevorzugt, um die stadiale Bedeutung zu vereindeutigen: *Te estoy esperando* bedeutet, daß der Sprecher gerade wartet, *Te espero* kann sich auch auf ein zukünftiges Ereignis beziehen *(Mañana te espero)* oder ein wiederholtes *(Normalmente te espero pero hoy no me ha dado tiempo).*

b) Gerundialperiphrasen

Im Unterschied zur ganzheitlichen Schau der Verlaufsform präzisieren die Gerundialperiphrasen bestimmte Phasen des Ereignisablaufes.

Abb. 14:
Die verlaufsstadiale Bedeutung spanischer Gerundialperiphrasen (nach DIETRICH 1973, 139)

Am häufigsten sind die Periphrasen *venir, ir* + Ger.; sie drücken in bezug auf einen Referenzpunkt die Hin- oder Wegbewegung des Ereignisablaufes aus: *Hace años que el gobierno viene insistiendo en el ahorro de combustible* „Seit Jahren fordert die Regierung [schon], Brennstoff einzusparen", *La situación va empeorando (desde ayer)* „Die Lage verschlimmert sich (seit gestern)".

235

Seguir + Ger. bezeichnet die Fortsetzung des Verbalereignisses, *andar* + Ger. den ungerichteten Ablauf, *llevar* + Ger. den referenzpunktgerichteten:

Después de una pausa, seguimos caminando	Nach einer Pause gingen wir weiter
La mosca andaba volando	Die Fliege schwirrte herum
Llevo esperando dos horas	Ich warte [schon] zwei Stunden

5.3.3. Nachstadium

Die Abgeschlossenheit des Verbalereignisses wird im Spanischen durch das Partizip *(cantado)* ausgedrückt, im Deutschen durch das Perfektpartizip *(gesungen)*. Das Partizip wird adjektivisch verwendet – *las ilusiones perdidas* „(die) verlorene(n) Illusionen" – oder im Rahmen einer infiniten oder finiten Verbalkonstruktion: *Resuelto el problema todos quedaron satisfechos* „Nachdem das Problem gelöst war, zeigten sich alle befriedigt". In beiden Fällen kongruiert das Partizip in Genus und Numerus mit dem Bezugssubstantiv.

a) Infinite Partizipialkonstruktion

Diese Konstruktion entspricht dem lateinischen Ablativus absolutus; sie kommt mit Ausnahme lexikalisierter Wendungen wie *dicho en pocas palabras* „in wenigen Worten gesagt", *dicho de otra forma* „anders gesagt" nur in elaborierter, schriftsprachlicher Syntax vor: *Pasada cierta edad no es fácil casarse* „Nach einem bestimmten Alter heiratet man nicht leicht". Funktional entspricht hier die Partizipialkonstruktion einem Gliedsatz: *Cuando uno ha pasado cierta edad . . .* „Wenn man ein bestimmtes Alter überschritten hat, . . .".

b) Finite Partizipialkonstruktion

Die voll grammatikalisierte Periphrase *haber* + Part. hat in erster Linie eine temporale Funktion (vgl. S. 209, 229).

Die stadiale Bedeutung ‚Abgeschlossenheit' hat das spanische Perfekt besonders in folgenden Fällen:

○ Im vornachzeitigen Temporalsatz: *Cuando hayas leído la carta me dirás tu opinión* „Wenn du den Brief gelesen hast, sagst du mir deine Meinung".

○ In allgemeingültigen, atemporalen Aussagen: *Un hombre que ha estudiado* [= *con carrera universitaria*] *no se comporta así* „Jemand, der studiert hat, führt sich nicht so auf".

○ Bei Verben, die lexematisch die Zustandsänderung oder das Ereignisende ausdrücken: *El cielo se ha nublado* „Der Himmel hat sich bewölkt", *Ha terminado la función* „Die Vorstellung ist aus".

Die Normalform zur Bezeichnung des Nachstadiums ist das Zustandspassiv *estar* + Part.: *María está cansada* „Maria ist müde", *El cielo está nublado* „Der Himmel ist bewölkt".

Durch Verbalperiphrasen werden bestimmte Merkmale des Nachstadiums hervorgehoben: *El problema quedó resuelto* „Das Problem wurde gelöst" [= endgültiges Ergebnis], *Llevo escritas muchas páginas* „Ich habe [schon] viele Seiten geschrieben" [= Zwischenergebnis], *María anda preocupada estos días* „Maria ist derzeit [ganz] besorgt", *María tiene invertido su dinero en acciones* „Maria hat ihr Geld in Aktien angelegt" [= aktives Ergebnis].

5.4. Diathese

Die Kategorie ‚Diathese' mit den Ausprägungen Aktiv und Passiv hat im Deutschen und Spanischen die gleiche satzsemantische Grundfunktion: Das Aktiv betont den Handlungsträger (‚Agens') des Verbalereignisses, das Passiv drückt eine agensabgewandte, mehr geschehensorientierte Sichtweise aus.

Beispiel

Aktiv	**Passiv**
María **compró** *el coche* →	*El coche* **fue comprado** *(por María)*
Maria kaufte das Auto	Das Auto wurde (von Maria) gekauft

Die Agensangabe – im Beispiel: *por María* „von Maria" – fehlt überwiegend bei der Passivkonstruktion (Agensausblendung), im Deutschen kommt sie nur in 14% der Passivsätze vor (SCHOENTHAL 1976, 229).

5.4.1. Passivparadigma

Das Spanische kennt wie das Deutsche zwei Passivparadigmen: das Vorgangspassiv *ser* + Part. bezeichnet den Ereignisablauf, das Zustandspassiv *estar* + Part. das Ereignisresultat; in beiden Fällen kongruiert abweichend vom Deutschen das Partizip in Genus und Numerus mit dem Subjekt:

La puerta fue cerrada   Die Tür wurde geschlossen
Las puertas están cerradas   Die Türen sind geschlossen

Im Deutschen gehört das Passivparadigma – *ich werde geliebt, ich wurde geliebt, ich bin geliebt worden,* usw. – zum grammatischen Kern der Sprache, im Spanischen hingegen nicht: Man kann zwar das Passiv konjugieren – *soy amado, era amado, he sido amado,* usw. –, aber die meisten Formen kommen nur im Lehrbuch vor; im spanischen Sprachgebrauch unterliegt die Passivbildung starken Einschränkungen.

In der Regel nicht passivfähig sind z. B. (1) Sätze mit indirektem Objekt, (2) Verben der Wahrnehmung, (3) durative Verben im Präsens oder Imperfekt ohne Agensangabe:

(1) Das Buch wurde mir gegeben   *Me dieron el libro*   **Me fue dado el libro*
(2) Du wurdest gesehen   *Te vieron*   **Fuiste visto*
(3) Das Kind wird gewaschen   *Lavan al niño*   **El niño es lavado*

Die Gebrauchshäufigkeit des Vorgangspassivs ist im Spanischen gering: Nur 0,5 % der finiten Verben stehen in dieser Form (BARRENECHEA 1979, 61–72; HOHN-BERGHORN 1983, 318–320) – gegenüber 5,5 % im Deutschen (SCHOENTHAL 229).

5.4.2. Passivähnliche Strukturen

Die semantische Funktion des Passivs der 3. Pers. wird im Spanischen durch zwei formal aktivische Verfahren ausgedrückt, das Reflexivpassiv und die unpersönliche Konstruktion.

a) Reflexivpassiv[36]

Die Konstruktion

  se + 3. Pers. transitives Verb + Substantivgruppe

ist die häufigste passivische Struktur im Spanischen; nach BARRENECHEA 1979 kommt sie im Verhältnis 9 : 1 zum Vorgangspassiv vor. *Se firmó el contrato (por ambas partes)* drückt die gleiche Sichtweise aus wie *El contrato fue firmado (por ambas partes)* „Der Vertrag wurde (von beiden Seiten) unterzeichnet".

b) Unpersönliche Konstruktion[37]

Man kann zwei Klassen unpersönlicher Konstruktionen unterscheiden:

○ Ein realer Handlungsträger ist nicht denkbar, z. B. bei bestimmten Witterungsverben und Konstruktionen mit *haber, hacer, ser* (3. Pers. Sg.): *Aquí llueve mucho* „Hier regnet es viel", *Hubo fiestas en el pueblo* „Im Dorf gab es ein Fest", *Hace frío* „Es ist kalt", *Es de noche* „Es ist Nacht".

○ Ein denkbarer Handlungsträger wird nicht konkretisiert, sei es weil er unbekannt oder unwichtig ist; die Verbform ist 3. Pers. Pl. oder *se* + 3. Pers. Sg.; *Dicen que subirá la*

---

[36] Zu den verschiedenen Funktionen von *se* vgl. MOLINA REDONDO 1974; Forschungsbericht bei TOLLIS 1978/80, semantisches Beschreibungsmodell bei VERA LUJÁN 1990.
[37] Zusammenfassende Darstellung bei LLORENTE 1976; zur Konstruktion *haber* (3. Pers. Sg.) vgl. SUÑER 1982, 17–124.

gasolina „Man sagt, daß Benzin teurer wird", *Llaman a la puerta* „Es läutet an der Tür",
Se sabe que subirá la gasolina „Es ist bekannt, daß Benzin teurer wird", *Se está bien aquí*
„Hier läßt es sich aushalten".

Die unpersönliche Konstruktion *se* + 3. Pers. Sg. wird manchmal mit dem formal gleichen und
semantisch ähnlichen Reflexivpassiv verwechselt. Im Unterschied zur unpersönlichen Konstruktion kongruiert aber beim Reflexivpassiv das Verb im Numerus mit der zugehörigen Substantivgruppe, weil diese hier Subjekt ist. In der Standardsprache gilt deshalb **Se **vende** pisos* als
inkorrekt, ebenso **Se **auxiliaron** a los heridos*; korrekt muß es heißen: *Se **venden** pisos*
„Wohnungen zu verkaufen" (Reflexivpassiv, *pisos* ist Subjekt) und *Se **auxilió** a los heridos*
„Man half den Verletzten" (unpersönliche Konstruktion, *heridos* ist Objekt).

5.5. Modus

5.5.1. Modussystem

Die Kategorie Modus hat im Spanischen wie im Deutschen zwei formale Ausprägungen:
Indikativ und Konjunktiv. Beide Modi bilden zusammen mit dem Tempus das kategorial
komplexe Tempus-Modus-System des finiten Verbs (vgl. Zavadil 1975 und 1979).

a) Modus und Modalität

Der Modus drückt eine grammatikalisierte Modalitätsreferenz aus – ähnlich wie das
Tempus eine grammatikalisierte Zeitreferenz. Unter der Modalität eines Sachverhaltes
versteht man dessen kommunikative Geltung im Sinne von „Es ist notwendig/möglich/
wahrscheinlich/erwünscht/eine Tatsache, daß . . .". Die Modalität als semantische Größe
wird nicht nur grammatisch wiedergegeben, sondern vor allem lexikalisch, durch Modalpartikel *(vielleicht, zweifellos)*, Modalverben *(müssen, sollen)*, Intonation; häufig kombinieren die Modi mit lexikalischen Modalausdrücken: *Quizá venga* „Vielleicht kommt er
[doch]".

b) Modusopposition

Der Konjunktiv ist das markierte Glied der Modusopposition, der Indikativ das nicht-
markierte. Der spanische Konjunktivgebrauch wird – teilweise kontrovers – in der grammatischen Literatur[38] mit zwei Kriterien beschrieben, einem syntaktischen und einem

---

[38] Ausführliche Darstellung Castronovo 1984, 1–343; kommentierte Bibliographie Navas Ruiz
1990.

semantischen. Syntaktisch gesehen muß der Konjunktiv in bestimmten Formalstrukturen verwendet werden, er dient sozusagen zur automatischen Kennzeichnung syntaktischer Unterordnung und hat keine modale Eigenbedeutung: z. B. ist in *Iré de vacaciones cuando **llegue** el verano* „Sobald der Sommer kommt, gehe ich in die Ferien" der Konjunktiv grammatisch geboten, die Formulierung **Iré de vacaciones cuando **llegará** el verano* ist ungrammatisch. Das syntaktische Kriterium erfaßt aber nicht den gesamten Konjunktivgebrauch. Einerseits kommt der Konjunktiv auch im Hauptsatz vor, andererseits besteht in einigen Nebensatzstrukturen eine Modusoption, die Modussetzung ist nicht automatisch, sondern semantisch bedingt. Die semantische Opposition zwischen Indikativ und Konjunktiv wird in der neueren Literatur mit folgenden Begriffspaaren beschrieben:

Übersicht: Semantische Interpretation der spanischen Modusopposition

Autor		Indikativ	Konjunktiv
TOGEBY	1953, 118	affirmation	suspension de l'affirmation
BULL	1965, 182	experience knowledge	non-experience lack of positive knowledge
COSTE/REDONDO	1965, 435	objectivité	subjectivité, éventualité
RAE	1973, 454	realidad	no realidad
KLEIN, PH. W. TERREL	1974, 117 1974	assertion[1]	non-assertion
BERGEN	1978	objective fact	subjective reservation
SOLANO-ARAYA	1982	commitement to the truth or falsity	no such commitement

[1] Assertorische Urteile sind Behauptungssätze, sie haben die logische Struktur ‚S [= Subjekt] ist Pr [= Prädikat]'. In nichtassertorischen Sätzen wird der logische Bezug zwischen S und Pr problematisiert: ‚S ist möglicherweise Pr', usw.

Man kann die verschiedenen Modusinterpretationen zu folgendem Leitsatz zusammenfassen:

Der Indikativ bezeichnet eine Aussage als ‚gültig', der Konjunktiv schränkt die Gültigkeit objektiv und/oder subjektiv ein.

Beispiele (nach BERGEN 1978)

(1) a. **Llega** *mañana*   Er kommt morgen
    b. *Tal vez* **llegue** *mañana*   Vielleicht kommt er morgen
(2) a. *Espero que* **vendrá**   Ich erwarte, daß er kommt
    b. *Espero que* **venga**   Ich hoffe, (daß) er kommt

(3) a. *No dudo que lo* **hizo**   Ich bezweifle nicht, daß er es war
    b. *Dudo que lo* **hiciera**   Ich bezweifle, daß er es war

(4) a. *María* **está** *enferma*   Maria ist krank
    b. *Es increíble que María* **esté** *enferma*   Es ist kaum zu glauben, daß Maria krank ist

(5) a. *Ella* **es** *su madre*   Sie ist ihre Mutter
    b. *Le habla como si* **fuera** *su madre*   Sie spricht zu ihr wie eine Mutter [als wäre sie
                                            ihre Mutter]

(6) a. *¿***Puedes** *hacerlo?*   Kannst du es tun? [= Bist du imstande?]
    b. *¿***Pudieras** *hacerlo?*   Könntest du es tun? [= Bist du willens?]

Kommentar

In (1a) und (2a) gilt das zukünftige Referenzereignis als faktisch vorausgesetzt, in (1b) und (2b) ist es nur möglich. (3a) bejaht eine Tatsache, (3b) bezweifelt sie. In (4) wird zwar die Tatsache ‚Maria ist krank' jeweils bejaht, sie steht aber in (4b) unter einem subjektiven Vorbehalt – „an und für sich müßte Maria gesund sein".
(5a) hat die logische Struktur ‚S ist Pr', (5b) ‚S ist, als ob Pr'. Die Frage (6a) zielt auf ein tatsächliches Können, (6b) auf die mögliche Umsetzung dieses Könnens.

Der richtige Gebrauch des spanischen Konjunktivs läßt sich allerdings nicht einfach aus der Grundbedeutung ‚eingeschränkte Gültigkeit' ableiten. Vielmehr muß die Grundbedeutung semantisch operationalisiert und in einem syntaktischen Rahmen aktualisiert werden – was einen gewissen Regelapparat[39] zur Beschreibung der Einzelfälle notwendig macht.

Die im Deutschen und Spanischen im wesentlichen gleiche Grundbedeutung des Konjunktivs wird in beiden Sprachen teilweise verschieden operationalisiert – der Konjunktiv ist jeweils ein Lernproblem. Im Spanischen gelten z. B. gefühlsbezogene Aussagen grammatisch als ‚eingeschränkt gültig', im Deutschen nicht: *Lamento que* **estés** *enfermo* „Es tut mir leid, daß du krank **bist**". Andererseits ist die indirekte Rede – die im schriftsprachlichen Deutsch zwei Drittel des Konjunktivvorkommens ausmacht – im Spanischen außer in Sonderfällen indikativisch: *Maria sagt, das* **sei** *nicht wahr* „Dice María que esto no **es** verdad".

c) Konjunktivgebrauch

Der Konjunktiv kommt formal gesehen in bestimmten morphosemantischen Strukturen von (1) Hauptsätzen und (2) Nebensätzen vor; die Konjunktivsetzung ist entweder exklusiv (Modusautomatik) oder steht in Opposition zum Indikativ (Modusoption). (Siehe folgende Übersicht)

---

[39] BERGEN 1978 gibt eine Synopse mit 34 Konjunktivregeln; die sprachpraktische Darstellung von BORREGO et. al. 1985 enthält 77 Regeln.

Übersicht: Der spanische Konjunktivgebrauch

Modus	1. Hauptsatz	2. Nebensatz		
		2.1. Nominalsatz	2.2. Adverbialsatz	2.3. Relativsatz
Konjunktiv	Zum Ausdruck a) des Wunsches (Optativ)	Nach Ausdrücken a) des Wollens, der Notwendig- keit und der Möglichkeit b) der Gefühls- bewegung	Nach konjunktiona- len Ausdrücken im a) nachzeitigen Temporalsatz b) Finalsatz c) Konditionalsatz (außer *si*)	
Konjunktiv oder Indikativ	b) der Hypothese (Potentialis)	c) des Zweifels, der Verneinung, des Nicht- wissens	d) *si*-Satz e) Lokal-, Modal-, Konsekutiv-, Konzessivsatz	im restriktiven Relativsatz

5.5.2. Der Konjunktiv im Hauptsatz

Im Hauptsatz unterscheidet man zwei modale Funktionen des Konjunktivs: Optativ und Potentialis.

a) Optativ

Der Sachverhalt wird vom Sprecher als ‚erwünscht' bewertet: *¡Ojalá llueva!* „Möge es doch regnen", *¡Viva el rey!* „Es lebe der König", *¡Que lo pienses bien!* „Bedenke es gut", *¡Pues, lo hubieras dicho!* „Hättest Du es doch gesagt!".
Gilt die Erfüllung des Wunsches als unwahrscheinlich, tendiert der Optativ nach *ojalá* und *que* zum Konjunktiv II.

Beispiel (*ALEA* VI, Karten 1839 und 1840)

Nach den Daten des Sprachatlas von Andalusien verwendeten die 230 Informanten bei (a) möglicher Wunscherfüllung überwiegend Konjunktiv I, bei (b) irrealem Wunsch fast ausschließlich Konjunktiv II.

(a)	(b)
Cuando hace mucha falta la lluvia y uno está deseando que llueva	Cuando uno está deseando que llueva pero no cree probable que lo haga

se dice: *ojalá*

55 %   ⬜ *llueva* ☐   8 %
44 %   ⬜ *lloviera* ⬜   91 %
1 %   ▌ *lloviese* ▌   1 %

Der spanische Imperativ kann als Variante des Optativs aufgefaßt werden. Semantisch ist eine Aufforderung oder ein Befehl letztendlich ein verstärkter Wunsch. Morphologisch gesehen gibt es bei den regelmäßigen Verben nur zwei imperativspezifische Formen, nämlich die 2. Pers. Sg. und Pl. (*canta : cantad*); ansonsten werden die Formen des Konjunktiv I verwendet *(cante, cantemos, cantéis, canten)*, bei Verneinung ausschließlich (*No cantes, no cante,* usw.).

b) Potentialis

Der Sachverhalt wird – meist in Verbindung mit den Modalpartikeln *quizá(s), tal vez, acaso* „vielleicht" – als hypothetisch eingestuft; bei Indikativ wird der potentiale Modalwert abgeschwächt: *Quizá lo sepas* „Vielleicht weißt Du es" [geringe Wahrscheinlichkeit] vs. *Quizá lo sabes* „Du weißt es vielleicht" [höhere Wahrscheinlichkeit]. Bei nachgestellter Modalpartikel steht nur der Indikativ: *Lo sabes quizá.*

5.5.3. Der Konjunktiv im Nebensatz

5.5.3.1. Nominalsatz (Subjekt-, Objektsatz)

Der Konjunktiv im nominalen Nebensatz wird durch bestimmte Modalausdrücke des Hauptsatzes ausgelöst:

a) Ausdrücke der Notwendigkeit, des Wollens (Bitte, Verbot, Rat, Erlaubnis, Befehl)

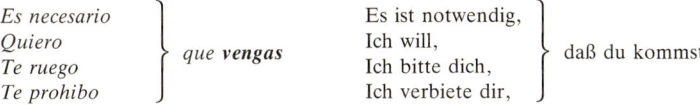

Es necesario ⎫
Quiero ⎪ *que vengas*
Te ruego ⎬
Te prohibo ⎭

Es ist notwendig, ⎫
Ich will, ⎪ daß du kommst
Ich bitte dich, ⎬
Ich verbiete dir, ⎭

243

Te aconsejo		Ich rate dir,	
Te permito		Ich erlaube dir,	
Ordeno	*que vengas*	Ich befehle,	daß du kommst
Es posible		Es ist möglich,	
La posibilidad de		Die Möglichkeit,	

Nach (a) steht im Nebensatz gewissermaßen automatisch der Konjunktiv.

Nach den Verben des ‚Sagens' drückt der Konjunktiv eine Willensäußerung aus, der Indikativ eine Feststellung:

Dice/Escribe que ***vienes***   Er sagt/schreibt, daß du kommst
Dice/Escribe que ***vengas***   Er sagt/schreibt, du sollst kommen

b) Ausdrücke der Gefühlsbewegung (Freude, Staunen, Bedauern, Furcht, Verständnis, Werturteile)

La alegría de		Die Freude,	
Me alegro de		Ich freue mich,	
Me sorprende		Es überrascht mich,	
Siento		Ich bedauere,	
Es una lástima	*que* ***haya*** *venido*	Es ist schade,	daß er gekommen ist
Temo		Ich fürchte,	
Comprendo		Ich verstehe,	
Es natural		Es ist verständlich,	
Es ridículo		Es ist lächerlich,	

Diese Ausdrücke setzen den Inhalt des Nebensatzes als ‚wahr' voraus (Präsupposition), unabhängig davon, ob der Hauptsatz bejaht oder verneint ist: In *Me alegro de que hayas venido* und *No me alegro de que hayas venido* gilt das Ereignis ‚Ankunft' gleichermaßen, nur die Bewertung ist verschieden. Hingegen wird in *Creo que has venido* und *No creo hayas venido* die Nebensatzaussage als wahr bzw. falsch beurteilt.
Nach (b) steht fast ausnahmslos der Konjunktiv.

Bei emphatischer Hervorhebung des Nebensatzes kann der Indikativ stehen: *Me alegro de que con-seguiste empleo* „Ich freue mich, daß du [endlich] eine Stelle gefunden hast" betont der Sprecher seine Anteilnahme, mit *Me alegro de que lo* ***hayas*** *conseguido* macht er eine höfliche Bemerkung.

c) Ausdrücke des Zweifels, der Verneinung, des Nichtwissens (meist verneintes Hauptsatzverb des Wissens, Sagens, Meinens)

María duda		Maria bezweifelt,	
Es dudoso		Es ist fraglich,	
No es cierto		Es ist nicht sicher,	
María niega	*que* ***haya*** *venido*	Maria verneint,	daß er gekommen ist
No es verdad		Es stimmt nicht,	
María no cree		Maria glaubt nicht,	

Nach (c) gibt es im Prinzip eine Modusoption: Bei Indikativ wird die Gültigkeit des Nebensatzes vom Sprecher vorausgesetzt, bei Konjunktiv nicht:

Beispiele (nach GEBHARDT 1979)

(1) a. *María no cree que Pablo **tiene** dinero*   Maria glaubt nicht, daß Paul Geld hat
    b. *María no cree que Pablo **tenga** dinero*   Maria glaubt nicht, daß Paul Geld haben könnte

(2) a. *No sé en qué me **he** equivocado*   Ich weiß nicht, worin ich mich geirrt habe
    b. *No sé en qué me **haya** equivocado*   Ich weiß nicht, worin ich mich geirrt haben könnte

(3) a. *Sospecho que **has** perdido el dinero*   Meiner Meinung nach hast Du das Geld verloren
    b. *Sospecho que **hayas** perdido el dinero*   Vielleicht hast Du das Geld verloren

Kommentar

In (1a) macht der Sprecher zwei Aussagen: ‚Paul hat Geld‘ und ‚Maria glaubt es nicht‘; in (1b) bleibt offen, ob Paul Geld hat. Die Bedeutungsopposition in (2) ist ähnlich: (2a) besagt, daß der Sprecher sich geirrt hat, er weiß nur nicht ‚worin‘; in (2b) hingegen ist fraglich, ob er sich geirrt hat. Bei Indikativ ist also der Aussageinhalt des Nebensatzes *(Pablo tiene dinero, Me he equivocado)* wahr, bei Konjunktiv kann er wahr oder falsch sein.
In (3a) hält der Sprecher seine Vermutung für relativ sicher, in (3b) für weniger sicher, aber möglich.

5.5.3.2. Adverbialsatz[40]

Der Konjunktiv steht in konjunktionalen Temporalsätzen, die nachzeitig sind; nach *antes (de) que* steht immer Konjunktiv:

*Me iré antes/después de que **llegue** María*   Ich gehe, bevor/nachdem Maria kommt
*Me fui antes de que **llegara** María*   Ich ging, bevor Maria kam
*Me **quedaré** hasta que **llegue** María*   Ich bleibe, bis Maria kommt

Konjunktionen der Finalität und Konditionalität (außer *si*) sind automatisch Konjunktivauslöser im Nebensatz (vgl. S. 281 f.). Im Konzessiv- und *si*-Satz besteht Modusoption, der Konjunktiv wird bei potentiellem oder irrealem Aussagegehalt verwendet, der Indikativ bei realem:

*Me iré aunque **llueva***   *Me iré aunque **llueve***
Ich gehe, auch wenn es regnet   Ich gehe, obwohl es regnet [= es regnet tatsächlich]

*Si **lloviera** no me iría*   *Si mañana **llueve** no me iré*
Wenn es regnete, würde ich nicht gehen   Falls es morgen regnet, gehe ich nicht

Zur Modussetzung im Lokal-, Kausal-, Modal- und Konsekutivsatz vgl. S. 280–282.

---

[40] Zur Moduskasuistik der rund 150 Konjunktionen und konjunktionalen Ausdrücke vgl. BORREGO et al. 1985.

5.5.3.3. Restriktiver Relativsatz

Der Konjunktiv steht im restriktiven Relativsatz in drei Fällen: (1) Zum Ausdruck einer gewünschten Eigenschaft, (2) bei unbekanntem oder unbestimmtem (virtuellem) Antezedenten und (3) zur Abschwächung eines superlativischen Antezedenten.

Beispiele

(1) a. *María quiere comprar una casa que*   Maria möchte ein Haus mit Seeblick kaufen
    tiene vistas al lago
   b. *María quiere comprar una casa que*   Maria möchte ein Haus kaufen, das Seeblick
    tenga vistas al lago   haben soll

(2) a. *Compra lo que **quieres***   Kauf [das], was Du willst
   b. *Compra lo que **quieras***   Kauf [egal], was Du willst

(3) a. *Es el mejor libro que yo **conozco***   Das ist das beste Buch, das ich kenne
   b. *Es el mejor libro sobre este tema que*   Das ist meines Wissens das beste Buch über
    *yo **conozca***   dieses Thema

Kommentar

(1a) enthält zwei Informationen: *María quiere comprar una casa* und *la casa tiene vistas al lago*; die Eigenschaft ‚Seeblick' ist faktisch gegeben, in (1b) hingegen eine erwünschte, noch unerfüllte Bedingung: *María quiere comprar una casa; es necesario que la casa tenga vistas al lago.* In (2a) ist der Inhalt des Kaufwunsches als bekannt vorausgesetzt, in (2b) nicht. Das Werturteil in (3a) ist subjektiv sicher und endgültig, in (3b) sieht es der Sprecher als vorläufig an.

5.5.4. Die Tempora des Konjunktivs

5.5.4.1. Formeninventar

Das Standardparadigma des spanischen Konjunktivs besteht aus vier Tempora: Konjunktiv I *(cante)* und II *(canta-ra, -se),* Perfekt *(haya cantado)* und Plusquamperfekt *(hubie-ra, -se cantado).*
Futur und Futur Perfekt Konjunktiv *(cantare, hubiere cantado)* kommen im heutigen Spanisch außer in festen Wendungen wie *Sea lo que fuere* „Es sei, wie es wolle" nur fachsprachlich vor (vgl. EBERENZ 1983).

In der Rechtssprache drückt der Konjunktiv Futur die hinreichende Bedingung für das Eintreten einer Rechtsfolge aus.

Beispiel *(Constitución española* 1978, Art. 59 Abs. 2)

Si el rey se **inhabilitare** para el ejercicio de su autoridad y la imposibilidad **fuere** reconocida por las Cortes Generales, entrará a ejercer inmediatamente la Regencia el príncipe heredero de la Corona, si **fuere** mayor de edad.

Übersetzung

Wird der König zur Ausübung seines Amtes unfähig, und wird die Amtsunfähigkeit von der Versammlung [beider Häuser] der Cortes festgestellt, so geht die Regentschaft unverzüglich auf den Kronprinzen über, sofern er volljährig ist.

Die Konjunktivformen auf -ra und -se sind in der Regel funktional gleichwertig. Insgesamt gesehen ist im spanischen Sprachraum -ra verbreiteter; -se gilt als ‚más fino', in einigen Sprachzonen (z. B. Mexiko) als affektiert. In der Kunstprosa können beide Formen alternieren: *Parece como si el mundo se acabase, se hundiera* (Blas de Otero).

In folgenden Funktionen kann -ra in der Regel nicht durch -se ersetzt werden:

○ Höflichkeitskonjunktiv (bei Modalausdrücken): **Quisiera** *saber* „Ich würde gerne wissen" – hier entspricht -ra einem Konditional *(Querría saber)* bzw. Imperfekt (vgl. S. 226).

○ Als ‚Quasi-Plusquamperfekt' (ROGMANN 1971) zum Ausdruck der Vorvergangenheit – etymologisch kommt -ra vom lat. Plusquamperfekt Indikativ *(cant-ara < cant-(av)eram)*. Dieser Gebrauch ist schriftsprachlich; darüber hinaus dient -ra als nichtmarkiertes Vergangenheitstempus oder ‚inaktuelles Präteritum' (DIETRICH 1981). Nach NOWIKOW 1991 liegt der Anteil der -ra-Formen mit indikativischer Funktion in der Pressesprache zwischen 8 % (Spanien) und 24 % (Cuba).

Beispiel (Alejo Carpentier)

La casa de la condesa de Arcos – según **contara** *un Notario . . . – había quedado desalojada.*
Das Haus der Gräfin Arcos war – wie ein Notar berichtete/berichtet hatte – unbewohnt geblieben.

Funktional entspricht *contara* hier einem indikativischen Vergangenheitstempus: *contó, había contado, contaba*. Zur – seltenen – Verwendung von -se in dieser Funktion vgl. BEJARANO 1962.

○ In der Dann-Komponente eines Konditionalsatzes: *Si tuviera/tuviese dinero, me compraría/ compraba/*(selten) **comprara** *un coche.*

5.5.4.2. Tempusfunktionen[41]

Legt man das temporaldeiktische System des Indikativs zugrunde (vgl. S. 218), haben die vier Konjunktivtempora folgende Funktionsstellen.

Übersicht: Temporaldeixis des spanischen Konjunktivs (Haupttypen)

Zeitstufe	Gegenwartsachse	Vergangenheitsachse
gleichzeitig	(1) *No creo que* **venga**	(3) *No creí que* **vinie-ra, -se**
nachzeitig		
vorzeitig	(2) *No creo que* **haya venido**	(4) *No creí que* **hubie-ra, -se venido**
vornachzeitig		

---

[41] Vgl. hierzu DALBOR 1969, STUDERUS 1981.

Man erkennt, daß jedes Konjunktivtempus zwei Deixisstellen des Indikativs besetzt, die Zeitreferenz der Konjunktivformen ist relativ unscharf und muß kontextuell präzisiert werden.

a) Gegenwartsachse

Konjunktiv I und Perfekt besetzen die indikativischen Positionen von Präsens + Futur bzw. Perfekt + Futur Perfekt.

Übersicht

No creo que María	Ich glaube nicht, daß Maria	Indikativentsprechung
(1) **venga**	a. kommt b. kommen wird	No viene No vendrá
(2) **haya venido** (antes de las 6)	a. [schon] da ist b. (vor 6 Uhr) da sein wird	No ha venido No habrá venido (antes de las 6)

Der Konjunktiv I kann auch die Vornachzeitigkeit eines Ereignisses bezeichnen: Me llamas cuando venga – dieser Gebrauch ist häufiger als der des Perfekts (haya venido).

b) Vergangenheitsachse

Konjunktiv II und Plusquamperfekt nehmen die temporaldeiktischen Systemstellen von Imperfekt (Präteritum) + Konditional bzw. Plusquamperfekt + Konditional Perfekt ein.

Übersicht

No creí que María	Ich glaubte nicht, daß Maria	Indikativentsprechung
(3) **viniera**	a. kam b. kommen werde	No vino (Dijo que) no vendría
(4) **hubiera venido** (al día siguiente)	a. gekommen war b. (am nächsten Tag) gekommen sein würde	No había venido No habría venido (al día siguiente)

Der Konjunktiv Plusquamperfekt ist stets ein Vergangenheitstempus; hingegen kann in modalen Funktionen der Konjunktiv II auch gegenwarts- oder zukunftsbezogen verwendet werden: Ojalá lloviera, Si lloviera mañana ..., eine temporaldeiktische Festlegung der Grundform ist also nur idealisierend möglich.

6. Adverb und unflektierbare Einheiten

6.1. Adverb[42]

Das spanische Adverb läßt sich gegenüber anderen Wortklassen morphologisch, syntaktisch und semantisch folgendermaßen abgrenzen:

a) Morphologische Eigenschaften

Die Kategorie Adverb ist bei einer begrenzten Anzahl von Wörtern morphologisch nicht ausgeprägt: *entonces, lejos, arriba,* usw. Ansonsten ist das spanische Adverb von einem Adjektiv Sg. Fem. durch Hinzufügen des Suffixes *-mente* abgeleitet: *lenta* ⟶ *lentamente, leal* ⟶ *lealmente*; auch der Elativ ist adverbialisierbar: *lentísima* ⟶ *lentísimamente*. In einigen Wendungen hat das Adj. Sg. Mask. Adverbfunktion: *hablar alto/bajo* „laut/leise sprechen". Das Deutsche kennt kein Adverbialsuffix, adjektivische und adverbiale Funktion müssen hier jeweils syntaktisch unterschieden werden:

María ist langsam   *María es lenta*
María spricht langsam *María habla lentamente*

Bei koordinierten Adverbien steht das Adverbialsuffix nur nach dem letzten Glied: *Habla lenta y cuidadosamente* „Er spricht langsam und sorgfältig".
Das Adverb ist praktisch flexionslos: die verbalen Kategorien fehlen, ebenso die nominalen Hauptkategorien Genus und Numerus. Abgeleitete Adverbien sind allerdings graduierbar *(Habla más lentamente),* teilweise – und häufiger als im Deutschen – auch nicht abgeleitete: *¡Ponlo más arriba!* „Stell es weiter nach oben!".
Die Adverbbildung auf *-mente*[43] ist nur beschränkt möglich: **azulmente, *solarmente,* usw. wären ungrammatisch. In spanischen Wörterbüchern werden deshalb die Adverbien auf *-mente* eigens lemmatisiert (im Wörterbuch der RAE 1992 nur noch bei Bedeutungsverschiedenheit zur Adjektivform). Im gesprochenen Spanisch ist der Typ *-mente* – sieht man von einem kleinen Inventar lexikalisierter Satzadverbien (*absolutamente, naturalmente,* u. ä.) ab – wenig gebräuchlich und ziemlich unproduktiv.

Das Wörterbuch der RAE 1970 lemmatisierte 2346 Adverbien auf *-mente* – darunter viele Gelegenheitsbildungen. EGEA 1979 ermittelte in einem literarischen Korpus 186, das *FDSW* führt 88 auf (gegenüber 1199 Adjektiven), wovon die fünf häufigsten sind: *precisamente, solamente, naturalmente, especialmente, perfectamente.*

---

[42] Vgl. ALARCOS LLORACH 1969.
[43] Vgl. DOMÍNGUEZ DE RODRÍGUEZ-PASQUÉS 1970, EGEA 1979 (Literaturbericht 25–113).

b) Syntaktische Eigenschaften

Auf der Satzebene dient das Adverb als Satzäquivalent oder Satzadverb: *Sí* „Ja"; *Sí que lo hice* „Ja, ich habe es [wirklich] getan". Satzgliedbezogen modifiziert das Adverb folgende Einheiten:

○ Verb: *Habla **lentamente***;

○ Adjektiv: *María es **muy** lenta*;

○ Adverb: *Habla **muy** lentamente*; ein Syntagma aus zwei Adverbien kann nur ein Adverb auf *-mente* enthalten: **Habla enormemente lentamente*;

○ Substantivgruppe: ***aproximadamente** la mitad* „ungefähr die Hälfte", ***totalmente** de aluminio* „ganz aus Aluminium".

Das Adjektiv-, Adverb- und Substantiv-Adverb steht unmittelbar vor dem Bezugselement, das Verb-Adverb im allgemeinen danach. Die Wortstellung des Satzadverbs ist relativ frei; bei Nachstellung zum Verb kann es syntaktisch vom entsprechenden Verb-Adverb nicht unterschieden werden, sondern nur (grapho)phonetisch.

Beispiel

(1) ***Desgraciadamente**, todo ha terminado*   Leider ist alles aus
(2) *Todo, **desgraciadamente**, ha terminado*   Alles ist leider aus
(3) *Todo ha terminado, **desgraciadamente***   Alles ist aus. Leider
(4) *Todo ha terminado **desgraciadamente***   Alles ging unglücklich aus

In (1)–(3) handelt es sich um ein Satzadverb – orthographisch durch Komma abgetrennt –, in (4) um ein Verb-Adverb.

c) Semantische Klassifikation

Man kann grosso modo die Adverbien folgenden Bedeutungskategorien zuordnen:

lokal	*aquí*	*ahí*	*arriba*	*lejos*	*localmente*
temporal	*antes*	*hoy*	*después*	*ayer*	*seguidamente*
modal	*bien*	*mal*	*mejor*	*peor*	*amablemente*
graduierend	*mucho*	*poco*	*bastante*	*menos*	*sumamente*
aussagelogisch	*sí*	*no*	*quizás*	*también*	*indudablemente*

Diese traditionelle, wortsemantische Klassifikation erfaßt allerdings nicht die kommunikative Interaktionsfunktion einiger häufiger Adverbien: *pues, entonces, ya, bien* u. ä. dienen, insbesondere in gesprochener Sprache, als Gliederungs- und Hesitationssignale (vgl. Textbeispiel S. 224); zur sprachtheoretischen Bewertung dieser ‚Gesprächswörter' (*marcadores discursivos*) vgl. *LRL* 110–124, CORTÉS RODRÍGUEZ 1991.

6.2. Relationselemente[44]

Das Spanische kennt wie das Deutsche zwei Klassen von Relationselementen: Präposition und Konjunktion. Beide sind unflektierbare Beziehungswörter ohne Satzgliedwert; sie unterscheiden sich in der syntaktischen Ebene der Relationsglieder und deren semantischer Beziehung.

Die Präposition schließt eine Nominalgruppe an eine ranghöhere grammatische Einheit an, sei es als Attribut *(café con leche)*, Adverbial *(Vive en Madrid)* oder präpositionales Objekt: *Pienso en ti* „Ich denke an dich". Morphosyntaktisch ist die Präposition wählbar *(café con/sin leche)* oder obligatorisch: *Pienso en ti*, nicht **Pienso sobre ti/a ti*; im zweiten Fall wird sie von der ranghöheren Einheit ‚regiert' (Rektion).

Konjunktionen verbinden Wörter, Wortgruppen und Sätze; semantisch werden die Relationsglieder koordiniert oder subordiniert, eine Rektion besteht nicht: *Se habla inglés y alemán* „Es wird Englisch und Deutsch gesprochen", *Juan habla el inglés y María sabe el alemán* „Hans spricht Englisch und Maria kann Deutsch", *Aunque María es española, su marido no habla el castellano* „Obwohl Maria Spanierin ist, kann ihr Mann nicht Spanisch".

6.2.1. Präposition[45]

Die Präpositionen kann man nach morphologischen, syntaktischen und semantischen Kriterien einteilen. Morphologisch unterscheidet man ‚einfache' Präpositionen (*a, de, antes,* usw.) und ‚zusammengesetzte'; letztere bilden syntaktisch nach der Endkonstituente *de* oder *a* zwei Gruppen: *a causa de* „aufgrund", *a excepión de* „mit Ausnahme von", usw.; *conforme a* „gemäß", *respecto a* „bezüglich", usw.

Das Hauptkriterium für die Klassifikation der Präpositionen ist semantisch. Die Präpositionen haben eine allgemeine Beziehungsbedeutung und bilden untereinander semantische Mikrosysteme mit Bedeutungsopposition. In erster Annäherung gehören die einfachen Präpositionen zwei semantischen Netzen an, sie bezeichnen Bewegungs- oder Lagebeziehungen.

a) Bewegungsbeziehungen

Das Paradigma der einfachen Präpositionen bildet in lokaler Interpretation folgendes Bedeutungsnetz:

---

[44] Vgl. CARBONERO CANO 1975.
[45] Vgl. LÓPEZ 1970 (Gesamtdarstellung), TRUJILLO 1971 (Strukturskizze).

Übersicht

^{1} *Vengo contra Granada para dar la batalla*

Die übertragenen Bedeutungen der Präpositionen im temporalen, modalen und logischen Bereich lassen sich nicht trennscharf systematisieren; im folgenden werden die wichtigsten Gebrauchsfunktionen aufgelistet[46].

a

Semantisch ist *a* die unbestimmteste Präposition; sie kommt hauptsächlich als grammatisches Funktionselement vor zur Markierung des indirekten Objekts, direkten Objekts (bei Personen) und der Rektion. Lokal und temporal drückt *a* eine Hinbewegung mit direktem Zielpunkt aus: *Llegó a Madrid* „Er kam in Madrid an", *Llegó a las once* „Er kam um 11 Uhr an". Übertragene Bedeutung liegt vor in: *hecho a mano* „handgearbeitet", *a cien pesetas el kilo* „zu 100 Peseten das Kilo", *a la derecha* „[nach] rechts", usw.

Die Konstruktion Subst. + *a* + Inf. gilt normativ als inkorrekt: *factura a pagar „zu bezahlende Rechnung" [= Rechnungsbetrag], **objetivo a investigar* „Forschungsziel" statt *factura que pagar, objetivo que investigar.*

de, desde

Beide Präpositionen drücken eine Herbewegung aus, bei *desde* mit gegebenem temporalen oder lokalen Ausgangspunkt: *desde ahora* „von jetzt an", *Va desde Madrid hasta Segovia* „Er fährt von Madrid bis Segovia".

Als grammatisches Funktionselement bezeichnet *de* vielfältige semantische Beziehungen[47]: *el libro de mi amigo* „das Buch meines Freundes" (Zugehörigkeit, Besitz), *María es de Madrid* „Maria stammt aus Madrid" (Herkunft), *un anillo de oro* „ein goldener Ring" (Material), *una copa de vino* „ein Glas Wein" (Inhalt), *un libro de gramática* „ein Grammatikbuch" (Thema); *Muere de frío* „Er stirbt vor Kälte" (Ursache), *Se cayó de espaldas* „Er fiel auf den Rücken" (Umstand), *Es de noche* „Es ist Nacht" (Zeit), usw.

---

[46] Zur präpositionalen Idiomatik einzelner Verben vgl. das vorzügliche Wörterbuch Náñez Fernández 1970, dt.-sp. konstrastive Darstellung Cartagena/Gauger 1989, I, 535–581.

[47] Vgl. Peuser 1965; zur Abgrenzung *de – a* Roegiest 1980.

hacia, hasta, contra

Diese Präpositionen drücken eine lokale oder temporale Hinbewegung aus: *hacia* gibt die Zielrichtung und Annäherung an – *Va hacia la casa* „Er geht auf das Haus zu", *hacia las cinco* „gegen 5 Uhr" –, *hasta* und *contra* den Zielpunkt. Bei *hasta* gilt der Zielpunkt als Grenze – *Llegó hasta la meta* „Er kam bis ins Ziel", *hasta las cinco* „bis 5 Uhr" –, bei *contra* besteht eine Oppositionsbeziehung zum Ziel: *Lucha contra el enemigo* „Er kämpft gegen den Feind", *La tropa marchó contra Granada* „Die Truppe marschierte auf Granada [zu]".

para, por[48]

Temporal und lokal bezeichnet *para* eine Hinbewegung zu einem Zielpunkt, *por* verweist auf eine Situierung in einem Bezugsraum.

Schema

*Termínalo **para** la noche*	*Termínalo **por** la noche*
„Mach es bis zum Abend fertig" [= Termin]	„Mach es heute Abend fertig" [= Zeitraum]
*Vendré **para** Navidad*	*Vendré **por** Navidad*
„Ich komme zu Weihnachten"	„Ich komme um Weihnachten"
*Vete **para** tu cuarto*	*Asómate **por** la ventana*
„Geh auf dein Zimmer"	„Schau aus dem Fenster [heraus]"

Im Unterschied zu *a* ist die Zielrichtung bei *para* weniger direkt und konkret: *Este tren va para el Norte* „Dieser Zug fährt Richtung Norden" gibt die Streckenrichtung weniger genau an als *Este tren va al Norte* „Dieser Zug fährt die Nordstrecke"; ein Aufzug fährt *para arriba* „aufwärts" oder *para abajo* „abwärts", aber *al quinto* „in den fünften Stock". Modal drückt *para* Finalität aus, *por* Kausalität und Finalität:

*Lo hace **para** ganar dinero*	Er tut es, um Geld zu verdienen
*La hace **por** amor*	Er tut es aus Liebe
*Tengo dinero **para** gastar*	Ich habe Geld [übrig] zum Ausgeben
*Tengo dinero **por** gastar*	Ich habe Geld, das ich ausgeben muß

Der Motivationsbezug bei *para* ist schwächer und äußerlicher als bei *por*: *Vengo para verla* impliziert „Ich habe die Absicht, sie zu sehen", *Vengo por verla* „Ich muß sie [unbedingt] sehen".
Im übertragenen Sinn bezeichnet *por* Instrumentalitäts- und Äquivalenzbeziehungen: *Llamo por teléfono* „Ich rufe (telefonisch) an", *Lo hizo por la fuerza* „Er machte es mit Gewalt"; *Te doy un lápiz por un bolígrafo* „Ich gebe dir einen Bleistift für einen Kugelschreiber", *Lo compré por cien pesetas* „Ich kaufte es für 100 Peseten", *Un hombre valiente vale por dos* „Ein tapferer Mann zählt doppelt".

---

[48] Zur Abgrenzung vgl. Mori 1980, 35–47 (Literaturüberblick), Lunn 1987.

b) Lagebeziehungen

Die entsprechenden einfachen Präpositionen sind:

ante	vor	–	*tras*	hinter		*con*	mit	– *sin*	ohne
sobre	über	–	*bajo*	unter		*según*	gemäß		
en	in, auf	–	*entre*	zwischen					

ante, tras, sobre, bajo, en, entre

Lokal drücken diese Präpositionen eine räumliche Beziehung aus:

La casa está ante /tras /sobre /bajo /en /entre la(s) colina(s)
Das Haus liegt vor/hinter/über/unter/auf/zwischen dem (den) Hügel(n)

Temporal bezeichnet *tras* die Nachzeitigkeit, *en* die Gleichzeitigkeit, *sobre* eine ungefähre Zeitangabe: *Tras la primavera, el verano* „Auf den Frühling folgt der Sommer", *en invierno* „im Winter", *sobre las dos* „gegen 2 Uhr".
Übertragene Bedeutungen: *ante la ley* „vor dem Gesetz", *tras el ideal* „nach dem Ideal", *sobre este tema* „über dieses Thema", *estar bajo control* „unter Kontrolle sein", *en broma* „im Spaß", *entre la gente* „unter den Leuten", usw.
Die zusammengesetzten Präpositionen *delante de* „vor", *detrás de* „hinter", *debajo de* „unterhalb", *encima de* „oberhalb" kommen fast nur in lokaler Bedeutung vor.

con, sin, según

Con drückt einen Begleitumstand aus, *sin* dessen Fehlen: *Lo hizo con/sin interés* „Er tat es mit/ohne Interesse", *Se defendió con/sin pistola* „Er verteidigte sich mit/ohne Pistole".
Según bezeichnet eine Übereinstimmungsbeziehung: *Actuó según las leyes* „Er handelte nach den Gesetzen".

c) Präpositionalkomplex

Die Präposition kann im Spanischen auch mit einer Präpositionalgruppe kombinieren; die beiden aufeinanderfolgenden Präpositionen bilden dann einen ‚Präpositional-komplex': *(venir) de + detrás de la casa/debajo de la mesa* „hinter dem Haus/unter dem Tisch hervorkommen"; *Está por encima de todo* „Er steht über allem", *María es generosa para con sus amigos* „Maria ist zu ihren Freunden großzügig".

6.2.2. Konjunktion

Im Unterschied zur Präposition verbindet die Konjunktion auch Sätze; die entsprechenden konjunktionalen Ausdrücke werden im Zusammenhang des komplexen Satzes behandelt (vgl. Kap. 8).

6.3. Interjektion

Die Interjektionen bilden keine Wortklasse im engeren Sinn; sie haben weder Satzglied- noch Relationsfunktion. Es handelt sich um unflektierbare, satzwertige Ausrufe-, Empfindungs- und Kraftwörter mit weitem syntaktischen Positionsspielraum[49]; laut- strukturell können sie vom Phonemsystem abweichen (*chss* „pst").

Beispiel

(1) *¡Caramba!, qué imbécil es ese hombre.*	Was für ein Dummkopf ist dieser Kerl,
(2) *Qué imbécil, ¡caramba!, es ese hombre.*	Herrgottnocheinmal!
(3) *Qué imbécil es ese hombre, ¡caramba!*	

Kommentar

Die Interjektion *caramba* kann syntaktisch die Spitzen-, Zentral- oder Schlußposition des Satzes einnehmen, sie funktioniert wie ein Einschub und ist strukturell mit den Satzgliedern nicht ver- bunden.

Nach semantischen Kriterien kann man die Interjektionen in zwei Gruppen einteilen.

○ Einheiten mit konventionalisierter Bedeutung: *olé* „Anfeuerung beim Stierkampf, Tanz, u. ä.", *bravo* „Zustimmung im kulturellen Bereich (Theater, Konzert)", *arre* „hü" [Antreiben eines Zugtieres], Aufforderungssignale: *anda, venga, vamos, hala, vaya* „auf", „los".

○ Ausdruckseinheiten mit unbestimmtem begrifflichen Inhalt: *ay, caramba, ah, oh*; hierzu gehören funktional auch Kraftwörter wie *coño, leche,* usw.

Beispiel

(1) *¡Ay, qué desgracia, qué desgracia! Mi marido embriagado en un día tan feliz.*	Oh, (wie) schlimm, (wie) schlimm! So ein glücklicher Tag und mein Mann (ist) betrun- ken.
(2) *¡Ay, qué alegría! No esperaba que vinieras tan pronto.*	Oh, wie schön! Ich habe dich nicht so bald erwartet.
(3) *¡Ay, Marco, hijo! No empieces a colocarme frases profundas.*	Oh, lieber Markus! Komm mir jetzt nicht tief- sinnig.

Kommentar

In (1) drückt *ay* Mißfallen aus, in (2) Überraschung und Zustimmung, in (3) Ablehnung; die Intona- tion ist jeweils anders. Die Interjektion dient zur Ausdrucksverstärkung; läßt man sie weg, verändert sich der semantische Gehalt nicht. Die rein emphatische Funktion von *ay* könnte auch von anderen Interjektionen übernommen werden: *oh, vaya, huy, caramba.*

---

[49] Zur Satzsyntax der Interjektion vgl. BEYM 1952, 5–56; zum Wortklassenstatus ALMELA PÉREZ 1982.

Kommunikativ dient diese Gruppe vor allem als Gliederungssignal gesprochener Sprache (vgl. STEEL 1991).

Die Bedeutung der Interjektion reduziert sich häufig darauf, als Kontextsignal nur die allgemeine Funktion natürlicher Sprache, nämlich ‚Kommunikation‘, anzuzeigen. In der Literatursprache kann die Interjektion als verdichtetes Ausdruckszeichen zum Sagen des Unsagbaren dienen: Kleists Amphytrion endet mit dem Ausruf Alkmenes *Ach!*, García Lorcas Gedicht *El grito* auf *¡Ay!*.

7. Der einfache Satz[50]

Der ‚Satz‘ ist die oberste syntaktische Struktureinheit. Er hat eine lineare und hierarchische Organisation: linear ist die Abfolge der Elemente, hierarchisch sind deren Abhängigkeitsbeziehungen.

7.1. Satzglieder

Grammatisch besteht der Satz aus rangniedrigeren Einheiten, den ‚Satzgliedern‘ oder ‚Konstituenten‘. Der spanische Satz läßt sich wie der deutsche mit vier Satzgliedern und deren Unterkategorien hinreichend beschreiben:

○ Subjekt   ○ Prädikat   ○ Objekt(e)   ○ Adverbial(e)

Die Satzglieder können durch ‚Attribute‘ erweitert werden; je nach der hierarchischen Stellung dieser fakultativen Elemente unterscheidet man Attribute 1. Ordnung (= Attribut eines Satzglieds), Attribute 2. Ordnung (= Attribut eines Satzgliedattributs), usw.

Beispiel

	I Kern	II Attribut 1. Ordnung	III Attribut 2. Ordnung
A Adverbial	*Al fondo*	*del salón*	*semioscuro*
B Subjekt	*un violinista*	*melenudo y lleno*	*de literatura*
C Prädikat	*toca*	*apasionadamente*	
D (direktes) Objekt	*las czardas*	*de Monti*	

---

[50] Umfassende Bibliographie zur Syntaxanalyse: GONZÁLEZ PÉREZ/RODRÍGUEZ FERNÁNDEZ 1989. Grundlegende Gesamtdarstellung: GILI GAYA 1964.

Kommentar

Die Satzglieder sind in der linearen Abfolge senkrecht angeordnet (A–D); in der Waagrechten stehen der Satzgliedkern (I) und die Attribute 1. und 2. Ordnung (II, III). Die hierarchische Beziehung ‚II ist abhängig von I' bzw. ‚III ist abhängig von II' wird durch den präpositionalen Anschluß *de* markiert sowie die Kongruenz des Adjektivs mit dem Bezugssubstantiv. Tilgt man die Attributteile der Satzglieder, bleibt die Satzgliedstruktur unverändert:

Al fondo un violinista toca las czardas

Morphologisch werden die Satzglieder und Attribute durch Wortgruppen ausgedrückt. Nach der syntaktischen Leitkomponente sind fünf Wortgruppentypen zu unterscheiden:

○ Substantivgruppe
○ Adjektivgruppe
○ Präpositionalgruppe
○ Adverbgruppe
○ Verbalgruppe

Jede Wortgruppe kann ihrerseits rangniedrigere Wortgruppen enthalten; z. B. besteht die Substantivgruppe *las czardas de Monti* aus einer Substantivgruppe im engeren Sinn *(las czardas)* und einer Präpositionalgruppe *(de Monti)*.

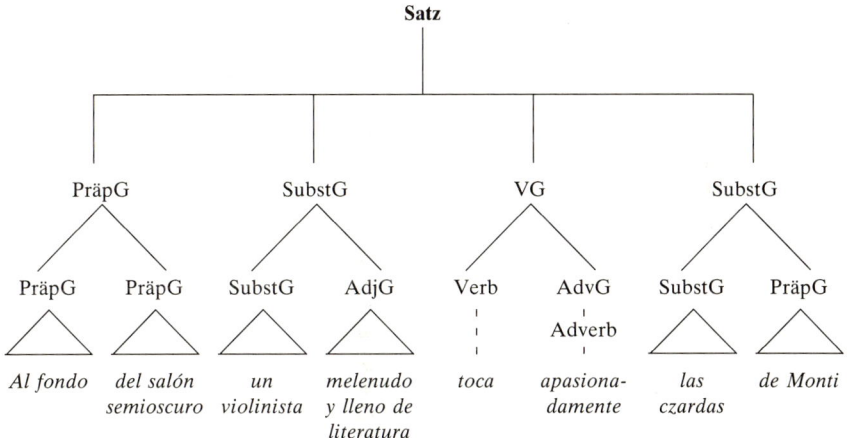

Abb. 15: Wortgruppenstruktur des Beispielsatzes

Die Endelemente der Wortgruppen sind die nach Wortart klassifizierten Wörter.

Beispiel

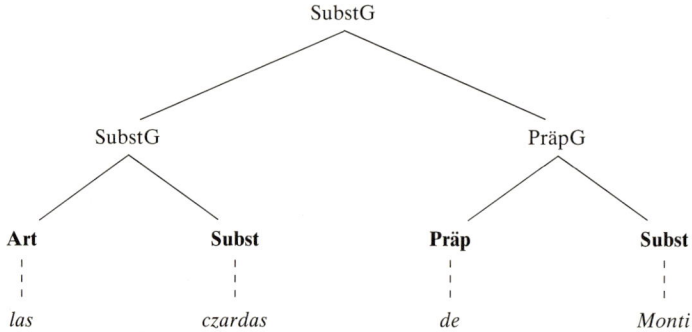

Satzglied und Wortgruppe stehen nur in einem Fall in eineindeutiger Beziehung:

Prädikat ◄─► finite Verbalgruppe

Ansonsten sind die Wortgruppen mehrfunktional, z. B. kommt die Substantivgruppe als Subjekt, Objekt und Adverbial vor:

	Mi madre	compró	los zapatos	el lunes
Satzglied:	Subjekt	Prädikat	Objekt	Adverbial
Wortgruppe:	SubstG	Verb	SubstG	SubstG

7.2. Satzbasis

Die Konstituenten eines Satzes sind frei (fakultativ) oder notwendig (obligatorisch). Fakultative Konstituenten können getilgt werden, ohne daß der Satz ungrammatisch oder semantisch abweichend wird; die nicht tilgbaren Einheiten sind obligatorisch.

Beispiel

Tilgt man im Beispielsatz neben den Attributen auch das Adverbial, ergibt sich ein grammatisch und semantisch korrekter Satz:

Un violinista toca las czardas

Das direkte Objekt las czardas ist vom Kontext her obligatorisch; in anderen Kontexten könnte es allerdings fehlen, etwa in Un violinista toca, el otro habla „Ein Geiger spielt, der andere spricht".

Im Unterschied zu Objekt und Adverbial sind die Satzglieder Subjekt und Prädikat in allen Sätzen obligatorisch. Grammatisch gesehen hat also der Satz eine zweigliedrige Grundstruktur oder Satzbasis:

Satzbasis = Subjekt + Prädikat

Syntaktisch wird die Satzbasis durch die Kongruenz markiert, die grammatisch-kategoriale Übereinstimmung von Subjekt und Prädikat (vgl. S. 269). Ein Satz, der eine einzige Satzbasis enthält, ist ‚einfach‘, ein Satz, der aus mehreren Satzbasen besteht, ‚komplex‘.

Strittig ist die grammatische Bewertung von Sätzen wie *Llueve* „Es regnet", *Hace frío* „Es ist kalt", *Hay patatas* „Es gibt Kartoffeln". Die Personalform des Verbs bzw. dt. *es* dient hier nur als morphosyntaktische Subjektsanzeige, referenzsemantisch bleibt das Subjekt leer.
In der Literatur[51] werden diese Prädikate – meist handelt es sich um meteorologische Ausdrücke – als ‚subjektlos‘ angesehen oder einem ‚internen Subjekt‘ zugeordnet: *Llueve* = „(la lluvia) llueve", „(el cielo) llueve", usw.

Kommunikativ wird der Satz als abgeschlossene Äußerung zwischen Pausen definiert. Diese Definition erfüllen auch Strukturen ohne grammatische Satzbasis: *Muy bien* „Sehr gut", *Un café, por favor* „Einen Kaffee, bitte", *Diez mil pesetas* „10 000 Peseten", usw. Man kann solche Äußerungen als Kurzform (Ellipse) interpretieren und einem grammatischen Vollsatz zuordnen: *(La cosa me parece) muy bien, (Quiero) un café, por favor, (Los zapatos valen) diez mil pesetas.*

7.3. Das Prädikat

7.3.1. Form

Das Prädikat ist je nach dem lexikalischen Element ‚verbal‘ oder ‚nominal‘. Das verbale Prädikat wird durch die Personalform eines Verbs gebildet. Das nominale Prädikat besteht aus zwei Teilen: einem Funktionsverb, das in erster Linie die grammatische Information enthält, und einem Prädikativ (Prädikatsnomen) mit der lexikalischen Information.

Beispiel

Im Satz *Los soldados **eran valientes** pero **perdieron** la batalla* „Die Soldaten waren tapfer, verloren aber die Schlacht" ist *perdieron* verbales Prädikat, *eran valientes* nominales. Beim nominalen Prädikat zeigt *eran* die grammatischen Verbalkategorien (Tempus, Modus, usw.) an, *valiente-s* die lexikalische Information. Funktional entspricht *eran* + *-s* der Endung *-ieron* und das Prädikativ *valiente* dem Lexem *perd-* des verbalen Prädikats.

---

[51] Zur Diskussion vgl. Vivas 1977.

Morphologisch ist das Prädikativ eine Substantiv-, Adjektiv-, Präpositional- oder Adverbgruppe; in den beiden ersten Fällen kongruiert es mit dem Bezugssubjekt bzw. -objekt. Das Funktionsverb ist in der Regel die Kopula *ser* oder *estar* (vgl. S. 272), außerdem können einige andere Verben in dieser Rolle vorkommen.

Beispiele

Mi hermano es médico	Mein Bruder ist Arzt
María está cansada	Maria ist müde
La ciudad está lejos	Die Stadt ist fern
El libro es para María	Das Buch ist für Maria
Este niño parece bueno	Dieses Kind scheint brav [zu sein]
La película resultó pesada	Der Film war [= erwies sich als] langweilig
Considero la solución muy oportuna	Ich halte diese Lösung [für] sehr günstig

Zwischen verbalem und nominalem Prädikat gibt es Übergangsformen, wo das Verb einerseits als Kopula funktioniert, andererseits noch einen semantischen Eigenwert hat. In *Llevaba los zapatos rotos* „Er hatte zerrissene Schuhe an" sind verbales und nominales Prädikat kombiniert: *Llevaba los zapatos + (los zapatos estaban) rotos.*
Ähnliche Verbverknüpfungen kommen im Deutschen vor, z.B. kann man *Er bekam ein Buch geschenkt* auf *Er bekam ein Buch + (das Buch wurde) geschenkt* zurückführen.

7.3.2. Funktion

Das Prädikat ist eine obligatorische Satzkonstituente. Durch seine Kombinationsfähigkeit (Valenz) mit anderen Satzgliedern bestimmt es, welche Konstituenten über das Subjekt hinaus im Satzrahmen zulässig und notwendig sind. Nach der Anzahl der valenzmöglichen Satzglieder klassifiziert man das Verb als null-, ein-, zwei- oder dreiwertig. Als Valenzträger ist das Prädikat gewissermaßen das grammatische Kontrollzentrum des Satzes, durch das der Satzbauplan festgelegt wird. Im einfachen Satz mit verbalem Prädikat hat das Spanische folgende Satzbaupläne:

Übersicht: Satzbaupläne mit verbalem Prädikat

Valenz	Subjekt	Prädikat	direktes Objekt	indirektes Objekt	Präpositional-objekt	Adverbial
0		*Llueve*				
1		*Hace*	*calor*			
1		*Es*				*tarde*
1		*duerme*				
2	*María*	*lee*	*la carta*			
2		*(le) gusta*		*a Juan*		
2		*piensa*			*en Juan*	
2		*vive*				*en Madrid*

Valenz	Subjekt	Prädikat	direktes Objekt	indirektes Objekt	Präpositional-objekt	Adverbial
3		*(le) da*	*el libro*	*a Juan*		
3	*María*	*cambia*	*pesetas*		*por marcos*	
3		*(le) habla*		*a Juan*	*de política*	
3		*pone*	*el libro*			*en la mesa*

Die valenzgebundenen Satzglieder – maximal drei – können jeweils nur einfach im Satz vorkommen.
Das Prädikativ wird fakultativ durch das Verb-Adverb ergänzt sowie beim Passiv durch die Agensangabe: *María habla (bien). El coche fue vendido (por María).*

7.4. Die nichtprädikativen Satzglieder

Nichtprädikativ sind das Subjekt, die Objekte und Adverbiale. Das spanische Objekt-system besteht aus direktem und indirektem Objekt – in der Kasusterminologie Akkusa-tiv- bzw. Dativobjekt – sowie dem Präpositionalobjekt; im Satzbauplan können maximal zwei Objekte kombinieren. Beim Adverbialsystem sind funktional satz- und satzglied-bezogene Adverbiale zu unterscheiden, semantisch die verschiedenen Inhaltskategorien: Orts-, Zeit-, Richtungsadverbien, usw.

7.4.1. Form

Die nichtprädikativen Satzglieder und Wortgruppen sind einander folgendermaßen zugeordnet:

Übersicht

Satzglied   **Wortgruppe**

Subjekt ─────────────────────────────────── Substantivgruppe

direktes Objekt

indirektes Objekt ──── *a* ─────────────── Präpositionalgruppe

Präpositionalobjekt

Adverbial ──────────────────────────────── Adverbgruppe

261

a) Subjekt

Das Subjekt wird im einfachen Satz durch eine Substantivgruppe ausgedrückt, bestehend aus einem Subjektwort (Substantiv, substantivierte Einheit) bzw. einer Proform als Leitkomponente sowie deren Determinanten und Attribute. Die Leitkomponente ist obligatorisch, der Determinantenteil obligatorisch oder fakultativ, der Attributteil fakultativ.

Beispiel

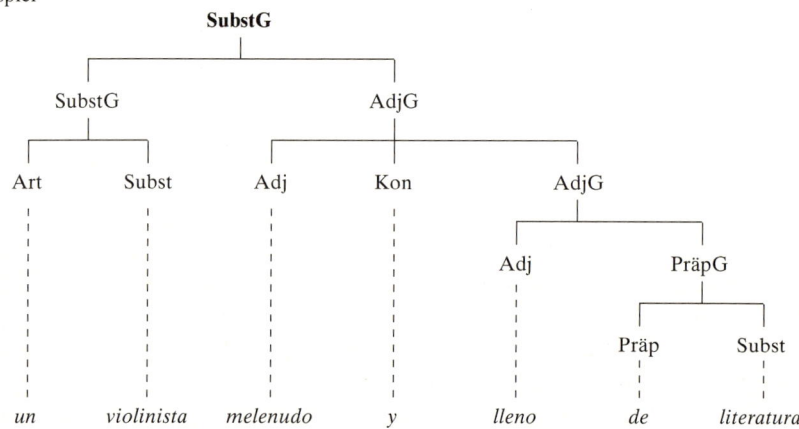

Determinant + Subjektwort + (konjunktional verbundene) Attribute

b) Direktes und indirektes Objekt

Das direkte Objekt wird wie das Subjekt durch eine Substantivgruppe ausgedrückt. Der funktionale Unterschied ergibt sich aus der Satzposition und/oder der Kongruenzbeziehung der Substantivgruppe.

Beispiel

In

(1) *La enemistad aumenta el odio*	(Die) Feindschaft vermehrt (den) Haß
(2) *El odio aumenta la enemistad*	(Der) Haß vermehrt (die) Feindschaft

entscheidet die Wortfolge über die Satzgliedfunktion von *la enemistad* bzw. *el odio*. Die Normalfolge im spanischen Aussagesatz ist Subjekt – Prädikat – Objekt, deshalb wird in (1) *enemistad* als Subjekt interpretiert, in (2) als Objekt.

Hingegen ist in

(3) *El violinista toca las czardas*	Der Geiger spielt die Csárdás[tänze]
(4) *Las czardas (las) toca el violinista*	Die Csárdás[tänze] spielt der Geiger

die Subjektrolle von *el violinista* durch die Kongruenz jeweils eindeutig.

Das indirekte Objekt besteht aus einer Präpositionalgruppe der Struktur *a* + Substantivgruppe: *María compra juguetes al niño* „Maria kauft dem Kind Spielsachen".

Die morphologische Abgrenzung von direktem und indirektem Objekt wird dadurch verwischt, daß in bestimmten Fällen auch das direkte Objekt mit *a* eingeleitet wird: *María espera a Juan* „Maria erwartet Hans", *María saluda a la profesora* „Maria grüßt die Lehrerin". Daß *a Juan* und *a la profesora* hier direktes Objekt sind, macht die Pronominalisierung deutlich: *María lo espera (a Juan), María la saluda (a la profesora)*, nicht **le espera* bzw. **le saluda*[52].

Für den Gebrauch des mit *a* markierten direkten Objekts gelten im wesentlichen folgende Regeln – Ausnahmen und Regelunschärfen werden hier nicht berücksichtigt[53]:

R 1 Bezeichnet das direkte Objekt eine Person oder personifizierte Einheit in eindeutiger und bestimmter Weise, wird es mit *a* eingeleitet (personales *a*), ansonsten in der Regel direkt.

R 2 Bei Sachbezug kann das direkte Objekt zur syntaktischen Eindeutigkeit oder Hervorhebung mit *a* markiert werden.

Beispiele

(1) a. *He visto **un accidente***   Ich habe einen Unfall gesehen
     b. *He visto **a un amigo***   Ich habe einen Bekannten gesehen

(2) a. *Busco **un perro***   Ich suche einen Hund
     b. *Busco **a mi perro***   Ich suche meinen Hund

(3) a. *El entusiasmo vence **(a)** la dificultad*   (Die) Begeisterung überwindet (die) Schwierigkeit[en]
     b. ***A la dificultad** (la) vence el entusiasmo*   (Die) Schwierigkeit[en] überwindet (die) Begeisterung

Kommentar

In (1a) ist das Objekt sächlich, in (1b) eine bestimmte, dem Sprecher bekannte Person. Der Unterschied zwischen (2a) und (2b) liegt in der Eindeutigkeit der Objektreferenz: *a mi perro* verweist auf einen genau bestimmten Hund, *un perro* hingegen auf ein – noch unbestimmtes – Exemplar der Gattung ‚Hund‘.

Das Objekt in (3) ist an sich sächlich, im weiteren Sinn können die Abstrakta *entusiasmo* und *dificultad* aber als Personifizierungen gelten. In (3a) ist die Objektmarkierung möglich, in (3b) aus Gründen syntaktischer Eindeutigkeit notwendig.

---

[52] Bei Leismus oder Laismus ist der Unterschied zwischen personalem direkten und indirekten Objekt allerdings aufgehoben (vgl. S. 194).

[53] Vgl. ISENBERG 1968, RAE 1981, 372–375, KING 1984.

c) Adverbial und Präpositionalobjekt[53a]

Dem Adverbial entsprechen morphologisch drei Wortgruppen:

Substantivgruppe	*Leyó todo el día*	Er las den ganzen Tag
Präpositionalgruppe	*Vive en Madrid*	Er wohnt in Madrid
Adverbgruppe	*Hablas muy bien*	Du sprichst sehr gut

Als Substantivgruppe hat das Adverbial keine Funktionsmarkierung. Die syntaktische Funktion wird hier aus dem semantischen Kontext durch die Ersatzprobe mit sinnverwandten, markierten Satzgliedern deutlich.

Beispiel

Der Satz *Llegó el lunes* kann isoliert als (1) „Er kam montags" und (2) „Es kam der Montag" interpretiert werden. Ist die Substantivgruppe *el lunes* z. B. durch *ayer* semantisch ersetzbar, steht sie in Adverbialfunktion.

Als Präpositionalgruppe ist das Adverbial morphologisch mit dem Präpositionalobjekt gleich. Der Funktionsunterschied läßt sich formal und/oder semantisch feststellen:

○ Beim Präpositionalobjekt ist die Präposition verbgebunden – ein bestimmtes Verb regiert eine bestimmte Präposition (Rektion) –, beim Adverbial wird im Prinzip die Präposition je nach Adverbialklasse (Ort, Zeit, usw.) aus einem Paradigma gewählt.

Beispiel

Die Präpositionalgruppe in

Pienso en ti	Ich denke an dich
Vivo en Madrid	Ich wohne in Madrid

ist formal gleich, funkional aber verschieden. Bei *en ti* handelt es sich um ein Präpositionalobjekt, *en* ist fest mit *pensar* verbunden und nicht durch eine andere Präposition ersetzbar. Beim Adverbial *en Madrid* kann hingegen die Lokalpräposition *en* ersetzt werden, z. B. *Vivo cerca de Madrid* „Ich wohne bei Madrid".

○ Semantisch ist die Eigenbedeutung der Präposition des Präpositionalobjekts reduziert oder geschwunden – Was bedeutet *en* in *pensar en*? –, die dem Verb zugehörige Präposition muß deshalb jeweils eigens erlernt werden. Beim Adverbial hat hingegen die Präposition die paradigmatische Normalbedeutung.

7.4.2. Funktion

Die nichtprädikativen Satzglieder unterscheiden sich funktional in folgender Hinsicht:

○ In der Konstituentenstruktur nimmt das Subjekt als obligatorische Konstituente der Satzbasis einen höheren Rang ein als Objekt und Adverbial.

O Subjekt und Objekte sind valenzgebunden, sie treten nur zusammen mit dem Verb auf, und zwar jeweils einfach. Das Adverbial ist nur in wenigen Fällen valenzgebunden, ansonsten eine fakultative Konstituente, die im Prinzip in beliebiger Anzahl das obligatorische Satzgerüst modifizieren kann.

Beispiel: Satzbauplan mit zwei fakultativen Adverbialen

(En la tienda), (por la tarde), María compra juguetes al niño
Maria kauft (am Nachmittag) (im Laden) dem Kind Spielsachen

O Den syntaktischen Satzgliedern sind tendenziell bestimmte semantische Rollen zugeordnet. Das Subjekt bezeichnet in erster Linie den Handlungsträger (Agens), das Prädikat die Handlung, das Objekt Handlungsbeteiligte im weiteren Sinn und das Adverbial die Handlungsumstände.

Beispiel

Mañana	*María*	*(le) da*	*el libro*	*a Juan*
Adverbial	Subjekt	Prädikat	direktes Objekt	indirektes Objekt
‚Zeitumstand'	‚Agens'	‚Handlung'	‚übermittelter Gegenstand'	‚Empfänger'

Die Markierung des direkten Objekts – die auch in anderen romanischen Sprachen vorkommt[54] – hat sprachstrukturell eine dreifache Funktion:

O Semantisch wird das substantivische Objekt nach ‚Person' und ‚Sache' unterschieden; eine ähnliche Funktion erfüllt der Leismus beim Pronominalobjekt (vgl. S. 195).

O Syntaktisch wird die Opposition Subjekt : Objekt morphologisch hervorgehoben.

O Stilistisch erweitert das markierte direkte Objekt die Freiheit der Satzgliedstellung.

Das Präpositionalobjekt auf *a* und das indirekte Objekt haben morphologisch die gleiche Funktionsmarkierung. Im Unterschied zum Präpositionalobjekt ist aber das indirekte Objekt pronominalisierbar:

Präpositionalobjekt	*Llega **a Madrid*** ⟶ **Le llega*
Indirektes Objekt	*Gusta **a Pablo*** ⟶ *Le gusta*

[53a] Zur syntaktischen Bewertung des Präpositionalobjekts vgl. MARTÍNEZ GARCÍA 1986.

[54] Grundlegender Forschungsüberblick aus gesamtromanischer Sicht BODO MÜLLER 1971; vgl. auch ROEGIEST 1979. Zur Geschichte des markierten direkten Objekts im Spanischen vgl. LAPESA 1964, § 17.

265

7.5. Satzgliedstellung[55]

Die Satzgliedstellung ist ein Teilbereich der Wortstellung. Sie erfaßt die Stellungsbeziehungen zwischen Satzgliedern, nicht aber innerhalb eines Satzgliedes. Im folgenden beschränken wir uns auf die Stellungsregeln im Aussagesatz mit verbalem Prädikat und nichtpronominalen sonstigen Konstituenten.

7.5.1. Valenzgebundene Konstituenten

Mit den valenzgebundenen Konstituenten Subjekt (S), Prädikat (P), Objekt- und Adverbialergänzung (E) werden folgende mehrgliedrige Sätze gebildet:

a) S – P

Die zweigliedrige Satzbasis erlaubt beide möglichen Anordnungen der Konstituenten:

S – P	P – S
María canta	*Canta María*

Im allgemeinen wird die Zweitposition von dem Element besetzt, das den höheren Mitteilungswert hat. Das Informationsinteresse in *María canta* richtet sich auf das Prädikat: „Was **tut** Maria?", in *Canta María* hingegen auf das Subjekt: „**Wer** singt?" Die Erstposition des Basissatzes bezieht sich auf ein mehr oder minder bekanntes Element (Thema), die Zweitposition auf ein neues oder informationswichtigeres (Rhema). Diese syntaktische Informationsgewichtung kann allerdings durch phonetische Hervorhebung eines Elements überspielt werden: *María canta* „**Maria** singt".

Das satzeinleitende Prädikat hat eine präsentierende Funktion, besonders deutlich bei Bühnenanweisungen: *Aparece la novia* „Die Braut erscheint", *Sale el criado* „Bedienter ab", *Suenan las guitarras* „Gitarrenklänge".

Im deutschen Aussagesatz besetzt das Prädikat, genauer: die Personalform des Verbs, im Hauptsatz die Zweitposition, im konjunktionalen Nebensatz die Schlußposition: *Maria singt am Abend ein Lied; Hans sagt, daß Maria am Abend ein Lied singt.* Im zweigliedrigen Satz steht deshalb das Prädikat obligatorisch auf Platz zwei: *Maria singt; Karl sagt, daß Maria singt*, die Abfolge P – S ist im Aussagesatz ungrammatisch: **Singt Maria; *Karl sagt, daß singt Maria.*

---

[55] Das Gebiet ist empirisch wenig bearbeitet, zur älteren Literatur vgl. FARLEY 1958. Neuere Arbeiten: TERKER 1980, 116–128; SUÑER 1982, 265–314; FANT 1984, BENTIVOGLIO/WEBER 1986 (Faktorenanalyse).

b) P – E

Prädikate ohne Subjektbezug (vgl. S. 259) stehen in Erstposition:

Es de noche Es ist Nacht
Hace frío   Es ist kalt

Die Abfolge E – P wäre hier ungrammatisch.

c) S – P – E

Theoretisch ergeben sich bei drei Satzgliedern 3! = 6 Kombinationen.

Übersicht: Dreierkombinationen der Satzglieder S – P – E

	1	2	3	1	2	3
S – P – E	*Juan*	*irá*	*al museo*	*Mi amiga*	*compró*	*un coche*
E – P – S	*Al museo*	*irá*	*Juan*	*Un coche*	*compró*	*mi amiga*
P – S – E	*Irá*	*Juan*	*al museo*	*Compró*	*mi amiga*	*un coche*
P – E – S	*Irá*	*al museo*	*Juan*	*Compró*	*un coche*	*mi amiga*
S – E – P	**Juan*	*al museo*	*irá*	**Mi amiga*	*un coche*	*compró*
E – S – P	**Al museo*	*Juan*	*irá*	**Un coche*	*mi amiga*	*compró*

Die beiden Kombinationen mit dem Prädikat hinter der Zweitposition sind – von Sonderfällen literarischer Kunstsprache abgesehen – nicht akzeptabel. Häufigkeitsstatistisch dominiert S – P – E mit rund 80 %, gefolgt von P – S – E (vgl. SUÑER 1982, 275). Die Satzgliedstellung S – P – E gilt also zu Recht als Normalstellung. Die Kombinationen E – P – S, P – S – E und P – E – S werden in der Regel nur verwendet, wenn Subjekt- und Ergänzungsrolle semantisch und/oder morphologisch eindeutig sind.

Kommunikativ hat auch im dreigliedrigen Aussagesatz das Schlußglied den höchsten Mitteilungswert: In *Juan irá al museo* liegt das Informationsinteresse auf der Frage „Wohin?", in *Al museo irá Juan* auf der Frage „Wer?". Allerdings ist die Abfolge S – P – E relativ hervorhebungsneutral.

d) S – P – E$_1$ – E$_2$

Von den 4! = 24 möglichen Kombinationen sind die Hälfte, nämlich diejenigen mit dem Prädikat hinter Platz zwei, in der Regel nicht akzeptabel. Die häufigste Satzgliedfolge ist S – P – E$_1$ – E$_2$, wobei E$_1$ das direkte Objekt ist, E$_2$ ein indirektes bzw. Präpositionalobjekt oder Adverbial.

Beispiel

$S - P - E_1 - E_2$

María   da   un libro   a Juan
Juan   compró   un regalo   para su madre
María   pone   el libro   en la mesa

Das Informationsinteresse verläuft im Prinzip von links nach rechts: In *Juan compró un regalo para su madre* : *Juan compró para su madre un regalo* ist jeweils das letzte Element stärker hervorgehoben als das vorletzte.

7.5.2. Fakultative Konstituenten

Die fakultativen Satzglieder haben im Spanischen einen breiten Positionsspielraum.

Beispiele

Das fakultative Satzadverbial *E* in

A	B	C	D	E
Elena	*canta*	*canciones*	*a sus amigos*	*por las tardes*

„Helene singt ihren Freunden abends Lieder (vor)"

kann jede der fünf Satzgliedpositionen einnehmen: EABCD, AEBCD, ABECD, ABCED, ABCDE.

In Cela, *Mrs. Caldwell habla con su hijo* [1953], Kap. 178, kommt der Satz

  A *Navegando sin brújula,*
  B *el iceberg,*
  C *contigo encima,*
  D *vuela* + E *a una velocidad increíble.*

in 4! = 24 verschiedenen Satzgliedfolgen vor: ABCDE, ABDEC, ACBDE, ACDEB, ADEBC, ADECB, BACDE, usw. Die Satzglieder Subjekt (B), Prädikat (D) und Satzadverbial (A, C) kombinieren frei, lediglich die Abfolge Prädikat – Verb-Adverbial (D + E) wird vom Autor konstant gehalten.

Das Verb-Adverb tendiert zur postverbalen Position *(toca apasionadamente)*, das Satzadverbial zur Anfangs- oder Schlußposition, also zur Rahmenstellung gegenüber den obligatorischen Konstituenten.

Im Deutschen gelten für obligatorische und fakultative Satzglieder die gleichen Stellungsregeln. Wegen der Zweitstellung des Prädikats im Hauptsatz kann abweichend vom Spanischen maximal nur *ein* nichtprädikatives Satzglied einleitend stehen, der adverbiale Satzeinleitungsrahmen des Spanischen ist nicht möglich: In *En la tienda, por la tarde, María compra juguetes al niño* kann nur eines der vorprädikativen spanischen Satzglieder auch im Deutschen vor dem Prädikat stehen: „Im Laden kauft . . .", „Abends kauft . . .", „Maria kauft . . .".

Fakultative Elemente eines Satzgliedes (Attribute) stehen meistens unmittelbar beim Bezugsglied, und zwar – sieht man von Determinanten- und Adjektivvoranstellungen ab – unmittelbar danach. Vgl. die Attributstellung im Beispielsatz S. 256.

7.6. Kongruenz Subjekt – Prädikat

Die Satzbasis Subjekt – Prädikat ist durch die Kongruenz grammatisch gewissermaßen synchronisiert. Das Prädikat übernimmt soweit morphologisch möglich die kategorialen Merkmale des Subjekts, nämlich Numerus, Person und Genus.

Beispiel

Person-Numerus-Kongruenz	Genus- + Person-Numerus-Kongruenz
La chica canta	*La casa fue vendida*
Las chicas cantan	*Las casas fueron vendidas*

Die Person-Numerus-Kongruenz kommt konstant vor, die Genuskongruenz nur bei einigen Prädikatkonstruktionen (Passiv, Partizipialperiphrasen, Prädikative).
Die Kongruenzregel kann durchbrochen werden, wenn grammatische Form und semantischer Inhalt des Subjekts im Widerspruch stehen. Man bezeichnet solche Abweichungen von der formalen Kongruenz als ‚Sinnkongruenz‘ (constructio ad sensum).

Beispiel

(1) a. *La mayoría salieron sin decir nada*   Die Mehrheit ging wortlos hinaus
    b. *La mayoría salió   sin decir nada*
(2)   *Su Santidad está enfermo*   Seine Heiligkeit ist krank

Kommentar

In (1) steht das Subjekt *mayoría* formal im Singular, inhaltlich bezeichnet es aber eine Mehrzahl; das Prädikat kann deshalb auch im Plural kongruieren (1a).
Bei (2) bezieht sich die feminine Titulatur *Su Santidad* auf einen männlichen Referenten, das Prädikativ kongruiert im Maskulin.

Die Sinnkongruenz tritt hauptsächlich beim Numerus auf, und zwar in zwei Subjektkonstruktionen, dem ‚mehrteiligen Subjekt‘ und dem ‚Kollektivsubjekt‘.

a) Mehrteiliges Subjekt

Ein mehrteiliges Subjekt kann als pluralische Einheit gelten, auch wenn die Einzelelemente singularisch sind. Die Kongruenz hängt nach FÄLT 1972 von zwei Faktoren ab:

○ Satzgliedstellung: S – P vs. P – S.
○ Semantische Merkmale der Subjektteile: konkret vs. abstrakt, distinkt vs. ähnlich.

Für den häufigsten Typ des mehrteiligen Subjekts, nämlich

Art. + Subst. Sg. + *y* + Art. + Subst. Sg.

ergeben sich folgende Kongruenzregeln:

R 1 Bei Konkreta kongruieren S – P ausschließlich im Plural, P – S überwiegend:

Juan y María **cantan**	Hans und Maria singen
Chocaron *una furgoneta y un automóvil*	Ein Lieferwagen und ein Personenwagen stießen zusammen.

R 2 Bei Abstrakta kongruieren S – P etwa gleich häufig im Singular und Plural, bei P – S überwiegt Singular:

El optimismo y la euforia de los primeros momentos **pasó/pasaron**	Der Optimismus und die Euphorie der Anfangszeit ist/sind verflogen
De aquí **nace** *el desengaño y la frustración*	Daher rührt (die) Enttäuschung und (die) Frustration

Singularkongruenz tritt besonders dann auf, wenn die Subjektteile semantisch ähnlich sind und als begriffliche Einheit aufgefaßt werden können.

b) Kollektivsubjekt

Ein Kollektivausdruck bezeichnet auch im Singular eine Mehrzahl von Personen oder Objekten: *mayoría, grupo, gente,* usw. Die Kongruenz ist hier fallbezogen, mit Dominanz (80–90 %) des Singulars (QUILIS 1983, 82). Mengenangaben wie *el resto de* + Subst. Pl., *la mayor parte de* + Subst. Pl. und Kollektivzahlen (*centenar, millar,* usw. + *de* + Subst. Pl.) kongruieren im allgemeinen mit dem pluralischen Attribut:

El resto *de las partidas* **fueron aplazadas**	Die übrigen Spiele wurden verlegt
Hoy **la mayor parte** *de las actrices no* **saben** *hablar*	Heutzutage können die meisten Schauspielerinnen nicht sprechen
Un millar *de personas* **han sido detenidas**	Etwa tausend Personen wurden festgenommen

Die Abfolge S – P oder P – S spielt für die Kongruenz beim Kollektivsubjekt keine Rolle, wohl aber der Abstand zwischen beiden Satzgliedern: Kommen Subjekt und Prädikat nicht im gleichen Satz oder Gliedsatz vor, verstärkt sich die Tendenz zur Sinnkongruenz: **Acudió** *mucha* **gente** *a la manifestación, pero* **huyeron** *cuando llegó la policía* „Viele Leute kamen zur Demonstration, liefen aber weg, als die Polizei eintraf".

7.7. Satzbejahung und -verneinung[56]

Die Satzbejahung wird im Normalfall nicht eigens ausgedrückt. Die Satzbasis Subjekt + Prädikat gilt als bejahend (affirmativ):

María canta bien   [Es ist wahr:] Maria singt gut
Me gusta la pintura   [Es ist wahr:] Mir gefällt die Malerei

Die affirmative Satzbasis wird durch das Negationswort *no* verneint; es steht als fakultative Konstituente vor der Personalform des Verbs oder dem proklitischen Pronomen:

María no canta bien   Maria singt nicht gut
No me gusta la pintura   Mir gefällt die Malerei nicht

No ist ein reines Negationswort (Negator). Alle anderen Negationswörter enthalten neben dem Negator eine zusätzliche Information:

nadie   niemand [= nicht jemand]
nada   nichts   [= nicht etwas]
ningun-o   kein   [= nicht irgendein]
nunca, jamás niemals [= nicht irgendwann]

Diese Negationswörter stehen vor dem Verb oder, kombiniert mit *no*, hinter dem Verb:

Nadie *me quiere*   **No** *me quiere* **nadie**   Niemand liebt mich
Nunca *lo vi*   **No** *lo vi* **nunca**   Ich sah ihn nie
Jamás *me lo ha dicho*   **No** *me lo ha dicho* **jamás**   Niemals hat er mir das gesagt

Bei Satzverneinung stehen im Spanischen im Prinzip alle affirmativen Pronomen in der entsprechenden Negationsform (mehrfache Negation):

*Nunca le dio **nada** a **nadie***   Nie gab er jemandem etwas
*No les parece bien **nada** a **ninguno** de ellos*   Keinem von ihnen erscheint etwas gut
*No escribe **nunca nada** a **nadie** desde **ningún***   Er schreibt nie jemandem etwas von irgend-
lugar   woher

7.8. Funktionen von *ser* und *estar*

Dem deutschen Verb *sein* entsprechen im Spanischen zwei Verben: *ser* und *estar*. Die semantische Funktion beider Formen ist verschieden, ihre Abgrenzung stellt ein klassisches Problem der spanischen Grammatik dar[57].

---

[56] Zur Negation im Spanischen vgl. IBÁÑEZ 1972, VOIGT 1979.
[57] Fremdsprachendidaktisch gute Darstellung: MOLINA REDONDO/ORTEGA OLIVARES 1987, PORROCHE BALLESTEROS 1988; zum Problem *ser/estar* + Ortsangabe vgl. FRANCO 1984.

Morphosyntaktisch kommen *ser* und *estar* als Hilfsverb, Vollverb oder Kopula vor; das Abgrenzungsproblem stellt sich vor allem bei Kopulafunktion.

a) Hilfsverb

Als Hilfsverben bilden *ser* und *estar* den finiten Bestandteil des Passivs (vgl. S. 237). Die Konstruktion *ser* + Part. drückt das Vorgangspassiv aus, *estar* + Part. das Zustandspassiv: *El coche fue vendido ayer* „Das Auto wurde gestern verkauft", *El coche está vendido* „Das Auto ist verkauft".
Mit *estar* als Hilfsverb wird die Verlaufsform (vgl. S. 234) konstruiert: *estoy cantando.*

b) Vollverb

In dieser Funktion haben *ser* und *estar* klar unterschiedene Bedeutungswerte.

Übersicht

Lexikalische Bedeutung von *ser* und *estar*

SER

1. „existieren", „dasein"

Erase una vez una reina	Es war einmal eine Königin
¿Quién es?	Wer ist da?

2. „identisch sein"

Madrid es la capital de España	Madrid ist die Hauptstadt Spaniens
El libro es tuyo	Das Buch gehört dir [= ist dein Buch]

3. „stattfinden", „geschehen"

Esta semana es el congreso	Der Kongreß ist diese Woche
Fue en casa de María	Es war bei Maria
Son las once	Es ist 11 Uhr

ESTAR „sich befinden" (Raum, Zeit, Gesundheit)

Madrid está en el centro de España	Madrid liegt in der Mitte Spaniens
Estamos en diciembre	Wir sind im Dezember
María está en casa	Maria ist zu Hause
¿Cómo estás?	Wie geht es Dir?

---

c) Kopula

Die Kopula kombiniert mit einer Substantiv- oder Adjektivgruppe als Prädikativ. Bei substantivischem Prädikativ steht in der Regel *ser*: *Juan es médico* „Hans ist Arzt". Das semantische Abgrenzungsproblem zwischen *ser* und *estar* stellt sich nur bei adjektivischem Prädikativ (vgl. VAÑÓ-CERDÁ 1982): *Maria ist nervös* kann man übersetzen mit „María **es** nerviosa" oder „María **está** nerviosa" – die Bedeutung ist aber nicht gleich. Der Bedeutungsunterschied von *ser* und *estar* liegt in der verschiedenen semantischen Beziehung zwischen Subjekt und Adjektiv. Die Konstruktion *ser* + Adj. ordnet dem Subjekt ein konstitutives Merkmal zu, *estar* + Adj. gibt einen durch Veränderung entstandenen oder veränderbaren Zustand des Subjekts an.

Beispiel (nach FALK 1979, 66)

(1) a.	*La sangre es roja*	(Das) Blut ist rot
b.	*Mi coche es rojo*	Mein Auto ist rot
(2) a.	*El hierro está rojo*	Das Eisen ist rot[glühend]
b.	*¡Cuidado!, el semáforo está rojo*	Vorsicht! Die Ampel ist rot
c.	*Sus ojos estaban rojos*	Seine Augen waren gerötet

Kommentar

In (1) bezeichnet *es rojo* ein festes Merkmal des Subjekts: Blut ist definitionsgemäß rot, *mein Auto* wird als rot klassifiziert im Sinne von *Mi coche es un coche rojo*.
In (2) wird dem Subjekt die Eigenschaft ‚rot' als übergangsweiser oder neu eingetretener Zustand zugeschrieben: Eisen gilt weder definitorisch als rot, noch wird es nach Farbe klassifiziert *(*El hierro es un hierro rojo)*; es ist – durch Erhitzung – rot[glühend] geworden. Die Ampel hat unter mehreren möglichen Zuständen die Rot-Phase eingenommen; das Rot der Augen ist nicht als unveränderliches Kennzeichen zu verstehen – wie bei *Sus ojos son azules* „Seine Augen[farbe] ist blau", sondern als vorübergehender Zustand, der durch ein vorausgehendes Ereignis entstanden ist.

Verkürzt kann man folgende Abgrenzungsregel aufstellen: *ser* + Adj. klassifiziert und definiert das Subjekt, *estar* + Adj. konkretisiert; den Unterschied verdeutlichen folgende Beispielpaare:

	a.	b.
(1)	*María es guapa*	*María está guapa*
	Maria ist hübsch	Maria sieht hübsch aus
(2)	*El niño es alto*	*El niño está alto*
	Das Kind ist groß	Das Kind ist groß geworden
(3)	*María es joven*	*María está joven*
	Maria ist jung	Maria wirkt jung
(4)	*La nieve es blanca*	*La nieve está blanca*
	Schnee ist weiß	Der Schnee ist weiß

Kommentar

In (1a) ist ‚hübsch' ein definierendes, festes Merkmal, in (1b) ein gegenwärtiger Zustand des Subjekts: man kann deshalb nicht sagen **Hoy eres muy guapa*, sondern nur *Hoy estás muy guapa* „Heute schaust du [aber] sehr hübsch aus". Bei ‚groß' und ‚jung' in (2a) und (3a) handelt es sich um objektive Maßangaben, in (2b) und (3b) werden diese Eigenschaften als subjektiv veränderter bzw. veränderbarer Zustand aufgefaßt: das Kind ist gegenüber früher ‚groß' geworden *(porque ha crecido mucho)*, Maria wirkt noch ‚jung' *(aunque tiene 40 años)*. (4a) definiert Schnee als ‚weiß', (4b) gibt eine konkrete Zustandsangabe – der Schnee könnte auch ‚schmutzig' sein.

Klassifikatorische und konkretisierende Sicht können bei der Eigenschaftsangabe kombiniert auftreten: *María no **era** gorda, pero ahora sí **está** gorda* „Maria war nicht dick [= früherer Normalzustand], aber jetzt ist sie dick geworden [= Zustandsänderung].

Die verbreitete Grammatikerlehre, *ser* + Adj. bezeichne ‚dauerhafte' und ‚wesentliche' Eigenschaften des Subjekts, *estar* + Adj. ‚vorübergehende' und ‚zufällige' Zustandsausprägungen, ist als Faustregel richtig, darf aber nicht ontologisch interpretiert werden: *Ser* und *estar* bilden nicht Strukturen der Wirklichkeit ab, noch sind sie Ausdruck einer Weltanschauung – objektiv ist der Tod in *está muerto* ‚dauerhaft' und der Sturz in *La caída fue dura* ‚vorübergehend' –, sondern kategorisieren sprachlich die Wirklichkeit.

7.9. Satzarten

Die Einteilung der Satzarten beruht weniger auf grammatischen Merkmalen als auf kommunikativen. Geht man von einem einfachen Kommunikationsmodell aus:

Einer (spricht) – zum Anderen – über etwas

so kann je nach Satzintention jeder der drei Kommunikationsfaktoren, nämlich Sprecher, Hörer und Sachverhalt, hervorgehoben werden. Auf der Satzebene entspricht dem Sachverhaltsbezug der Aussagesatz; Aufforderungs- und Fragesatz sind hörerbezogen, der Ausrufesatz sprecherbezogen.

a) Ausrufesatz

Der Ausrufesatz zeigt eine innere Anteilnahme des Sprechers an: Überraschung, Zorn, Schmerz, Verärgerung, Freude, usw. Eine eigene grammatische Struktur hat diese Satzform im Spanischen nicht; sie wird in erster Linie durch die Intonation gekennzeichnet[58].

Beispiel:

(1) *Ha llegado una carta para ti.*   Für dich ist ein Brief gekommen.
(2) *¡Ha llegado una carta para ti!*   Für dich ist ein Brief gekommen!

Die Sätze unterscheiden sich in der Tonhöhe und Druckstärke am Satzende: der Aussagesatz (1) endet intonatorisch fallend und tonlos, der Ausrufesatz (2) steigend und betont.

---

[58] Zur bedeutungsunterscheidenden Funktion der Intonation vgl. QUILIS 1981, 416–443.

Satzeinleitende Partikel können den Ausruf verstärken (vgl. S. 205):

¡Qué buen día hace!	Was für ein herrlicher Tag!
¡Cuánto me alegro!	Wie (sehr) mich das freut!
¡Cómo me gusta eso!	Wie mir das gefällt!

b) Aussagesatz

Im Aussagesatz wird ein Sachverhalt berichtend wiedergegeben:

Mi hermano es abogado	Mein Bruder ist Rechtsanwalt
Tengo mucho trabajo	Ich habe viel Arbeit
María vendrá mañana	Maria kommt morgen

Der Aussagesatz hat keine eigene grammatische Struktur. Bei der Intonation fällt zum Satzende hin die Tonhöhe ab.

c) Fragesatz[59]

Im Fragesatz wendet sich der Sprecher an den Hörer mit der Bitte um Information. Die Fragesituation besteht kommunikativ also aus zwei Teilen, Frage und Antwort. Der Begriff ‚Fragesatz' bezieht sich nur auf den Frageteil.
Inhaltlich unterscheidet man im einfachen Satz zwei Fragetypen, ‚direkte Frage' und ‚rhetorische Frage'.

○ **Direkte Frage**

Die direkte Frage ohne Fragewort ist im Spanischen durch einen über den gesamten Satz hin steigenden Tonhöhenverlauf gekennzeichnet. Nach dem Informationsziel der Frage unterscheidet man Entscheidungs- und Ergänzungsfragen. Entscheidungsfragen können mit ‚Ja' oder ‚Nein' beantwortet werden:

¿Conoces a esa chica?	Kennst du dieses Mädchen?
¿Has comido ya?	Hast du schon gegessen?

Das Subjekt steht bei direkter Frage vor oder nach dem Verb: *¿Tú has comido ya?* (Intonationsfrage), *¿Has comido tú ya?* (Inversionsfrage). Im gesprochenen Spanisch dominiert die Intonationsfrage.

Als Frageeinleitung ist im heutigen gesprochenen Spanisch die Konstruktion *ser* (3. Pers. Sg.) + *que* verbreitet (vgl. Textbeispiel S. 224):

¿(Es que) no me oyes?	Hörst du mich [denn] nicht?
¿Será que todos están de acuerdo?	Sind [wirklich] alle einverstanden?

---

[59] Zur Typologie des spanischen Fragesatzes vgl. PY 1971.

Diese Fragekonstruktion wird gerne verwendet, wenn der Sprecher mit seiner Frage Erstaunen oder Überraschung verbindet – was im Deutschen durch Abtönungspartikel wiedergegeben wird.

Die Ergänzungsfrage bezieht sich auf ein Satzglied, der erfragte Sachverhalt wird durch satzeinleitende Pronomen angesprochen:

¿Qué deseas?	Was möchtest du?
¿Quién ha venido?	Wer ist gekommen?

○ **Rhetorische Frage**

Kommunikativ gesehen ist die rhetorische Frage keine Informationsfrage, denn der Sprecher erwartet keine Antwort. Als stilistisches Mittel wird die rhetorische Frage häufig in der Literatursprache verwendet, sie kommt aber auch im gesprochenen Spanisch vor:

Pero ¿qué es esto, Dios mio?	Aber, Herrgott, was ist [denn] das?
¿Quién entra por esta puerta?	Wer kommt [denn] da hereinspaziert?

Formal hat die rhetorische Frage die Struktur eines Fragesatzes, funktional aber den Wert eines Ausrufesatzes; die Abgrenzung zwischen rhetorischer Frage und Ausrufesatz ist deshalb unscharf.

d) Aufforderungssatz

Der Sprecher tut dem Hörer seinen Willen kund, sei es durch Befehl, Bitte, Ermahnung, o. ä. Die Wahl der sprachlichen Mittel ist hier vielfältig, sie hängt insbesondere ab von der sozialen Beziehung zwischen Sprecher und Hörer.
Sprachliche Befehlsform im engeren Sinne ist der Imperativ. Er bezieht sich grammatisch auf die 2. Pers. Sg. und Pl.: *ama – amad, bebe – bebed, parte – partid*. Die 1. Pers. Pl. und 3. Pers. Anredeform werden durch den Konjunktiv Präsens ausgedrückt, die indirekte Aufforderung durch *que* + 3. Pers. Konj. Präsens: *bebamos – beba(n) – Qué beba(n)*.

Pase Ud., ¡por favor!	Kommen Sie bitte herein!
Mira, ¡qué bonito!	Schau, wie hübsch!

Zum Ausdruck der Aufforderung werden oft indirekte und höflichere Formen verwendet als der Imperativ, besonders häufig sind Konstruktionen in Frageform:

¿Quiere Ud. acompañarme?	Würden Sie mir (bitte) folgen?
¿Me da un vaso de agua?	Könnten Sie mir (bitte) ein Glas Wasser geben?

Die kommunikative Färbung des Aufforderungssatzes, vom direkten Befehl bis zur echten Bitte, wird im wesentlichen durch die Intonation deutlich.

8. Der komplexe Satz (Klassifikation)[60]

Ein komplexer Satz ist eine grammatische Einheit, die aus mehreren einfachen Sätzen (Teilsätzen) besteht. Die Teilsätze können in dreifacher Weise verbunden sein: durch (1) Reihung, (2) Nebenordnung und (3) Einbettung oder Unterordnung. Bei der Satzreihung ergibt sich die syntaktisch-semantische Struktur des Gesamtsatzes aus der Abfolge der Teilsätze: *Llegué, vi, vencí* „Ich kam, sah (und) siegte". Bei syntaktischer Neben- und Unterordnung wird der Zusammenhang zwischen den Teilsätzen formal-strukturell durch Verbindungs- bzw. Einleitewörter ausgedrückt. Nebengeordnete Sätze liegen auf der gleichen syntaktischen Ebene: *Luis canta y María baila* „Ludwig singt und Maria tanzt". Bei Satzunterordnung sind die Teilsätze syntaktisch nicht gleichwertig; ein Teilsatz hat die Funktion eines Haupt- oder Trägersatzes, von dem der andere Teilsatz abhängt: *Si vienes pronto, trataremos ese asunto* „Wenn du bald kommst, werden wir diese Sache besprechen". Der untergeordnete Satz wird auch als ‚Nebensatz' oder ‚Gliedsatz' bezeichnet, weil er innerhalb der syntaktischen Struktur des Hauptsatzes die Rolle eines Satzgliedes erfüllt; z. B. entspricht im obigen Satz die Wenn-Komponente einem Adverbial.

8.1. Satzreihung

Zwei oder mehr aufeinander folgende und formal unverbundene Sätze können einen komplexen Satz bilden; im gesprochenen Spanisch wird der Zusammenhang der Teilsätze durch die Intonation hergestellt: *Ven a verme, tengo que hablar contigo* „Besuche mich (bitte), ich muß mit dir sprechen"; *María ganó el premio; es la más inteligente de su clase* „Maria hat den (Klassen)Preis gewonnen, sie ist die Klügste ihrer Klasse".

Die Auffassung, daß die Reihung als Satzkonstruktion ‚primitiver' sei als die syntaktisch expliziten Mittel der Neben- und Unterordnung, ist nicht haltbar. Zwar kommt die Reihung häufig in der Kindersprache vor – hier geht der Zusammenhang der Teilsätze in der Regel aus dem außersprachlichen Kontext hervor –, sie wird aber auch als stilistisches Mittel in der Sprache der Werbung und der Lyrik eingesetzt, um die logisch-semantische Beziehung zwischen den Teilsätzen bewußt offen zu lassen.

---

[60] Vgl. ROJO 1978.

8.2. Satznebenordnung

Die Nebenordnungsstrukturen werden nach dem semantischen Zusammenhang zwischen den Bezugsgliedern klassifiziert. Man unterscheidet kopulative, disjunktive, adversative und explikative Nebenordnung; die entsprechenden Konstruktionen gelten in gleicher Weise für die Verknüpfung von Sätzen und Satzgliedern.

a) kopulativ

Die Bezugsglieder werden mit *y* bzw. *e* (vor Wörtern mit anlautendem *i-*) verknüpft, bei Negation mit *ni*. Der semantische Wert der Gesamtkonstruktion ist gewissermaßen gleich der Summe der Glieder: *Todos cantan y algunos bailan* „Alle singen und einige tanzen"; *Ni es guapa ni tiene dinero* „Sie ist weder hübsch noch hat sie Geld". Bei mehr als zwei Gliedern steht *y* in der Regel nur vor dem letzten Glied, *ni* aber vor jedem Glied: *Luis bebe, Antonio canta y María baila; Ni Luis bebe, ni Antonio canta, ni María baila.*

b) disjunktiv

Die Bezugsglieder werden mit *o* bzw. *u* (vor Wörtern mit anlautendem *o-*) verknüpft und schließen sich im Prinzip semantisch wechselseitig aus: *Vete o no molestes* „Geh (weg) oder stör nicht". Die Konjunktion kann vor beiden Gliedern stehen: *O vienes o te quedas* „Entweder du kommst (mit) oder du bleibst (da)", *O todo o nada* „Alles oder nichts".
In bestimmten Fällen nimmt *o* einen kopulativen Wert an, die Bezugsglieder schließen sich nicht aus: *Come o bebe* [= *Come y bebe*] *cuanto quieras* „Iß oder trink" [= Iß und trink] soviel du willst". Verbreitet ist auch *o* in kommentierender Funktion: *Granada o la ciudad de la Alhambra* „Granada oder [= ausführlicher gesagt] die Stadt der Alhambra".

c) adversativ

Zwischen den Bezugsgliedern wird ein Gegensatz ausgedrückt, die Konstruktion kann deshalb nur zwei Glieder haben. Die Glieder des Gegensatzpaares schließen sich entweder total aus, oder ein Glied schränkt die Geltung des anderen ein. Bei totalem Gegensatz werden die Bezugsglieder mit *sino* verknüpft – *Ella no me quiere sino (que) me odia* „Sie liebt mich nicht, sondern haßt mich" –, bei eingeschränktem Gegensatz mit *pero*, u. a.: *Es buena persona pero no trabaja* „Er ist ein lieber Kerl, aber arbeitet nicht".

Die restriktiv-adversative Konjunktion *mas* kommt nur in archaischen und literarischen Kontexten vor: *No nos dejes caer en la tentación, mas líbranos del mal* „(Und) führe uns nicht in Versuchung, sondern erlöse uns von dem Bösen".

d) explikativ

Als Nebenordnung kann man auch explikative Konstruktionen vom Typ *Somos hermanos, o sea, hijos del mismo padre* „Wir sind Geschwister, das heißt, Kinder desselben Vaters [aber wir haben nicht dieselbe Mutter]" auffassen, ebenso konsekutive Bezüge wie *No me han invitado, luego no iré* „Man hat mich nicht eingeladen, also gehe ich nicht (hin)".

Explikative (oft korrektive) Konstruktionen, eingeleitet durch *o sea, es decir, digo* u. ä., sind ein typisch sprechsprachliches Merkmal; vgl. FUENTES RODRÍGUEZ 1990, CASADO VELARDE 1991.

8.3. Satzunterordnung

Bei der Satzunterordnung bestimmt der Hauptsatz die syntaktische Struktur des Gesamtsatzes; der Nebensatz besetzt die Position eines Satzgliedes und wird formal durch ein Einleitewort gekennzeichnet. Einleitewort ist ein Relativpronomen oder eine Konjunktion. Vom funktionalen Standpunkt klassifiziert man die Nebensätze nach der syntaktischen Rolle, die sie übernehmen, als Subjekt-, Objekt-, Attribut- und Adverbialsätze. Ohne Einleitewort werden Infinitivgruppen in den Hauptsatz eingebettet: *Andar mucho es saludable* „Viel gehen ist gesund" (Infinitivgruppe in Subjektfunktion); *Veo caer la lluvia* „Ich sehe den Regen fallen" (Objektfunktion) usw.

8.3.1. Nominalsatz (Subjekt-, Objektsatz)

Einleitewort ist meistens *que* „daß", bei indirekten Satzfragen *si* „ob"; außerdem die Relativpronomen *el que, lo que, quien*: *Me gusta que vengas a verme* „Es freut mich, daß du mich besuchst", *Lo que dices es verdad* (Subjektsätze); *Dime si vendrás* „Sag mir, ob du kommst", *Quien madruga, Dios le ayuda* (Objektsätze).

8.3.2. Attributsatz

Einleitewort ist ein Relativpronomen, modifiziert wird ein nichtverbales Satzglied; der Attributsatz ist also kein Gliedsatz, sondern ein Gliedteilsatz:

El joven que vino ayer es mi amigo	Der junge Mann, der gestern kam, ist mein Freund
He visto a la señora que me presentaste	Ich habe die Dame gesehen, die du mir vorgestellt hast
Vengo del pueblo en que nací	Ich komme aus dem Dorf, in dem ich geboren bin.

Nach der semantischen Funktion ist der Relativsatz (1) explikativ oder (2) restriktiv. Im ersten Fall erhält der Zusammenhang von Antezedent und Relativsatz eine modale Färbung, im zweiten Fall wird der logische Umfang des Antezedenten eingeschränkt.

Beispiel

(1) *Cogimos la fruta, que estaba madura* Wir ernteten das Obst, das [= weil es] reif war
(2) *Cogimos la fruta que estaba madura* Wir ernteten das Obst [= nur das Obst], das reif war.

Orthographisch wird im Spanischen der explikative Relativsatz vom Antezedenten durch Komma abgetrennt, phonetisch durch Pause; der restriktive Relativsatz wird direkt an den Hauptsatz angeschlossen.

8.3.3. Adverbialsatz

Der Adverbialsatz bildet die umfangreichste Gruppe der Nebensätze. Er präzisiert den im Hauptsatz ausgedrückten Sachverhalt im Hinblick auf semantische Ordnungskategorien, die man folgendem Frageraster zuordnen kann:

- Lokalsatz   Wo?
- Temporalsatz   Wann?
- Modalsatz   Wie?
- Kausalsatz   Warum?
- Finalsatz   Wozu?
- Konzessivsatz   Trotz welchen Umstandes?
- Konsekutivsatz   Mit welcher Folge?
- Konditionalsatz   Unter welcher Bedingung?
- Komparationssatz   Womit vergleichbar?

a) Lokalsatz

Einleitewörter sind vor allem *donde* oder Präposition + *donde*. Die Modussetzung entspricht der des Relativsatzes (vgl. S. 246): *Vamos donde tú **dices*** [= Vamos allí + Tú dices el lugar] „Wir gehen dahin, wo du sagst" vs. *Vamos donde tú **digas*** [= Vamos allí + Tú dirás el lugar] „Wir gehen dahin, wo [immer] du es sagen wirst".

b) Temporalsatz

Der Nebensatz ist gegenüber dem Hauptsatz vorzeitig, gleichzeitig (im Sinne einer zeitlichen Überlappung) oder nachzeitig: *Cuando habíamos comido, entró María* „Als wir mit dem Essen fertig waren, kam Maria herein", *Luis lee el periódico mientras Antonio ve la televisión* „Ludwig liest die Zeitung, während Anton fernsieht", *Espero hasta que venga* „Ich warte, bis er kommt". Bei Nachzeitigkeit steht der Temporalsatz im Konjunktiv (vgl. S. 245).

c) Modalsatz

Häufigste Einleitewörter sind *como* und *según*: *Hazlo como quieras* „Mach es, wie du willst", *Juan lo hace según acostumbra* „Hans macht es, wie er es gewohnt ist". Die Modussetzung entspricht der des Relativsatzes; bei *sin que* steht immer Konjunktiv: *Lo hizo sin que nos diéramos cuenta* „Er tat es, ohne daß wir es merkten".

d) Kausalsatz

Der Kausalsatz wird mit *porque, pues (que), que*, u. a. eingeleitet und steht im Indikativ[61]: *María no viene porque no tiene tiempo* „Maria kommt nicht, weil sie keine Zeit hat"; *Lo haré pues que tú lo dices* „Ich werde es tun, weil du es sagst"; *Date prisa, que llegamos tarde* „Beeil dich, weil wir uns [sonst] verspäten".

e) Finalsatz

Der Finalsatz wird mit *para que, a fin de que,* (literarisch) *por que* u. ä. eingeleitet und steht im Konjunktiv: *Lo digo para que/a fin de que/por que todos lo sepan* „Ich sage es, damit alle es wissen [können]".

f) Konzessivsatz

Der Konzessivsatz drückt einen Grund aus, der dem Sachverhalt des Hauptsatzes entgegensteht (Gegengrund), aber ihn nicht verhindert. Einleitewörter sind u. a. *aunque, a pesar de que, aun cuando, si bien* (gehobener Stil), *por más que*: *Era buena persona aunque/a pesar de que/si bien no cumplía con su deber* „Er war ein lieber Kerl, obwohl/ obgleich/auch wenn er seine Pflicht nicht erfüllte", *Por más que corre nunca llega a tiempo* „Auch wenn er noch so läuft, er kommt nie pünktlich". Ist der Gegengrund ungewiß, steht der Konzessivsatz im Konjunktiv, ansonsten in der Regel im Indikativ: *Aunque venga no lo recibiré* „Auch wenn er kommt [= kommen sollte], werde ich ihn nicht empfangen", *Aunque es (sea) viejo, trabaja mucho.*
Der konzessive Bezug kann auch durch andere syntaktische Verfahren als einen konjunktionalen Nebensatz ausgedrückt werden, etwa *con* + Inf. und *aun* + Ger.: *Con tanto correr has llegado tarde* „Mit [= trotz] deiner Lauferei bist Du zu spät gekommen", *Aun siendo listo lo han suspendido* „Obgleich (er) gescheit (ist), ließ man ihn (im Examen) durchfallen". Eine konzessive Färbung kann auch das Futur annehmen: *Será listo pero no lo parece* „Mag sein, daß er gescheit ist, aber er sieht nicht danach aus".

---

[61] Wird die Gültigkeit des Kausalsatzes verneint, kann auch der Konjunktiv stehen (vgl. S. 244): *Lo hago **no porque** tú me lo **digas** sino porque quiero* „Ich tue es, nicht [etwa] weil du es mir sagst, sondern weil ich will".

g) Konsekutivsatz

Der konsekutive Bezug wird eingeleitet durch Konjunktionen oder konjunktionale Ausdrücke wie *tal... que, tanto... que, tan... que, de tal modo que, hasta el punto (de) que*: *La situación es tal (se ha agravado tanto) que* ... „Die Lage ist derart (hat sich so verschlechtert), daß ...", *Es tan ingenuo que no se da cuenta de nada* „Er ist so naiv, daß er [überhaupt] nichts merkt", *María se enfadó hasta el punto de que salió sin despedirse* „Maria regte sich derart auf, daß sie wegging, ohne sich zu verabschieden".

Nach negiertem Hauptsatz steht der Konsekutivsatz stets im Konjunktiv: *No se enfadó hasta el punto de que saliera*; bei affirmativem Hauptsatz im Indikativ, außer der Konsekutivsatz hat eine finale Bedeutungskomponente: *Habló lentamente de modo que lo* **entendieron** „Er sprach langsam, so daß er verstanden wurde" [= Folge] vs. *Habló lentamente de modo que* [= como para que] *lo* **entendieran** „Er sprach langsam, damit man ihn verstehen konnte" [= Zweck].

h) Konditionalsatz

Der Konditionalsatz drückt aus, daß ein im Hauptsatz formulierter Sachverhalt nur dann eintritt, wenn die im Nebensatz enthaltene Bedingung erfüllt ist. Die Wenn-Komponente wird am häufigsten durch *si* „wenn [= falls]" eingeleitet: *Si vienes, te invito a comer* „Wenn du kommst, lade ich dich zum Essen ein", *Aprobarías si hubieras estudiado* „Du würdest (die Prüfung) bestehen, wenn du gelernt hättest". In der Wenn-Komponente wird der Konjunktiv II gesetzt, falls die Bedingung nicht erfüllbar ist, oder der Sprecher sie als kaum erfüllbar ansieht: *Si vinieras, te invitaría (invitaba)* „Wenn du kommen solltest, würde ich dich einladen"; ansonsten steht der Indikativ: *Si vienes, te invito.*

Die Wenn-Komponente wird auch durch konjunktionale Wendungen eingeleitet wie *a condición de que* „unter der Bedingung, daß", *(en el) supuesto (de) que* „gesetzt (den Fall), daß", *en (el) caso de que* „im Falle, daß", *siempre que* „dann, wenn", *con tal (de) que* „(in)sofern, daß"; in der Regel steht nach diesen Ausdrücken der Konjunktiv: *Supuesto que venga la felicitaré* „Falls sie kommt, werde ich sie beglückwünschen", *Te lo contaré siempre que me guardes el secreto* „Ich werde es dir dann erzählen, wenn du es für dich behältst".

Die Wenn-Komponente kann auch durch infinite Konstruktionen formuliert werden: *De actuar así acabarás mal* „Bei solchem Handeln [= wenn du so handelst], wirst du bös enden" (Infinitivsatz); *Actuando así acabarás mal* (Gerundialsatz); *Pasadas las pruebas ingresarás* „Nach den Prüfungen [= wenn du die Prüfungen bestanden hast], wirst du aufgenommen" (Partizipialsatz).

i) Komparationssatz

Der Komparationssatz drückt ‚Gleichheit' oder ‚Ungleichheit' zwischen den Bezugsgliedern aus.

○ Gleichbewertung

Die Konstruktion wird durch die Konjunktionalpaare *tan(to)* . . . *como, tanto* . . . *cuanto* (literarisch), *tal* . . . *cual, igual que,* u. ä. eingeleitet: *Te he dado tanto como tú [me has dado] a mí* „Ich habe dir (eben)soviel gegeben wie du mir", *Tiene tanto cuanto necesita* „Er hat soviel, wie(viel) er braucht", *Se mostró tal cual era* „Er zeigte sich so, wie er (wirklich) war", *La hija es igual que su madre* „Die Tochter ist genau(so) wie ihre Mutter".

○ Höherbewertung

Der Vergleich wird durch *más* . . . *(de lo) que* ausgedrückt: *Le han dado más (de lo) que le pertenece (a ella)* „Sie haben ihr mehr gegeben, als (das, was) ihr zusteht".

○ Minderbewertung

Der Vergleich wird durch *menos* . . . *(de lo) que* „weniger als (das, was)" ausgedrückt: *Le han dado menos (de lo) que le pertenece.*

E
Das Lexikon

Die lexikalische Ebene einer Sprache ist verglichen mit der grammatischen nur schwach strukturiert. Die grammatischen Einheiten bilden ein vom Sprecher fast vollständig internalisiertes Regelwerk, das auf wenigen Kategorien beruht (Genus, Numerus, Tempus, usw.) und geschichtlich relativ stabil bleibt: Seit dem 17. Jh. hat sich das grammatische System des Spanischen kaum verändert.

Das Lexikon ist ein offener und instabiler Bereich mit einer nicht begrenzten Anzahl von Einheiten, deren Inventar sich ständig verändert und mehr fallbezogen als regelförmig funktioniert – weshalb kein Sprecher das lexikalische System vollständig beherrscht. Im folgenden werden zwei Strukturzüge des spanischen Lexikons dargestellt, die Architektur des Wortschatzes und die Regeln der Wortbildung.

1. Die Architektur des spanischen Wortschatzes

Unter Architektur des Wortschatzes verstehen wir dessen systematische Ordnung in quantitativer, historischer und funktionaler Hinsicht.

1.1. Quantitative Struktur

1.1.1. Umfang

Die Anzahl der lexikalischen Einheiten einer Sprache – im folgenden vereinfacht ‚Wörter' genannt – ist nur grob abzuschätzen. Das spanische Akademiewörterbuch enthält in seiner 18. Auflage (1956) rund 71 000 und in der 20. Auflage (1984) rund 93 000 Stichwörter – hierbei sind polyseme Einheiten und flexionsverschiedene Wortformen unter einem Stichwort (Lemma) zusammengefaßt. Berücksichtigt man zusätzlich Eigennamen, Spezialterminologien und phraseologische Einheiten[1] (feste Wendungen, Idiome) liegt der Gesamtwortschatz wesentlich höher.

Ein Idiom ist eine lexikalisierte Wortgruppe mit einer nicht wörtlichen und deshalb eigens zu erlernenden Eigenbedeutung: *Me lavo las manos* bedeutet wörtlich „Ich wasche mir die Hände", idiomatisch aber „Es ist nicht meine Schuld". Der idiomatische Wortschatz wird in der Regel nicht lemmatisiert, sondern unter einem Grundwort – hier *mano* – aufgeführt.

---

[1] Zur linguistischen Beschreibung phraseologischer Finheiten vgl. ZULUAGA 1980, zum Inventar vgl. das vorzügliche sp.-dt. Wörterbuch BEINHAUER 1978.

Der Gesamtwortschatz ist eine idealtypische Größe, die Vereinigungsmenge der Wortschatzkenntnisse aller Sprecher. Der Individualwortschatz einzelner Sprecher ist weit geringer.

Der Autorenwortschatz (ohne Eigennamen) des wohl sprachmächtigsten spanischen Dichters, Lope de Vega, beträgt 21 189 verschiedene Wörter; Cervantes verwendet 12 372, Quevedo 16 889 (Daten nach FERNÁNDEZ GÓMEZ 1971, LXVII).

1.1.2. Gebrauchshäufigkeit

Die Masse der Wörter kommt im Sprachgebrauch nur selten vor; sie bildet die Basis einer Häufigkeitspyramide, die nach oben hin immer weniger Einheiten umfaßt. Das häufigste Wort des Spanischen, die Präposition *de*, deckt durchschnittlich 7,6 % der laufenden Wörter eines Textes ab – d. h. jedes 13. Textwort ist *de*. Nach dem *FDSW* beträgt die Textdeckung der 5000 häufigsten spanischen Wörter mehr als 97 %, der 500 häufigsten 79 %, der 50 häufigsten 57 % und der 5 häufigsten 25 %.

Rangplatz				
1–10	11–20	21–30	31–40	41–50
de[1]	no	**este**	tú	**mi**
el[2]	**haber**	**estar**	**hacer**	**dar**
la[2]	**yo**	lo[2]	pero	sin
y	**su**	**tener**	**poder**	**querer**
a[1]	**un**[2]	más	usted	ese
en	por	ello	o	dos
él[3]	con	como[4]	si[4]	**hombre**
que[3]	**una**[2]	**ir**	ya	**nuestro**
ser	ella	**decir**	**ver**	sobre[1]
que[4]	para	**todo**[5]	**otro**[5]	porque

Tab. 19: Die 50 häufigsten Wörter der spanischen Sprache (Daten nach *FDSW* 385 f.)
[1] Präposition   [2] Artikel   [3] Pronomen   [4] Konjunktion   [5] adjektivisch
Halbfett gedruckte Wörter umfassen alle Flexionsformen.

Kommentar

Die meisten der 50 häufigsten Wörter sind grammatische Funktionswörter: Artikel, Präpositionen, Konjunktionen und Pronomen; funktional ähnlich sind Hilfs- und Modalverben zu beurteilen. Die Liste enthält nur ein Substantiv *(hombre)* und kein Adjektiv.

Eine Gliederung der 5000 häufigsten Wörter nach ihrer Wortklassenzugehörigkeit ergibt folgende Verteilung:

Wortklasse	Wortschatz-anteil	Text-deckung
Substantiv	50,5	15
Adjektiv + Zahlwort	24,5	11
Verb	19,0	16
Adverb + Interjektion	4,0	6
Artikel	0,1	16
Pronomen	1,0	9
Präposition	0,3	19
Konjunktion	0,4	8

Tab. 20: Wortschatzanteil und Textdeckung (in %) der 5000 häufigsten spanischen Wörter nach Wortklassenzugehörigkeit (PATTERSON/ URRUTIBÉHEITY 1975, 72)

Die lexikalischen Einheiten Substantiv, Adjektiv, Verb und Adverb machen 98 % des Wortschatzes aus, aber nur 48 % der Textdeckung. Die Funktionswörter Artikel, Pronomen, Präposition und Konjunktion bilden nur 2 % des Wortschatzes, decken aber 52 % eines Textes ab – rund jedes zweite Textwort ist ein Funktionswort. 52 % Textdeckung bedeuten allerdings nicht 52 % Textverständnis. Semantische Information und Worthäufigkeit stehen in einem umgekehrten Verhältnis: je seltener ein Wort, desto höher sein Informationswert. Hauptträger der semantischen Information sind also Substantive, Adjektive, Verben und Adverbien; die sonstigen Einheiten bilden als Funktionswörter das grammatische Gerüst eines Textes.

1.2. Historischer Aufbau

1.2.1. Chronologische Schichtung[2]

Nach der geschichtlichen Herkunft kann man den Wortschatz in drei Klassen einteilen:

○ Erbwörter
Den Kern des spanischen Wortschatzes bilden direkte Nachfolger lateinischer Ausgangseinheiten. Diese lateinisch-romanische Sprachkontinuität zeigt sich vor allem an der Spitze der Wortschatzpyramide: außer *usted* und *porque* sind alle der 50 häufigsten Einheiten erbwörtlich.

---

[2] Vgl. MESSNER 1979.

○ Neubildungen

Diese Einheiten wurden im Laufe der Sprachgeschichte durch systeminterne Wortbildungsverfahren (vgl. S. 296) gewonnen, z. B. *hombre* → *hombr-ía, hombr-ear,
hombre rana, super-hombre.*

○ Lehnbildungen

Hier handelt es sich um direkte oder adaptierte Übernahmen aus anderen Sprachen:
Latinismen (vgl. S. 94), Arabismen (vgl. S. 92), Indigenismen (vgl. S. 104), usw. Im
Mittelalter und der frühen Neuzeit war Latein die wichtigste Spendersprache, vom 18. Jh.
bis Anfang des 20. Jh. Französisch, heute dominiert der englische Spracheinfluß[3].

	Anzahl	Wortschatz-anteil	Text-deckung
Erbwörter	1176	23,5 %	81 %
Neubildungen	2063	41,3 %	8 %
Lehnbildungen	1761	35,2 %	11 %

Tab. 21: Chronologische Schichtung der 5000 häufigsten spanischen Wörter
(PATTERSON/URRUTIBÉHEITY 1975, 21)

Im Wortschatz dominieren Neu- und Lehnbildungen, in der Textdeckung aber – aufgrund
der Häufigkeit der meist erbwörtlichen grammatischen Funktionswörter – die Erbwörter.

Bezeichnen Erb- und Lehnwort denselben Sachverhalt, lassen sich aus der Verwendung der
jeweiligen lexikalischen Schicht stilistische Effekte erzielen. In Antonio Machado, *Juan de
Mairena. Sentencias, donaires, apuntes y recuerdos de un profesor apócrifo,* I [1936], diktiert der
Dichterlehrer einem Schüler den lehnwortgespickten Satz:

Los eventos consuetudinarios que acontecen en la rúa

und verlangt: «Vaya usted poniendo eso en lenguaje poético». Der Schüler antwortet erbwörtlich:

Lo que pasa en la calle

Kommentar des Lehrers: «No está mal» (Ausgabe Madrid 1971, 41).

1.2.2. Veränderungsrate

Der Wortschatz benennt die außersprachliche Wirklichkeit und spiegelt deren Wandel in
gewisser Weise wider.

---

[3] Vgl. ENGLAND/CARAMÉS LAGE 1978, PRATT 1980.

Ein Drittel der in Wörterbüchern des 18. Jh. belegten 1 967 Neubildungen ist heute ausgestorben, z. B. *religionario* „protestante", *meliloto* „insensato". Andererseits kamen heute geläufige Wörter wie *social, realizar, sistema, jefe, reunir, sorprender, base, éxito* erst im 18. Jh. in Gebrauch (SALVADOR 1985).

Die Veränderungen im Wortschatz betreffen weniger die Erbwörter als Neu- und Lehnbildungen, und hier hauptsächlich den unteren Bereich der Häufigkeitspyramide. Ansonsten sollte man das Veränderungstempo nicht überschätzen: Vom Wortschatz des *Cid* sind heute, nach 800 Jahren, noch 77 % vorhanden (MESSNER 1979, 47).

1.3. Funktionale Struktur

Die Einheiten des Wortschatzes haben einen unterschiedlichen kommunikativen Gebrauchswert. Dieser hängt von zahlreichen Faktoren ab: Sprechereigenschaften (Alter, Geschlecht, Bildungsstand, regionale Herkunft), Sprechsituation (formell vs. informell), Thema (fachspezifisch vs. allgemein), Medium (mündlich vs. schriftlich), usw. Für die funktionale Ordnung des spanischen Wortschatzes sind die ergiebigsten Kriterien die räumliche und soziale Reichweite.

		räumlich		
		regional	national	allgemein
s o z i a l	**gruppenbezogen**	Sondersprachen F a c h s p r a c h e n		
	Bildungsschicht		Hochsprache	
	allgemein	Umgangssprache		

Abb. 16: Kommunikative Reichweite des spanischen Wortschatzes

Die oben aufgeführten Sprachvarietäten werden lexikalisch durch ihren bereichsspezifischen Wortschatz definiert: ‚Umgangssprachlich' heißt hier nicht „in der Umgangssprache vorkommend", sondern „überwiegend oder ausschließlich in der Umgangssprache vorkommend". Allen Varietäten liegt ein gemeinsamer Wortbestand zugrunde – Wörter wie *casa, con, padre, vaca* gelten räumlich und sozial allgemein –, den man als ‚gesamtspanisch' bezeichnen kann. Ein räumlich und sozial neutrales Allgemein- oder Gesamtspanisch wäre aber eine sprachwissenschaftliche Konstruktion, der man keinen empirischen Sprecher zuordnen kann; deshalb bleibt die entsprechende Position in der Übersicht unbesetzt.

Der populärsprachliche Wortschatz (español vulgar)[4] wird im puristischen Wörterbuch der RAE nur beschränkt aufgenommen, auch wenn er allgemein verbreitet ist: «Expresiones malsonantes» wie *coño, cojones* fehlten bis zur 20. Auflage (1984), *gilipollas* bis zur 21. Auflage (1992).

Die Position ‚regionale Allgemeinsprache' wird im spanischen Sprachgebiet nicht durch eine eigene, dem deutschen ‚Dialekt' vergleichbare Varietät ausgefüllt. Der umgangssprachliche Wortschatz zeigt zwar regionalspezifische Züge (in Spanien meist dialektaler Herkunft), ist aber nicht dialektal gegliedert.

1.3.1. Sondersprachen

Ein sondersprachlicher Wortschatz dient gewissermaßen als Gruppenabzeichen, um sich gegen die normalsprachliche Welt abzugrenzen. Durch Literarisierung breiter bekannt geworden sind das Zigeunerspanisch (caló), die Volkssprache von Buenos Aires (lunfardo)[5] und – neuerdings – die Popsprache der Madrider Jugend (cheli).

Im Cheli bedeutet z. B. *tronco* „amigo", *basca* „grupo de troncos", *carroza* „persona mayor", *fumata* „acción de fumar". Redewendungen: *ligar bronce* „ponerse moreno", *marcárselo guapísimo* „hacerlo bien", *echarse unos pelotazos* „tomarse unas copas" (vgl. Umbral 1983).

Sondersprachen weichen nur in einem begrenzten Wortschatzbereich von der Gemeinsprache ab. Sie können aber in literarisierter Form unverständlich erscheinen, wenn sondersprachliche Elemente künstlich kumuliert werden: In diesem Sinn bezeichnete der argentinische Schriftsteller Borges das Lunfardo als «una broma literaria inventada por saineteros y por compositores de tangos» (*El informe de Brodie* 1970, *Prólogo*).

1.3.2. Fachsprachen[5a]

Fachsprachen sind wie Sondersprachen gruppenbezogen. Ihr Gegenstandsbereich ist aber nicht allgemein – man kann im Prinzip über alles im Lunfardo oder Cheli reden –, sondern auf ein Fachgebiet eingegrenzt: Recht, Landwirtschaft, Medizin, Linguistik usw. Die räumliche Geltung der Fachsprache hängt von der des Fachgebietes ab: Verwaltung und Politik sind in der Regel national geprägt, das Recht teilweise international, der bäuerliche und handwerkliche Bereich mehr regional. Die meisten Fachsprachen stammen aus Wissenschaft und Technik: Sie weisen tendenziell eine eindeutige, übereinzelsprachlich normierte Begriffsstruktur auf, bei der die jeweilige einzelsprachliche Terminologie einheitlich für das gesamte Sprachgebiet gilt.

---

[4] Vgl. das Wörterbuch León 1992; zum Sexualvokabular Cela 1968–1971.

[5] Zur soziolinguistischen Bewertung des Lunfardo vgl. Hufton 1979, zum italienischen Einfluß Golluscio de Montoya 1990; vgl. auch Gobello 1980.

[5a] Die Fachsprachenforschung ist für das Spanische wenig entwickelt (vgl. *LRL* 321 f.).

Das begrifflich normierte fachsprachliche Lexikon unterscheidet sich vom allgemeinen Lexikon einmal durch seine semantische Systematik, zum anderen durch die Dominanz substantivischer Ausdrücke, insbesondere mehrgliedriger Einheiten.

In einem sp.-dt. Glossar zur Datenverarbeitung (MARTINELL 1981) sind von insgesamt 669 Einheiten knapp 90 % substantivisch, davon mehr als die Hälfte mehrgliedrig (meist zweigliedrig). Die mehrgliedrigen Einheiten werden durch ,Komposition' oder ,lexikalisierte Konstruktion' gebildet (vgl. S. 297); die beiden Bautypen stehen im Verhältnis dt. 5:1, sp. 1:14. Bei den zweigliedrigen Einheiten überwiegt im Deutschen der Kompositionstyp Subst.-Subst. *(Fluß-diagramm)*, im Spanischen die lexikalisierte Konstruktion Subst. + *de* + Subst. *(diagrama de flujo)*, gefolgt von Subst. + Adj. *(acceso directo* „Direktzugriff").

Beispiele

entrada de datos	Dateneingabe	*ordenador de oficina*	Bürocomputer
salida de datos	Datenausgabe	*ordenador digital*	Digitalrechner
salto de líneas	Zeilenvorschub	*ordenador modal*	Knotenrechner
salto de página	Seitenvorschub	*ordenador híbrido*	Hybridrechner

Die spanischen Kompositionsbildungen haben die Struktur Subst.-Subst. *(programa objeto* „Objektprogramm"), die deutschen lexikalisierten Konstruktionen Adj. + Subst. *(höhere Programmiersprache, optischer Leser).*

1.3.3. Umgangssprache

Gegenüber den Fach- und Sondersprachen ist die Umgangssprache (habla popular) nicht nur gruppenspezifisch, sondern dient auch dem Verkehr zwischen Gruppen. Sie ist innerhalb ihres Geltungsbereiches die sozial mehr oder minder neutrale, meist mündliche Kommunikationsform aller Sprecher.

Eine gesamtspanische Umgangssprache gibt es nicht. Die umgangssprachlichen Varietäten entsprechen grosso modo nationalen Einheiten; hinzu kommt, vor allem in Spanien, eine gewisse regionale Prägung.

Beispiel: Umgangssprachliche Varianten im Spanischen

Nr.	Spanien	Karibik	Mexiko	Kolumbien Venezuela	Peru	Chile	Argentinien Uruguay
1	*gasolina*					*bencina*	*nafta*
2	*fresa*					*frutilla*[1]	
3	*aguacate*				*palta*		

[1] In Chile auch *fresa.*

Nr.	Spanien	Karibik	Mexiko	Kolumbien Venezuela	Peru	Chile	Argentinien Uruguay
4	*cacahuete*[5]		*maní*				
5	*cena*[2]			*comida*			*cena*
6	*maleta*		*velís*	*maleta*			*valija*
7	*acera*		*banqueta*	*acera*	*vereda*[3]		
8	*bandeja*		*charola*	*bandeja*	*azafate*	*bandeja*	
9	*bolígrafo*		*pluma atómica*	*bolígrafo*[4]	*lapicero*	*lápiz de pasta*	*birome*
10	*cerilla*[5]	*fósforo*	*cerillo*	*fósforo*			
11	*autobús*[5] [*urbano*]	*guagua*	*camión*	*bus*	*ómnibus*	*micro*	*colectivo* A. *ómnibus* U.
12	*ponerse de pie*	*pararse*					

[2] In Teilen der Karibik *comida*.
[3] In Peru auch *acera*.
[4] Auch *esferográfico, -a*.
[5] Kanarische Inseln: *manise, fósforo, guagua*.

Kommentar

Innerhalb des gesamtspanischen Lexikons bilden die umgangssprachlichen Varianten formal zwei Klassen:

(a) Regional verschiedene Wörter mit gleicher Bedeutung: *aguacate* ~ *palta* „Avocado", *fresa* ~ *frutilla* „Erdbeere", usw.
(b) Formal gleiche Wörter mit regional verschiedener (Teil)Bedeutung: z. B. *pararse* a-sp. „aufstehen" vs. e-sp. „stehenbleiben".

Bei (a) versteht der nichtkompetente Spanischsprecher das Wort nicht, bei (b) versteht er es falsch[6] – wie der Madrider Tourist, der in Bogotá zur *comida* eingeladen wird und mittags statt abends kommt.

In Wörterbüchern werden die a-sp. Bezeichnungsvarianten der Beispielliste als Amerikanismen *(americanismos)* gewertet. Linguistisch gesehen sind darunter lexikalische Einheiten zu verstehen, deren Wortform und/oder Wortbedeutung ausschließlich oder

---

[6] Zu den ‚falschen Freunden' im spanischen Lexikon vgl. ROSENBLAT 1965, 5–22.

dominant in Spanischamerika sozial verbreitet vorkommt[7]. Daß umgekehrt lexikalische Einheiten, die nur im europäischen Spanisch auftreten, nicht als *peninsularismos* markiert werden, ist auf eine eurozentrische Sicht der Lexikographie zurückzuführen, die implizit die e-sp. Bezeichnungsvariante als Standardform ansetzt. Tatsächlich weist aber der hochsprachliche Wortschatz im Spanischen Lücken auf, die mit jeweils regionalen Varianten gefüllt werden – ein gesamtspanisches Standardwort für ‚Koffer‘, ‚Stadtbus‘, ‚Gehsteig‘, usw. gibt es nicht.

Das Deutsche kennt wie das Spanische keine einheitliche Umgangssprache. Über umgangssprachlichen Varianten wie *Junge ~ Bub, Brötchen ~ Semmel, Streichholz ~ Zündholz, Rotkohl ~ Rotkraut ~ Blaukraut*[8] gibt es keine hochsprachliche Standardform. Die umgangssprachliche Variation beruht im Deutschen in der Regel auf der jeweiligen dialektalen Basis, im spanischen Sprachraum hingegen handelt es sich meistens um eine Differenzierung der gemeinsamen Ausgangssprache.

1.3.4. Hochsprache

Die Hoch- oder Standardsprache (habla culta) ist im spanischen wie im deutschen Sprachraum relativ einheitlich; im informellen, meist mündlichen Gebrauch (habla culta informal) können regionale Züge hervortreten. Neben der allgemeinen Hochsprache (español culto normativo) gibt es in Spanischamerika nationale hochsprachliche Varietäten wie español cubano, español chileno, usw.; sie werden vornehmlich mündlich verwendet, sind aber deutlich von der jeweiligen nationalen umgangssprachlichen Varietät unterschieden.

Beispiele für den Gebrauch der habla culta nacional geben die im Rahmen des 1968 begonnenen *Proyecto de estudio coordinado de la norma lingüística culta de las principales ciudades de Iberoamérica y de la Península Ibérica*[9] bisher veröffentlichten Tonbandaufnahmen in folgenden Städten: México, Santiago de Chile, Caracas, Bogotá, Buenos Aires sowie – kontrastiv – Madrid und Sevilla. (Knappe Charakterisierung dieser Korpora bei KOCH/OESTERREICHER 1990, 43–49).

Der Abstand zwischen Hoch- und Umgangssprache ist im amerikanischen Spanisch wesentlich größer als im europäischen Spanisch. Die Hochsprache liegt hier nicht einfach eine Stilstufe über der Umgangssprache, sondern auf einer ganz anderen Kommunikationsebene:

El hombre culto [hispanoamericano] ... tiene clara consciencia de que él es, idiomaticamente, un ser híbrido: tiene una expresión propia, íntima, familiar – la de la infancia, la del amor, la de

---

[7] Zum Begriff ‚Amerikanismus‘ vgl. GÚTEMBERG BOHÓRQUEZ 1984; zur Lexikographie HAENSCH 1986 und 1990, STEEL 1990 (Differenzwörterbuch); lexikostatistische Untersuchung bei SALA et al. 1982.

[8] Vgl. EICHHOFF 1977–1978, Karten 1, 59, 75, 93.

[9] Projektbeschreibung in *Cuestionario* 1971–1973, I, *Prólogo*; Dokumentation LOPE BLANCH 1986

la amistad – que es distinta ... de la expresión pública – del aula, del tratamiento ceremonioso, de la escritura, del periódico. (RAMA 1972, 39)

Für den spanischamerikanischen Schriftsteller stellt sich das Problem, in welchem Umfang er die regionale Umgangssprache berücksichtigen soll und kann, wenn er sich an ein überregionales Publikum wendet. Überspitzt lautet die Alternative: «¿Utilizar un ajeno lenguaje académico o utilizar una jerga popular provinciana?» (RAMA 40). Eine weitere Schwierigkeit liegt darin, daß das hochsprachliche Lexikon eurozentrisch ausgerichtet ist und die Realia der Neuen Welt kaum erfaßt. Der cubanische Schriftsteller Alejo Carpentier veranschaulicht dies mit folgendem Beispiel:

La palabra *pino* basta para *mostrarnos el pino,* la palabra *palmera* basta para definir, pintar, mostrar la palmera. Pero la palabra *ceiba* – nombre de un árbol americano al que los negros cubanos llaman «la madre de los árboles» – no basta para que las gentes de otras latitudes vean el aspecto de ... ese árbol gigantesco. (LOVELUCK 1969, 158)

Faktisch bestimmt die hochsprachliche Norm des europäischen Spanisch erheblich das Sprachbewußtsein der Gebildeten der gesamten spanischsprachigen Welt: «el español de España es de todos» (COSERIU 1990, 74). Das hat weniger geschichtliche Gründe – das amerikanische Spanisch könnte sich ebenso wie das brasilianische Portugiesisch von der Sprachnorm des Mutterlandes emanzipieren – als praktische: Spanien ist die zentrale Schalt- und Verteilerstelle des spanischsprachigen Kommunikationsnetzes. Hierzu drei Indikatoren:

○ Spanien dominiert in der spanischsprachigen Buchproduktion (siehe Tab. 22). Die Zentren der spanischsprachigen Buchproduktion sind Madrid, Barcelona, México und Buenos Aires, das Hauptzentrum liegt in Spanien. Über den Buchexport – die Aussage «Le livre espagnol joue en Argentine un rôle prépondérant» (LAGARDE 1979, 60) gilt entsprechend für alle spanischamerikanischen Länder – wird die Kenntnis der schriftsprachlichen Norm des europäischen Spanisch allgemein verbreitet.

○ Die spanischamerikanische Bildungsschicht kennt durch Studium, Reisen, u. ä. in der Regel Spanien aus eigener Anschauung, weniger die eigenen amerikanischen Nachbarn. Hingegen ist die ‚Amerikareise' des gebildeten Spaniers selten. Das europäische Spanisch ist somit eine Art gemeinsamer kommunikativer Nenner der spanischsprachigen Welt.

Die international bekannten spanischamerikanischen Schriftsteller leben überwiegend in Europa (häufig in Paris) im freiwilligen oder erzwungenen Exil; ihre Werke werden meist in Spanien verlegt. Der Argentinier Julio Cortázar faßt diesen Sachverhalt folgendermaßen zusammen: «Fait réel et thème littéraire, l'exil domine actuellement la scène de la littérature latinoaméricaine» (LEENHARDT 1980, 129); vgl. auch KOHUT 1983.

○ Im nicht spanischsprachigen Ausland vertritt der spanische Staat das hispanische Erbe, einschließlich der Sprache; 1992 wurde hierzu mit der Gründung des Instituto Cervantes eine eigene kulturpolitische Institution geschaffen.

Staat	Jahr[1]	Neuerscheinungen[2] (Anzahl der Titel)	%
Spanien[3]	1989	29 050	62,5
Argentinien	1987	4 836	10,4
Bolivien	1988	447	0,9
Chile	1989	2 350	5,0
Cuba	1989	2 040	4,7
Kolumbien	1989	1 471	3,2
Mexiko	1989	3 490	7,5
Peru	1988	472	1,0
Uruguay	1989	801	1,7
Venezuela	1987	1 202	2,6
Sonstige	1987 ff.	254	0,5
Summe	(Jahresmittel)	46 413[4]	100,0

Tab. 22: Spanischsprachige Buchproduktion in den 80er Jahren (Daten nach UNESCO, *Statistical Yearbook* 1991, Tab. 7.2 und 7.4)

[1] Jeweils letztes Berichtsjahr.
[2] Ein ‚Buch' ist laut UNESCO-Definition eine «mindestens 49-seitige Veröffentlichung, die nicht periodisch erscheint und öffentlich zum Kauf angeboten wird».
[3] Außerdem: Katalanisch: 4655 Titel, Baskisch: 624, Galicisch: 457.
[4] Zum Vergleich: Die deutschsprachige Buchproduktion – nach der englischsprachigen die zweitgrößte der Welt – betrug 1989 knapp 90 000 Titel, die französischsprachige rund 40 000.

2. Die Wortbildung

Die Wortbildung ist sozusagen die Grammatik des Lexikons. Man versteht darunter das Regelsystem, mit dem der Sprecher aus vorhandenen Sprachzeichen neue lexikalische Einheiten bilden kann.

Die Wortbildungskapazität ist unbegrenzt. Nur wenige der individuellen Wortschöpfungen werden aber von der Sprachgemeinschaft übernommen, die meisten bleiben Gelegenheitsbildungen, deren kommunikative Reichweite über das Hier und Jetzt einer Sprechsituation nicht hinausreicht.

Im Werk Celas kommen u. a. folgende, im Kontext voll verständliche ‚Eintagswörter' vor (SUÁREZ SOLÍS 1964, 473 ff.):

El momento del **retroturismo**, del viaje de vuelta
La **sapientización** es todo lo contrario de la vulgarización
Centenaristas: los que organizan y festejan centenarios
Los hombres somos algo inconstantes, . . . algo **cambiachaquetas**

Die Bedeutung einer Wortneubildung läßt sich in gewissem Umfang aus der Bedeutung ihrer Konstituenten ableiten – ansonsten wäre das neue Wort unverständlich. Die semantische Motivation in Wörtern wie *ahistórico* „unhistorisch", *veintitrés* „dreiundzwanzig" ist durchsichtig, in *quitasol* „Sonnenschirm", *altavoz* „Lautsprecher" teildurchsichtig. Im Laufe der Sprachentwicklung geht die Motivation aber häufig zurück, und ursprünglich motivierte Bildungen werden für den heutigen Sprecher undurchsichtig: *quehacer < que hacer* „Obliegenheit", *porvenir < por venir* „Zukunft", *nochebuena* „Heiligabend".

Das Deutsche und Spanische kennen zwei Wortbildungsverfahren, Komposition und Derivation. Bei der Komposition werden mehrere Wörter zu einer Einheit verbunden *(cambia + chaquetas)*, beim Haupttyp der Derivation wird ein Grundwort durch Wortbildungsmorpheme modifiziert *(centenar-ista, retro-turismo)*.

2.1. Komposition

Die Komposition wird im Spanischen im Vergleich zum Deutschen nur wenig zur Wortbildung genutzt. Kompensiert wird dieses Defizit durch lexikalisierte Konstruktionen, insbesondere den Typ Subst. + Präp. + Subst. *(libro de bolsillo* „Taschenbuch"). Lexikalisierte Konstruktionen nehmen eine Mittelstellung zwischen Komposition und freier Wortgruppe ein, mit folgender Abgrenzungstendenz:

○ Gegenüber der freien Wortgruppe bilden sie – wie die Komposition – eine nicht trennbare morphosemantische Einheit.

Die Nominalgruppe Subst. + *de* + Subst. ist als lexikalisierte Konstruktion durch andere Wörter nur global modifizierbar: *un libro de bolsillo extraordinario* bedeutet „ein außergewöhnliches Taschenbuch" nicht *„ein Buch außergewöhnlicher Tasche". In die lexikalisierte Konstruktion kann kein weiteres Wort eingeschoben werden: **un libro extraordinario de bolsillo.* Hingegen sind in der freien Wortgruppe, z. B. *libro de Pablo*, die Konstituenten trennbar und getrennt modifizierbar: *el libro de mi amigo Pablo, el libro extraordinario de mi amigo Pablo.*

○ Die lexikalisierte Konstruktion besteht – wie die freie Wortgruppe – aus phonetisch selbständigen Hauptkonstituenten in syntaktisch wohlgeformter Anordnung. Komposita hingegen bilden eine asyntaktische Wortkombination und/oder eine phonetische Einheit.

Libro de bolsillo hat zwei Wortakzente (XxxxXx), das Kompositum *bienvenida* nur einen (xxXx). *Hombre rana* (XxXx) bildet zwar phonetisch kein Wort, die Abfolge Subst.-Subst. ist aber keine syntaktisch zulässige Wortfolge.

Die Morphosemantik mehrgliedriger Einheiten (Komposita, lexikalisierte Konstruktionen) – wie sie vor allem in Fachsprachen vorkommen (vgl. 292) – ist im Deutschen und Spanischen in zweierlei Hinsicht strukturverschieden:

○ Das Deutsche bevorzugt die Komposition, das Spanische die lexikalisierte Konstruktion.

○ Im Deutschen sind mehrgliedrige Einheiten in der Regel prädeterminiert, im Spanischen postdeterminiert.

Beispiel

—▶ prädeterminiert	◀— postdeterminiert
Diagramm	*diagrama*
Fluß —▶ *diagramm*	*diagrama* ◀— *de flujo*
Daten —▶ *fluß* —▶ *diagramm*	*diagrama* ◀— *de flujo* ◀— *de datos*

Formal kann man nach der Art der Wortklassenkombination rund 20 Kompositionstypen im spanischen Wortschatz unterscheiden (Übersicht S. 299).
Die Mehrzahl der Kompositionstypen ist unproduktiv und umfaßt nur wenige, häufig undurchsichtige Wörter. Die produktiven, also erweiterungsfähigen Verfahren unterliegen mit Ausnahme der Substantivkomposition starken morphosemantischen Einschränkungen.

a) Substantivkomposition[10]

Semantisch drückt dieser Kompositionstyp vielfältige Determinationsbeziehungen aus, mitunter auch einen Koordinationsbezug (*noroeste* „Nordwesten"). Die Konstituenten bilden nur in wenigen Fällen graphophonetisch ein Wort:

bocacalle	Straßeneinmündung	*norteamericano*	Nordamerikaner
fotocopia	Fotokopie	*coliflor*	Blumenkohl

---

[10] Zur Substantiv-, attributiven und Verb-Objekt-Komposition vgl. BUSTOS GISBERT 1986 (grundlegend).

Übersicht: Zweigliedrige Kompositionstypen im Spanischen (vgl. FERGUSON 1976).

		Zweitkonstituent				
		Substantiv	Adjektiv	Verb	Adverb	Pronomen Zahlwort
Erstkonstituent	Substantiv	*bocacalle*	*nochebuena*	*maniatar*[1]	*bocabajo*[2]	–
	Adjektiv	*altavoz*	*sordomudo*	–	–	–
	Verb	*parabrisas*	–	*ganapierde*[3]	*cortafrío*[4]–	*pésame*
	Adverb	*bienvenida*	*malsonante*	*maldecir*	–	–
	Pronomen Zahlwort	*ciempiés*[5]	*todopoderoso*	*quehacer*	–	*veintitrés*
	Präposition	*contraluz*	*sobrenatural*	*traspasar*	*anteayer*	*porque*
	Konjunktion	–	–	*siquiera*	–	–

[1] Hände binden   [2] bäuchlings   [3] Bettel (Kartenspiel)   [4] Kaltmeißel   [5] Tausendfüßler

In einigen Fällen sind die Konstituenten des Kompositums selbst Komposita: *limpia + parabrisas* „Scheibenwischer".

Meist handelt es sich um eine asyndetische Substantivverbindung, die morphosemantisch, aber nicht phonetisch eine lexikalische Einheit bildet: *hombre rana, hombre masa* „Massenmensch", usw. Dieser Typ ist vor allem im schrift- und fachsprachlichen Bereich produktiv.

b) Attributive Komposition

Die Produktivität der Typen Adj.-Subst., Subst.-Adj., Adj.-Adj. ist auf wenige, meist allomorphische Erstkonstituenten auf -*i* beschränkt, insbesondere Wertungsausdrücke, Farbwörter, Körperteil- und Nationalitätsbezeichnungen.

buenaventura	Glück [wahrsagen]	*ojinegro*	schwarzäugig
maltrato	Mißhandlung	*patiabierto*	breitbeinig
medianoche	Mitternacht	*pelirrojo*	rothaarig
barbicano	weißbärtig	*pelicorto*	kurzhaarig
boquiancho	breitmundig	*verdinegro*	schwarzgrün
cariblanco	weißgesichtig	*hispano-alemán*	spanisch-deutsch

c) Verb-Objekt-Komposition

In Wörterbüchern wird dieser Kompositionstyp am häufigsten berücksichtigt; LLOYD 1968 ermittelte insgesamt 1674 Belege im gesamtspanischen Lexikon. Produktiv sind aber nur wenige Erstkonstituenten. Fast die Hälfte der Komposita in Lloyds Liste wird mit folgenden 16 Verbkonstituenten gebildet:

guardabarrera	Schrankenwärter	*tiralíneas*	Reißfeder
matafuego	Feuerlöscher	*rompehielos*	Eisbrecher
portaviones	Flugzeugträger	*quitasol*	Sonnenschirm
sacacorchos	Korkenzieher	*tapacubos*	Radkappe
picapleitos	Winkeladvokat	*tragaleguas*	Kilometerfresser
pasatiempo	Zeitvertreib	*chupatinta(s)*	Tintenkleckser
cortalápices	Bleistiftspitzer	*limpiabotas*	Schuhputzer
saltamontes	Heuschrecke	*cubrecadena*	Kettenschutz

Morphologisch steht die Verbkomponente im Imperativ Sg. bzw. Präsens Ind. (3. Pers.)[11], die Substantivkomponente – ohne feste Regel – im Singular oder Plural. Das Genus des Kompositums ist in der Regel maskulin, auch bei femininer Substantivkomponente: *el cubrecadena, el tiralíneas*; soweit es das natürliche Geschlecht bezeichnet, maskulin oder feminin: *el guardabarrera* vs. *la guardabarrera*.

d) Präpositionalkomposition

Der Kompositionstyp ist mit wenigen, meist zweisilbigen Präpositionen und deren latinisierenden Varianten produktiv:

Übersicht

Präposition +	Substantiv	Adjektiv	Verb
ante	*antepasado*	*antehistórico*	*antedatar*
contra	*contraluz*	*contrahecho*	*contradecir*
entre, inter-	*entreacto*	*interamericano*	*entremediar*
sobre, super-	*sobrecarga*	*superfino*	*sobrecargar*
tras, trans-	*trasfondo*	*transnacional*	*traspasar*

Die Präpositionalkomposition liegt im Zwischenbereich von Komposition und Derivation. Einerseits wird die Präpositionalkomponente als selbständiges Wort gewertet, andererseits als Präfix.

---

[11] Historisch gesehen handelt es sich um eine Imperativform; zur Diskussion vgl. LLOYD 1968, 3–11.

2.2. Derivation

2.2.1. Derivationsverfahren

Die Wortbildung durch Derivation ist im Spanischen produktiv. Man kann drei Derivationsverfahren unterscheiden: Affigierung, Nullableitung und Kürzung.

○ Bei der Affigierung kombiniert das Grundwort mit einem vor- oder nachgestellten Wortbildungsmorphem (Präfix bzw. Suffix), mitunter auch einer eingeschobenen Einheit (Infix: *Carlos* —► *Carl-it-os*).

Übersicht

Präfix		Grundwort	Suffix	—►	Ableitungswort	
des	+	*igual*		—►	*desigual*	ungleich
		igual	+ *dad*	—►	*igualdad*	Gleichheit
des	+	*igual*	+ *dad*	—►	*desigualdad*	Ungleichheit

○ Bei der Nullableitung (Konversion) wird das Grundwort nicht oder nur im Wortklassenmorphem verändert:

deb-er	—► *(el) deber*	*viaj-ar*	—► *(el) viaj-e*	*igual*	—► *igual-ar*
luch-ar	—► *(la) luch-a*	*dese-ar*	—► *(el) dese-o*	*cohesión*	—► *cohesion-ar*

Als Grundwort wird die historisch ältere Form angesetzt; synchronisch läßt sich die Ableitungsrichtung meist nicht bestimmen.

○ Die Kürzungsverfahren (vgl. STEINHÄUSL 1984) reduzieren das Grundwort um phonetische und/oder graphische Einheiten:

Abkürzung	*peseta*	—► *pta.*
Wortkürzung	*bicicleta, autobus*	—► *bici, bus*
Siglenbildung	*AVE* [aβe]	—► (tren de) *Alta Velocidad Español*
Wortkreuzung	*snob* X *nobleza*	—► *snobleza*

Abkürzungen[11a] kommen in der Regel nur geschrieben vor, nicht gesprochen; Wortkreuzungen sind meist Gelegenheitsbildungen. Siglen werden entweder buchstabenweise ausgesprochen oder silbisch:

PP [pe-pe]   *Partido Popular* „Volkspartei"
OTAN [otan]   *Organización del Tratado del Atlántico Norte* „Nato"

[11a] Zum Inventar vgl. ALVAR EZQUERRA/MIRÓ DOMÍNGUEZ 1983.

Die Buchstabierlautung wird im Spanischen häufig graphisiert, insbesondere als Grundform für Derivationen[12]:

penene   <   *PNN*   <   *Profesor No Numerario*   Professor auf Zeit
peneuvista <   *PNV-ista* <   *Partido Nacionalista Vasco*   PNV-ler

Das häufigste Derivationsverfahren ist die Affigierung. Die spanischen Affixe bilden zwei
Distributionsklassen, Präfixe und Suffixe.

Als Grundwort der Affigierung kommen im allgemeinen nur Substantiv, Adjektiv und
Verb in Frage, als Ableitungswort diese drei Wortklassen und die Adverbien auf *-mente*.

Übersicht: Wortklasse von Grund- und Ableitungswort bei der Affixderivation

	A b l e i t u n g s w o r t		
G r u n d w o r t	Substantiv	Adjektiv	Verb
Substantiv *alcohol*	*alcohol-ismo*	*alcohól-ic-o*	*alcohol-iz-ar*
Adjektiv *pur-o*	*pur-eza*	*im-pur-o*	*pur-ific-ar*
Verb *vend-er*	*vend-edor*	*vend-ible*	*re-vend-er*

In einigen Fällen bildet ein Adverb oder eine Präposition die Grundeinheit: *lej-os* ⟶ *lej-ano*,
tras ⟶ *re-tras-ar*.

Die Präfigierung bewahrt die Wortklasse des Grundwortes, die Suffigierung kann sie
verändern.

Beim Sonderfall der ‚Doppelderivation‘ bzw. ‚parasynthetischer Bildung‘ verändert sich auch die
Wortklasse der präfigierten Einheit. In *horc-a* ⟶ *a-horc-ar* „erhängen“, *clar-o* ⟶ *a-clar-ar*
„erhellen“ liegt gleichzeitig Präfigierung und Nullableitung vor; denn ein Verb **horc-ar* bzw.
*clar-ar gibt es nicht.

Die Zahl der spanischen Affixe läßt sich nur annähernd angeben. Die Zählung hängt
davon ab, ob unproduktive Einheiten (*-umbre*, *-ueño*, usw.) und graecolateinische
Elemente vom Typ *gastro-*, *tele-*, *-teca* einbezogen werden, und in welcher Weise allomorphische Formen zu Morphemen zusammengefaßt werden. ALVAREZ GARCÍA 1979
kommt auf 90 Präfixe und 170 Suffixe.

2.2.2. Präfigierung

Das spanische Präfixinventar kann man formal und semantisch gliedern.

---

[12] Vgl. CASADO VELARDE 1979.

2.2.2.1. Formale Klassifikation

Nach der Wortklasse des Ableitungswortes bestehen im wesentlichen zwei Formgruppen:

○ Verbo-nominale Präfixe

Präfix	Substantiv	Adjektiv	Verb
des-, dis-	*dis-tensión*	*des-honesto*	*des-atar*
in-, im-, ir-, i-	*in-sinceridad*	*ir-real*	*in-cumplir*
pre-	*pre-guerra*	*pre-clásico*	*pre-sentir*
pos-, post-	*pos-guerra*	*post-graduado*	*pos-poner*
tri-	*tri-centenario*	*tri-silábico*	*tri-partir*
...			

○ Nominale Präfixe

Präfix	Substantiv	Adjektiv
archi-, arc-, arz-	*arc-ángel*	*archi-famoso*
hiper-	*hiper-función*	*hiper-sensible*
infra-	*infra-estructura*	*infra-humano*
omni-, pan-	*omni-presencia*	*pan-americano*
para-	*para-psicología*	*para-militar*
...		

Es handelt sich hier um Verteilungstendenzen, der Übergang zur Verbalpräfigierung ist im Prinzip möglich.

Einige, unproduktive Präfixe kombinieren nur mit einer Wortklasse: *reta-guardia* „Nachhut", *obtener* „erhalten", usw.

2.2.2.2. Inhaltliche Klassifikation

Die Bedeutung eines Präfixes ist entweder lexematisch oder kategorial.

a) Lexematische Präfixe

Lexematische Präfixe (Präfixoide) sind zu Derivationsmorphemen adaptierte graecolateinische Lexeme mit der Bedeutung eines Vollwortes:

auto-	selbst-	*helio-*	Sonnen-	*paleo-*	alt-
gastro-	Magen-	*hidro-*	Wasser-	*(p)sico-*	Seelen-
geo-	Erd-	*neo-*	neu-	*tele-*	fern-
...					

Die Liste der Präfixoide ist erweiterungsfähig. In der Regel handelt es sich um Internationalismen, die bedeutungs- und mehr oder minder formkonstant in zahlreichen Sprachen vorkommen, insbesondere als Element fachsprachlicher Terminologie. Im Unterschied zum Deutschen kennt das Spanische im allgemeinen keine erbwörtlichen Entsprechungen dieser Präfixoide:

auto-determinación	Selbst-bestimmung
tele-comunicación	Fern-kommunikation, Tele-kommunikation
hidro-avión	Wasser-flugzeug

b) Kategoriale Präfixe

Die kategorialen Präfixe modifizieren das Grundwort in einer abstrakten Bedeutungsdimension, vergleichbar der semantischen Funktion grammatischer Wörter und Kategorien. Das Bedeutungsnetz der kategorialen Präfixe läßt sich folgendermaßen zusammenfassen:

Übersicht: Kategorialer Bedeutungsbereich der spanischen Präfixe[1]

Kategorie	Präfixe			
Quantität	*mono- bi-, di- tri- . . .*	*multi-, pluri-, poli-*		*omni-, pan-*
Dimension	*mini-, micro-*	*maxi-, macro-*	*mega*	
Parteinahme	*pro- anti-, contra-*			
Graduierung	*sub-, hipo-, infra-*	*super-, ultra-, hiper-, sobre-*	*arc-*	*vice-*
Logische Relationen	Gleichheit *equi-*	Ähnlichkeit *para-*	Negation, Privation *des-, in-, a-*	Konkomitanz *con-, co-*
Raum-Zeit	*ante-, pre- pos- ex-*	*inter-, entre- en-*	*tras-, trans- . . .*	
Richtung	*a- de- retro- re-*			

[1] Einschließlich präpositionaler Präfixe. Ohne allmorphische Varianten; sonstige Varianten durch Komma abgetrennt.

Zahlreiche Präfixbildungen sind lexikalisiert: In

a-plicar	*de-claración*	*en-contrar*	*in-ducir*
ex-plicar	*con-ducir*	*re-cibir*	*per-cibir*

hat das frühere Präfix keine Derivationsfunktion mehr, man kann also morphosemantisch nicht *a-plicar, de-claración,* usw. segmentieren; das erste Element ist integrierter Bestandteil des Wortlexems und bildet morphologisch keine eigene Einheit.

2.2.3. Suffigierung[13]

Die Suffixderivation ist im Spanischen stark lexikalisiert, das heißt, sie muß fallweise erlernt werden. Die Frage: Welche semantische Funktion wird durch welches Suffix ausgedrückt? ist nur in einem Fall eindeutig zu beantworten, nämlich beim Adverbialsuffix *-mente* (vgl. S. 249). Ansonsten sind Form und Funktion nicht eindeutig zugeordnet: Einerseits wird die gleiche semantische Funktion durch mehrere Suffixe ausgedrückt (Polymorphie), andererseits kann eine Suffixform mehrere semantische Funktionen haben (Homonymie).

a) Polymorphie

Die Formenvielfalt des spanischen Suffixregisters sei an drei Beispielen gezeigt.

○ Adjektivabstrakta können mit 16 Formen abgeleitet werden:

altiv-ez	Hochmut	*just-icia*	Gerechtigkeit	*nervios-ismo*	Nervosität
bob-ería	Dummheit	*leal-tad*	Treue	*pur-eza*	Reinheit
celib-ato	Zölibat	*mans-edumbre*	Sanftmut	*quiet-ud*	Ruhe
caut-ela	Vorsicht	*libertin-aje*	Libertinage	*verd-or*	Grün
cortes-ía	Höflichkeit	*sincer-idad*	Aufrichtigkeit	*hermos-ura*	Schönheit
lent-itud	Langsamkeit				

○ Die Bedeutung „-farbartig" wird im Deutschen durch ein einziges Suffix ausgedrückt, im Spanischen durch acht:

amarill-ento	gelblich	*gris-áceo*	gräulich
azul-ado	bläulich	*negr-uzco*	schwärzlich
blanqu-iz(c)o	weißlich	*roj-izo*	rötlich
blanqu-ec-ino		*verd-oso*	grünlich

○ Am ausgeprägtesten ist die Polymorphie bei den Bewohnernamen (Ethnica):

cordob-és	*españ-ol*	*madri-leño*	*marroqu-í*
chil-eno	*granad-ino*	*malagu-eño*	*nicaragü-ense*
ecuator-iano	*guatemal-teco*	*manch-ego*	*sevill-ano*

---

[13] Zusammenfassende Darstellung bei PILLEUX 1979; zum Suffixinventar vgl. DE BRUYNE 1975, LÜDTKE 1978, 258–436 (Substantivierungssuffixe), MORENO DE ALBA 1986 (häufigkeitsstatistische Auswertung).
Zur Notation: Das Suffix wird einschließlich des Flexionselementes vom Grundwort abgetrennt *(verd-oso)*, es sei denn, die Flexionsvariabilität wird hervorgehoben *(verd-os-o)*.

b) Homonymie

Mehrere semantische Funktionen haben u.a. *-aco, -azo,* (bei Betonungsunterschied) *-ico.*

Übersicht

Suffix	Bedeutungsfunktion	Beispiel		
-aco	Adjektivierung	*polici-**ac-o***	<	*policí-a*	polizeilich
	Pejorativ	*libr-**aco***	<	*libr-o*	Schwarte
-azo	Instrumental	*martill-**azo***	<	*martill-o*	Hammerschlag
	Augmentativ	*hombr-**azo***	<	*hombr-e*	großer Kerl
-ico	Adjektivierung	*prosa-**ic-o***	<	*prosa*	prosaisch
	Diminutiv	*perr-**ico***	<	*perr-o*	Hündchen

c) Alternanten

Wegen seiner Polymorphie und Homonymie ist das spanische Suffixsystem sehr unregelmäßig. Die Suffigierung als morphologischer Prozeß ist ebenfalls von Unregelmäßigkeit geprägt, weil sie in vielen Fällen auf einer Lexemalternante des Grundwortes beruht.

Beispiele

agua	–	**acuá**-*t-ico*	**fiest**-*a*	–	**fest**-*ivo*
origen	–	**origin**-*al*	**nad**-*ar*	–	**nat**-*ación*
piedr-*a*	–	**petr**-*ificar*	**selv**-*a*	–	**silv**-*estre*

Die Alternanten des Grundwortes gehen hier auf eine erb- und lehnwörtliche Form zurück: z. B. wird *acuá-t-ico, origin-al* nicht von *agua, origen* abgeleitet, sondern geht auf lat. *aqua-t-icus* bzw. *origin-alis* zurück.

d) Interfix

Die suffigierte Form hat normalerweise folgende morphologische Bauformel:

Lexem(e) + Suffix(e) + Flexionsmorphem(e)

Das Suffix steht zwischen Lexem- und Flexionsteil des derivierten Wortes: *martill-az-o-s, pur-ific-a-n*[14]. Relativ häufig wird zwischen Lexem und Suffix eine morphophonologische Einheit, das ‚Interfix'[15], eingeschoben.

---

[14] Vgl. hierzu den Regelapparat bei PILLEUX 1979, 43–81.

[15] Zur morphologischen Bewertung des Interfix MARTÍNEZ CELDRÁN 1978, PORTOLÉS LÁZARO 1988 und RAINER 1993, 152–170. Das Interfix kann auch (selten) zwischen Präfix und Lexem stehen: *anch-o* ⟶ *en-s-anchar* „erweitern".

Beispiel

Suffixderivation			Interfix + Suffixderivation		
sill-a →	*sill-ica*	Stühlchen	*flor* →	*flor-**ec**-ica*	Blümchen
árbol →	*arbol-eda*	Baumgruppe	*polv-o* →	*polv-**ar**-eda*	Staubwolke
viaj-e →	*viaj-ero*	Reisender	*call-e* →	*call-**ej**-ero*	Gassen-
punt-o →	*punt-ito*	Pünktchen	*pastor* →	*pastor-**c**-ito*	Hirtenbub

Das Interfix ist mitunter fakultativ (*jardin-c-illo* ~ *jardin-illo* „Gärtlein"), meist aber obligatorisch; semantisch hat es – im Unterschied zum Infix (*Carl-**it**-os* „Karlchen") – keine Funktion.

2.2.3.1. Formale Klassifikation

Formal werden die Suffixe nach der Wortklasse des Grund- und/oder Ableitungswortes eingeteilt. Eine ableitungsbezogene Klassifikation ergibt zwei Hauptgruppen, Verbal- und Nominalsuffixe.

a) Verbalsuffixe

Das Spanische kennt fünf Verbalsuffixe: *-ear, -ecer, -ificar* bzw. *-iguar* (selten), *-itar, -izar*.

parpad-ear	blinzeln	*amort-iguar*	abschwächen
flor-ecer	(er)blühen	*habil-itar*	befähigen
clas-ificar	klassifizieren	*armon-izar*	harmonisieren

Am produktivsten – rund 90 % der suffigierten Verbneubildungen in der Pressesprache (NORD 1983, 26) – ist *-izar*. Mit *-izar* werden Verben des Bewirkens (Faktitiva) gebildet, mit *-ear* Verben, die einen wiederholten Vorgang ausdrücken (Iterativa):

problemát-ico →	*problemat-izar*	problematisieren
catalán →	*catalan-izar*	katalanisieren
hoj-a →	*hoj-ear*	blättern
cabez-a →	*cabec-ear*	(den Kopf) schütteln

Von den übrigen Verbalsuffixen kommt *-itar* nur in wenigen Fällen vor. Die heutige Produktivität der relativ häufigen Suffigierungen auf *-ecer* und *-ificar* ist Null bzw. gering[16]; *-ificar* hat eine faktitive Bedeutung, *-ecer* eine anfangsstadiale:

a-noch-ecer	Nacht werden	*rect-ificar*	berichtigen
en-mud-ecer	verstummen	*viv-ificar*	beleben

---

[16] Vgl. PENA 1980, 55 bzw. 84.

b) Nominalsuffixe

Die Masse der Suffixe bildet Adjektive, Substantive oder beide Wortklassen (*trabaj-ador* „Arbeiter", „arbeitsam"); letztere Gruppe wird hier unter den Substantivierungssuffixen aufgelistet.

Übersicht: Adjektivierungssuffixe

Suffix	Grundwort		Ableitungswort
-able, -ible	*despreci-ar*	→	*despreci-able*	verachtenswert
	com-er	→	*com-(est)-ible*	eßbar
-áce-o	*cact-o*	→	*cact-áce-o*	kakteenartig
-ac-o	*policí-a*	→	*polici-ac-o*	polizeilich
-al	*músic-a*	→	*music-al*	musikalisch
-áne-o	*moment-o*	→	*moment-áne-o*	augenblicklich
-ante, -(i)ente	*humill-ar*	→	*humill-ante*	erniedrigend
	ard-er	→	*ard-iente*	brennend
	diverg-ir	→	*diverg-ente*	abweichend
-ic-o	*teléfon-o*	→	*telefón-ic-o*	telefonisch
-ífic-o	*honor-∅*	→	*honor-ífic-o*	ehrenwert
-(at)iv-o	*afirm-ar*	→	*afirm-ativ-o*	bejahend
	instint-o	→	*instint-iv-o*	instinktiv
-iz-o[1]	*fronter-a*	→	*fronter-iz-o*	angrenzend
-os-o	*mied-o*	→	*mied-os-o*	furchtsam

[1] Heute unproduktiv

Die Liste ist nicht vollständig. Am produktivsten sind die deverbalen Suffixe *-able* und *-ante* sowie die denominalen Suffixe *-ico*, *-al*, *-oso*.

Unter den rund 2500 Substantiven des *FDSW* sind 1125 suffigiert. Nach KVAVICK 1969 enthält dieses Inventar insgesamt 160 Suffixformen, die sich zu 94 Suffixmorphemen zusammenfassen lassen. Die zwölf häufigsten Suffixe decken 68,5 % des suffigierten Wortschatzes ab (Tab. 23).

Das häufigste Suffix ist auch das produktivste: *-ción*. Der Funktionsbereich von *-ción* deckt sich im Sprachsystem mit dem von *-miento*, nicht aber in der Gebrauchsnorm. Beide Suffixe bilden Verbalabstrakta, *-ción* hauptsächlich auf lehnwörtlicher Basis, insbesondere mit Verben auf *-ificar* und *-izar*, *-miento* hingegen mit erbwörtlicher Grundeinheit:

democrat-iz-ar	→	*democratiz-ación*	**democratiz-amiento*
pac-ific-ar	→	*pacific-ación*	**pacific-amiento*
flor-ec-er	→	*florec-imiento*	**flore-ción*
llam-ar	→	*llam-amiento*	**llam-ación*

Es handelt sich hier um Gebrauchstendenzen, die Derivationsdubletten nicht ausschließen: *encarcel-**amiento*** ~ *encarcel-**ación*** „Einkerkerung", *lav-**amiento*** ~ *lav-**ación*** „Waschung", usw.

Rang	Anteil	Suffix	Beispiele
1	22 %	*-(a)ción, -ición*	*afirm-ación, traduc-ción, defin-ición*
2	10 %	*-idad, -edad*	*activ-idad, brev-edad*
		-(d)ad, -tad	*cruel-dad, humild-ad, leal-tad*
3[1]	7 %	*-ia, -io*	*modest-ia, delir-io*
4	5 %	*-ado, -ada*	*cuid-ado, entr-ada*
		-ido, -ida	*vest-ido, com-ida*
		-ad-o	*emple-ado, emple-ada*
5	4 %	*-ador, -edor*	*trabaj-ador, vend-edor*
		-idor, -(t)or	*serv-idor, invent-or*
6	3,5 %	*-(i)encia, -anza*[1]	*cre-encia, apar-iencia, mat-anza*
		-ancia, -ancio[1]	*abund-ancia, cans-ancio*
7	3,5 %	*-ía*	*alegr-ía, filosof-ía*
8	3 %	*-er-o*	*obr-ero, obr-era*
		-era, -ero	*cart-era, sombr-ero*
9	3 %	*-imiento*	*mov-imiento*
		-am(i)ento	*fund-amento, pens-amiento*
10	2,5 %	*-(u)al*	*profesion-al, intelect-ual*
11	2,5 %	*-(i)ente, -ante*	*depend-iente, presid-ente, comerci-ante*
12[1]	2,5 %	*-eza, -ez*	*alt-eza, timid-ez*

Tab. 23: Häufigste Substantivierungssuffixe (Daten nach KVAVICK 1969 auf der Basis des *FDSW*)

[1] Heute unproduktiv

2.2.3.2. Inhaltliche Klassifikation

Die semantische Funktion der Suffigierung läßt sich durch einen Paraphrasenkontext darstellen, in dem das Grundwort (X) steht.

Beispiel

Erklärungskontext	Grundwort X $\longrightarrow$	Ableitungswort
X kann getan werden	*com-er*	$\longrightarrow$ *com-ible*
Hinsichtlich X	*policí-a*	$\longrightarrow$ *polici-ac-o*
Annähernd X	*roj-o*	$\longrightarrow$ *roj-iz-o*
X wird bewirkt	*paz*	$\longrightarrow$ *pac-ificar*
Jemand beschäftigt sich (beruflich) mit X	*vend-er*	$\longrightarrow$ *vend-edor*
Die Tatsache, daß X	*mov-er*	$\longrightarrow$ *mov-imiento*
Die Eigenschaft, X zu sein	*cruel*	$\longrightarrow$ *cruel-dad*
Weltanschauung/Zustand auf der Basis von X	*católic-o*	$\longrightarrow$ *catolic-ismo*
Jemand oder etwas stammt aus X	*Granada*	$\longrightarrow$ *granad-ino*

Konkreter ist die Paraphrase bei Suffixoiden, z. B. *-logo* „Fachmann für X", *-filo* bzw. *-mano* „Person mit großer/übermäßiger Neigung für X": *museólogo, germanófilo, heroinómano* „Heroinsüchtiger".

Im folgenden behandeln wir die Bedeutung einiger charakteristischer spanischer Suffixe.

a) *-azo*[17]

Das Suffix *-azo* – nicht zu verwechseln mit dem genusvariablen Augmentativ *-az-o* – hat die Bedeutung „einmalige, plötzliche und typische Verwendung von X":

al-et-azo	Flügelschlag	*martill-azo*	Hammerschlag
latig-azo	Peitschenhieb	*fren-azo*	(Voll)Bremsung
navaj-azo	Messerstich	*pistol-et-azo*	Pistolenschuß
plum-azo	Federstrich	*trompet-azo*	Trompetenstoß

Im Deutschen wird der Bedeutungsgehalt von *-azo* konkretisiert („Hieb", „Stich", usw.); das darf aber nicht dazu verleiten, eine Bedeutung „Schlag mit X" anzusetzen: Ein *telefonazo* ist kein „Schlag mit dem Telefon", sondern ein „plötzlicher Telefonanruf". Das Suffix *-azo* ist produktiv: So wurde der Putschversuch des spanischen Obersten Tejero vom 23. 2. 1981 in der Öffentlichkeit *tejer-azo* benannt, und *semafor-azo* bezeichnet einen Raubüberfall auf ein vor der Ampel haltendes Auto.

b) *-era, -ero*

Beide Suffixe haben die Bedeutung „Behältnis von X"; sie sind zu unterscheiden von der Agensangabe *-er-o* (*obr-ero, obr-era*). Bei der Suffigierung kombiniert fast ausnahmslos *-era* mit maskulinem Grundwort, *-ero* mit femininem[18].

Beispiel

Maskulines Grundwort + *-era*			Feminines Grundwort + *-ero*		
café	→ *cafe-t-era*	Kaffeekanne	*flor*	→ *flor-ero*	Blumenvase
coch-e	→ *coch-era*	Garage	*moned-a*	→ *moned-ero*	Geldbeutel
pájar-o	→ *pajar-era*	Vogelkäfig	*rop-a*	→ *rop-ero*	Kleiderschrank
pan	→ *pan-era*	Brotkorb	*tint-a*	→ *tint-ero*	Tintenfaß

---

[17] Vgl. hierzu GAUGER 1971, 13–19; DE BRUYNE 1993b (grundlegend).

[18] Zur Regularität und semantischen Funktion dieses Genuswechsels vgl. WANDERSLEBEN 1978, 112–129.

c) Quantifizierend-qualifizierende Suffixe[19]

Wir fassen unter diesem Begriff zwei Suffixgruppen zusammen, Diminutive und Augmentative. Beide bezeichnen einerseits die Größenordnung des Referenzobjekts, andererseits dessen affektive Bewertung im Sinne von Bewunderung, Zärtlichkeit, Verniedlichung, Abneigung, Verachtung, u. ä.

Im Deutschen ist dieses Suffixregister nur schwach ausgeprägt: Augmentative fehlen, für die Diminutivbildung stehen hochsprachlich nur zwei Suffixe zur Verfügung, *-chen* und *-lein*.

Mit dem deutschen Suffixregister läßt sich folgende Augmentativ-Diminutiv-Kette aus Juan Ramón Jiménez, *Platero y yo* (LXXXI), mit der ein kleines Mädchen den Esel Platero ruft, nicht übersetzen:

> ¡*Platero!* ¡*Platerón!* ¡*Platerillo!* ¡*Platerete!* ¡*Platerucho!*

α) Diminutive[20]

Das Spanische verfügt über ein reiches Diminutivregister mit gewissen regionalen Präferenzen. Die spanischen Diminutive kombinieren hauptsächlich mit Substantiven und Adjektiven, die deutschen fast nur mit Substantiven.

Suffix	Galdós Azorín (Werke in Auswahl)		García Lorca (Werke)
-ej-o	0,4	1,3	–
-ete, *-eta*	2,0	1,6	1,0
-ic-o[1]	0,4	8,9	0,4
-ill-o	**18,9**	**28,4**	**25,3**
-ín, *-ina*[2]	4,1	0,3	0,2
-it-o	**70,4**	**52,7**	**70,3**
-uc-o, *uch-o*[3]	0,2	–	1,2
-uel-o[4]	3,6	6,7	1,6
Belege (= 100%)	1651	313	499
Worteinheiten	621	124	234

Tab. 24: Häufigkeit der Diminutivsuffixe (in %) in Werken spanischer Autoren des 19./20. Jh. (Daten nach NÁÑEZ FERNÁNDEZ 1973, 352–357)

[1] Typisch für Aragón und Levante
[2] Typisch für Asturien, León, Extremadura
[3] Typisch für Kantabrien
[4] Heute unproduktiv

---

[19] Vgl. hierzu aus sprachvergleichender Sicht WANDRUSZKA 1979, 85–98.
[20] Materialhaltigste Darstellung bei NÁÑEZ FERNÁNDEZ 1973.

Die Diminutivsuffixe können kumuliert werden:

chic-o —► *chiqu-ito* —► *chiqu-it-ín* —► *chiqu-it-in-ín*

und durch präfigiertes *re-, rete-, requete-* verstärkt werden:

re(quete)-*chiqu-it-in-ín*

Das Genus der Suffixendung richtet sich nach dem des Grundwortes: *chic-o* —► *chiqu-it-o*, *chic-a* —► *chiqu-it-a*.

Die Frage, welches Grundwort mit welchen Diminutivsuffix(en) kombiniert, läßt sich im Prinzip nur fallbezogen beantworten. Den breitesten Verwendungsspielraum haben die beiden produktivsten Suffixe, *-ito* und *-illo*. Im europäischen Spanisch variieren sie vielfach – ähnlich wie dt. *-lein* und *-chen* –, aber nicht immer: *arbol-illo ~ arbol-ito, herman-illa ~ herman-ita*, jedoch: *vient-ec-illo* „Lüftchen", *abuel-ita* „Oma", nicht **vient-ec-ito*, **abuel-illa*. Die übrigen Diminutivsuffixe kommen lexikalisch mehr oder minder eingeschränkt vor:

caden-ica	Kettchen	*carr-uco*	kleiner Karren	*animal-ejo*	(kleines) Tier
oj-uelo	Äuglein	*vej-ete*	altes Männlein	*poqu-it-ín*	(ein) bißchen

Die quantifizierende und qualifizierende Bedeutungskomponente der Diminutive ist je nach Kontext, Grundwort und Suffix verschieden ausgeprägt: *plaz-uela* bedeutet „kleiner Platz", *abuel-ita* „Oma", nicht „kleine Großmutter"; *cas-ita* kann ein kleines Haus bezeichnen oder ein Haus von unbestimmter Größe, das der Sprecher liebgewonnen hat. Im allgemeinen wird mit *-ito, -illo* das Referenzobjekt aufgewertet (meliorativ) – *tont-ito* ist weniger ‚dumm' als *tont-o* –, mit *-ejo, -ete, -uco/-ucho* abgewertet (pejorativ): *papel-ejo* „Papierkram", *pobr-ete* „armer Tropf", *alde-ucha* „Drecknest". Der Bewertungsspielraum von *-ico, -ín, -uelo* ist relativ offen.

Den Konnotationsbereich von *-ito* kommentiert Cela, *Café de artistas*, I, [1953], am Beispiel der Bitte eines Dichters um einen Krug frischen Wassers:

– ¿Quiere usted traer una jarra de agua **fresquita**?
Los poetas, cuando piden agua, dicen siempre **fresquita**. Así, en diminutivo, queda más íntimo, más cariñoso, y hay más posibilidades de que, por lo menos por compasión, le hagan caso a uno.

β) Augmentative

Das Spanische kennt vier Augmentative: *-acho, -azo, -ón, -ote*; sie suffigieren Substantive, Adjektive und Verben.

Übersicht

Suffix	Grundwort	→	Ableitungswort	
-ach-o	*ric-o*	→	*ric-acho*	stinkreich
-az-o	*hombr-e*	→	*hombr-azo*	Riesenkerl
-ón[1], **-ona**	*com-er*	→	*com-il-ón*	Vielfraß
-ote, -ota	*palabr-a*	→	*palabr-ota*	Kraftwort

[1] Semantisch zu unterscheiden von den Verbalsubstantiven auf *-ón*, die eine schnelle Bewegung ausdrücken: *empuj-ón* „heftiger Stoß", *tropez-ón* „Stolpern".

Die Augmentative *-acho* und *-ote* werden mit pejorativer Tendenz verwendet, *-azo* und *-ón*[21] können je nach Grundwort eine pejorative oder meliorative Bedeutung annehmen: *llor-**on**-a* „Heulsuse", aber *señor-**on**-a* „große Dame".

---

[21] Umfassendste Darstellung bei DE BRUYNE 1979.

Literaturverzeichnis

Nachweis literarischer Quellenzitate und sprachstatistischer Einzelquellen im Text.

Abeille, L.: *El idioma nacional de los argentinos*, Paris 1900.

Acosta-Belén, E./Sjostrom, B. R. (Hg.): *The Hispanic experience in the United States. Contemporary issues and perspectives*, New York 1988.

Agüero, A.: *El español de América y Costa Rica*, San José 1962.

Aguiar de Luque, L./Blanco Canales, R. (Hg.): *Constitución española 1978–1988*, 3 Bde., Madrid 1988.

Aguila, Y.: *Sur les prémices d'un sentiment national en Nouvelle-Espagne (1805–1810)*, in: Pérez et al. 1980, 69–96.

Aguirre Beltrán, G.: *Indigenismo y mestizaje una polaridad biocultural*, Cahiers d'Histoire Mondiale 6 (1960/61), 158–171.

Alarcos Llorach, E.: *Fonología española*, Madrid [4]1965.

–: *El artículo en español* [1967], in: id., Estudios de gramática funcional del español, Madrid [2]1978, 166–177.

–: *Aditamento, adverbio y cuestiones conexas* [1969], in: id., Estudios de gramática funcional del español, Madrid [2]1978, 219–253.

–: *Gramática de la lengua española,* Madrid 1994.

Alatis, J. E. (Hg.): *International dimensions of bilingual education*, Washington 1978.

Alatorre, A.: *Los 1.001 años de la lengua española*, México 1989.

Alba de Diego, F./Sánchez Lobato, J.: *Tratamiento y juventud en la lengua hablada. Aspectos sociolingüísticos*, Boletín de la RAE 60 (1980), 95–129.

Albertos Firmat, M. L.: *La antroponimia prerromana de la Península Ibérica*, in: F. Jordá/J. de Hoz/L. Michelena (Hg.): Actas del I coloquio sobre lenguas y culturas prerromanas de la Península Ibérica, Salamanca 1976, 25–47.

Albó, X.: *The future of the oppressed languages in the Andes*, in: W. C. McCormack/S. A. Wurm (Hg.): Language and society. Anthropological issues, Den Haag–Paris–New York 1979, 309–330.

Alcides Reissner, R.: *El indio en los diccionarios. Exégesis de un estereotipo*, México 1983.

ALEA = Alvar, M./Llorente Maldonado de Guevara, A./Salvador, G.: *Atlas lingüístico y etnográfico de Andalucía*, 6 Bde., Granada 1961–1973.

ALEANR = Alvar, M. et al. (Hg.): *Atlas lingüístico y etnográfico de Aragón, Navarra y Rioja*, 12 Bde., Madrid 1979–1980.

Alegre Peyrón, J. M.: *La España visigoda. Proceso de germanización en una provincia romana*, Revue Romane 1 (1966), 1–23.

Alfonso de Palencia: *Universal vocabulario en latín y en romance* 1490, Neudruck Madrid 1967.

Almela Pérez, R.: *Apuntes gramaticales sobre la interjección*, Murcia 1982.

Alonso, A.: *Castellano, español, idioma nacional. Historia espiritual de tres nombres* [1943], Nachdruck Buenos Aires 1979.

–: *De la pronunciación medieval a la moderna en español*, 2 Bde., Madrid 1955–1969.

–: *›-r‹ y ›-l‹ en España y América*: in: id., Estudios lingüísticos. Temas hispanoamericanos, Madrid [2]1961, 213–267.

Alonso, D.: *Unidad y defensa del idioma*, in: II Congreso de Academias de la lengua española [1956], 33–48.

314

–: *Para evitar la diversificación de nuestra lengua*, in: Presente y futuro II [1964], 259–268.

–: [Discurso], in: VIII Congreso de Academias de la lengua española [1980], 101–114.

Alonso Montero, X.: *Informe – dramático – sobre la lengua gallega*, Madrid 1973.

–: *Informe(s) sobre a lingua galega (presente e pasado)*, Vilaboa (Pontevedra) 1991.

ALPI = Atlas lingüístico de la Península Ibérica, I: *Fonética*, 1, Madrid 1962.

Alvar, M.: *Las hablas meridionales de España y su interés para la lingüística comparada*, RFE 39 (1955), 284–313.

–: *El fuero de Salamanca. Lingüística e historia*, Granada 1968.

–: *Castilla la preciada*, in: id., Variedad y unidad del español, Madrid 1969, 13–42.

–: *Niveles socioculturales en el habla de Las Palmas de Gran Canaria*, Las Palmas 1972.

–: *La frontera catalano-aragonesa*, Zaragoza 1976.

–: *Para la historia de 'castellano'*, in: A. Carreira et al. (Hg.): Homenaje a J. Caro Baroja, Madrid 1978, 71–82.

–: *Lengua nacional y sociolingüística: las constituciones de América*, Bulletin Hispanique 84 (1982), 347–414.

–: *Sevilla, macrocosmos lingüístico* [1974], in: id.: Norma lingüística sevillana y español de América, Madrid 1990, 19–44.

Alvar, M./Mariner, S.: *Latinismos*, in: ELH II, 3–49.

Alvar M./Pottier B.: *Morfología histórica del español*, Madrid 1983.

Alvar Ezquerra M.: *El diccionario de la Academia a través de sus prólogos: los planteamientos y el vocabulario general*, in: Philologica hispaniensia in honorem M. Alvar, Bd. II: Lingüística, Madrid 1985, 33–44.

Alvar Ezquerra, M./Miró Domínguez, A.: *Diccionario de siglas y abreviaturas*, Madrid 1983.

Alvarez García, M.: *Léxico-génesis en español: los morfemas facultativos*, Sevilla 1979.

Alvarez Martínez, M. A.: *El artículo como entidad funcional en el español de hoy*, Madrid 1986.

Amastae, J./Elías-Olivares, L. (Hg.): *Spanish in the United States. Sociolinguistic aspects*, Cambridge 1982.

Andersen, R. W.: *Nativization and hispanization in the Papiamentu of Curaçao: A sociolinguistic study of variation*, University of Texas at Austin Ph.D. 1974.

Arias, A.: *Kulturpolitik in Guatemala zwischen 'Counterinsurgency' und Demokratie*, Lateinamerika. Analysen–Daten–Dokumentation, Nr. 14 (Juli 1990), 39–51.

Asencio, E.: *Juan de Valdés contra Delicado. Fondo de una polémica*, in: Studia Philologica. Homenaje D. Alonso, Madrid 1960, I, 101–113.

Atlas cultural de México: Lingüística, hg. von L. Manrique Castañedas, México 1988.

Bahner, W.: *La lingüística española del Siglo de oro. Aportaciones a la conciencia lingüística en la España de los siglos XVI y XVII* [1956], Madrid ²1966.

Baldinger, K.: *La formación de los dominios lingüísticos en la Península Ibérica* [1958], Madrid ²1972.

Bal Palazios, S.: *Curso alazetal d'aragonés (Curso básico de aragonés)*, Zaragoza 1980.

Bareiro Saguier, R.: *Bilingüismo y diglosia en Paraguay*, Río de la Plata 10 (1990), 1–12.

Barón Castro, R.: *El desarrollo de la población hispanoamericana (1492–1950)*, Cahiers d'Histoire Mondiale 2 (1959/60), 325–343.

Barrenechea, A. M./Orecchia, Th.: *La duplicación de objetos directos e indirectos en el español hablado en Buenos Aires*, Romance Philology 24 (1970/71), 58–83.

Barrenechea, A. M. (Hg.): *Estudios lingüísticos y dialectológicos. Temas hispánicos*, Buenos Aires 1979.

Bauhr, G.: *El futuro en -ré e ir a + infinitivo en español peninsular moderno*, Göteborg 1989.

Beardsley, Th. S.: *Hispano-classical translations printed between 1482 and 1699. A study of the prologues and a critical bibliography*, University of Pennsylvania Ph.D. 1961.

Becerro, S.: *Algunos aspectos morfológicos de /s/ y /n/ implosivos en el español de Cartagena (Colombia)*, in: III Congreso, II, 937–946.

Beinhauer, W.: *Stilistisch-phraseologisches Wörterbuch spanisch-deutsch*, München 1978.

Bejarano, V.: *Sobre las dos formas del imperfecto de subjuntivo y el empleo de la forma en -se con valor de indicativo*, in: Strenae. Estudios de filología e historia dedicados al profesor Manuel García Blanco, Salamanca 1962, 77–86.

Bello, A.: *Obras completas*, 15 Bd., Santiago de Chile 1881–1893.

–: *Gramática de la lengua castellana destinada al uso de los americanos* [1847], Edición crítica de R. Trujillo, Santa Cruz de Tenerife 1981.

Bentivoglio, P./Weber, E. G.: *A functional approach to subject word order in spoken Spanish*, in: O. Jaeggli/C. Silva-Corvalán (Hg.): Studies in Romance linguistics, Dordrecht–Riverton 1986, 23–40.

Bergen, J. J.: *One rule for the Spanish subjunctive*, Hispania 61 (1978), 218–234.

Berschin, H.: *Präteritum- und Perfektgebrauch im heutigen Spanisch*, Tübingen 1976.

–: *Dos problemas de denominación: ¿Español o castellano? ¿Hispanoamérica o Latinoamerica?*, in: M. Perl (Hg.): Estudios sobre el léxico del español en América, Leipzig 1982, 198–214.

–: *Futuro analítico y futuro sintético en el español peninsular y colombiano*, Lingüística Española Actual 9 (1987), 101–110.

Berschin, H./Berschin, W.: *Mittellatein und Romanisch*, Zeitschrift für romanische Philologie 103 (1987), 1–19.

Berschin, H./Felixberger, J./Goebl, H.: *Französische Sprachgeschichte. Lateinische Basis, interne und externe Geschichte, sprachliche Gliederung Frankreichs. Mit einer Einführung in die historische Sprachwissenschaft*, München 1978.

Bescherelle: *El arte de conjugar en español. Diccionario de 12 000 verbos*, Paris 1984.

Beym, R.: *The linguistic category of emphasis in colloquial Spanish*, University of Illinois Ph.D. 1952.

Bilingüismo = El bilingüismo: Problemática y realidad, Revista de Occidente, Extraordinario II, Nr. 10–11 (1982).

Birckel, M.: *Sur un procès d'inquisition: particularisme, liberté, métissage et sentiment national*, in: Pérez et al. 1980, 37–67.

Blake, R. J.: *Radiografía de un cambio lingüístico de la Edad Media*, RFE 69 (1989), 39–59.

Blancpain, J.-P.: *Les Araucans et la Frontière dans l'histoire de la Chili des origines au XIXe siècle*, Frankfurt 1990.

Blázquez, J. M.: *La romanización*, 2 Bde., Madrid 1974–1975.

Bleiberg, G.: *Antología de elogios de la lengua española*, Madrid 1951.

Bochmann, K. et al.: *Sprachpolitik in der Romania. Zur Geschichte des sprachpolitischen Denkens und Handelns von der Französischen Revolution bis zur Gegenwart*, Berlin – New York 1993.

Börner, W.: *La ortografía del español*, Iberoromania NF 2 (1975), 5–31.

Boix, E. J.: *Els censos lingüístics als Països Catalans*, in: Segon congrés internacional de la llengua catalana, Girona 1991, III, 381–388.

Bolaño e Isla, A.: *Poema de Mío Cid. Versión antigua con prólogo y versión moderna*, México 1972.

Bollée, A.: *Pidgins und Kreolsprachen*, Studium Linguistik 3 (1977), 48–76.

Bonaparte, le Prince Roland et al.: *Le Méxique au début du XXe siècle*, Paris o. J. [1902].

Borrego, J./Asencio, J. G./Prieto, E.: *El subjuntivo. Valores e uso*, Madrid 1985.

Borst, A.: *Der Turmbau von Babel. Geschichte der Meinungen über Ursprung und Vielfalt der Sprachen und Völker*, 4 Bde., Stuttgart 1957–1963.

Borzone de Manrique, A. M.: *Acustic study of |i, u| in the Spanish diphthongs*, Language and Speech 19 (1976), 121–128.

Boscán, J. [B. Castiglione]: *El cortesano* 1534. Estudio preliminar de M. Menéndez y Pelayo, Madrid 1942.

Bowen, J. D./Stockwell, R. P.: *The phonemic interpretation of semivowels in Spanish*, Language 31 (1955), 236–240.

Boyd-Bowman, P.: *La emigración española a América: 1560–1579*, in: Studia Hispania in honorem R. Lapesa, Madrid 1972, II, 123–147.

Briesemeister, D.: *Das Sprachbewußtsein in Spanien bis zum Erscheinen der Grammatik Nebrijas (1492)*, Iberoromania 1 (1969), 35–55.

Brunot, F.: *Histoire de la langue française des origines à nos jours*, 23 Bde., Paris 1905 ff., Neuausgabe Paris 1966 ff.

Buceta, E.: *La tendencia a identificar el español con el latín*, in: Homenaje R. Menéndez Pidal, Madrid 1925, I, 85–108.

Buffa, J. L.: *Política lingüística de España en América*, Romanica (La Plata) 7 (1974), 7–47.

Bull, W. E.: *Modern Spanish verb-form frequencies*, Hispania 30 (1947), 451–466.

–: *Time, tense and the verb. A study in theoretical and applied linguistics with particular attention to Spanish*, Berkely 1959.

–: *Spanish for teachers. Applied linguistics*, New York 1965.

Bustos Gisbert, E. de: *La composición nominal en español*, Salamanca 1986.

Bustos Tovar, J. J. de: *Contribución al estudio del cultismo léxico medieval*, Madrid 1974.

Butt, J. / Benjamin, C.: *A new reference grammar of modern Spanish*, London 1994.

Campra, R.: *Poesia gauchesca e identificazione del ser nacional*, Lingua e Stile 12 (1977), 247–266.

Canfield, D. L.: *La pronunciación del español en América. Ensayo histórico-descriptivo*, Bogotá 1962.

–: *Spanish pronunciation in the Americas*, Chicago 1981.

Cano González, A. M. et al.: *Gramática bable*, Madrid 1976.

Caravedo, R.: *Sociolingüística del español de Lima*, Lima 1990.

Carbonero Cano, P.: *Funcionamiento lingüístico de los elementos de relación*, Sevilla 1975.

–: *Deixis espacial y temporal en el sistema lingüístico*, Sevilla 1979.

Cardenas, D. N.: *The geographic distribution of the assibilated R, RR in Spanish America*, Orbis 7 (1958), 407–414.

Carrera, M. F.: *Aspectos de toponomástica castellano-leonesa. Su importancia para la historia de la lengua*, in: M. Ariza/A. Salvador/A. Viudas (Hg.): Actas del I congreso internacional de historia de la lengua española, Madrid 1988, II, 1651–1659.

Carrera de la Red, A.: *El 'problema de la lengua' en el humanismo renacentista español*, Valladolid 1988.

Cartagena, N.: *Acerca de las categorías de tiempo y aspecto en el sistema verbal español*, REL 8 (1978), 373–408.

–: *Sistema, norma y habla del futuro de probabilidad español*, in: Logos semantikos. Studia linguistica in honorem Eugenio Coseriu 1921–1981, Berlin–Madrid 1981, IV, 383–394.

Cartagena, N./Gauger, H.-M.: *Vergleichende Grammatik Spanisch–Deutsch*, 2 Bde., Mannheim 1989.

Casado Velarde, M.: *Creación léxica mediante siglas*, REL 9 (1979), 67–88.

317

–: *Los operadores discursivos* es decir, esto es, o sea *y* a saber *en español actual: Valores de lengua y funciones textuales*, Lingüística Española Actual 13 (1991), 87–116.

Cassani, J. L.: *Aportes al estudio del proceso de la romanización de España. Las instituciones educativas*, Cuadernos de Historia de España (Buenos Aires) 18 (1952), 50–70.

Cassano, P. V.: *Notes concerning the Quechua influence on the vowels of the Spanish of Latin America*, Ricerche Linguistiche 6 (1974), 305–307.

Castronovo, B. J.: *A critical analysis of interpretations of the Spanish subjunctive from Bello to the present day*, University of Wisconsin–Madison Ph.D. 1984.

Catalán, D.: *The end of the phoneme |z| in Spanish*, Word 13 (1957), 283–322.

–: *Génesis del español atlántico. Ondas varias a través del Océano*, Revista de Historia Canaria 24 (1958), 233–242.

Cela, C. J.: *Diccionario secreto*, 2 Bde. [1968–1971], Madrid 1974–1975.

Cerrón-Palomino, R.: *Lingüística quechua*, Cuzco 1987.

Chaunu, P.: *Conquête et exploitation des nouveaux mondes (16ᵉ siècle)*, Paris 1969.

Cohen, P. I.: *The grammar and constituent structure of the noun phrase in Spanish and English*, University of Texas Ph.D. 1967.

II Congreso de Academias de la lengua española, Madrid 1956.

III Congreso = C. Hernández et al. (Hg.): Actas del III congreso internacional de El español de América, 3 Bde., Valladolid 1991.

VIII Congreso de Academias de la lengua española, Lima 1980.

Conte, A. et al.: *El aragonés: Identidad y problemática de una lengua*, Zaragoza 1977.

Contreras García, I.: *Bibliografía sobre la castellanización de los grupos indígenas de la República Mexicana: Siglos XVI al XX*, 2 Bde., México 1985–1986.

Cook, Sh. F./Borah, W.: *Essays in population history. Mexico and the Caribbean*, 2 Bde., Berkeley 1971–1974.

Correas, G.: *Arte de la lengua española castellana* 1625, Ausgabe E. Alarcos García, Madrid 1954.

–: *Trilingüe de tres artes de las tres lenguas Castellana, Latina i Griega* 1627.

Cortés Rodríguez, L.: *Usos anómalos del relativo en el español hablado*, REL 20 (1990), 431–446.

–: *Sobre conectores, expletivos y muletillas en el español hablado*, Málaga 1991.

Corvalán, G.: *Bilingüismo y rendimiento educativo en Paraguay*, América Indígena 49 (1989), 581–604.

Corvalán, G./Granda, G. de (Hg.): *Sociedad y lengua: Bilingüismo en el Paraguay*, 2 Bde., Asunción 1982.

Coseriu, E.: *La Hispania romana y el latín hispánico. Breve introducción al estudio histórico del español*, Montevideo 1953.

–: *Das romanische Verbalsystem*, herausgegeben und bearbeitet von H. Bertsch, Tübingen 1976.

–: *El español de América y la unidad del idioma*, in: I simposio de filología iberoamericana, Zaragoza 1990, 43–75.

Costa Alvarez, A.: *Nuestra lengua*, Buenos Aires 1922.

Costa Olid, A.: *El posesivo en español*, Sevilla 1981.

Coste, J./Redondo, A.: *Syntaxe de l'espagnol moderne (enseignement supérieur)*, Paris 1965.

Coulmas, F. (Hg.): *Spanish in the USA: New quandaries and prospects*, International Journal of the Sociology of Language 84 (1988).

Covarrubias, S. de: *Tesoro de la lengua castellana o española* 1611, Ausgabe M. de Riquer, 2 Bde., Barcelona 1943.

Cremades Marco, F. B. de: *La llengua valenciana, en perill*, Valéncia 1982.

Cuervo, R. J.: *Las segundas personas de plural en la conjugación castellana*, Romania 22 (1893), 71–86.

–: *El castellano en América*, Bulletin Hispanique 3 (1901), 35–62; 5 (1903), 58–77.

Cuestionario = *Cuestionario para el estudio coordinado de la norma lingüística culta de las principales ciudades de Iberoamérica y de la Península Ibérica*, 3 Bde., Madrid 1971–1973.

Curchin, L. A.: *Roman Spain. Conquest and assimilation*, London 1991.

Dalbor, J. B.: *Temporal distinctions in the Spanish subjunctive*, Hispania 52 (1969), 889–896.

Davidson, W. V.: *The Amerindians of Belize, an overview*, América Indígena 47 (1987), 9–21.

DCEC = Corominas, J.: *Diccionario crítico etimológico de la lengua castellana*, 4 Bde., Bern 1954.

De Bruyne, J.: *Over samenstelling door suffixen in het Spaans*, Linguistica Antverpiensia 9 (1975), 7–169.

–: *Le suffixe -ón en espagnol moderne*, Linguistica Antverpiensia 13 (1979), 7–53.

–: *Spanische Grammatik*, Tübingen 1993. (= 1993a)

–: *Acerca de la plurifuncionalidad del sufijo -azo en el español contemporáneo*, Linguistica Antverpiensia 27 (1993), 5–77. (= 1993b)

Delattre, P.: *Comparing the phonetic features of English, French, German and Spanish*, London 1965.

DEV = *Enciclopedia general ilustrada del País Vasco*, Cuerpo A: *Diccionario Enciclopédico Vasco*, San Sebastián 1970 ff.

Díaz Alayón, C.: *Los estudios del español de Canarias*, Thesaurus 45 (1990), 31–62.

Díaz y Díaz, M. C.: *Las primeras glosas hispánicas*, Barcelona 1978.

Dietrich, W.: *Der periphrastische Verbalaspekt in den romanischen Sprachen*, Tübingen 1973; sp. Übersetzung: *El aspecto verbal perifrástico en las lenguas románicas*, Madrid 1983.

–: *Zur Funktion der spanischen Verbform auf -ra*, Romanistisches Jahrbuch 32 (1981), 247–259.

Domínguez Caparrós, J.: *La gramática de la Academia del siglo XVIII*, RFE 58 (1976), 81–101.

Domínguez de Rodríguez-Pasqués, P.: *Morfología y sintaxis del adverbio en -mente*, in: Actas del tercer congreso internacional de hispanistas 1968, México 1970, 293–303.

Douglas, R. Th.: *The evolution of Spanish orthography from 1475 to 1726*, University of Pennsylvania Ph.D. 1964.

DY = United Nations: *Demographic Yearbook. Annuaire démographique*, New York 1948 ff.

Eberenz, R.: *Tempus und Textkonstitution im Spanischen. Eine Untersuchung zum Verhalten der Zeitform auf Satz- und Textebene*, Tübingen 1981.

–: *Sea como fuere. Zur Geschichte des spanischen Konjunktiv Futur*, Vox Romanica 42 (1983), 181–201.

Echaide, A. M.: *El género del sustantivo en español: Evolución y estructura*, Iberomania 1 (1969), 89–124.

Egea, E. R.: *Los adverbios terminados en -mente en el español contemporáneo*, Bogotá 1969.

Eichhoff, J.: *Wortatlas der deutschen Umgangssprache*, 2 Bde., Bern–München 1977–1978.

ELH = M. Alvar et al. (Hg.): *Enciclopedia lingüística hispánica*, 2 Bde. und Supplement, Madrid 1960–1967.

Elías-Olivares, L. et al. (Hg.): *Spanish language and public life in the USA*, Berlin–New York 1985.

Elizaíncin, A./Behares, L./Barrios, G.: *Nos falemos brasilero. Dialectos portugueses en Uruguay*, Montevideo 1987.

Engelbert, M.: *Las formas de tratamiento en el teatro de Calderón*, in: H. Flasche (Hg.): Hacia Calderón. Segundo coloquio anglo-germano (1970), Berlin–New York 1973, 191–200.

319

England, J./Caramés Lage, J. L.: *El uso y abuso de anglicismos en la prensa española de hoy*, Arbor 390 (1978), 77–89.

Enríquez, E. V.: *El pronombre personal sujeto en la lengua española hablada en Madrid*, Madrid 1984.

Enríquez, E. V./Casado, C./Santos, A.: *La percepción del acento en español*, Lingüística española actual 11 (1989), 241–269.

Entwistle, W. J.: *Las lenguas de España: castellano, catalán, vasco y gallego-portugués* [1936], Madrid 1973.

Epstein, E. H.: *La enseñanza del idioma y el status político*, in: id. (Hg.): Politics and education in Puerto Rico. A documentary survey of the language issue, Metuchen, N. Y., 1970.

Escobar, A. M.: *Los bilingües y el castellano en el Perú*, Lima 1990.

Esser, U.: *Die Entwicklung des Galizischen zur modernen Kultursprache: eine Fallstudie zur aktuellen Sprachplanung*, Bonn 1990.

Esteve Barba, F. (Hg.): *Crónicas peruanas de interés indígena* (BAE 209), Madrid 1968.

Estudios = Estudios sobre español de América y lingüística afro-americana, Bogotá 1989.

Euskaltzaindia (Real Academia de la Lengua Vasca): *Conflicto lingüístico en Euskadi*, Bilbao 1979.

Fält, G.: *Tres problemas de concordancia verbal en el español moderno*, Uppsala 1972.

Falk, J.: Ser *y* Estar *con atributos adjetivales. Anotaciones sobre el empleo de la cópula en catalán y en castellano*, Uppsala–Stockholm 1979.

Famin, C.: *Chili, Paraguay, Uruguay, Buenos-Ayres*, Paris 1840.

Fant, L.: *Estructura informativa en español. Estudio sintáctico y entonativo*, Uppsala 1984.

Farley, R. A.: *Background notes on syntactic arrangement*, Hispania 41 (1958), 318–323.

Faust, M.: *Cuestiones generales de toponimia prerromana*, in: Actas del I coloquio sobre lenguas y culturas prerromanas de la Península Ibérica (1974), Salamanca 1976, 165–189.

FDSW = Juilland, A./Chang-Rodríguez, E.: *Frequency dictionary of Spanish words*, London–Den Haag–Paris 1964.

Fèbvre, L./Martin, H.-J.: *L'apparition du livre*, Paris 1958.

Felixberger, J.: *Untersuchungen zur Sprache des spanischen Sprichwortes*, München 1974.

Ferguson, R. E.: *Composición bitemática en español. Estudio morfológico*, Georgetown University Ph.D. 1976.

Fernández Gómez, C.: *Vocabulario completo de Lope de Vega*, 3 Bde., Madrid 1971.

Fernández Ramírez, S.: *Gramática española* [1951], Segunda edición, 5 Bde., Madrid 1985–1987.

Fernández-Sevilla, J.: *Los fonemas implosivos en español*, Thesaurus 35 (1980), 1–50.

–: *La polémica andalucista: estado de la cuestión*, in: H. López Morales/M. Vaquero (Hg.): Actas del I congreso internacional sobre El español de América, San Juan (Puerto Rico) 1987, 231–253.

Ferrer i Gironès, F.: *La persecució de la llengua catalana. Història de les mesures preses contra el seu ús des de la Nova Planta fins avui*, Barcelona 1985.

Ferrol, O.: *La cuestión del origen y de la formación del papiamento*, Den Haag 1982.

Fishman, J. A. et al.: *Bilingualism in the Barrio*, Den Haag 1971.

Fishman, J. A./Keller, G. D. (Hg.): *Bilingual education for hispanic students in the United States*, New York–London 1982.

Fleischman, S.: *The future in thought and language. Diachronic evidence from Romance*, Cambridge 1982.

Fontanella de Weinberg, M. B.: *La entonación del español de Córdoba (Argentina)*, Thesaurus 26 (1971), 11–21.

–: *Un cambio lingüístico en marcha: las palatales del español bonaerense*, Orbis 27 (1978), 215–247.

–: *Algunos aspectos de la asimilación lingüística de la población inmigratoria en la Argentina*, International Journal of the Sociology of Language 18 (1978), 5–76.

–: *Dinámica social de un cambio lingüístico: la reestructuración de las palatales en el español bonaerense*, México 1979.

–: *Los usos de segunda persona singular en el período colonial*, Anuario de Lingüística Hispánica 5 (1989), 109–124.

–: *El español de América*, Madrid 1992.

FORUM, hg. vom National Clearinghouse for Bilingual Education, Washington 1978 ff.

Foster, D. W.: *Tú y vos en «El Túnel» de Ernesto Sábato*, Hispania 54 (1971), 354–355.

Fox, J.: *The pronouns of address in Spanish*, in: Actes du Xe congrès international des linguistes (1967), Bukarest 1969, I, 685–693.

Frago Gracia, J. A.: *La actual irrupción del yeísmo en el espacio navarroaragonés y otras cuestiones históricas*, Archivo de Filología Aragonesa 22/23 (1978), 7–19.

–: *El andaluz en la formación del español americano*, in: I simposio de filología iberoamericana, Zaragoza 1990, 77–96.

–: *Yeísmo dominicano en 1569 y problemas conexos*, in: III Congreso, I, 213–220.

Franco, F.: *Ser y estar + locativos en español*, Hispania 67 (1984), 74–79.

Fries, D.: *Sprachpflege in der Real Academia Española*, Diss. Essen 1984.

Fröschle, H. (Hg.): *Die Deutschen in Lateinamerika*, Tübingen–Basel 1979.

Fuentes Rodríguez, C.: *Procedimientos intradiscursivos: decir y los explicativos*, in: P. Carbonero Cano (Hg.): Sociolingüística andaluza 5, Sevilla 1990, 103–123.

Fundación FOESSA: *Informe sociológico sobre la situación social de España 1970*, hg. von A. de Miguel, Madrid 1970.

Galmés de Fuentes, A.: *Dialectología mozárabe*, Madrid 1983.

Galsterer, H.: *Bemerkungen zur Integration vorrömischer Bevölkerung auf der Iberischen Halbinsel*, in: Actas del II coloquio sobre lenguas y culturas prerromanas de la Península Ibérica (1976), Salamanca 1979, 453–463.

Gamillscheg, E.: *Germanismos*, in: ELH II, 79–91.

García, E. C./Otheguy, R.: *Dialect variation in leísmo: A semantic approach*, in: Fasold, R. W./ Shuy, R. W. (Hg.): Studies in language variation, Washington 1977, 65–87.

García de Diego, V.: *Gramática histórica española*, Madrid ³1970.

García de la Fuente, O.: *El latín bíblico y el español medieval hasta el 1.300*. Bd. I: *Gonzalo de Berceo*, Logroño 1981.

García Gómez, E.: *Las jarchas romances de la serie árabe en su marco*, Madrid ²1975.

García y Bellido, A.: *Las colonias romanas de Hispania*, Anuario de Historia del Derecho Español 29 (1959), 447–512.

–: *La latinización de Hispania*, Archivo Español de Arqueología 40 (1967), 3–29.

Gauger, H. M.: *Untersuchungen zur spanischen und französischen Wortbildung*, Heidelberg 1971.

Gebhardt, H.: *Modus und Pragmatik. Untersuchungen zum Gebrauch des Konjunktivs im Spanischen*, in: Festschrift R. Rohr, Heidelberg 1979, 169–181.

Geckeler, H.: *„Phonischer Code" und „skripturaler Code" auch für die Beschreibung des Spanischen?*, Iberoromania 8 (1978), 11–29.

Gelhaus, H.: *Das Futur in ausgewählten Texten der geschriebenen deutschen Sprache der Gegenwart*, München 1975.

Gemmingen-Obstfelder, B. v.: *Limpia, fija y da esplendor: Zur Frage des guten Sprachgebrauchs im «Diccionario de Autoridades»*, in: Romania historica et Romania hodierna. Festschrift O. Deutschmann, Frankfurt 1982, 61–75.

Gerrard, A. G.: *A study of the usage of the Spanish locative adverbs* aquí *and* acá, University of Michigan Ph.D. 1963.

Gil Fernández, L.: *Panorama social del humanismo español (1500–1800)*, Madrid 1981.

Gili (y) Gaya, S.: *Curso superior de sintaxis española* [1943], Barcelona [9]1964; Nachdruck 1991.

Gimeno Gómez, A.: *La aculturación y el problema del idioma en los siglos XVI y XVII*, 36 congreso internacional de americanistas, Sevilla 1964, III, 303–317.

Gleich, U. v.: *Educación primaria bilingüe intercultural en América Latina*, Eschborn 1989.

–: *Changes in the status and function of Quechua*, in: U. Ammon/M. Herlinger (Hg.): Status change of languages, Berlin–New York 1992, 43–64.

Glosas Emilianenses. Reproducción facsímil, Madrid 1977.

Gnärig, B.: *Zwischen Quechua und Spanisch: Sprachwahl und -verwendung als Momente kultureller Konkurrenz. Zwei Beispiele aus Peru*, Frankfurt 1981.

Gobello, J.: *El lunfardo*, Lebende Sprachen 25 (1980), 32–34.

Gobierno Vasco (Hg.): *La lucha del euskera en la Comunidad Autónoma Vasca. Una encuesta básica: Conocimiento, uso, actitudes*, Gasteiz/Vitoria 1983.

Goilo, E. R.: *Hablemos papiamento*, Aruba 1974.

Golluscio de Montaya, E.: *Los italianos y el castellano de Argentina*, Río de la Plata 10 (1990), 59–72.

Gómez Tórrego, L.: *Perífrasis verbales*, Madrid 1988.

González de la Calle, P. U.: *Latín y romance*, in: id.: Varia. Notas y apuntes sobre temas de letras clásicas, Madrid 1916, 213–299.

–: *Latín «universitario». Contribución al estudio del uso del latín en la antigua universidad de Salamanca*, in: Homenaje R. Menéndez Pidal, Madrid 1925, I, 795–818.

González González, J.: *Los mozárabes toledanos desde el siglo XI hasta el cardenal Cisneros*, in: Historia Mozárabe. Congreso internacional de estudios mozárabes, Toledo 1978, 79–90.

González Ollé, F.: *Vascuense y romance en la historia lingüística de Navarra*, Boletín de la RAE 50 (1970), 31–76. (= 1970a)

–: *El romance navarro*, RFE 53 (1970), 54–93. (= 1970b)

–: *Manual bibliográfico de estudios españoles*, Pamplona 1976.

–: *El establecimiento del castellano como lengua oficial*, Boletín de la RAE 58 (1978), 229–280.

–: *Distinción legal entre castellano y aragonés en 1409*, RFE 63 (1984), 313–314.

–: *Nuevos datos sobre la primacia lingüística toledana*, RFE 67 (1987), 123–126.

–: *Aspectos de la norma lingüística toledana*, in: M. Ariza/A. Salvador/A. Viudas (Hg.): Actas del I congreso internacional de historia de la lengua española, Madrid 1988, 859–871.

González Pérez, R./Rodríguez Fernández, A. M.: *Bibliografía de sintaxis española (1960–1984)*, Santiago de Compostela 1989.

Gorges, J.-G.: *Les villas hispano-romaines*, Paris 1979.

Gramática de la lengua vulgar de España 1559, Ausgabe R. de Balbín/A. Roldán, Madrid 1966.

Granda, G. de: *Planteamientos y necesidades actuales de los estudios lingüísticos afro-hispano-americanos* [1974], in: id., Estudios lingüísticos hispánicos, afrohispánicos y criollos, Madrid 1978, 185–215.

–: *Calcos sintácticos del guaraní en el español del Paraguay*, Nueva Revista de Filología Hispánica 28 (1979), 267–286.

–: *Factores determinantes de la preservación del fonema |λ| en el español del Paraguay*, Beiträge zur romanischen Philologie 19 (1980), 141–150.

–: *Perfil lingüístico de Guinea Ecuatorial*, in: id.: Estudios de lingüística afro-románica, Valladolid 1985, 9–59.

–: *Situación actual de los estudios afrohispanoamericanos* [1986], in: id.: Lingüística e historia. Temas afro-hispánicos, Valladolid 1988, 249–272.

Grebler, L./Moore, J. W./Guzman, R. C. (Hg.): *The Mexican-American people, the nation's second largest minority*, New York–London 1970.

Green, O. H.: *España y la tradición occidental*, 4 Bde., Madrid 1969.

Großmann, R.: *Das ausländische Sprachgut im Spanischen des Río de la Plata. Ein Beitrag zum Problem der argentinischen Nationalsprache*, Hamburg 1926.

Guarner, L./Cardona de Gibert, A./Rafel, J.: *Poema de Mío Cid* (Versión modernizada de L. Guarner), San Antonio de Calonge 1973.

Gugenberger, E.: *Migración y desplazamiento lingüístico en Arequipa*, in: R. Cerrón-Palomino / G. Solís Fonseca (Hg.): Temas de lingüística amerindia, Lima 1990, 181–191.

Guitart, J. N.: *Conservative versus radical dialects in Spanish: Implications for language instruction*, in: Fishman/Keller 1982, 167–177.

Guitarte, G. L.: *Cuervo, Henríquez Ureña y la polémica sobre el andalucismo de América*, Vox Romanica 17 (1958), 363–416.

–: *El origen del pensamiento de Rufino José Cuervo sobre la suerte del español de América*, in: H. Geckeler et al. (Hg.): Logos semantikos. Studia linguistica in honorem E. Coseriu, Berlin– New York 1981, I, 435–446.

Guitarte, G. L./Torres Quintero, R.: *Linguistic correctness and the role of the academies in Latin America*, in: J. A. Fishman (Hg.): Advances in language planning, Den Haag 1974, 315–368.

Guitiérrez Marrone, N.: *Estudio preliminar de la influencia del quechua en el español estándar de Cochabamba, Bolivia*, in: G. E. Scavnicky (Hg.): Dialectología hispanoamericana. Estudios actuales, Washington 1980, 58–93.

Gútemberg Bohórquez, J.: *Concepto de 'americanismo' en la historia del español. Punto de vista lexicológico y lexicográfico*, Bogotá 1984.

Gutiérrez Cuadrado, J.: *El latín, sustituido por el castellano en la universidad española (siglos XVIII–XIX)*, in: M. Ariza/A. Salvador/A. Viudas (Hg.): Actas del I congreso internacional de historia de la lengua española, Madrid 1988, 1205–1213.

Guzmán-Böckler, C./Herbert, J.-L.: *Guatemala: una interpretación histórico-social*, México 1972.

Haebler, C.: *Bibliografía ibérica del siglo XV. Enumeración de todos los libros impresos en España y Portugal hasta el año de 1500*, 2 Bde., Den Haag 1903–1917.

Haensch, G.: *La situación actual de la lexicografía del español de América*, Revista de Filología Románica 4 (1986), 281–293.

–: *Die spanische Lexikographie*, in: F. J. Hausmann et al. (Hg.): Wörterbücher. Dictionaries. Ein internationales Handbuch zur Lexikographie, II, Berlin 1989, 1738–1767.

Hall, J.: *Les recensements linguistiques en Catalogne: chiffres et déchiffrage*, Lengas 35 (1994), 45–85.

Hampares, K. J.: *Sexism in Spanish lexicography?*, Hispania 59 (1976), 100–109.

Hara, M.: *Semivocales y neutralización: dos problemas de fonología española*, Madrid 1973.

Heath, Sh. B.: *Telling tongues. Language policy in Mexico, colony to nation*, New York–London 1972.

Heger, K.: *Die bisher veröffentlichten ḫarǧas und ihre Deutungen*, Tübingen 1960.

Henschel, H.: *Die RAE und das Diccionario de Autoridades in ihrem Verhältnis zum Gallizismus*, Beiträge zur romanischen Philologie 20 (1981), 95–107.

Hernández Alonso, C.: *Gramática funcional del español*, Madrid 1992.

Hernàndez, F./Mercadé, F.: *Identitat i llengua*. *Anàlisi d'una experiencia*, Revista de Llengua i Dret 14 (Juli 1990), 305–322.

Hilty, G. (Hg.): Aly Aben Ragel, *El libro conplido de los iudizios de las estrellas*. *Traducción hecha en la corte de Alfonso el Sabio*, Madrid 1954.

Hina, H.: *Kastilien und Katalonien in der Kulturdiskussion 1714–1939*, Tübingen 1978; sp. Übersetzung: *Castilla y Cataluña en el debate cultural 1714–1939. Historia de las relaciones ideológicas catalano-castellanas*, Barcelona 1986.

Hösle, J.: *Die katalanische Literatur von der Renaixença bis zur Gegenwart*, Tübingen 1981.

Hohn-Berghorn, M.: *Periphrastische Passivkonstruktionen im geschriebenen Spanisch der Gegenwart. Versuch einer syntaktisch-semantischen Analyse*, Diss. Würzburg 1983.

Holl, A.: *Romanische Verbalmorphologie und relationentheoretische mathematische Linguistik. Axiomatisierung und algorithmische Anwendung des klassischen Wort-und-Paradigma-Modells*, Tübingen 1988.

Howard, M. A.: *A linguistic analysis of the gothic lexicon in Spanish vocabulary*, New York University Ph.D. 1969.

Hubschmid, J.: *Toponimia prerromana*, in: ELH I, 447–493.

Hufton, D. F.: *Parámetros del lunfardo*, Stanford University Ph.D. 1979.

Humboldt, W. v.: *Die Vasken* [1801], in: id., Werke, hg. von A. Flitner/K. Giel, II, Darmstadt 1961, 418–627.

Ibáñez, R.: *Negation im Spanischen*, München 1972.

Isenberg, H.: *Das direkte Objekt im Spanischen*, Berlin 1968.

Jiménez Patón, B.: *Instituciones de la gramática española* 1614, Ausgabe A. Quilis/J. M. Rozas, Madrid 1965.

Jungemann, F. H.: *La teoría del substrato y los dialectos hispano-romances y gascones*, Madrid 1955.

Kagan, R. L.: *Il latino nella Castiglia del XVII e del XVIII secolo*, Rivista storica Italiana 85 (1973), 297–320.

Kany, Ch. E.: *Sintaxis hispanoamericana*, Madrid 1969.

Kelz, H. P.: *Spanisches Lehngut im tagalischen Wortschatz*, in: J. Caudmont (Hg.): Sprachen im Kontakt – Langues en contact, Tübingen 1982, 243–257.

Key, M. R.: *The grouping of South American Indian languages*, Tübingen 1980.

Kiddle, L. B.: *The chronology of the Spanish sound change*: š > χ, in: Studies in honor L. A. Kasten, Madison 1975, 73–100.

King, L. D.: *The semantics of direct object a in Spanish language and linguistics*, Hispania 17 (1984), 397–403.

Klein, H. G.: *Tempus, Aspekt, Aktionsart*, Tübingen 1974.

Klein, H. W.: *Latein und Volgare in Italien*, München 1957.

Klein, Ph. W.: *Observations on the semantics of mood in Spanish*, University of Washington Ph.D. 1974.

Klein-Andreu, F.: *Grammar in style: Spanish adjective placement*, in: id. (Hg.): Discourse perspectives in syntax, New York 1983, 143–179.

Kloss, H.: *The American bilingual tradition*, Rowly (Mass.) 1977.

Koch, P./Oesterreicher, W.: *Gesprochene Sprache in der Romania: Französisch, Italienisch, Spanisch*, Tübingen 1990.

Kohut, K.: *Escribir en París. Entrevistas*, Frankfurt 1983.

Konetzke, R.: *El mestizaje y su importancia en el desarrollo de la población hispano-americana durante la época colonial*, Revista de Indias 7 (1946), Nr. 23, 7–44; Nr. 24, 215–237.

–: *Colección de documentos para la historia de la formación social de Hispanoamérica 1493–1810*, 3 Bde., Madrid 1953–1962.

–: *Die Indianerkulturen Altamerikas und die spanisch-portugiesische Kolonialherrschaft*, Fischer Weltgeschichte 22, *Süd- und Mittelamerika I* [1956], Frankfurt 1979.

–: *Die Mestizen in der kolonialen Gesetzgebung. Zum Rassenproblem im spanischen Amerika*, Archiv für Kulturgeschichte 42 (1960), 131–177.

–: *Die Bedeutung der Sprachenfrage in der spanischen Kolonisation Amerikas*, Jahrbuch für Geschichte von Staat, Wirtschaft und Gesellschaft Lateinamerikas 1 (1964), 72–116.

Kohring, H.: *Judenspanisch «Morena me llama»*, in: Romania cantat. G. Rohlfs zum 85. Geburtstag, Tübingen 1980, II, 281–303.

Kontzi, R.: *Das Zusammentreffen der arabischen Welt mit der romanischen und seine sprachlichen Folgen*, in: id. (Hg.): Substrate und Superstrate in den romanischen Sprachen, Darmstadt 1982, 387–450.

Kramer, Johannes: *English and Spanish in Gibraltar*, Hamburg 1986.

Kremnitz, G.: *Aktuelle Probleme der Sprachpolitik in Euskadi*, Europa Ethnica 48 (1991), 10–23.

Krohmer, U.: *Unregelmäßigkeiten bei der Pluralbildung des Nomens im Spanischen*, Iberoromania 2 (1970), 104–121.

Kubarth, H.: *Perfecto compuesto y perfecto simple en el habla de Buenos Aires*, in: R. Lorenzo (Hg.): Actas do XIX congreso internacional de lingüística e filoloxía románicas, III, A Coruña 1992, 505–516.

Kukenheim, L.: *Contributions à l'histoire de la grammaire italienne, espagnole et française à l'époque de la Renaissance*, Amsterdam 1932.

Kummer, W.: *Die Geschichte der Sprach- und Indigenismuspolitik in Yucatán (Mexico)*, Osnabrücker Beiträge zur Sprachtheorie 14 (1980), 2–74.

Kvavik, K. L. H.: *Noun suffixes in modern Spanish. A synchronic study of formal and statistical properties*, Stanford University Ph.D. 1969.

Lagarde, P.: *Problèmes contemporains de l'édition argentine*, in: Centre interdisciplinaire d'études latino-américaines Toulouse le Mirail (Hg.): Communications de masse en Amérique Latine, Paris 1979, 45–62.

Laín Entralgo, P.: *Latín de Hispania: aspectos léxicos de la romanización*, Madrid 1968.

Lamíquiz, V.: *El sistema verbal del español*, Málaga 1982.

Lang, J.: *Sprache im Raum. Zu den theoretischen Grundlagen der Mundartforschung. Unter Berücksichtigung des Rätoromanischen und Leonesischen*, Tübingen 1982.

Lantolf, J. P.: *Linguistic change as a socio-cultural phenomenon: A study of the old Spanish sibilant devoicing*, Pennsylvania State University Ph.D. 1974.

Lapesa, R.: *Sobre el ceceo y el seseo en Hispanoamérica*, Revista Iberoamericana 21 (1956), 409–416.

–: *Sobre el ceceo y seseo andaluces*, in: Homenaje A. Martinet, La Laguna 1957, I, 67–94.

–: *El andaluz y el español de América*, in: Presente y futuro II, 173–182.

–: *Los casos latinos: restos sintácticos y sustitutos en español*, Boletín de la RAE 44 (1964), 57–105.

Literaturverzeichnis

–: *Personas gramaticales y tratamiento en español*, in: Homenaje R. Menéndez Pidal, IV, Revista de la Universidad de Madrid 19 (1970), 141–167.

–: *Historia de la lengua española*, Madrid [8]1980.

Las Casas, C. de: *Vocabulario de las dos lenguas Toscana y castellana* 1570.

Lastra de Suárez, Y.: *Bilingualism in Mexico*, in: Alatis 1978, 202–213.

Lautensach, H.: *Maurische Züge im geographischen Bild der Iberischen Halbinsel*, Bonn 1960.

Lázaro Carreter, F.: *Las ideas lingüísticas en España durante el siglo XVIII* [1949], Barcelona [2]1985.

–: *El problema del artículo en español: «Una lanza por Bello»*, in: Homenaje a la memoria de A. Rodríguez-Moniño, Valencia 1975, 347–371.

Lázaro Mora, F. A.: *La presencia de Andrés Bello en la filología española*, Salamanca 1981.

Lebsanft, F.: *Die Anredeforschung und das Spanische*, Zeitschrift für romanische Philologie 106 (1990), 146–165. (= 1990a)

–: *Spanien und seine Sprachen in den Cartas al director von El País (1976–1987). Einführung und analytische Bibliographie*, Tübingen 1990. (= 1990b)

Leenhardt, J. (Hg.): *Littérature latino-américaine d'aujourd'hui*, Paris 1980.

Leibowitz, A. H.: *The Bilingual Education Act: A legislative analysis*, Rosslyn (Virginia) 1980.

Léon, P. R.: *Précis de phonostylistique. Parole et expressivité*, Paris 1993.

León, V.: *Diccionario de argot español*, Madrid 1992.

Le Page, R. B.: *Polarizing factors: Political, cultural, economic – operating on the individual's choice of identity through language use in British Honduras*, in: J.-G. Savard/R. Vigneault (Hg.): Les états multilingues. Problèmes et solutions, Québec 1975, 537–551.

Lerner, I.: *Arcaísmos léxicos del español de América*, Madrid 1974.

Lipski, J. M.: *The Spanish of Equatorial Guinea. The dialect of Malabo and its implications for Spanish dialectology*, Tübingen 1985.

Llera Ramo, F. J.: *Introducción a la sociología del bable*, in: Estudios y trabayos del Seminariu de llingua asturiana II, Oviedo 1979, 269–284.

Llorente Maldonado de Guevara, A.: *Fonética y fonología andaluzas*, RFE 45 (1962), 228–240.

–: *Las construcciones de carácter impersonal en español*, in: Estudios ofrecidos a E. Alarcos Llorach, Oviedo 1976, I, 107–125.

Llorente Maldonado de Guevara, A./Mondéjar, J.: *La conjugación objetiva en español*, REL 4 (1974), 1–60.

Lloyd, P. M.: *Verb-complement compounds in Spanish*, Tübingen 1968.

Lloyd, P. M./Schnitzler, R. D.: *A statistical study of the structure of the Spanish syllable*, Linguistics 37 (1967), 58–72.

Löfstedt, E.: *Philologischer Kommentar zur Peregrinatio Aetheriae. Untersuchungen zur Geschichte der lateinischen Sprache* [1911], Uppsala 1936.

Lomax, W. D.: *La lengua oficial de Castilla*, in: Actele celui de-al XII-lea congres internaţional de lingvistică şi filologie romanică (1968), II, Bukarest 1971, 414–417.

–: *The Date of the «Poema de Mio Cid»*, in: A. D. Deyermond (Hg.): «Mio Cid» Studies, London 1977, 73–81.

Lope Blanch, J. M.: *La influencia del sustrato en la fonética del español de México*, RFE 50 (1967), 145–161 (= 1967a).

–: *Sobre la influencia de las lenguas indígenas en el léxico del español hablado en México*, in: Actas del II congreso internacional de hispanistas, Nimwegen 1967, II, 395–402 (= 1967b).

–: *Indigenismos en la norma lingüística culta de México*, in: Estudios filológicos y lingüísticos. Homenaje A. Rosenblat, Caracas 1974, 323–336.

–: *El léxico indígena en el español de México*, México ²1979.
– (Hg.): *Perspectivas de la investigación lingüística en Hispanoamérica. Memoria*, México 1980.
–: *El estudio del español hablado culto*, México 1986.
López, M. L.: *Problemas y métodos en el análisis de preposiciones*, Madrid 1970.
López Estrada, F.: *Poema del Cid. Texto integral en versión métrica*, Madrid 1969.
López Morales, H.: *En torno al léxico textil de Puerto Rico* [1976], in: id., Dialectología y sociolingüística. Temas puertorriqueños, Madrid–San Juan 1979, 61–86.
–: *Estratificación social del español de San Juan de Puerto Rico*, México 1983.
–: *Del lenguaje político en Puerto Rico: 'Commonwealth' frente a 'Estado Libre Asociado'*, in: M. Alvar (Hg.): El lenguaje político, Madrid 1987, 167–177.
–: *El español del Caribe*, Madrid 1992.
Lorenzo, E.: *La expresión de ruego y de mandato en español* [1962], in: id., El español de hoy, lengua en ebullición, Madrid ³1980, 122–134.
Loveluck, J. (Hg.): *La novela hispanoamericana*, Santiago de Chile ³1969.
Lowrey, F. M.: *Through the looking glass: Linguistic separatism and national unity*, Emory Law Journal 41 (1992), 223–319.
LRL = Holtus, G./Metzeltin, M./Schmitt, Chr. (Hg.): *Lexikon der Romanistischen Linguistik*, Bd. VI, 1: *Aragonesisch/Navarresisch, Spanisch, Asturianisch/Leonesisch*, Tübingen 1992.
Lüdtke, J.: *Prädikative Nominalisierungen mit Suffixen im Französischen, Katalanischen und Spanischen*, Tübingen 1978.
Luna Thraill, E.: *Sintaxis de los verboides en el habla culta de la ciudad de México*, México 1980.
Lunn, P. V.: *The semantics of* por *and* para, Bloomington 1987.

Macías, R. F.: *Mexicano/Chicano sociolinguistic behavior and language policy in the United States*, Georgetown University Ph.D. 1979.
Macpherson, I. R.: *Spanish phonology: decriptive and historical*, Manchester 1975.
Maillo Salgado, F.: *Los arabismos del castellano en la baja edad media (Consideraciones históricas y filológicas)*, Salamanca 1983.
Malinowski, A. C.: *Aspects of contemporary Judeo-Spanish in Israel based on oral and written sources*, University of Michigan Ph.D. 1979.
Malkiel, Y.: *The contrast* tomáis ~ tomávades, queréis ~ queríades *in classical Spanish*, Hispanic Review 17 (1949), 159–165.
–: *Linguistics and ethnology in Spanish America. A survey (1925–1970)*, Den Haag 1972.
Marcos Marín, F.: *Estudios sobre el pronombre*, Madrid 1978.
–: *Latín tardío y romance temprano*, RFE 64 (1984), 129–145.
Mariner, S.: *El latín de la Península Ibérica: léxico*, in: ELH I, 199–236.
–: *La difusión del Cristianismo como factor de latinización*, in: Assimilation et résistance à la culture gréco-romaine dans le monde ancien. Travaux du VIᵉ congrès international d'études classiques (1974), Bukarest–Paris 1976, 271–282.
Marrou, H.-J.: *Geschichte der Erziehung im klassischen Altertum* [1948], München 1977.
Marsá F.: *Toponimia de reconquista*, in: ELH I, 615–646.
Martinell, R.: *Glossar der Datenverarbeitung (S-D-S) unter besonderer Berücksichtigung der Software*, Lebende Sprachen 26 (1981), 169–175.
Martinet, A.: *Un ou deux phonèmes?*, Acta Linguistica 1 (1939), 94–103.
Martínez Alvarez, J.: *Bable y castellano en el Concejo de Oviedo*, Oviedo 1968.
Martínez Celdrán, E.: *Los conceptos de interfijo e infijo en español*, RLE 8 (1978), 447–460.
Martínez García, H.: *El suplemento en español*, Madrid 1986.

327

Martínez Martín, F. M.: *Fonética y sociolingüística en la ciudad de Burgos*, Madrid 1983.

Maurer, Ph.: *Les modifications temporelles et modales du verbe dans le papiamento de Curaçao (Antilles Néerlandaises)*, Hamburg 1988.

Mayer, E./Masferrer, E.: *La población indígena de América en 1978*, América Indígena 39 (1979), 216–337.

Meier, H.: *Deutsche Sprachstatistik*, Hildesheim ²1967.

Mejías, H. A.: *Préstamos de lenguas indígenas en el español hispano-americano del siglo XVII*, University of New York at Buffalo Ph.D. 1978.

Meliá, B.: *La lengua guaraní del Paraguay. Historia, sociedad y literatura*, Madrid 1992.

Mel'čuk, I. A.: *On the phonemic status of 'semivowels' in Spanish*, Linguistics 109 (1973), 35–60.

Menéndez Pidal, R.: *Cantar de Mio Cid. Texto, gramática y vocabulario*, 2 Bde., Madrid 1908–1911.

–: *Colonización suritálica de España según testimonios toponímicos e inscripciones*, in: ELH I, LIX–LXVIII.

–: *Sevilla frente a Madrid. Algunas observaciones sobre el español de América*, in: Estructuralismo e historia. Homenaje A. Martinet, La Laguna 1962, III, 99–165.

–: *Orígenes del español* [1926], Madrid ⁵1964.

–: *Poema de Mio Cid* (Clásicos Castellanos), Madrid ¹¹1966.

Messner, D.: *Geschichte des spanischen Wortschatzes. Eine chronologisch-etymologische Einführung*, Heidelberg 1979.

Michelena, L.: *Textos arcáicos vascos*, Madrid 1964.

Moles, J. A.: *Decisions and variability: The usage of address terms, pronouns and languages by Quechua-Spanish bilinguals in Peru*, Anthropological Linguistics 16 (1974), 442–463.

Molina Redondo, J. A. de: *Usos de «se». Cuestiones sintácticas y léxicas*, Madrid 1974.

Molina Redondo, J. A. de/Ortega Olivares, J.: *Usos de ser y estar*, Madrid 1987.

Mondéjar Cumpián, J.: *«Castellano» y «Español», dos nombres para una Lengua*, Granada 1981.

–: *Bibliografía sistemática y cronológica de las hablas andaluzas*, Granada 1989.

Monge, F.: *¿Una nueva lengua románica?*, in: Miscelánea de homenaje para Germán Colón, Tübingen 1989, 275–283.

Monroy Casas, R.: *Aspectos fonéticos de las vocales españolas*, Madrid 1980.

Montero Cartelle, E.: *Castellano o español a la luz de la Constitución (La historia se repite)*, Senara. Revista de Filoloxía 1 (1979), 221–241.

Montes Giraldo, J. J.: *Dialectología general e hispanoamericana: orientación teórica, metodológica y bibliográfica*, Bogotá 1982.

Mora de González, E.: *Las obstruyentes implosivas: un proceso de variabilidad*, Revue de phonétique appliquée 91–93 (1989), 161–175.

Moralejo, J. L.: *Literatura hispano-latina (Siglos V–XVI)*, in: J. M. Díez Borque (Hg.): Historia de las literaturas hispánicas no castellanas, Madrid 1980, 13–137.

Morel-Fatio, A.: *Ambrosio de Salazar et l'étude de l'espagnol en France sous Louis XIII*, Paris 1900.

Moreno de Alba, J. G.: *Frecuencia de la sibilación de |r| y |rr| en México*, Nueva Revista de Filología Hispánica 21 (1972), 363–370.

–: *Valores de las formas verbales en el español de México*, México 1978.

–: *El español en América*, México 1988.

Morgan, T. A.: *Consonant-glide-vowel alternations in Spanish: A case study in syllabic and lexical phonology*, The University of Texas at Austin Ph.D. 1984.

Mori, O.: *Frases infinitivas preposicionales en la zona significativa causal. Estudio contrastivo español-inglés*, Tübingen 1980.

Morínigo, M. A.: *Difusión del español en el Noroeste argentino*, Hispania 35 (1952), 86–95.

Moya Corral, J. A.: *La pronunciación del español en Jaén*, Granada 1979.

Moya Pons, F.: *Datos para el estudio de la demografía aborigen en La Española*, in: Estudios sobre política indigenista española en América, Valladolid 1977, III, 9–18.

Müller, B.: *Das morphemmarkierte Satzobjekt der romanischen Sprachen (Der sogenannte präpositionale Akkusativ)*, Zeitschrift für romanische Philologie 87 (1971), 477–519.

Munteanu, D.: *Răspîndirea geografică a indigenismelor lexicale în spaniola americană*, Studii și Cercetări Lingvistice 27 (1976), 241–255.

–: *El papiamento, origen, evolución y estructura*, Bochum 1991.

Muro Orejón, A.: *La igualdad entre indios y españoles: La Real Cédula de 1697*, in: Estudios sobre política indigenista española en América, Valladolid 1975, I, 365–386.

Nagore, F.: *Gramática de la lengua aragonesa*, Zaragoza [5]1989.

Náñez Fernández, E.: *Diccionario de construcciones sintácticas del español. Preposiciones*, Santander 1970.

–: *El diminutivo. Historia y funciones en el español clásico y moderno*, Madrid 1973.

Navarro Tomás, T.: *Nuevos datos sobre el yeísmo en España*, Thesaurus 19 (1964), 1–17.

–: *Capítulos de geografía lingüística de la Península Ibérica*, Bogotá 1975.

–: *Manual de pronunciación española* [1918], Madrid [25]1991 (identisch mit [4]1932).

Navas Ruiz, R.: *El subjuntivo castellano. Teoría y bibliografía crítica*, in: I. Bosque (Hg.): Indicativo y subjuntivo, Madrid 1990, 107–141.

Neagu, V.: *Categorii onomasiologice ale lexicului indigen în spaniola americană*, Studii și Cercetări Lingvistice 27 (1976), 257–266, 389–398.

Nebrija, A. de: *Gramática castellana* 1492, Ausgaben: P. Galindo Romeo/L. Ortiz Muñoz, Madrid 1946; M. A. Esparza/R. Sarmiento, Madrid 1992.

–: *Vocabulario de romance en latín* 1495, Ausgabe G. J. Macdonald, Madrid 1973.

Neira Martínez, J.: *La oposición 'continuo'/'discontinuo' en las hablas asturianas*, in: Estudios ofrecidos a E. Alarcos Llorach, Oviedo 1978, III, 255–279.

–: *El bable. Estructura e historia*, Gijón [2]1982.

Neuschäfer, H.-J.: *El Cantar de Mío Cid*, München 1964.

Neuvonen, E. K.: *Los arabismos del español en el siglo XIII*, Helsinki 1941.

Neves, A. N.: *Diccionario de americanismos*, Buenos Aires 1973.

Nichols, M. W.: *A bibliographical guide to materials on American Spanish*, Cambridge (Mass.) 1941.

Niederehe, H. J.: *Die Sprachauffassung Alfons des Weisen*, Tübingen 1975.

Nord, Ch.: *Neueste Entwicklungen im spanischen Wortschatz. Untersuchung auf der Grundlage eines pressesprachlichen Korpus*, Rheinfelden 1983.

Norton, F. J.: *Printing in Spain. 1501–1520*, Cambridge 1966.

Nougué, A.: *Teorías de los españoles del siglo XVI sobre la evolución de su lengua (o claridad y afectación)*, Revista de Archivos, Bibliotecas y Museos 75 (1968–1972), 457–477.

Novo Mier, L.: *El habla de Asturias. Comparada con las otras lenguas vernáculas hispánicas (Estudio histórico-lingüístico)*, Oviedo 1980.

Nowikow, W.: *Según dijera, después que llegara ...; ¿un americanismo?*, in: III Congreso, I, 537–540.

Núñez Cedeño, R. A./Páez Urdaneta, I./Guitart, J. M. (Hg.): *Estudios sobre la fonología del español del Caribe*, Caracas 1986.

Ortiz de Latierro, E.: *Los signos de puntuación en alemán y en español*, Lebende Sprachen 4 (1977), 171–175.

Oudin, C.: *Le Thrésor des trois langues espagnole, françoise, et italienne* 1617.

Oviedo, T. N.: *Mood and negation in Spanish noun clauses*, University of California, Los Angeles, Ph.D. 1975.

Ozete, O.: *Current usage of relative pronouns in Spanish*, Hispania 64 (1981), 85–91.

Páez Urdaneta, I.: *The use of 'tu' and 'usted': Patterns of address in the middle class of Caracas*, Stanford University Ph.D. 1980.

–: *Historia y geografía hispanoamericana del voseo*, Caracas 1981.

Parker, G. J.: *Notes on the linguistic situation and language planning in Peru*, in: J. Rubin/H. Shuy (Hg.): Language planning. Current issues and research, Washington 1973, 67–71.

Pastor de Togneri, R.: *Problèmes d'assimilation d'une minorité: les mozarabes de Toledo de 1085 à la fin du XIIIe siècle*, Annales. Economies, Sociétés, Civilisations 25 (1970), 351–390.

Patiño Rosselli, C.: *Una mirada al criollo palenquero*, in: Estudios 328–353.

Patterson, W. T.: *On the genealogical structure of the Spanish vocabulary*, Word 24 (1968), 309–339.

Patterson, W. T./Urrutibéheity, H.: *The lexical structure of Spanish*, Den Haag 1975.

Paufler, H. D.: *La diversidad léxica en América Latina y la influencia del español de Américan en el léxico de la lengua española*, Beiträge zur romanischen Philologie 13 (1974), 337–341.

–: *Lateinamerikanisches Spanisch. Phonetisch-phonologische und morphologisch-syntaktische Fragen*, Leipzig 1977.

Pelzing, E.: *Das attributive Adjektiv des Spanischen: Stellenwert und Stellung*, Frankfurt–Bern 1981.

–: *Zeichensetzung. Ein Vergleich spanischer und deutscher Beistrich-(Komma-)Regeln*, Lebende Sprachen 31 (1986), 36–38.

Pena, J.: *La derivación en español. Verbos derivados y sustantivos verbales*, Santiago de Compostela 1980.

Penades Martínez, I.: *Perspectivas de análisis para el estudio del adjetivo calificativo del español*, Cádiz 1990.

Penny, R.: *A history of the Spanish language,* Cambridge 1991; sp. Übersetzung: *Gramática histórica del español*, Barcelona 1993.

Pérès, M.: *Les éléments ethniques de l'Espagne musulmane et la langue arabe, au Ve/XIe siècle*, in: Etudes d'orientalisme dédiées à la mémoire de E. Lévi-Provençal, Paris 1962, II, 717–731.

Pérez, J. et al.: *Esprit créole et conscience nationale (Essai sur la formation des consciences nationales en Amérique Latine)*, Paris 1980.

Pérez de Barradas, J.: *Los mestizos de América*, Madrid 1948.

Perissinotto, G.: *Distribución demográfica de la asibilación de vibrantes en el habla de la ciudad de México*, Nueva Revista de Filología Hispánica 21 (1972), 71–79.

Perl, M.: *El 'habla bozal' – ¿una lengua criolla de base española?*, Anuario de Lingüística Hispánica 5 (1989), 205–220.

Petschen Verdaguer, S.: *Las minorías lingüísticas de Europa occidental: Documentos (1492–1989)*, 2 Bde., Vitoria-Gasteiz 1992.

Peuser, G.: *Die Partikel «de» im modernen Spanisch. Ihre Leistung als Ligament und Präposition*, Freiburg i. Br. 1965.

Phelan, J. L.: *The hispanization of the Philippines. Spanish aims and Filipino responses 1565–1700* [1959], Madison–London 1967.

Piel, J. M.: *Toponimia germánica*, in: ELH I, 531–560.

Pietschmann, H.: *Die staatliche Organisation des kolonialen Iberoamerika*, Stuttgart 1980.

Pilleux, M. S.: *A morphophonological, functional and semantic analysis of Spanish suffixes from a synchronic point-of-view*, University of Pittsburgh Ph.D. 1979.

Pollak, W.: *Studien zum 'Verbalaspekt' im Französischen*, Wien 1960.

Poma de Ayala, F. G.: *La nueva crónica y buen gobierno*, Ausgabe L. Bustíos Gálvez, 3 Bde., Lima 1956–1966.

Porroche Ballesteros, M.: *'Ser', 'estar' y verbos de cambio*, Madrid 1988.

Portolés Lázaro, J.: *Sobre los interfijos en español*, Lingüística Española Actual 10 (1988), 153–169.

Poston, L. Jr.: *The redundant object pronoun in contemporary Spanish*, Hispania 36 (1953), 263–272.

Pottier, B.: *L'évolution de la langue aragonaise à la fin du Moyen Age*, Bulletin Hispanique 54 (1952), 184–199.

– (Hg.): *América latina en sus lenguas indígenas*, Caracas 1983.

Pousada, A./Poplack, Sh.: *No case for convergence: The Puerto Rican Spanish verb system in a language-contact situation*, in: Fishman/Keller 1982, 207–237.

Powers, M. D.: *Sociolinguistic correlates of relative pronoun variation among Spanish speakers in Mexico City*, University of Texas Ph.D. 1981.

Prado, M.: *El género en español y la teoría de la marcadez*, Hispania 65 (1982), 258–266.

Prats, M./Rafanell, A./Rossich, A.: *El futur de la llengua catalana*, Barcelona 1990.

Pratt, Ch.: *El anglicismo en el español peninsular contemporáneo*, Madrid 1980.

Presente y futuro = *Presente y futuro de la lengua española*. Actas de la asamblea de filología del I congreso de instituciones hispánicas, 2 Bde., Madrid 1964.

Puig Salellas, J. M.: *Conceptos básicos de la doble oficialidad*, Revista de Llengua i Dret 14 (Juli 1990), 27–53.

Py, B.: *La interrogación en el español hablado de Madrid*, Brüssel 1971.

Quesada, E.: *La evolución del idioma nacional*, Buenos Aires 1923.

Quilis, A.: *Phonologie de la quantité en espagnol*, Phonetica 13 (1965), 82–85.

–: *Morfología del número en el síntagma nominal español*, Travaux de Linguistique et de Littérature 6 (1968), 131–140.

–: *Caracterización fonética del acento español*, Travaux de Linguistique et de Littérature 9 (1971), 53–72.

–: *Fonética acústica de la lengua española*, Madrid 1981.

–: *La concordancia gramatical en la lengua española hablada en Madrid*, Madrid 1983.

–: *Datos para la historia de la lengua española en Filipinas*, in: M. Alvar (Hg.): Actas del II simposio internacional de lengua española [1981], Las Palmas de Gran Canaria 1984, 505–521.

Quilis, A. et al.: *Los pronombres le, la, lo y sus plurales en la lengua española hablada en Madrid*, Madrid 1985.

Quilis, A./Esgueva, M./Cantarero, M.: *La investigación sobre la fonética de la norma lingüística culta de la lengua española hablada en Madrid*, in: Linguistique descriptive: Phonétique, morphologie et lexique. Actes du XVIIe congrès international de linguistique et philologie romanes [1983], Aix-en-Provence 1985, III, 65–77.

Quintana, A.: *Die Kodifizierung der neuaragonesischen Schriftsprache*, in: W. Dahmen et al. (Hg.): Zum Stand der Kodifizierung romanischer Kleinsprachen, Tübingen 1991, 199–215.

Rabanal Alvarez, M.: *La lengua hablada en tiempos de San Isidoro*, Archivos Leoneses 24 (1971), 187–201.

RAE: *Diccionario de la lengua castellana* [= *Diccionario de autoridades*], 6 Bde., 1726–1739, Neudruck Madrid 1990.

–: *Gramática de la lengua castellana* 1771, Faksimileausgabe R. Sarmiento, Madrid 1984.

–: *Gramática de la lengua española*. Nueva Edición, reformada, Madrid ^{9}1924.

– (Comisión de gramática): *Esbozo de una nueva gramática de la lengua española* [1973], Madrid ^{7}1981.

–: *Diccionario de la lengua española*, 20. Aufl., 2 Bde., Madrid 1984; 21. Aufl., Madrid 1992.

Rainer, F.: *Spanische Wortbildungslehre*, Tübingen 1993.

Rama, A.: *Diez problemas para el novelista latinoamericano*, Caracas 1972.

Rawley, J. M.: *The transatlantic slave trade. A history*, New York–London 1981.

Recomendaciones = Ministerio de Educación y Ciencia: *Recomendaciones para el uso no sexista de la lengua*, Madrid 1988.

La Reconquista española y la repoblación del país, Zaragoza 1951.

Reese, S.: *Gerundialkonstruktionen im Spanischen. Ansatz zu einer grammatisch-pragmatischen Beschreibung*, Tübingen 1991.

Rehrmann, N.: *Die panhispanistische Bewegung von 1824 bis 1936*, Iberoamericana 40/41 (1990), 6–25.

Reixach, M.: *Difusió social del coneixement de la llengua catalana. Anàlisi de les dades lingüístiques del padró d'habitants de 1986 de Catalunya, Illes Balears i País Valencià*, 2 Bde., Barcelona 1990.

Resnick, M. C.: *Phonological variants and dialectal identification in Latin American Spanish*, Den Haag–Paris 1975.

Resnick, M. C./Hammond, R.: *The status of quality and length in Spanish words*, Linguistics 156 (1975), 79–88.

Reyes, A.: *Poema del Cid. Prosificación moderna*, Madrid 1970.

Ricard, R.: *Le problème de l'enseignement du castillan aux Indiens d'Amérique durant la période coloniale*, Bulletin de la Faculté des Lettres de Strasbourg 39 (1961), 281–296.

Rivarola, J. L.: *Bilingüismo histórico y español andino*, in: Actas del IX congreso de la asociación internacional de hispanistas, Frankfurt 1989, I, 153–163.

Robelo, C. A.: *Diccionario de aztequismos*, Cuernavaca 1904.

Roca, A.: *Language maintenance and language shift in the Cuba American community of Miami: The 1990s and beyond*, in: D. F. Marshall (Hg.): Focusschrift in honor of J. A. Fishman, Amsterdam–Philadelphia, III, 1991, 245–257.

Roegiest, E.: *A propos de l'accusatif prépositionnel dans quelques langues romanes*, Vox Romanica 38 (1979), 37–54.

–: *Les prépositions a et de en espagnol contemporain. Valeurs contextuelles et signification générale*, Gent 1980.

Rogmann, H.: *Zur indikativischen Funktion der spanischen Verbform -ra*, Iberoromania 3 (1971), 163–173.

Rohlfs, G.: *Romanische Sprachgeographie. Geschichte und Grundlagen, Aspekte und Probleme mit dem Versuch eines Sprachatlas der romanischen Sprachen*, München 1971.

Rojo, G.: *La temporalidad verbal en español*, Verba 1 (1974), 68–149.

–: *La correlación temporal*, Verba 3 (1976), 65–89.

–: *Cláusulas y oraciones*, Santiago de Compostela 1978.

–: *Conductas y actitudes lingüísticas en Galicia*, REL 11 (1981), 269–310.

Rolfe, O. W.: *A quantitative comparison of French and Spanish verbal systems*, Stanford University Ph.D. 1967.

Romera Navarro, M.: *La defensa de la lengua española en el siglo XVI*, Bulletin Hispanique 31 (1929), 204–255.

Rona, J. P.: *The social and cultural status of Guaraní in Paraguay* in: W. Bright (Hg.): Sociolinguistics. Proceedings of the UCLA sociolinguistic conference (1964), Den Haag–Paris 1966, 277–298.

–: *Geografía y morfología del 'voseo'*, Pôrto Alegre 1967.

–: *Desarrollo de la lingüística y filología en la América latina*, in: Actas de la I reunión latinoamericana de lingüística y filología (1964), Bogotá 1973, 269–292.

Rosenblat, A.: *La lengua y la cultura de Hispanoamérica. Tendencias actuales*, Paris–Toulouse 1951.

–: *La población indígena y el mestizaje en América. I. La población indígena 1492–1950*, Buenos Aires 1954.

–: *Las generaciones argentinas del siglo XIX ante el problema de la lengua*, Revista de la Universidad de Buenos Aires 5 (1960), 539–584.

–: *La hispanización de América. El castellano y las lenguas indígenas desde 1492*, in: Presente y futuro II, 189–216 (= 1964a).

–: *Base del español de América: nivel social y cultural de los conquistadores y pobladores*, Boletín de Filología (Chile) 16 (1964), 171–230 (= 1964b).

–: *El castellano de España y el castellano de América. Unidad y diferenciación*, Caracas ²1965.

–: *Lengua literaria y lengua popular en América*, Caracas 1969.

–: *El imperativo categórico no parece hoy la pureza de la lengua, sino la unidad*, Boletín del Instituto Pedagógico de Caracas 12–15 (1974), 7–10.

Rosengren, I.: *Ein Frequenzwörterbuch der deutschen Zeitungssprache*, 2 Bde., Lund 1972–1977.

Rosengren, P.: *Presencia y ausencia de los pronombres personales sujetos en español moderno*, Stockholm 1974.

Rothe, W.: *Romanische Objektkonjugation*, Romanische Forschungen 78 (1966), 530–547.

Rubin, J.: *National bilingualism in Paraguay*, Den Haag 1968.

–: *Toward bilingual education for Paraguay*, in: Alatis 1978, 189–201.

Rubio García, L.: *Del latín al castellano en las escrituras reales*, Murcia 1981.

Ruiz Hernández, J. V./Miyares Bermúdez, E.: *El consonantismo en Cuba*, La Habana 1984.

Sala, M. et al.: *El léxico indígena del español americano. Apreciaciones sobre su vitalidad*, México–Bukarest 1977.

–: *El español de América. I: Léxico*, 2 Bde., Bogotá 1982.

Salas, A.: *Los diccionarios académicos y el estado actual de la lexicografía*, Boletín de Filología (Chile) 16 (1964), 265–283.

Salvador, G.: *Incorporaciones léxicas en el español del siglo XVIII* [1973], in: id.: Semántica y lexicología del español. Estudios y lecciones, Madrid 1985, 145–160.

–: *Unidades fonológicas vocálicas en andaluz oriental*, REL 7 (1977), 1–23.

–: *Discordancias dialectales en el español atlántico*, in: M. Alvar (Hg.): I simposio internacional de la lengua española [1978], Las Palmas de Gran Canaria 1981, 351–362.

–: *El juego fonológico y la articulación de las llamadas vocales andaluzas*, in: Dialectología. Estudios sobre el Romancero. Homenaje a A. Zamora Vicente, II, Madrid 1989, 279–297.

–: *Política lingüística y sentido común*, Madrid 1992.

Samper Padilla, J. M.: *Estudio socio-lingüístico del español de Las Palmas de Gran Canaria*, Las Palmas 1990.

Sánchez, L. A.: *La literatura peruana. Derrotero para una historia cultural del Perú* [1928–1936], 5 Bde., Lima o. J. [1966].

Sánchez-Albornoz, C.: *Proceso de la romanización de España desde los Escipiones hasta Augusto*, Anales de Historia Antigua y Medieval (1949), 5–35.

–: *El islam de España y el occidente*, Madrid 1974.

Sánchez Garrido, A.: *Indagación de lo argentino*, Buenos Aires 1962.

Sandner, G./Steger, H.-A.: *Lateinamerika* (Fischer Länderkunde 7), Frankfurt 1973.

Saporta, S./Olson, D.: *Classification of intervocalic clusters*, Language 34 (1958), 261–266.

Scharlau, B./Münzel, M./Garscha, K.: *'Kulturelle Heterogenität' in Lateinamerika. Bibliographie mit Kommentaren*, Tübingen 1991.

Schindler, H.: *Bauern und Reiterkrieger. Die Mapuche-Indianer im Süden Amerikas*, München 1990.

Schmidely, J.: *Grammaire et statistique: L'alternance le/lo dans l'expression de l'objet pronominal «direct» en espagnol*, Etudes de Linguistique Appliquée 6 (1972), 37–57.

–: *Déictiques spatiaux de l'espagnol*, in: Mélanges offerts à Ch. V. Aubrun, Paris 1975, II, 239–252.

Schmoll, U.: *Die Sprachen der vorkeltischen Indogermanen Hispaniens und das Keltiberische*, Wiesbaden 1959.

Schoenthal, G.: *Das Passiv in der deutschen Standardsprache. Darstellung in der neueren Grammatiktheorie und Verwendung in Texten gesprochener Sprache*, München 1976.

Scotti-Rosin, M.: *«Tú» oder «usted»? Die pronominale Anrede im heutigen Spanisch*, Zielsprache Spanisch 1/2 (1981), 62–68.

Seklaoui, D. R.: *Change and compensation. Parallel weakening of [s] in Italian, French and Spanish*, New York 1989.

Senabre Sempere, R.: *Lengua y estilo de Ortega y Gasset*, Salamanca 1964.

Sephiha, H. V.: *L'agonie des judéo-espagnols*, Paris 1977.

–: *Le judéo-espagnol*, Paris 1986.

Sibayan, B. P./Gonzalez, A. B. (Hg.): *Sociolinguistic studies in the Philippines*, International Journal of the Sociology of Language 88 (1991).

Siebs, Th.: *Deutsche Bühnenaussprache*, Berlin 1898.

–: *Deutsche Aussprache. Reine und gemäßigte Hochlautung mit Aussprachewörterbuch*, hg. von H. de Boor/H. Moser/Ch. Winkler, Berlin 1969.

Siguan, M.: *España plurilingüe*, Madrid 1992.

Singer, H.-R.: *Conquista und Reconquista im Spiegel spanisch-arabischer Ortsnamen*, in: Erlanger Ortsnamen-Kolloquium: Ortsnamen als Ausdruck von Kultur und Herrschaft (Beiträge zur Namensforschung, NF Beiheft 18), Heidelberg 1980, 119–130.

Smith, Clifford T.: *Population and development in Peru*, London 1988.

Smith, Colin: *The making of the «Poema de Mio Cid»*, Cambridge 1983.

Sofer, J.: *Lateinisches und Romanisches aus den Etymologien des Isidor von Sevilla*, Göttingen 1933.

Solá-Solé, J. M.: *El artículo al- en los arabismos del iberorománico*, Romance Philology 21 (1967/68), 275–285.

Solano, F. de: *Castellanización del indio y areas del castellano en Guatemala en 1772*, Revista de la Universidad de Madrid 19 (1970), 289–340.

–: *Documentos sobre política lingüística en Hispanoamérica (1492–1800)*, Madrid 1991.

Solano-Araya, J. M.: *Modality in Spanish: an account of mood*, University of Kansas Ph.D. 1982.

Solberg, C.: *Immigration and nationalism. Argentina and Chile, 1890–1940*, Austin–London 1970.

Solé, C. A.: *Language loyalty and language attitudes among Cuban-Americans*, in: Fishman/Keller 1982, 254–268.

Solé, Y. R./Solé, C. A.: *Modern Spanish syntax. A study in contrast*, Lexington–Toronto 1977.

Steel, B.: *A textbook of colloquial Spanish*, Madrid ²1991.

–: *Diccionario de americanismos*, Madrid 1990.

Stegmann, T. D. (Hg.): *Diguem no – Sagen wir nein! Lieder aus Katalonien*, Berlin 1979.

Steinhäusl, U.: *Kürzungstendenzen im heutigen Spanisch: Wortkürzungen und Sigelbildungen*, Diss. Würzburg 1984.

Stiehm, B.: *Teaching Spanish word order*, Hispania 61 (1978), 410–434.

Stolz, F./Debrunner, A./Schmid, W. P.: *Geschichte der lateinischen Sprache*, Berlin 1966.

Strauss, F.: *Vulgärlatein und Vulgärsprache im Zusammenhang der Sprachenfrage im 16. Jahrhundert (Frankreich und Italien)*, Marburg 1938.

Strubell i Trueta, M.: *Llengua i població a Catalunya*, Barcelona 1981.

–: *Deu anys de normalització lingüística al principat de Catalunya*, Treballs de sociolingüística catalana 8, València 1990, 21–23.

Studerus, L. H.: *A Spanish twilight zone: Mood, syntax, and past temporal reference*, Hispania 64 (1981), 97–103.

Suárez, J. A.: *The mesoamerican languages*, Cambridge 1983.

Suárez Solís, S.: *El léxico de Camilo José Cela*, Madrid–Barcelona 1964.

Suñer, M.: *Syntax and semantics of Spanish presentational sentence-types*, Washington 1982.

Tavani, G.: *Preistoria e protoistoria delle lingue ispaniche*, L'Aquila 1968.

Terker, A. M.: *Linear order and intonation in the Spanish noun phrase*, University of Washington Ph.D. 1980.

Terrel, T./Hooper, J.: *A semantically based analysis of mood in Spanish*, Hispania 57 (1974), 484–494.

Thompson, B. B.: *Bilingualism in moorish Spain*, University of Virginia Ph.D. 1970.

Thompson, E. A.: *Los godos en España*, Madrid 1971.

Todd Dandaré, R: *La situación lingüística en las Antillas holandesas*, in: Estudios 381–390.

Togeby, K.: *Mode, aspect et temps en espagnol*, Kopenhagen 1953.

Tollis, F.: *Les énoncés en se dans la littérature grammaticale contemporaine*, RFE 60 (1978/80), 173–266.

Tormo Sanz, L.: *Método de aprendizaje de lenguas empleado por los franciscanos en Japón y Filipinas (ss. XVI–XVII)*, Archivo Ibero-Americano 38 (1978), 377–405.

Toro y Gisbert, M. de: *Americanismos*, Paris 1912.

Tovar, A.: *Estudios sobre las primitivas lenguas hispánicas*, Buenos Aires 1949.

–: *L'incorporation du Nouveau Monde à la culture occidentale*, Cahiers d'Histoire Mondiale 6 (1960/61), 833–856.

–: *Séneca y el Latín de España (aptare, subitaneus, mancipium, prauus)*, in: Serta Romanica. Festschrift G. Rohlfs, Tübingen 1968, 133–139.

–: *Catón y el latín de Hispania (eruncare, labrum "lebrillo", pocillum, mustaceus "mostachón", trapetum, lacerare, ueruactum, materia "madera")*, in: Philologische Studien für J. M. Piel, Heidelberg 1969, 201–208.

–: *Einführung in die Sprachgeschichte der Iberischen Halbinsel. Das heutige Spanisch und seine historischen Grundlagen*, Tübingen 1977.

Tovar, A./Larrucea de Tovar, C.: *Catálogo de las lenguas de América del Sur. Con clasificaciones, indicaciones tipológicas, bibliografía y mapas*, Madrid 1984.

Triana y Antorveza, H.: *Las lenguas indígenas en la historia social del Nuevo Reino de Granada*, Bogotá 1987.

Trujillo, R.: *Notas para un estudio de las preposiciones españolas*, Thesaurus 26 (1971), 234–279.

Umbral, F.: *Diccionario cheli*, Barcelona 1983.

Unamuno, M. de: *La cuestión del vascuence* [1902], in: Ensayos, Ausgabe B. G. de Candamo, Madrid 1958, I, 379–406.

Untermann, J.: *Sprachräume und Sprachbewegungen im vorrömischen Hispanien*, Wiesbaden 1961.

– (Hg.): *Monumenta linguarum hispanicarum*. Bd. I. *Münzlegenden*. 1. *Text*, Wiesbaden 1975.

Util y breve institution para aprender los principios y fundamentos de la lengua hespañola 1555, Ausgabe A. Roldán, Madrid 1977.

Valdés, J. de: *Diálogo de la lengua* 1535, Ausgabe J. F. Montesinos (Clásicos Castellanos 86), Madrid 1964.

Vallverdú, F.: *Seixanta anys de diaris en català (1879–1939)*, in: id., La normalització lingüística a Catalunya, Barcelona 1979, 33–42.

–: *El conflicto lingüístico en Cataluña: historia y presente*, Barcelona 1981.

Van den Bogaert, D.: *La posición del adjetivo y su composición silábica*, Lingüística Española Actual 1 (1979), 365–373.

Vañó-Cerdá, A.: *Ser y Estar + adjetivos. Un estudio sincrónico y diacrónico*, Tübingen 1982.

Vaz de Soto, J. M.: *Defensa del habla andaluza*, Sevilla 1981.

Vera Luján, A.: *Las construcciones pronominales pasivas e impersonales en español*, Murcia 1990.

Viaut, A.: *L'asturien: une langue en quête d'officialité*, Lengas 32 (1992), 7–34.

Vicens Vives, J.: *Atlas de historia de España* [1944], Barcelona ⁹1977.

Villalón: *Gramática castellana* 1558, Ausgabe C. García, Madrid 1971.

Villarroel López, J. A.: *Euskera versus castellano: un conflicto lingüístico*, Bilbao 1990.

Villena Ponsoda, J. A.: *Forma, sustancia y redundancia contextual: el caso del vocalismo del español andaluz*, Málaga 1987.

Vivas, J. E.: *Verbos meteorológicos en español*, University of Massachusetts Ph.D. 1976.

Voegelin, Ch. F./Voegelin, F. M.: *Classification and index of the world's languages*, New York 1977.

Voigt, B.: *Die Negation in der spanischen Gegenwartssprache. Analyse einer linguistischen Kategorie*, Frankfurt 1979.

Wachtel, N.: *The vision of the vanquished: the Spanish conquest of Peru through Indian eyes, 1530–1570* [1971], Hassocks 1977.

Wagner, H. O.: *Die Besiedlungsdichte Zentralamerikas vor 1492 und die Ursachen des Bevölkerungsschwundes in der frühen Kolonialzeit unter besonderer Berücksichtigung der Halbinsel Yucatán*, Jahrbuch für Geschichte von Staat, Wirtschaft und Gesellschaft Lateinamerikas 5 (1968), 63–102.

Walsh, J.: *The loss of arabisms in the Spanish lexicon*, University of Virginia Ph.D. 1967.

Wandersleben, W. G.: *La función semántica del cambio de género gramatical en español*, University of New York at Buffalo Ph.D. 1978.

Wandruszka, M.: *Sprachen. Vergleichbar und unvergleichlich*, München 1969.

Weinrich, H.: *Das spanische Sprachbewußtsein im Siglo de Oro* [1973], in: id.: *Wege der Sprachkultur*, Stuttgart 1985, 155–180.

–: *Tempus. Besprochene und erzählte Welt*, Stuttgart [4]1985.

–: *Anekdotisches zur spanischen Sprachgeschichte im Siglo de Oro*, in: Italic and Romance. Linguistic studies in honor of E. Pulgram, Amsterdam 1980, 263–272.

Werner, O.: *Phonemik des Deutschen*, Stuttgart 1972.

Wherritt, I./García, O. (Hg.): *US Spanish: The language of Latinos*, International Journal of the Sociology of Language 79 (1989).

Winkelmann, O.: *Untersuchungen zur Sprachvariation des Gaskognischen im Val d'Aran (Zentralpyrenäen)*, Tübingen 1989.

Wolf, H.-J.: *Glosas Emilianenses*, Hamburg 1991.

Wright, R.: *Late Latin and Early Romance in Spain and Carolingian France*, Liverpool 1982.

Zamora, J. C.: *Indigenismos en la lengua común de la América española: siglo XVI*, University of New York at Buffalo Ph. D. 1971.

Zamora Vicente, A.: *Dialectología española*, Madrid [2]1970.

Zavadil, B.: *Ensayo de una interpretación funcional de los modos españoles*, Romanistica Pragensia 9 (1975), 143–177.

–: *La delimitación de la categoría de modalidad*, Ibero-Americana Pragensia 13 (1979), 51–88.

Zentella, A. C.: *Returned migration, language and identity: Puerto Rican bilinguals in dos worlds/ two mundos*, International Journal of the Sociology of Language 84 (1990), 81–100.

Zimmer, R.: *Die Morphologie des italienischen, spanischen und portugiesischen Verbs. Einzelsprachlich und im Vergleich*, Tübingen 1992.

Zimmermann, K.: *Die Sprachensituation in Mexiko*, in: D. Briesemeister/id. (Hg.): Mexiko. Politik, Wirtschaft, Kultur heute, Frankfurt 1992, 333–362.

Zuluaga, A.: *Introducción al estudio de las expresiones fijas*, Frankfurt–Bern 1980.

Personenregister

A

Abeille 121
Acosta-Belén 35
Agüero 119, 121
Aguiar de Luque 42
Aguila 119
Aguirre Beltrán 96 f.
Aguirre, Francisco de
  (Gouverneur) 96
Alarcos García 116
Alarcos Llorach 137, 144, 181,
  196, 249
Alatorre 115
Alba de Diego 200
Alberdi 119 f.
Albertos Firmat 73
Albó 28, 31 f.
Alcides Reissner 23
Alegre Peyrón 80
Alfons VI. (König von
  Kastilien) 56
Alfons X. der Weise
  (König von Kastilien)
  90–92, 111
Almela Pérez 255
Alonso, Amado 43, 63, 106,
  111 f.
Alonso, Dámaso 121–123
Alonso Montero 46
Alvar 43, 54, 56, 66, 88, 95,
  114, 119
Alvar Ezquerra 117, 301
Alvarez García 302
Alvarez Martínez 179
Amastae 35
Andersen 38
Arana (y) Goiri 52
Areche (Generalvisitator) 98
Arias 30
Asencio 111
Augustus (römischer Kaiser)
  70 f., 73
Azorín 311

B

Bahner 110
Balbín 116
Baldinger 55, 74, 77, 79
Bal Palazios 56, 58
Bareiro Saguier 33
Barón Castro 95 f.
Barrenechea 198, 238
Barrios (Schriftsteller) 66
Bauhr 222
Beardsley 108 f.
Becerro 67
Beinhauer 286
Bejarano 247
Bello 119–121, 176
Benjamin 234
Bentivoglio 266
Berceo 94
Bergen 240 f.
Berschin, Helmut 43, 75, 81,
  222, 226
Berschin, Walter 81
Bescherelle 212
Beym 255
Birckel 96, 102
Blake 112
Blanco Canales 42
Blancpain 25
Blázquez 73 f.
Bleiberg 108–110
Boccaccio 108
Bochmann 121
Börner 150
Boix 43
Bolaño e Isla 85
Bollée 37
Bonaparte, le Prince Roland
  26
Borah 96
Borges 291
Borrego 241, 245
Borst 110
Borzone de Manrique 132

Boscán 110
Bowen 133
Butt 234
Boyd-Bowman 103 f.
Briesemeister 111
Brocense, El 109
Brunot 108
Buceta 110
Buffa 100 f.
Bull 168, 214 f., 226, 240
Bustíos Gálvez 99
Bustos Gisbert 298
Bustos Tovar 94
Butt 234

C

Caesar 71, 73
Calderón 200
Campra 120
Canfield 140
Cano González 59
Cantarero 130, 138
Caramés Lage 289
Caravedo 67
Carbonero Cano 186, 251
Cardenas 142
Carpentier 247, 295
Carrera 88
Carrera de la Red 108 f.
Cartagena 215, 221, 252
Carvalho s. Carvallo
Carvallo, Luis Alfonso de 111
Casado 146
Casado Velarde 279, 302
Casas, Cristóval de las 116
Cassani 75
Cassano 104
Castiglione 110
Castro, Diego de s. Titu Cussi
Castro, Rosalía de 46
Castronovo 239
Catalá Codina 120
Catalán 102, 104, 114

Cato 76
Cela 42, 160, 162, 178, 268, 291, 297, 312
Cerrón-Palomino 30
Cervantes 287
Chaunu 102
Cicero 75
Cid (Rodrigo Díaz de Vivar) 56
Cohen 179
Conte 56 f.
Contreras García 26
Cook 96
Correas, Gonzalo 109, 116, 118
Cortázar 295
Cortés (Konquistador) 29
Cortés Rodríguez 202, 250
Corvalán 32 f.
Coseriu 76, 121, 205, 295
Costa Alvarez 118–120
Costa Olid 185
Coste 240
Coulmas 34
Covarrubias 116 f.
Cremades Marco 51
Cuervo 115, 121
Curchin 73

D

Dalbor 247
Davidson 19
Debrunner 75
De Bruyne 205, 305, 310, 313
Delattre 145, 147, 149
Díaz, Ignacio (Dompfarrer) 99
Díaz Alayón 66
Díaz del Castillo 104
Díaz y Díaz 81
Diego de Castro 99
Dietrich 212, 235, 247
Diokletian (römischer Kaiser) 72
Domínguez Caparrós 118
Domínguez de Rodríguez-Pasqués 249
Douglas 112

E

Eberenz 215, 231, 246
Echaide 167, 169
Echeverría, Esteban 119 f.
Egea 249
Eichhoff 294
Elías-Olivares 35
Elizaincín 25
Engelbert 200
England 289
Ennius 75
Enríquez 146, 197
Entwistle 92
Epstein 27, 35
Escobar 31
Esgueva 130, 138
Espinosa, Aurelio M. 180
Espinosa Medrano 99
Esser 46
Esteve Barba 99
Etienne 74

F

Fabra (Grammatiker) 49
Fält 269
Falk 273
Famin 25
Fant 266
Farley 266
Faust 78
Fèbvre 107
Feijoo 110
Felixberger 75, 219
Ferdinand II. der Katholische (König von Aragón) 20, 48
Ferdinand III. (König von Kastilien) 91
Ferguson 299
Fernández Gómez 287
Fernández Ramírez 196
Fernández-Sevilla 63, 103, 139
Ferrer i Gironès 49
Ferrol 38
Fishman 35, 37
Fleischman 221

Fontanella de Weinberg 23 f., 141, 149, 193
Foster 193
Fox 200
Frago Gracia 103, 140
Franco (spanischer Diktator) 45, 49, 52
Franco 271
Fries 117
Fröschle 24
Fuentes Rodríguez 279

G

Galdós 311
Galmés de Fuentes 88
Galsterer 73
Gamillscheg 80
García, Constantino 116
García, Erica C. 194
García, O. 34
García de Diego 114
García de la Fuente 94
García Gómez 82
García Lorca 256, 311
García y Bellido 73 f.
Garcilaso 110
Garcilaso de la Vega, el Inca 101
Gauger 252, 310
Gebhardt 245
Geckeler 63
Gelhaus 220
Gemmingen-Obstfelder, v. 117
Gerrard 187
Gil 93
Gil Fernández 106, 109
Gili (y) Gaya 256
Gimeno Gómez 98
Gleich, v. 18, 30, 32
Gnärig 31
Gobello 291
Goebl 75
Goilo 38
Golluscio de Montaya 291
Gómez Torrego 212

Gonzalez [sic], A. B. 22
González de la Calle 107
González González 93
González Ollé 51, 56 f., 91,
    111
González Pérez 256
Gorges 73
Goytisolo, Juan 196
Granada, Fray Luis de 108
Granda 20, 25, 32, 104, 140
Grebler 35
Green 106
Großmann 118
Guarner 85
Gugenberger 29
Guitart 66, 209
Guitarte 103, 118, 121 f.
Guitiérrez Marrone 32
Gútemberg Bohórquez 294
Gutiérrez, Juan María 120
Gutiérrez Cuadrado 110
Guzman 35
Guzmán-Böckler 30

H

Hadrian (römischer Kaiser) 73
Haebler 48
Haensch 116, 294
Hall 48
Hammond 131
Hampares 169
Hara 133
Heath 26
Heger 82
Henschel 117
Herbert 30
Hernàndez 50
Hernández Alonso 205
Herrera, Fernando de 109
Hilty 91
Hina 49
Hösle 49
Hohn-Berghorn 212, 238
Holl 212
Horaz 109
Howard 80

Hubschmid 78
Hufton 291
Humboldt, Wilhelm v. 52

I

Ibáñez 271
Isabella I. die Katholische
    (Königin von Kastilien)
    20, 48, 107
Isenberg 263
Isidor von Sevilla 75, 81

J

Jiménez, Juan Ramón 311
Jiménez Patón 118
Jungemann 77

K

Kagan 110
Kany 193
Karl III. (König von Spanien)
    100
Keller 35
Kelz 22
Kiddle 114
King 263
Klein, Hans-Wilhelm 108
Klein, Horst G. 223
Klein, Philip W. 240
Klein-Andreu 175
Kleist 256
Kloss 34
Koch, Peter 284
Kohring 21
Kohut 295
Kolumbus 37
Konetzke 95–101
Kontzi 93
Kramer, Johannes 19
Kremnitz 52
Krohmer 144
Kubarth 226
Kukenheim 111
Kummer 26, 101
Kvavick 308 f.

L

Lagarde 295
Laín Entralgo 76
Lamíquiz 205
Lang 54, 59
Lantolf 112, 114
Lapesa 79 f., 89, 91, 93 f., 103,
    105, 112, 115, 140, 192, 265
Larra 119
Larrucea de Tovar 24
Lastra de Suárez 28
Lautensach 94
Lázaro Carreter 110, 116 f.,
    179
Lázaro Mora 120
Lebsanft 43, 192
Leenhardt 295
Leibowitz 35
Leizarraga 52
Léon 149
León, O. 291
León, Fray Luis de 108
Le Page 37
Lerner 105
Lipski 20
Llera Ramo 60
Llorente Maldonado de
    Guevara 66, 198, 238
Lloyd 145, 300
Löfstedt 75
Lomax 82, 91
Lope Blanch 23, 104, 294
Lope de Vega 287
López, María L. 251
López de Villalobos 111
López Estrada 85
López Morales 23, 27, 67
Lorenzo 221
Loveluck 295
Lowrey 35
Lucilius 76
Lüdtke, Jens 305
Lukan 75
Luna Thraill 215
Lunn 253

M

Machado, Antonio 289
Macías 34
Macías Nguema (Diktator) 20
Macpherson 137
Maillo Salgado 93
Malinowski 21
Malkiel 23, 115
Malón de Chaide 108
Marcos Marín 81, 194
María, Manuel (Schriftsteller)
 46
Mariner 74, 76, 95
Marrou 75
Marsá 90
Martial 75
Martin 107
Martin V. (Papst) 107
Martinell 292
Martinet 137
Martínez Alvarez 60
Martínez Celdrán 306
Martínez García 265
Martínez Martín 140
Masferrer 18, 25, 28
Mateos 191
Matthäus (Evangelist) 191
Maurer, Philippe 39
Mayer, Enrique 18, 25, 28
Meier, Harri 74
Meier, Helmut 145
Mejías 105
Mel'cuk 133
Meliá 32
Mena, Juan de 108
Menéndez Pidal 77, 79, 81 f.,
 84, 92, 114, 121
Mercadé 50
Messner 288, 290
Mexía, Pedro 109
Michelena 51
Mingote (Schriftsteller) 157
Miró Domínguez 301
Miyares Bermúdez 131
Moles 31
Molina, Cristóbal de 101
Molina, Fray Francisco de 101

Molina Redondo 238, 271
Mondéjar Cumpián 43, 66, 91,
 198
Monge 58
Monroy Casas 130
Montenegro 110
Montero Cartelle 43
Montes Giraldo 23, 102
Moore 35
Mora de González 138
Moralejo 90, 107
Morales, Ambrosio de 109
Morel-Fatio 111
Moreno de Alba 23, 103, 142,
 214 f., 219, 305
Morgan 133
Mori 253
Morínigo 101
Moya Corral 63, 65
Moya Pons 96
Müller, Bodo 265
Munteanu 38, 104
Muro Orejón 100

N

Nagore 56, 58
Náñez Fernández 252, 311
Navarro Tomás 63, 130, 133,
 140
Navas Ruiz 239
Neagu 104
Nebrija 95, 108 f., 111, 116,
 118
Neira Martínez 56, 59, 61
Neuschäfer 84
Neuvonen 93
Neves 106
Nichols 122
Niederehe 91
Nord 169, 307
Norton 107
Nougué 111
Novo Mier 59
Nowikow 247
Núñez Cedeño 67

O

Oesterreicher 284
Olson 144
Orecchia 198
Ortega Olivares 271
Ortiz de Latierro 156
Otero, Blas de 247
Otheguy 194
Oudin, César 116
Ozete 202

P

Pachacuti (Chronist) 99
Padron, Henry I. (Schrift-
 steller) 37
Páez Urdaneta 192, 200
Palencia, Alfonso de 116
Pardo Bazán 147
Parker 28
Patiño Rosselli 38
Patterson 93, 95, 288 f.
Paufler 105 f., 140
Paulus Alvarus von Córdoba
 92
Pelzing 157, 175, 178
Pena 307
Penales Martínez 175
Penny 83
Pérès 92
Pérez de Barradas 96
Perissinotto 142
Perl 25
Petschen Verdaguer 44
Petrarca 108
Peuser 252
Phelan 22
Philipp II. (König von
 Spanien) 98, 114
Piel 80
Pietschmann 29
Pilleux 305 f.
Pintos, Juan Manuel (Schrift-
 steller) 46
Pizarro (Konquistador) 29
Pollak 223
Poma de Ayala 99

Ponce de León 36
Poplack 215
Porroche Ballesteros 271
Portolés Lázaro 306
Poston 198
Pottier 24, 91, 114
Pousada 215
Powers 202
Prado 168
Prats 48
Pratt 289
Puig Salellas 42
Py 275

Q

Quesada 120
Quevedo 287
Quilis 22, 118, 129 f., 138 f., 146, 148, 164, 194, 270, 274
Quintana 56
Quintilian 75

R

Rabanal Alvarez 81
Raimon (Liedermacher) 49
Rainer 306
Rama 295
Rawley 25
Redondo 240
Reese 234
Rehrmann 123
Reixach 43, 48, 50
Rekkared (König der Westgoten) 80
Resnick 131, 140
Reyes 85
Ricard 98, 100 f.
Rivarola 99
Robelo 104
Roca 36
Rodríguez Fernández 256
Roegiest 252, 265
Rogmann 247
Rohlfs 80
Rojo 47, 215, 231, 277
Roldán 116

Rolfe 213, 226
Romera Navarro 108 f.
Rona 33, 120, 193
Rosenblat 95–97, 101, 103, 118–122, 293 f.
Rosengren, Inger 187
Rosengren, Per 196
Rothe 198
Rozas 118
Rubin 32
Rubio García 91
Ruiz Hernández 131

S

Sábato 193
Sala 105, 294
Salas 117
Salvador 42, 67, 131, 290
Samper Padilla 67
Sánchez, Luis A. 99, 101
Sánchez, Rufino und Pedro (Grammatiker) 120
Sánchez-Albornoz 73, 92
Sánchez de las Brozas, Francisco 109
Sánchez Garrido 120
Sánchez Lobato 200
Sandner 29, 33
Santillana, Marqués de 92
Santos 146
Saporta 144
Sarmiento 119 f.
Scharlau 23
Schindler 25
Schmid 75
Schmidely 186, 196
Schmoll 70
Schnitzler 145
Schökel 191
Schoenthal 237 f.
Scotti-Rosin 200
Seklaoui 67
Seneca, der Ältere 75
Seneca, der Jüngere 75
Sephiha 21
Sibayan 22

Siebs 134
Siguan 43 f., 50, 54
Singer 94
Sjostrom 35
Smith, Clifford T. 29
Smith, Colin 82
Sofer 75, 81
Solá-Solé 93
Solano 97 f., 100
Solano-Araya 240
Solberg 24
Solé, Carlos A. 36, 234
Solé, Yolanda R. 234
Steel 256, 294
Steger 29, 33
Stegmann 49
Steinhäusl 301
Stiehm 179
Stockwell 133
Stolz 75
Strabo 73
Strauss 108
Strubell i Trueta 48
Studerus 247
Suárez, J. A. 26
Suárez Solís 297
Suñer 238, 266 f.

T

Tacitus 74
Tavani 72, 75
Tejero (Putschist) 310
Terker 175, 266
Terrel 240
Thomas von Aquin 99
Thompson, Billy B. 82
Thompson, Edward A. 79
Titu Cussi Yupanqui (Chronist) 99
Todd Dandaré 38
Togeby 240
Tollis 238
Tormo Sanz 22
Toro y Gisbert 118
Torres Quintero 118, 121 f.
Tovar 24, 70, 73, 75 f., 99

Trajan (römischer Kaiser) 73
Triana y Antorveza 99, 101 f.
Trujillo 251
Tupac Amaru 98

U

Umbral (Schriftsteller) 291
Unamuno 52, 121, 177
Untermann 70, 73, 78
Urrutibéheity 288 f.

V

Valdés, Antonio J.
 (Grammatiker) 120
Valdés, Juan de 108–111, 114,
 116
Valera, Juan 121
Vallverdú 48 f.
van den Bogaert 177
Vañó-Cerdá 273

Vaz de Soto (Schriftsteller) 66
Velasco Alvarado (Staats-
 chef) 30
Vera Luján 238
Viaut 59
Vicens Vives 89
Viciana, Martín de 109
Villalón 116
Villarroel López 43, 52
Villena Ponsoda 131
Vivas 259
Voegelin, Charles F. 38
Voegelin, Florence M. 38
Voigt 271

W

Wachtel 96 f.
Wagner 95
Walsh 94
Wandersleben 170, 310
Wandruszka, Mario 311
Weber, E. G. 266

Weinrich 107, 109, 224
Werner, Otmar 134
Wherritt 34
Winkelmann 51
Wolf 81, 91
Wright 81

Y

Yamqui Salcamaygua
 s. Pachacuti
Yupanqui s. Titu Cussi

Z

Zamora 105
Zamora Vicente 55
Zapata, Luis 109
Zavadil 239
Zentella 37
Zimmer, R. 212
Zimmermann, Klaus 26
Zuluaga 286

Sachregister

A

a (Präposition): 252; personales ~ 198 f., 263
ABC-Inseln: 38
Abkürzung (Wortbildung): 143, 301
Ablativus absolutus: 236
Abstrakta: 165; Kongruenz 270
Abtönungspartikel: 276
acá: 186 f.
acabar de: 233
Academia Norteamericana de la Lengua
  Española: 35, 122
acaso: 243
-able: 308
-acho: 312 f.
a condición de que: 282
Adjektiv: 161 f., **170–178**, 210; Stellung 175–178;
  Frequenz 288; Derivation 302 f., 308, 311
Adjektivabstrakta: 305
Adverb: 161 f.; deiktische ~ien 186, **249** f.;
  Frequenz 288; Derivation 302
Adverbial: 264 f.; Stellung 266–269
Adverbialsatz: 280–283; Modus 245
adversativ: 278
Äquatorial-Guinea: 18, **20**
Affigierung: 301 f.
Affrikaten: 135; altsp. ~ 112–114
a fin de que: 281
afroamerikanische Bevölkerung: 25, 29;
  Belize 37
Agens: 265
ahí: 186
Aimara (Aymara): 28, 31 f.
Akademien (Spanischamerika): 122 f.
Akademiegrammatik: 116, 118, 160
Akademiewörterbuch: 249, 286, 291; s. auch
  Diccionario de autoridades
Aktionsart: 233
Aktiv: 237
Akzent (phonetisch): s. Betonung
Akzent (graphisch): 148, **154 f.**
-al: 308
Alava: 51
ALEA: 63, 66

ALEANR: 58, 63
Alghero: 48
algun(o): 173
allá: 186
allí: 186
Allomorph: 164
Almohaden: 56
Almoraviden: 56
Alphabetisierung: Mexiko 26
ALPI: 63
Amerikanisch-Spanisch: 102–106: engl., fr.
  Lehnwörter 105; Sprachbewußtsein und
  -lenkung 118–123; Aussprache 140–142;
  Possessivpronomina 184 f.; Demonstrativ-
  pronomina 187; Personalpronomina 191–
  194, 200, 213; Tempus/Modus 214 f.; Prä-
  teritum 217, 226–228
Amerikanismen: 106, 120, 293 f.
Amtssprache: Puerto Rico 27; Quechua 30 f.;
  regionale ~ 44 f.; Galicisch 47; Katalanisch
  48, 50; Baskisch 54; Kastilisch 91; Guaraní
  119
Andalusisch/Andalusien: **62–67**; 88, 110 f.;
  Beziehung zum A-Sp. 102–104; Vokal-
  qualität 131; *s* 140; Graphieprobleme 154;
  Konjunktiv 242
andar: ~ + Ger. 235 f.; ~ + Part. 237
Andorra: 48
Anglisierung/Anglizismen: Puerto Rico 27, 37;
  USA 35; A-Sp. 105
Anrede: 115, **192–194**, 196, 199 f.; ~variation 200
ante: 254
-ante: 308
Antezedent: 201 f.
apenas: 230
a pesar de que: 281
Apokope: 173, 183
Appellativa: 163
aquel: 186–188
aquí: 186 f.
Arabisierung/Arabismen: 88, **92–94**
Aragonesisch/Aragón: 41 f., 45, 48, 55, **56–59**,
  63, 82, 88 f., 102, 110; Kastilianisierung 91 f.;
  Diminutive 311

Aranesisch: 41 f., 51
Araukaner: 25
Arawaken/Arawakisch: 25, 105
Archaismus: Judensp. 21; hispanisches Lat. 76 f.; A-Sp. 105; *mas* 278
Archiphonem: 139
Argentinien: 18, **24 f.**, 101, 122; Aussprache 141 f.; Sprachbewußtsein 118–121; Voseo 183; Lexikon 292 f.; Buchproduktion 296
Arizona: 36
Artikel: 161 f., **178–181**; bestimmter ~ im Arag. 59; Frequenz 288
Artikulationsart: 128 f., 135, 138
Artikulationsort: **127**, 129, 135
Aruba: 38
Asociación de Academias de la Lengua Española: 123, 126
Aspekt: **223–225**, 233
Aspiration: 143; -*s* 67
Assibilierung: Lat. > Sp. 87; r/rr 141 f.
Assimilation (Soziolinguistik): Mexiko 26; Bolivien, Ecuador, Guatemala, Peru 30; Katalonien 48; Westgoten 60; maurisches Spanien 82; Spanisch-Amerika 98–100
Assimilation (Phonetik): 139; -*s* 63
Asturien/Asturer: 45, 71
Asturisch-Leonesisch/Asturien-León: 41 f., 45, 55 f., **59–61**, 82, 88 f.; Kastilianisierung 91 f.; Auswanderer nach Amerika 102; Diminutive 311
Asunción: 32 f.
atlantisches Spanisch: s. español atlántico
Attribut: 256; Stellung 269
Attributsatz: 279 f.; s. Relativsatz
Audiencia: 29
Aufforderungssatz: 149, **276**
Augmentative: 311–313
aun: ~ + Ger. 281; ~ *cuando* 281
aunque: 281
Ausgleichssprache: 90, 102
Ausrufepronomen: 203, **205**
Ausrufesatz: 274 f.
Ausrufezeichen: 156
Aussagesatz: 149, 275
Autonome Gemeinschaften: 40
Autonomiebewegung: 44 f.; Galicien 47

Autonomiestatute: 44 f.; Aragón, Asturien 45; Galicien 47; Katalonien 50; Valencia 51; Baskenland 54
ay: 255 f.
-*azo*: 310
-*azo* (Augmentativ): 312 f.
Aztekisch/Azteken: 23, 27, 29, 101
Aztekismen: 104

B

B: Graphie 153; -*b*- Lat. > Sp. 87
Bable: 59 f.
Baetica: 72–74
bajo: 254
Balearen: 43, 45, 48, 50
Barcelona: 55, 295
Baskisch/Baskenland: 39, 41–43, **51–54**, 57, 71, 89; *f*- 79; *Glosas Emilianenses* 81
Basse-Navarre: 51
Bedingungssatz: s. Konditionalsatz
Befehlssatz: s. Aufforderungssatz
Belize: 18 f., 20, **37**
Berufsbezeichnungen (Genus): 169
Betonung: 146–148; Wortbildung 298
Bevölkerungsstruktur (Spanisch-Amerika): 23
Bewohnernamen: 305
Bilbao: 51
Bilingual Education Act: 35
Bilingualismus: Bolivien, Peru 28–32; Ecuador, Guatemala, Mexiko 28 f.; Paraguay 28 f., 32 f.; Mexiko-Amerikaner 36; Spanien 42, 46; Criollos, Mestizen 101
billón: 182
Bolivien: 18, **27–32**, 122; Indios 23; Buchproduktion 296
Bonaire: 38
Buchdruck: 107
Buchproduktion: 295 f.
Buchstabennamen: 168
Bühnenanweisung: 266
buen(o): 173 f.
Buenos Aires: 32; Assibilierung von *r* 141; lunfardo 291; Verlagswesen 295
Burgos: 114; Yeísmo 140

C

[c]: phonologische Wertung 137
California: 36
caló: 291
Cantar de mío Cid: **83–88**, 90 f., 94, 195, 290
Caracas: 200, 294
Carthaginensis: 72
castellano (Sprachname): 42 f., 61
Ceceo: 62, 64, 66, 113, 140
chabacano: 19
cheli: 291
-chen: 311 f.
Chicanos: 36
Chile: 18, **24** f., 102, 122; Mestizen 97;
  Assibilierung von *r* 142; Lexikon 292 f.;
  Buchproduktion 296
Cid: s. *Cantar de mío Cid*
cien(to): 173, 183
-ción: 308
cl-: s. *kl-*
code-switching: 37
cojones: 291
comenzar a: 233
cómo (Ausrufesatz): 275
como (Modalsatz): 281
con: 254; ~ + Inf. 281
coño: 255, 291
consecutio temporum: 231 f.
Consejo de Indias: 97–99, 101
constructio ad sensum: 269
con tal (de) que: 282
contra: 253
Córdoba: 55
Costa Rica: 18, **25**, 122
criollos: 101
-ct-: s. *-kt-*
cuál: 204
cualquier(a): 173, 189
cuánto (Ausrufesatz): 275
cuan(to): 173, 201 f.
Cuba: 18, 25, 27, 122; Aussprache 131;
  Buchproduktion 296
Cubaner (in USA): 36
Curaçao: 38
cuyo: 201

D

D: *-d-* Ast. 61, Andalusisch 67, Lat. > Sp. 87,
  Verbformen 115; *-d* 63
de: 252; Frequenz 287
debajo de: 254
Decadència: 48
deiktisch/Deixis: 179, 186–188, 196 f., 199;
  Tempus 216–218
delante de: 254
Demonstrativpronomen: 186–188
Derivation: 297, **301–313**; ~sdubletten 308
desde: 252
desierto estratégico: 88
después que: 230
de tal modo que: 282
Determinanten: 178
Determination (Wortbildung): 298
detrás de: 254
Deutsch: 212, 260; Sprecherzahl 16; Vokale
  132, **134** f.; Konsonanten 142 f.; Silbenstruk-
  tur 145; Betonung 146 f.; Satzzeichen 156;
  Demonstrativpronomina 186 f.; Anrede 199;
  Futur 220; Präteritum 223, 229; Perfekt 229;
  Tempusfolge 232; Passiv 237 f.; Konjunktiv
  241; Adverb 249; Wortstellung 266; Abtönungspartikel 276; Wortbildung 292, 298,
  311; Umgangssprache 294; Buchproduktion
  296; Diminution 311
Diada: 49
Dialekt (Dt.): 62, 291
Diathese: 237 f.
Diccionario de autoridades: 117
dicho: 188
dieser: 186
Diglossie: Katalonien 50; Lat.-Roman. 81
Digramm: 150
Diminutive: 311 f.
Diphthonge: 130, **132–134**
Diphthongierung: *ě*, *ŏ* 55, 82, **86**
direktes Objekt: 262 f.
discriminación lingüística: 44
disjunktiv: 278
distinktiv: 126
dominante Sprache: 19, 42; Spanisch-Amerika
  27–33
Dominikanische Republik: 18, **25**, 122
donde (Lokalsatz): 280

Doppelpunkt: 156
durative Verben: 238
durchsichtige Wörter: 297

E

E: *ĕ* Diphthongierung 55, 64, **86**;
  e > *i* im Ast. 61
e (Konjunktion): 278
-*ear*: 307
-*ecer*: 307
echar(se) a: 233
Ecuador: 18, **27–30**, 98, 122; Indios 23;
  Mestizen 97
Eigennamen: 143, 152, 155, 163, 165
Einwanderung: 23; Argentinien, Chile 24;
  USA 35 f.; Belize 37; Hispanien 73;
  Amerika 101, 104
Elativ: 174
el cual: 188, 201–203
el que: 201–203
El Salvador: 18, 96, 122
emphatischer Sprachgebrauch: 244, 255
en: 254
en (el) caso de que: 282
encima de: 254
Englisch: Gibraltar 19; Philippinen 19, 22;
  Belize 19, 37; Puerto Rico 27; Lehnwörter 105, 289; progressive form 234 f.;
  Buchproduktion 296
English Language Amendment: 35
Entaffrizierung: 113
entre: 254
Entsonorisierung: 113, 139, 143
-*eral*-*ero*: 310
Erbwörter: 288 f.; Derivation 304, 306, 308
erdaldunes: 43
Erstsprache: 19
Erzählrelief: 224
ese: 186–188
eso: 188
español: Sprachname 42 f., 61; ~ atlántico
  66 f., 112 f.; ~ vulgar 291; ~ culto 294
(La) Española: 95 f., 102
es que (Frageeinleitung): 275
estar: ~ + Ger. 209; ~ + Part. 210, 236 f.;
  Paradigma 211; Funktionen 271–274;
  ~ – *ser* 272–274

este: 186–188
ETA: 52
Ethnika: 305
Euskadi: 51
euskaldunes: 43, 52
Extremadura: 88, 102, 104; Diminutive 311

F

f-: 55, 79; Ast. 61
Fachsprachen: 95, 117, 175, **290–292**; Latinismen 95; Indigenismen 104; Wortbildung 304
„falsche Freunde": 293
fin (Genus): 170
Finalsatz: 281; Modus 242, 245
fl-: Arag. 58
Flexion: 161 f.
Florida: 36
Frage: ~satz 149, **275 f.**; Wort-/Ergänzungs~
  149, 296; ~pronomen 203 f.; ~adverbien
  204; Auswahl~ 204; rhetorische ~ 223, 276;
  ~einleitung, Inversions~, Intonations~,
  Entscheidungs~ 275
Fragezeichen: 156
Franken: 80
Französisch: 76 f., 110; Val d'Aran 51; Konkur-
  renz mit Lat. 107 f.; Einfluß in Argentinien
  119; Vokale 132; Lehnwörter 105, 289;
  Buchproduktion 296
Fremdwörter: s. Lehnwörter
Frikative: 135; altsp. ~ 112–114
fueros: 44
Funktionswörter: 162, 287 f.
Futur: 209, 214 f., **220–223**, 231 f., 281; analyti-
  sches – synthetisches ~ 221–223

G

G: -*g*-, *g*- Lat. > Sp. 87
Galicisch (galegisch)/Galicien: 24, 39, 41–45,
  46 f., 55, 59, 74, 82, 89, 92
Galicisch-Portugiesisch: 46, 78, 88
Gallaecia: 72
Gallizismus: 119; s. auch Französisch
Gaskognisch: 79
Gattungsnamen: 163
Gaucho-Literatur: 120

Gedankenstrich: 157
Gelegenheitsbildungen (Lexikon): 296
Generalitat: 48
gente (Kongruenz): 270
Genus: Substantiv 167–170; Adjektiv 171–174;
    Komposita 300
Germanen/Germanisch: 79 f.
Gerundium: 206, 215, 234
Gerundialperiphrase: 233, **235 f.**
Gerundialsatz: 282
Gibraltar: 18–20
Gleichzeitigkeit: 216, 231, 234, 247
Gliederungssignal: 250, 256
Glosas Emilianenses: 56, **81 f.**, 91
Glosas Silenses: 81 f.
Graduierung: 171, **174 f.**; Adverb 249
graecolat. Elemente (Wortbildung): 302 f.
Grammatik: 160; Spanien 116–118;
    Argentinien 120
Granada: 56, 102
gran(de): 173 f., 178
Graphem: 150; ~ – Phonem 151–154
Griechen (in Hispanien): 71, 73
Großschreibung: 155 f.
grupo (Kongruenz): 270
Gruppensprache: 20
Guaraní: 19, 28, **32 f.**; Amtssprache 119
Guatemala: 18, **27–30**, 122; Indios 23;
    Mestizen 97; Schulen 100
Guipúzcoa: 51

H

h: Verstummen 87, 113; regionale Ausspr. 143
haber: ~ + Part. 209, 211, 236; Paradigma 210;
    unpersönliche Form 238
habla culta: 62, 120, 195, 294
habla popular: 62, 195, 292
hacia: 253
Halbkonsonanten: 132
Halbvokale: 132 f.
hasta: 253
hasta el punto (de) que: 282
Hauptsatz: 277, 279
hembra: 169
Herri Batasuna: 52
Hervorhebung (Syntax): 197–199, 244

Heteronymie: 169
Hiatustilgung: Ast. 61
Hispanics (in USA): 35
Hispanische Mark: 48, 82
Hispanisierung: Philippinen 22; Amerika 23,
    97–101; Mexiko 26; Papiamento 38
Hispanismen: s. Lehnwörter
Hispanos 36
Historiographie (Sprache der): 90
Hochsprache: 62, 290, **294 f.**
Hofsprache: 91, 111, 114
hombre: Frequenz 287
Homonymie (Suffixe): 305 f.
Honduras: 18, 122; Mestizen 96 f.
Humanismus: 107, 110

I

Iberisch: 71
-ico: 308
Idiom: 286
-ificar: 307 f.
igual que: 283
-iguar: 307
-illo: 312
Imperativ: 209, 243, 276
Imperfekt: **223–226**, 231, 247; ~ des Versuchs
    233
imperfektiv (Aspekt): 223–225, 233
Indefinitpronomen: 188–190; Arag. 59
Indianersprachen: 24, 28
Indigenismen (Amerika): 102, 104 f.
Indikativ: 239 f.
Indiofrage: 23, 30
Indios: 23; Argentinien, Chile, Uruguay 24;
    Karibik 25; Andenstaaten 29; demogra-
    phische Entwicklung 95–97; Hispanisierung
    99 f.
indirektes Objekt: 262 f.
infinite Konstruktionen: 282
Infinitiv: 206, 215; ~ periphrasen 233;
    ~ gruppen 279; ~ satz 282
Infix: 301, 307
Inka: 23, 27
Inschriften: 70, 74, 77 f., 81
Institut d'Estudis Catalans: 49
Instituto Cervantes: 295

Instituto Nacional Indigenista: 26
Interferenz: Kast. – Ast. 60; Hispanien 78
Interfix: 306 f.
Interjektion: 161 f., **255 f.**
Internationalismen: 304
Interpunktion: 156 f.
Intonation: **148 f.**, 239, 276 f.
ir: ~ a + Inf. 210, 215, **221–223**;
    Paradigma 211; ~ + Ger. 235
-ísimo: 174
Isoglossen: 65
Israel: 18 f., **20–22**
Italienisch/Italien: 24, 76 f.; Sprachbewußtsein
    und -bewertung 108 f., **110**; Vokale 132
-itar: 307
-ito: 312
-izar: 307 f.

J

Jaén: Aussprache 63
jamás: 271
Jarchas: 82
jener: 186 f.
Jesuiten: 33, 110
Jocs Florals: 48 f.
jopara: 33
Juden: Übersetzungen 93
Judenspanisch: 19, **20–22**, 113

K

K: Graphie 153; -k- 55, Arag. 58, Lat. > Sp.
    86 f.; k + j, e 87
Kalifat von Córdoba: 55
Kanarische Inseln: 66, 293
Kantabrer/Kantabrien: 71, 74, 79 f., 94;
    Diminutive 311
Kanzleisprache: 91
Kardinalzahlen: 181–183
Karibik: **25**, 292 f.; Tuteo 193
Karibisch/Kariben: 19, 25, 105
Karthager: 71, 73
Kastilianisierung: 46, 89; Katalonien 48;
    Aragón 56 f., 91; León 59; Asturien 60 f.
Kastilisch/Kastilien: 41, 57, **61–67**, 82, 102, 104;
    Norm 111, 114, 195 f.; Objektpronomina
    194–196

Kasus: 164, 179, 190
Katalanisch/Katalonien: 39, 41–46, **48–51**, 55,
    82, 88 f., 92; keltisches Substrat 78; Buch-
    druck 107; Vokale 132
Kausalsatz: 281
Keltiberisch/Keltiberer: 71, 73
Keltisch/Kelten/Keltizismen: 78 f.
Kindersprache: 277
Kirche (Katholische): Sprachpolitik in
    Spanisch-Amerika 97–99
kl-: 87 f.; Arag. 58
Kollektiva: 165
Kollektivsubjekt: 270
Kolumbien: 18, **25**, 98, 122; Kreolsp. 38;
    Mestizen 97; Lexikon 292 f.; Buch-
    produktion 296
Komma: 157
Komparationssatz: 283
Komparativ: 174 f.
Komposition: 292, **297–300**; Substantiv~
    298 f.; attributive ~ 299 f.; Verb-Objekt-~
    300; Präpositional~ 300
Konditional: 209, **229 f.**, 231 f., 247
Konditionalsatz: 219, **282**; Modus 242, 245, 247
Kongruenz: Nomina 173, 189 f.; Possessiv-
    pronomina 184; Subjekt~, Objekt~ 198;
    Relativpronomina 201; Subjekt – Prädikat
    259, 262, **269 f.**
Konjugation: 162, **206–211**
Konjunktion: 161 f., 251, 254, **278–283**, 288
Konjunktionalsatz: 279
Konjunktiv: 217, **239–248**; Gebrauch 241–246;
    Tempora 246–248; Adverbialsätze 280–282
Konkreta (Kongruenz): 270
Konsekutivsatz: 242, **282**
Konsonanten: 135–145; Lat. > Sp. 86–88;
    Graphie 151–154
Konsonantenschwächung: 139 f.; Südsp. 63,
    65; español atlántico 67; Lat. > Sp. 86 f.
Kontraktion: Ast. 61; Artikel 180
Konversion: 301
Konzessivsatz: 281; Modus 242, 245
Konzil von Trient: 97 f., 108
Koordination: 251, **278 f.**
Kopula: 260, **272–274**
kopulativ: 278
Korrelativpronomen: 202

Kraftwörter: 255
Kreolisierung: 25
Kreolsprachen: fr. ~ 25; engl. ~ 37; sp. ~ 19, 37–39
-kt-: 79, 88
Kultismus: 144

L

L: *-l* 65; *l/r* 63 f., 154
Labourd: 51
ladino: 30, 100
Laismus: **194–196**, 263
Langvokale: s. Quantität
La Plata-Region: 140, 142; it. Einwanderung 24; Voseo 193
Latein: 70, **74–77**; klassisches ~ 74 f.; Alt~ 74; Vulgär~ 75 f., 81; Provinz~ 76; hispanisches ~ 76 f.; Mittelalter 90 f., 95; Konkurrenz mit dem Sp. 106–110; ~schulen 110
Latinisierung: 55, 70, **71–74**, 76–78
Latinismen: **94 f.**, 289; Derivation 306, 308
lautmalende Wörter: 143
leche (Interjektion): 255
Lehnwörter: sp. ~ im Tagalog 22, im Quechua 31, im Guaraní 33; engl. ~ 27, 37, 105, 289; fr. ~ 105, 289; Aussprache 132, 142–144; Graphie 152; Plural 165; Genus 168; Derivation 306, 308
-*lein*: 311 f.
Leismus: **194–196**, 263
lenguas generales: 97 f., 100 f.
Leonesisch/León: s. Asturisch-Leonesisch
lexikalisierte Konstruktion: 292, 297 f.
Lexikalisierung (Wortbildung): 305
Lima: 29
limpieza de sangre: 100
Literatursprache: 185, 247, 256, 267, 276, 278, 283
lj: 67
llegar a: 233
llevar: ~ + Ger. 235 f.; ~ + Part. 237
Lliga Regionalista: 44
lo: 180 f.
Loismus: 194–196
Lokalsatz: 242, **280**
Lokativ: Arag. 59

luego que: 230
lunfardo: 291
lusistas: 47
Lusitanisch/Lusitania: 71 f., 74

M

-*m*: 87
macho: 169
Madrid: 114, 294; Vokale 130; Sonorisierung 138; Yeísmo 140; cheli 291; Verlagswesen 295
mal(o): 173 f.
Mam: 28
Manila: 22
Mapuche: 25
mar (Genus): 170
markiert – nicht markiert: Numerus 166; Genus 168
mas: 278
más (Adverb): 175; ~ . . . *(de lo) que* 283
Maya: 19, 23, 27–30
mayoría (Kongruenz): 270
la mayor parte de (Kongruenz): 270
-*mb*-: 77
meliorativ (Suffixe): 312 f.
menos: 175; ~ . . . *(de lo) que* 283
-*mente*: 249 f., 302, 305
mester de clerecía: 94
Mestizierung/Mestizen: 23, 25, 29, 96 f.; Philippinen 22; Paraguay 32 f.; Hispanisierung 100 f.
meteorologische Ausdrücke: 259
México (Stadt): 29, 294; Aussprache 142; Verlagswesen 295
Mexiko: 18, **26**–30, 98, 122; Indios 23; Mestizen 96 f.; Tuteo 193; Präsens 219; Konjunktiv auf -*se* 247; Lexikon 292 f.; Buchproduktion 296
Mexiko-Amerikaner: 36
Miami: 36
-*miento*: 308
milenario de la lengua española: 70, 81
millón: 182
Minderheitensprache: 19 f.; Sp. in USA 34–37, in Belize 37; Spanien 42–54
Modalität: 239

Modalpartikel: 239
Modalsatz: 281
Modalverben: 239
Modus: 209, 214 f., **239–248**; ~opposition
    239 f.; ~option 240, 245; Adverbialsätze
    280–282
Morisken: 56, 110
Morphem: 161
Motivation (semantisch): 297
Mozarabisch/Mozaraber: 81 f., 88, 91–93
Muisca: 98
Mulatten: 25

N

Nachzeitigkeit: 216, 231 f., 245, 247
nada: 271
nadie: 271
Náhuatl: 28, 98, 102, 105
Nasale: 135, 139
Nasalierung: 129
Nationalsprache: 19; Sp. in Amerika 24–27
natürliches Geschlecht: 167 f., **169 f.**;
    s. auch Genus
Navarresisch/Navarra: 51, 55–57, 63
Nebensatz: 277, **279–283**
Negation: s. Verneinung
Neuspanien: s. Nueva España
Neutralform: Artikel 171, 181; Demonstrativ-
    pronomen 188; Relativpronomen 202
Neutralisation/Neutralisierung: **139**, 151;
    r/l 63–65, 67; Numerus 166
New Mexico: 36
New York: 37
ni: 278
Nicaragua: 18, 122; Mestizen 96 f.
ningun(o): 173, 271
nj: 88
nn: 87
no: 271
Nominalsatz: 243, **279**
Norm: 62, **110 f.**, 126, 136, 160, 195 f.;
    explizite ~ **115–118**, 126, 136, 160, 195 f.
Normalisierung (sprachliche): Katalonien 50;
    Baskenland 54
Nova Cançó: 49
Nueva España: 29, 36, 97

Nueva Granada: 29
Nullableitung: 301 f.
Numerus: Substantiv 164–166; Adjektiv
    171–174
nunca: 271

O

O: *ŏ* Diphthongierung 55, 64, **86**; *o* > *u* im Ast.
    61
o (Konjunktion): 278
Objekt: 261–265; ~pronomen 61 (Ast.), 190–
    192, 198 f.; Kongruenz 198; ~konjugation
    198 f.; Stellung 266–268; ~satz 279
ojalá: 242 f.
-ón(a): 312 f.
Optativ: 242 f.
Ordinalzahlen: 181, 183
Orthographie: 117, 150; Schwierigkeiten
    152–154
Ortsnamen: 70 f., 77–80, 88, 90, 94
Oskisch-Umbrisch: 77
-oso: 308
-ote/-ota: 172, 312 f.
Otomí: 28

P

-p-: 55, Arag. 58; Lat. > Sp. 86 f.
Palatalisierung: 87
Palenquero: 38
Panama: 18, 122
Papiamento: 25, **38 f.**
para: 253
Paraguay: 18, 27–29, **32 f.**, 119, 122; Mestizen
    96 f.; Aussprache 142; Voseo 193
para que: 281
parasynthetische Bildung: 302
Partido Galleguista: 47
Partido Nacionalista Vasco (PNV): 44, 52
Partizip: 206, 210, 215, 236; südsp. Aussprache
    63; ~ialperiphrasen 233, 236; ~ialsatz 282
Passiv: 237 f.
pejorativ (Suffixe): 312 f.
Perfekt: 229, 236
perfektiv (Aspekt): 223–225
pero: 278

Person: 196, 208 f., 213
personaler Akkusativ/personales a: 77;
 s. auch a
Personalpronomen: 115, **190–200**; Papiamento
 39
Personennamen: 70, 74, 80
Peru: 18, **27–32**, 96, 98, 100, 102, 122;
 Indios 23; Mestizen 97; Tuteo 193;
 Lexikon 292 f.; Buchproduktion 296
Philippinen: 18 f., **22**, 122; Kreolsp. 38
Phönizier: 71
Phonem: 126 f., 136; ~ – Graphem 151–154;
 ~kombinatorik 143–145
Phonetisches Alphabet: 128
phonologische Wertung: Halbvokale 133 f.;
 [c], [y] 137 f.
Phonologisierung: 130 f.
Pidgin: 37 f., 101
pl-: 87; Arag. 58
Plural: 164–166; Papiamento 39
Plusquamperfekt: **229 f.**, 247
pobre: Wortstellung 178
Polymorphie: 65, 114, 305
ponerse a: 233
por: 253; ~ *más que* 281
porque: 281
Portugiesisch: 42, 57, 59, 82; Uruguay 25; ~ –
 Galicisch 46 f.; Vokale 132
Possessivpronomen: 183–185; Arag. 59
Postdetermination: 298
postrer(o): 173
Potentialis: 242 f.
Prädetermination: 298
Prädikat: 259–261; Stellung 266–269
Prädikativ/Prädikatsnomen: 259 f.
Präfigierung: 302–304
Präfix: 301
Präfixoide: 303 f.
Präposition: 161 f., **251–254**, 287 f.;
 ~alkomplex 254; Derivation 302
Präpositionalobjekt: 264 f.
Präsens: **219**, 231
Präteritum: ~ – Imperfekt 223–225;
 ~ – Perfekt 226–229; Sprechzeitrichtung
 226 f.; Zusammenhang mit Sprech-
 situationen 227–229; Kompatibilität
 mit Zeitadverbien 228 f.

primer(o): 173
Proform: 179
progressive form: 234 f.
Pronomina: 161 f., 178 f., **183–205**;
 Frequenz 288
Provinzeinteilung: Spanien 40; Hispanien 72
-ps-: 55, 63 f.
Puertoricaner (in USA): 37
Puerto Rico: 18, **26 f.**, 122, 215
pues (que): 281
Punkt: 156
punktuelle Verben: 233
Purismus: 120, 122

Q

Quantität: 129, **130 f.**, 134 f., 139;
 lat. Vokale 86
que: Relativsatz 201–203; Hauptsatz 242;
 Nominalsatz 279; Kausalsatz 281
qué: Fragesatz 204; Ausrufesatz 275
Quechua: 28, 30–32, 98, 102, 105
quedar + Part.: 237
questione della lingua: 110
Quiché: 28
quien: 201–203
quién: 204
quizá(s): 243

R

R: *-r* 64 f.; *r/l* 63 f., 154
-ra (Konjunktiv): 247
re-/rete-/requete-: 312
Real Academia Española: **116–118**, 120, 122 f.,
 126, 194 f.
Real Academia Galega: 46
Rechtssprache: 107, 221, 246
Reconquista: 48, 55 f., 88 f.
redundant: 127
Reflexivpassiv: 238 f.
Regionalbewußtsein: 44
Regionen: Spanien 41
Rehilamiento: 140
Rektion: 251
Relationselemente: 251–254
Relativpronomen: 201–203

Relativsatz: 203, **279 f.**; Satzzeichen 157;
Modus 242, 246
Renaixença: 49
Repoblación: 88
el resto de (Kongruenz): 270
Rexurdimento: 46
Rhema: 266
Río de la Plata: 29; s. auch La-Plata-Region
Rioja: 63
Romanisierung: 70, **71–74**, 76; Westgoten 80
romper a: 233
Roussillon: 48
Rumänisch: 76 f., 132

S

S: *-s/*implosives *s* 63 f., 66 f., 103, 140, 154;
Graphie 153 f.
Santiago de Chile: 294
san(to): 173
Satz: 256, 259; ~akzent 147 f.; ~phonetik 148;
~adverb(ial) 249 f., 268; einfacher ~
256–276; ~konstituenten 256, 258; ~glieder
256–258; ~basis 258 f.; komplexer ~ 259,
277–283; ~gliedstellung 266–269; ~arten
274–276
Satzzeichen (Interpunktion): 156 f.
Schriftsprache: 203
Schulen: Amerika 98–100
se: 192, 194; ~ + 3. Pers. 238 f.
-se (Konjunktiv): 247
sefardí: s. Judensp.
seguir + Ger.: 235 f.
según: 254; Modalsatz 281
Sephardisch: s. Judensp.
ser: Paradigma 210; ~ + Part. 210, 237;
Funktionen 271–274; ~ – *estar* 272–274,
Arag. 59
Seseo: 62, 64, 66 f., 103 f., 113, 118, 120, 140,
154; Papiamento 38
Sevilla: 88, 294; Norm 114
si (indirekte Frage): 279
si bien: 281
siempre que: 282
Siglenbildung: 301
Siglo de oro: 106, 115; Anrede 193; Personalpronomina 195

Silbenstruktur: 145
sin: 254
Sinnkongruenz: 269
sino: 278
si-Satz: 222; Modus 245; s. auch Konditional-
satz
Sklaverei: Amerika 23, 25
sobre (Präposition): 254
Sondersprachen: 290 f.
Sonorisierung: 138 f.
Soule: 51
Spanisch: vorklassisches ~ 22; altsp. Konso-
nanten 22; klassisches ~ (Anrede) 200;
gesprochenes ~: Imperativ 209; Tempora
215, 219; Futur 222; Adverb auf *-mente* 249;
Gliederungssignale 250, 256; Fragesatz
275 f.; Satzreihung 277
Spanglish: 37
Sprachatlanten: 63
Sprachbewußtsein: Spanien 106–110; Amerika
118–120
Sprachgesetze: Peru 30 f.; Spanien 42, 49;
Dominikanische Republik, Kolumbien 123
Sprachname: *castellano/español* 42 f., 106;
Arag. 58
Sprachpolitik: Amerika 97–99
Sprachspaltung: 121 f.
Sprachstatistik: spanischsprachige Welt 18 f.,
28; Spanien 43; USA 34
Sprachwechsel: Mexiko, Peru 30
Sprechzeitrichtung: 226
Stadium: 232–237
Stamm: 163; ~alternanten 213; Derivation 306
Stimmbeteiligung: 135, 138
Strichpunkt: 156
su/suyo: 185
Subjekt: 259, 261 f., 264 f.; ~pronomen 191,
196–198, 209; Stellung 266–268; ~satz 279
Subordination: 251, **279–283**
Substantiv: 161 f., **163–170**; Frequenz 287 f.;
Derivation 302 f., 308, 311
Substantivierung: 171, 180 f.
Substrat: 77–79
Sueben: 80
Suffigierung: 305–313
Suffixe: 171, 301; Verbal~ 307; Nominal~
308 f.; Adjektivierungs~ 308

Suffixoide: 310
Superlativ: 174 f.; ~ischer Antezedent
  (Modus) 246
Superstrat: 79 f.
(en el) supuesto (de) que: 282

T

T: *-t-* 55, Arag. 58, Lat. > Sp. 86 f.; *-t* 87
Tagalog: 19, 22
Taifas: 56
tal: 188; ~ . . . *que* 282; ~ . . . *cual* 283
tal vez: 243
tan(to): 173, 188, 201 f.; ~ . . . *que* 282; ~ . . .
  como/cuanto 201 f., 283
Tarraconensis: 72
Tartessisch: 71
Temporalsatz: 242, 280
Tempus: 209, 214; System 215–218;
  Einzeltempora 219–232; ~folge 213 f.;
  Konjunktiv 247 f.; Ast. 61
tener: 77; ~ + Part. 229, 237
tercer(o): 173
Texas: 36
Textdeckung: 287–289
Thema: 266
todo: 189, 202
Toledo: 56, 79, 88, 91, 93; Norm 111, 114
tras: 254
Triphthonge: 132 f.
Turdetaner: 73
Tuteo: 192 f., 199 f.; ~ impersonal 200

U

u (Konjunktion): 278
Übersetzungen: Bibel~ 52, 108; ~ aus dem
  Arabischen 93
-ult-: 87
Umgangssprache: 62, 203, 279, 290, **292–295**
único: 178
Universität: 107, 110
un(o): 173, 183
unpersönliche Konstruktion: 238
Uruguay: 18, **24 f.**, 122; Voseo 193;
  Lexikon 292 f.; Buchproduktion 296
USA: 18 f., 24, 26 f., **34–37**
usted: 115, 192 f., 196–200; *ustedes* 191 f.

V

Val d'Aran: s. Aranesisch
Valdivia: 25
Valencianisch/Valencia: 43, 45, 48, 50
Valenz: 205, **260 f.**
Varianten: 126, 135; positionelle ~ 127;
  freie ~ 127; Vokale 129 f.; Konsonanten
  137 f., 143; Artikel 180
Varietäten: 62, 290
varios: 178
Velarisierung: 113 f.
Venezuela: 18, **25**, 122; Mestizen 97;
  Lexikon 292 f.; Buchproduktion 296
venir: ~ *a* 233; ~ + Ger. 235
Verb: 161 f., **205–248**; Formengeschichte 114 f.;
  finite – infinite Formen 206; synthetische –
  analytische Formen 206; unregelmäßige
  ~en 212 f.; Formenstatistik 213–215; Tem-
  pora 215–232; Stadium 232–237; Diathese
  237–239; Modus 239–248; Frequenz 288;
  Derivation 302 f.
Verb-Adverb: 250, 261, 268
Verbalperiphrasen: 212, **233–237**
Verfassung (spanische) von 1978: 42, 45
Vergleichssatz: s. Komparationssatz
Verlaufsform: 209, **234 f.**
Verneinung: Modus nach ~ 244; Satz~ 271
Verwandtschaftsbezeichnungen: 170
Vibranten: 135, 139, 141
Vizcaya: 51
Vokale: **129–135**, 143; Lat. > Sp. 83, 86;
  Graphie 151
volver a: 233
Vorgangspassiv: 210, **237 f.**
Vornachzeitigkeit: 220, 247
Vorpräteritum: 229 f., 232
Vorvergangenheit: 247
Vorzeitigkeit: 216, 247
Voseo: 105, 115, 190, **192–194**
vosotros: 191 f.

W

Westgoten: 79 f.
Wissenschaftssprache: 107, 110
Wörterbücher: 116 f.

Wort: 161; ~akzent 146 f.; ~art 161; ~stellung
162, Personalpronomina 191 f., Satzglieder
262, 266–269; ~länge (Adjektive) 177;
~gruppen 257; ~frequenz 287
Wortbildung: 296–313

Y

[y]: phonologische Wertung 137 f.; Aussprache
137, 140 f.; Graphie 152, 154
y (Konjunktion): 278
Yeísmo: 62, 64, 67, 103, 118, 120, 140 f., 154

Yucatán: 26 f., 101
Yunga: 98

Z

Zahlwort: 161 f., 178 f., **181–183**
Zapoteco: 28
Zaragoza: 56
Zentralamerika: 25–27; Voseo 193
Zigeunerspanisch: 291
Zustandspassiv: 210, **236 f.**
Zweisprachigkeit: s. Bilingualismus

Abkürzungen

Bibliographische Siglen von Monographien werden im Literaturverzeichnis aufgeführt.

Adj	Adjektiv	Konj.	Konjunktiv
AdjG	Adjektivgruppe	lat.	lateinisch
Adv	Adverb	leon.	leonesisch
AdvG	Adverbgruppe	Mask.	Maskulin
arag.	aragonesisch	Mio	Million
a-sp.	amerikanisch-spanisch	N	Anzahl der Vpn
ast.	asturisch	N.	Neutralform
BAE	Biblioteca de Autores Españoles	P	Prädikat
Det	Determinant	Part.	Partizip
dt.	deutsch	Pers.	Person
E	Ergänzung	pg.	portugiesisch
E.	Einwohner(zahl)	Pl.	Plural
engl.	englisch	Präp.	Präposition
e-sp.	europäisch-spanisch	PräpG	Präpositionalgruppe
Fem.	Feminin	RAE	Real Academia Española
fr.	französisch	REL	Revista Española de Lingüística
gal.	galicisch	RFE	Revista de Filología Española
gask.	gaskognisch	S	Subjekt
Ger.	Gerundium	Sg.	Singular
Ind.	Indikativ	sp.	spanisch
Inf.	Infinitiv	Subst.	Substantiv
it.	italienisch	SubstG	Substantivgruppe
kast.	kastilisch	V	Verb
kat.	katalanisch	VG	Verbalgruppe
klt.	klassisch-lateinisch	Vpn	Versuchsperson
Kon	Konjunktion		

Symbole

Lauteinheiten

Phonetische Transkription nach API (vgl. S. 127 f.);
zusätzlich werden folgende Zeichen verwendet:

$a:$, $e:$, $o:$, ...	Langvokale
$\bar{a}$, $\bar{e}$, $\bar{o}$, ...	
$\breve{a}$, $\breve{e}$, $\breve{o}$, ...	Kurzvokale
$\acute{a}$, $\acute{e}$, $\acute{o}$, ...	haupttonige Vokale
A, N, S, ...	Archiphoneme

Lautklassen

V = Vokale C = Konsonanten

Sonstige Einheiten

$\emptyset$	Nulleinheit
*x	hypothetische Einheit x

Notation (einer linguistischen Einheit x)

[x]	phonetisch
|x|	phonologisch
⟨x⟩	graphematisch

Position (einer linguistischen Einheit x)

x-	Anfangsposition
-x-	Zwischenposition
-x	Endposition
+	Morphemgrenze

Relation (zwischen linguistischen Einheiten)

$x > y$	x entwickelt sich zu y
$x < y$	x entsteht aus y
$x \rightarrow y$	y wird aus x abgeleitet bzw. x wird durch y ersetzt
$x \sim y$	r variiert mit y
$(x)y$	x ist fakultativ
$\{x, y\} z$	x und y sind alternativ